权威·前沿·原创

皮书系列为
"十二五""十三五""十四五"时期国家重点出版物出版专项规划项目

BLUE BOOK

智库成果出版与传播平台

福利彩票蓝皮书

BLUE BOOK OF WELFARE LOTTERY

中国福利彩票发展报告（2023）

REPORT ON WELFARE LOTTERY IN CHINA (2023)

组织编写／中国社会科学院大学社会责任研究中心
主　　编／何　辉
副主编／马福云　马　妍　王晶磊

社会科学文献出版社
SOCIAL SCIENCES ACADEMIC PRESS（CHINA）

图书在版编目（CIP）数据

中国福利彩票发展报告.2023／中国社会科学院大学社会责任研究中心组织编写；何辉主编；马福云，马妍，王晶磊副主编.--北京：社会科学文献出版社，2023.12

（福利彩票蓝皮书）

ISBN 978-7-5228-2962-3

Ⅰ.①中… Ⅱ.①中… ②何… ③马… ④马… ⑤王… Ⅲ.①社会福利-彩票-研究报告-中国-2023 Ⅳ.①F832.5

中国国家版本馆 CIP 数据核字（2023）第 245254 号

福利彩票蓝皮书

中国福利彩票发展报告（2023）

组织编写／中国社会科学院大学社会责任研究中心
主　　编／何　辉
副 主 编／马福云　马　妍　王晶磊

出 版 人／冀祥德
组稿编辑／陈　颖
责任编辑／桂　芳
责任印制／王京美

出　　　版／社会科学文献出版社·皮书出版分社（010）59367127
　　　　　　地址：北京市北三环中路甲 29 号院华龙大厦　邮编：100029
　　　　　　网址：www.ssap.com.cn
发　　　行／社会科学文献出版社（010）59367028
印　　　装／三河市东方印刷有限公司

规　　　格／开本：787mm×1092mm　1/16
　　　　　　印张：23.25　字数：350 千字
版　　　次／2023 年 12 月第 1 版　2023 年 12 月第 1 次印刷
书　　　号／ISBN 978-7-5228-2962-3
定　　　价／168.00 元

读者服务电话：4008918866

福利彩票蓝皮书编委会

主要编撰者简介

何　辉　经济学博士，中国社会科学院大学商学院党委书记，副教授，兼任中国社会科学院大学社会责任研究中心主任，中国社会科学院大学公共政策研究中心研究员。主要研究领域为产业经济和政府规制、公益市场、彩票、公共政策和社会组织等，曾出版《政府规制：理论、政策与案例》《中国社会组织报告（2018）》等著作，主持国家社科基金等多项科研项目。在彩票研究方面，担任《中国福利彩票发展报告》（蓝皮书系列）主编；发表《福利彩票事业的公共价值、发展方向和供给侧改革》《中国彩票销量变化背后的产品结构和政府规制》等文章。

马福云　法学博士，中共中央党校（国家行政学院）社会和生态文明教研部社会治理教研室主任，兼任社会工作专业硕士（MSW）教育中心主任，教授、博士生导师，主要研究领域为发展社会学，研究主题包括基层治理、社会服务、彩票管理等。曾在中国—欧盟村务管理项目、民政部社工研究中心从事研究培训工作。在彩票研究方面，出版《彩票利益相关方的社会责任》专著，发表《中国彩票业的发展及其政府规制》《以彩票立法解决彩票政府规制问题》等文章，并参与《中国福利彩票发展报告》（蓝皮书系列）研究和撰稿工作。

马　妍　国家彩票杂志社副社长，主要研究领域为国内外彩票政策、彩票管理体制、彩票市场。2004 年至今在彩票发行机构、彩票行业媒体工作，有丰富的彩票政策和实务经验。主持或参与多个国家和省部级项目,包括彩票公益金的社会责任研究(国家社科基金项目)、彩票管理体制改革研究(民政部项目)、国际彩票行业发展现状和趋势研究(国家体育总局体育彩票管理中心项目)等,发表《国际彩票行业现状和趋势研究》等文章,并参与《中国福利彩票发展报告》(蓝皮书系列)研究和撰稿工作。

王晶磊 中国社会科学院大学学生工作部协助负责人,高级工程师,高级项目经理,兼任中国社会科学院大学社会责任研究中心研究员,主要研究领域为数据分析与项目管理工作、公共治理、彩票市场。作为主要作者参与《中国福利彩票公益发展报告(2018)》《中国福利彩票发展报告(2019)》《中国福利彩票发展报告(2020)》(蓝皮书系列)的研究和写作,也负责对该系列蓝皮书在立项、商务及项目管理等方面的统筹规划。发表《中国福利彩票公益发展评估体系》《福利彩票的省级区域比较分析》等文章。

摘　要

2022 年福利彩票共销售 1481.31 亿元，筹集公益金 461 亿元。截至 2022 年底，我国累计发行福利彩票 2.6458 万亿元，筹集彩票公益金 7917 亿元。福利彩票在我国的社会福利、社会公益和社会保障事业领域持续扮演着非常重要的角色。

2022 年，福利彩票相关部门的政策组合助力彩票销售渠道和网点的纾困，彩票机构深化责任彩票建设，加强风险防控，开展多元化的市场实践，一方面努力克服疫情和游戏品种改变带来的持续市场压力，另一方面也通过产业融合等方式推动福利彩票产业的转型升级。

党的二十大报告指出，高质量发展是全面建设社会主义现代化国家的首要任务。对于福利彩票事业而言，需要在全面建设社会主义现代化国家的新征程中，在中国式现代化的进程中，进一步明确自身定位，继续做好转型升级，在产业发展、社会责任建设和彩票公益等方面推进高质量发展。本报告是福利彩票蓝皮书系列的第六本，对 2022 年福利彩票事业的市场发展、社会责任建设、产业发展和公益金管理等作了具体深入分析，并就福利彩票事业如何在中国式现代化进程中发挥重要作用提出政策建议。

在产业发展方面，新一轮科技革命与产业变革正在全球范围内展开，数字化正推动人类生产方式、生活方式与治理模式的迭代升级。福利彩票作为兼具人民性、国家性、公益性等多重属性的行业，面临数字技术持续赋能、多产业融合、广阔市场支撑的机遇。福利彩票应抓住数字化机遇，一是要充分利用数字技术，通过技术融合、产品融合、业务融合以及市场融合等方式推动福利彩票的产业发展；二是进一步探索区块链等技术在彩票价值链中的应用，包括区块链彩票前端管理系统、彩民购彩防沉迷中端管控系统和彩票公益金终端治理系统等；三是加强对彩票产业数字化的探索及政府规制的优化。

在社会责任建设方面，福利彩票机构近些年持续推进社会责任相关制度、体系建设，取得很大的进展。目前需要在现有工作基础上进一步深化，一是加强对彩票的社会责任和责任彩票相关理论的研究；二是与国际彩票组织和机构作更多交流，对其行业的自律规则特别是负责任彩票（游戏）框架进行深入研究和借鉴；三是基于我国彩票事业的特征，探索对不同层级彩票机构进行责任彩票认证。

在彩票公益方面，公益金的分配使用和管理、彩票公益品牌建设和公益传播非常重要。彩票公益金在推进共同富裕进程中具有特殊地位：是民政事业重要的资金来源，是我国完善三次分配制度的重要力量，是健全多层次社会保障体系、增进民生福祉的重要因素。在中国式现代化的进程中，彩票公益金的管理需要进一步加强，完善制度规范建设，加强对地方留成公益金的管理，丰富项目分配内容，优化资源协调配置，拓展培育分配主体，做好与一、二次分配的统筹协调。为推动彩票事业的公益发展，需要增强彩票发行销售环节和公益金分配使用环节的联系，推进彩票品牌建设和传播，提升福利彩票的认可度和美誉度。

关键词： 福利彩票　中国式现代化　高质量发展　社会责任　数字化

目　录 ⤵

Ⅰ　总报告

Ⅱ　分报告

[皮书数据库阅读**使用指南**]

总 报 告

General Report

B.1
以责任推动高质量发展

——2022年中国福利彩票发展报告

中国社会科学院福利彩票课题组 *

摘 要： 2022年福利彩票在产品、渠道、营销等市场发展和社会责任建设方面继续转型升级。本文梳理了2022年我国福利彩票发行销售情况、公益金筹集分配使用情况，对福利彩票在产业发展、社会责任实践、责任彩票建设和公益发展方面的情况进行分析，从五个方面探讨了福利彩票事业在中国式现代化进程中的方位，简述了彩票事业发展的现状和挑战。文章就福利彩票事业如何进一步明确自身定位、把握新机遇、实现高质量发展，提出四点建议：一是加强党建引领，二是推动彩票的顶层制度设计和加强彩

---

* 本文为课题组的集体研究成果，参与总报告撰写的课题组成员包括：何辉、王晶磊、马妍、王微微、李石强、蒋楠、孙晓等。何辉、王晶磊、王微微、李石强、蒋楠、孙晓均为中国社会科学院大学教师；马妍为国家彩票杂志社副社长。本文的主要执笔人为何辉，经济学博士，中国社会科学院大学商学院党委书记，副教授，主要研究方向为产业经济与政府规制、公益市场、彩票。

票生态系统构建，三是推动福利彩票产业供需双向升级，四是进一步优化公益金的分配使用。

关键词： 福利彩票　社会责任　中国式现代化　高质量发展

2022 年是我国经济社会发展中非常重要的一年。这一年中国共产党举行了第二十次全国代表大会。党的二十大报告科学阐述了中国式现代化的理论内涵，描绘了在新的历史条件下全面建设社会主义现代化国家、夺取中国特色社会主义新胜利的宏伟蓝图。

2022 年我国经济面对新冠疫情等国内外超预期因素叠加冲击，全年 GDP 增长 3.0%。2022 年我国彩票市场也受到疫情影响，经过彩票相关部门和发行销售机构的积极应对，又逢世界杯对竞猜型彩票销量的拉动，全国彩票销量达到 4246.52 亿元，同比增长 13.8%，销量为历史第三高。

近年来，通过严格的政府监管和积极的社会责任实践，我国彩票产业发展开始转型升级，彩票游戏品种和市场结构持续优化，彩票渠道建设、营销和品牌建设呈现新活力。2022 年，福利彩票（简称福彩）政策组合助力彩票销售渠道和网点的纾困，彩票机构深化责任彩票建设，加强风险防控，大力推进多元化的市场实践，一方面努力克服疫情和游戏品种改变带来的持续市场压力，另一方面也通过产业融合等方式推动构建彩票发展的新格局，为福利彩票事业的高质量发展进行了有益探索。

党的二十大报告指出，高质量发展是全面建设社会主义现代化国家的首要任务。推动经济高质量发展要充分调动市场主体的积极性和主动性，要把实施扩大内需战略和深化供给侧结构性改革有机结合起来，推动经济实现质的有效提升和量的合理增长。

对于福利彩票事业而言，如何在全面建设社会主义现代化国家的新征程中，在中国式现代化的进程中，进一步明确自身定位，继续做好转型升级，在经济、社会和治理三个维度推进高质量发展，需要在理论和实践方面进行更深入的探索。

本报告包括三个方面的内容：一是对 2022 年我国福利彩票发行销售情况和公益金筹集分配使用情况进行梳理；二是对 2022 年福利彩票在产业发展、社会责任实践、责任彩票建设和公益发展方面的情况进行分析；三是在理论层面探讨福利彩票在中国式现代化发展进程中的方位和特征，并就福利彩票事业发展提出政策建议。

一　福利彩票发行销售情况

该部分将分别梳理分析 2022 年国际彩票市场的销量情况、我国彩票市场的整体销量情况，以及福利彩票市场的发行销售情况。

（一）国际彩票市场

根据 La Fleur 的《2023 年世界彩票年鉴》，2022 年全球彩票销售额（不包括视频彩票终端）总计 3483 亿美元，同比增长 0.005%。2017~2022 年，全球彩票销售额从 2840 亿美元增加到 3483 亿美元。2022 年新冠疫情期间，许多零售商重新开店后，彩票的销售额回升。[1]

在不同类型彩票游戏中，即开型彩票的销售额与 2021 年的 1187.6 亿美元相比，降至 1137 亿美元。即使如此，即开型彩票市场占比继续保持第一，占全球总销售额的 32.6%。乐透型彩票销售额总计 953 亿美元，比 2021 年的 993 亿美元下降 4%。乐透型彩票销售额占全球总销售额的 27.4%，排名第二。数字型彩票销量为 258.9 亿美元，占比为 7.4%，体育竞猜型彩票销量为 510.6 亿美元，占比为 14.7%，基诺型彩票销量为 119.7 亿美元，占比为 3.4%，其他类型游戏销量为 503.2 亿美元，占比为 14.5%。

---

[1] La Fleur's March/April 2023 Issue-ChatGPT & the Lottery-La Fleur's Lottery World (lafleurs.com)，https：//lafleurs.com/webzine/2023/04/01/la-fleurs-march-april-2023-issue-chatgpt-the-lottery/.

在 La Fleur 的彩票机构销量排名中，中国体育彩票排名第一，为 399 亿美元，法国国家游戏集团（La Française des Jeux）以 220 亿美元位居第二，中国福利彩票以 214 亿美元排名第三，意大利 IGT 公司排名第四，销量为 199 亿美元，意大利 SISAL S. p. A. 集团排名第五，销量为 105 亿美元。①

在人均购买彩票金额方面，新加坡投注公司排名第一，人均消费 1288 美元；美国马萨诸塞州彩票机构排名第二，人均消费 850 美元；挪威 Norsk Tipping 彩票机构排名第三，人均消费 738 美元；美国佐治亚州彩票机构排名第四，人均消费 551 美元；瑞士 Loterie Romande 彩票机构排名第五，人均消费 531 美元。

（二）我国彩票市场发行销售情况

1. 整体销量

2022 年，我国②彩票销售市场仍受到疫情影响，但在世界杯的带动下，全年销售额突破 4000 亿元，达 4246.52 亿元，同比增长 13.8%，增加 513.67 亿元，为我国彩票销量历史上第三高，仅次于 2018 年的 5114.72 亿元和 2017 年的 4266.69 亿元（见图 1）。对于仍受到疫情影响的彩票业来讲，2022 年销量增长实属不易。

2022 年福利彩票销售 1481.31 亿元，同比增加 58.76 亿元、增长 4.1%；体育彩票在世界杯拉动下大幅增加 454.92 亿元，同比增长 19.7%，销量达 2765.22 亿元（见图 2）。

2. 不同类型彩票的销售情况

受新冠疫情和世界杯等因素影响，2022 年各类型彩票销量与 2021 年相比，变化不一（见图 3）。竞猜型彩票在世界杯③的助力下，销量大涨 34.7%

---

① 美国的彩票机构是分散在各个州的，因此从机构角度看，美国单个彩票机构的销量排不到全球前五。

② 这里统计的是我国内地的彩票销量，不包括香港特别行政区、澳门特别行政区和台湾地区的彩票。本书中除特别指明外，凡涉及对全国彩票销量等的统计均作此理解。

③ 2022 年 11 月底卡塔尔世界杯拉开战幕，推动竞猜型彩票 11 月和 12 月销量大幅增加。这两个月彩票销量排在 2022 年全年的前两位。

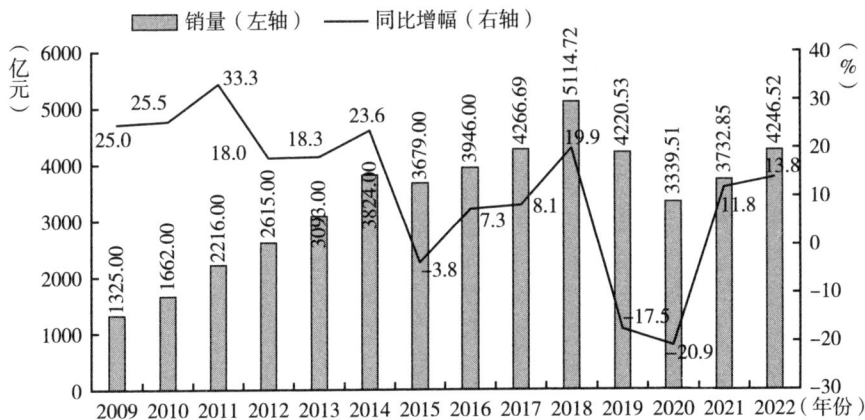

图1 2009~2022年我国彩票销量及增幅

数据来源：根据财政部、国家统计局发布的相关数据制作。

注：2022年销量数据参见财政部综合司《2022年12月份全国彩票销售情况》，中华人民共和国财政部网站，2023年1月31日，http：//zhs. mof. gov. cn/zonghexinxi/202301/t20230131_3864601. htm。2022年之前销量数据，参见国家统计局网站。本报告中涉及全国和各地区彩票销售数据，均以此为准。公益金筹集和公益金分配使用的数据，均以此为准。后面的图表中将不再单独列出资料来源。

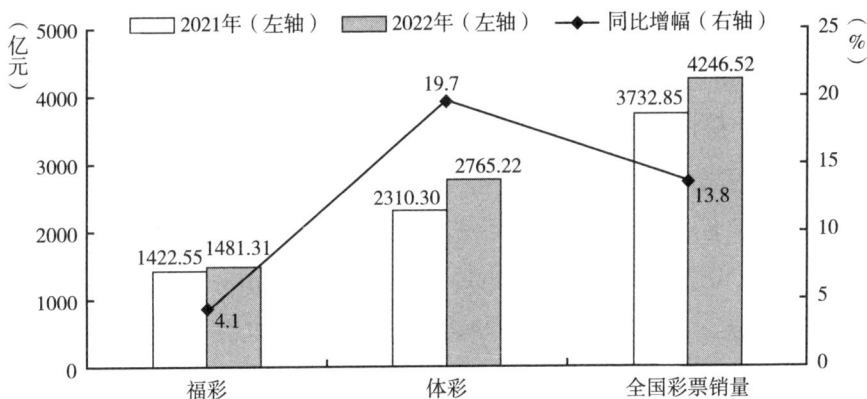

图2 2022年全国彩票销售情况

注：出于四舍五入的原因，2022年福彩销量（1481.31亿元）和体彩销量（2765.22亿元）之和为4246.53亿元，略高于全国彩票总销量4246.52亿元。

至1809.27亿元，超过乐透数字型彩票销量200多亿元，跃居各类型彩票销量第一。即开型彩票销量继续保持增长，销量达到594.47亿元，同比增长

9.3%。基诺型彩票同比增长 27.2%，销量为 288.60 亿元。相对竞猜型和乐透数字型彩票，即开型和基诺型彩票 2022 年虽有不同幅度的增长，但两者销量基数较低，对当前彩票市场总体销量的影响仍不算大。

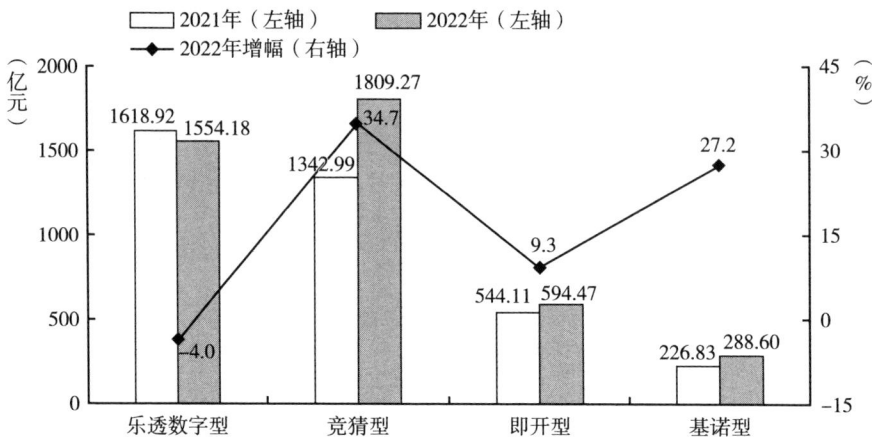

图 3　2022 年不同类型彩票销量及其同比变化情况

在四类彩票游戏中，只有乐透数字型彩票 2022 年销量是同比下降的，市场份额为 36.6%，且失去了 2014 年以来市场份额第一的位置。乐透数字型彩票销量下降的原因较多，包括大盘乐透游戏和部分乐透数字游戏销量的下降，以及高频快开游戏 2021 年春节后完全退市。[①] 2022 年不同类型彩票销量占比的排名顺序为竞猜型、乐透型、即开型、基诺型（见图 4）。

在竞猜型彩票游戏中，竞彩市场发展迅速。在 2018 年销量突破千亿元后，竞彩游戏一直在我国彩票市场占据领先位置。2022 年因举办世界杯，竞彩游戏销量再次爆发性增长，增幅达到 37.8%。实现同比增长的除了竞彩外，还有竞猜型游戏传统单场（北京单场），小盘数字型游戏 3D、排列 3/5，基诺型彩票游戏快乐 8，即开型彩票游戏刮刮乐和顶呱刮销量也有不同幅度的增长。

---

① 2021 年春节前仍有高频快开彩票销售。因此，2022 乐透数字型彩票销量与 2021 年相比，缺少了这部分高频快开游戏的销量。

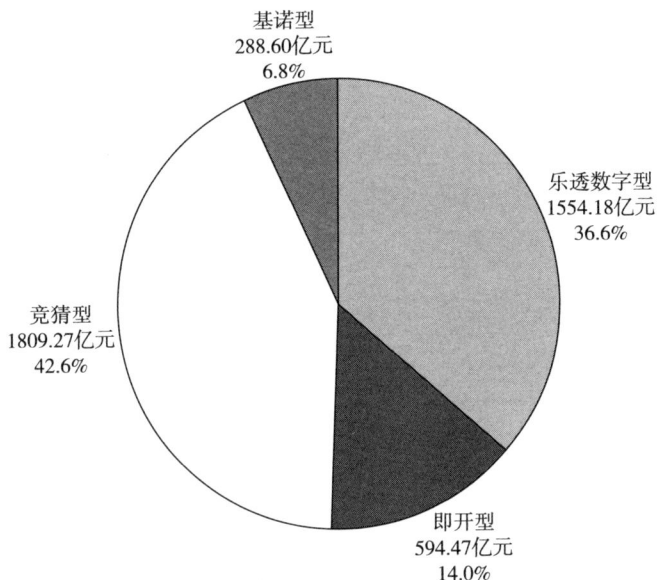

图 4　2022 年不同类型彩票销量占比

乐透数字型彩票游戏销量同比下降，其中，双色球和超级大乐透这两个大盘乐透游戏都同比下降 4.5% 左右；福彩的七乐彩、地方游戏，体彩地方游戏销量都不同程度地下降。具体到各游戏的销量情况，详见表 1。销量占比前六位的游戏分别是竞彩（38.3%）、双色球（13.1%）、超级大乐透（10.1%）、福彩 3D（7.4%）、福彩刮刮乐（7.1%）、体彩顶呱刮（6.9%）。

表 1　2022 年全国彩票各游戏销量增长情况

彩种/游戏		2022 年销量 （亿元）	销量占比 （%）	同比增量 （亿元）	增幅 （%）
福彩	双色球	555.13	13.1	−24.95	−4.3
	3D	315.90	7.4	68.84	27.9
	刮刮乐	303.47	7.1	21.59	7.7
	快乐 8	288.60	6.8	61.77	27.2
	地方游戏	10.94	0.3	−0.35	−3.1
	七乐彩	7.27	0.2	−0.97	−11.8

	彩种/游戏	2022 年销量 （亿元）	销量占比 （%）	同比增量 （亿元）	增幅 （%）
体彩	竞彩	1628.44	38.3	446.44	37.8
	超级大乐透	429.93	10.1	−20.86	−4.6
	顶呱刮	291.00	6.9	28.77	11.0
	排列 3/5	189.66	4.5	41.68	28.2
	传统单场	95.34	2.2	23.52	32.7
	传统足彩	85.48	2.0	−3.53	−4.0
	7 星彩	30.26	0.7	−0.93	−3.0
	地方游戏	15.09	0.4	−1.03	−6.4

3. 地区销量情况

2022 年广东、浙江、江苏、山东和河南五个省的彩票销量排名前五，与 2021 年排名顺序一致。其中，广东省彩票销量为 442.5 亿元，浙江和江苏两省的彩票销量均突破 300 亿元，分别为 342.3 亿元，319.8 亿元。山东省彩票销量为 292.8 亿元，河南省彩票销量为 228.9 亿元。第六名四川省彩票销量非常接近河南省，为 222.5 亿元。在彩票销量增幅方面，增幅前五名为安徽省、天津市、江苏省、浙江省和湖南省（见图 5）。本书中有专文对各省彩票销量做更具体的分析，此处不再赘述。

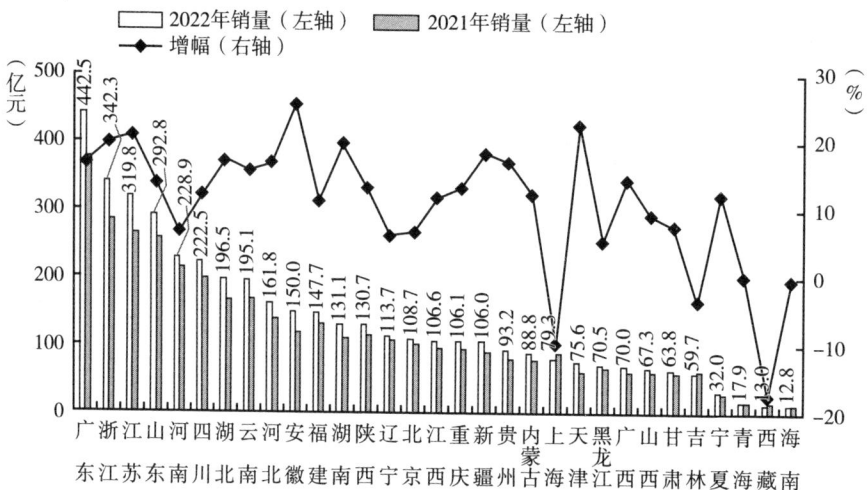

图 5　2022 年各地区彩票销量及其同比变化情况

（三）福利彩票发行销售情况

1. 销量

在快开游戏退市和视频型彩票停销后，2022年福利彩票止住了连续三年销量下降的趋势，实现了2019年以来的首次销量增长。2022年，福利彩票全年销售1481.31亿元，增加58.76亿元，同比增长4.1%，增幅低于全国彩票增幅（见图6）。前文提到，2022年体育彩票销量增幅为19.7%。体育彩票销量增幅高于福利彩票的主要原因，是竞猜型彩票在世界杯助力下销量大涨34.7%。

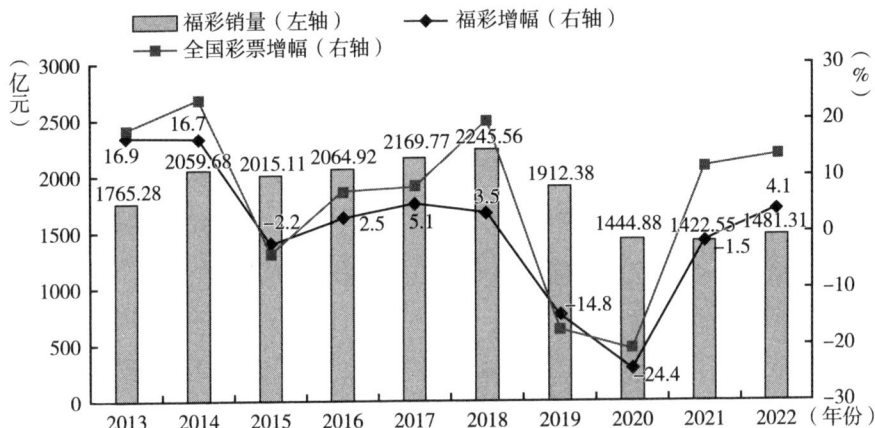

图6 2013~2022年福利彩票销量及变化情况

2. 不同类型和不同游戏情况

福利彩票现有三个类型的彩票游戏，分别是乐透数字型、即开型和基诺型。其中，乐透数字型2022年销量为889.24亿元、即开型为303.47亿元、基诺型为288.6亿元，占比分别为60%、20.5%、19.5%。

乐透数字型中的大盘乐透游戏双色球销量为555.13亿元，对福彩销量贡献率虽略有下降，但销量占比仍达37.5%。福彩快开游戏退市后，双色球游戏是福彩的支柱产品，贡献了约四成的销量。2022年各地福彩机构加大对3D游戏的营销力度，3D销量同比增长27.9%，销量为315.90亿元，在福彩总销量中占比 21.3%。3D 游戏也是 2022 年福彩销量增长速度最快的游戏。

福彩的即开型彩票游戏为刮刮乐。该游戏销量在 2021 年突破 200 亿元大关后，2022 年突破 300 亿元大关，同比增长 7.7%，达 303.47 亿元，在福彩总销量中占比为 20.5%。基诺型彩票游戏快乐 8 在 2020 年试点上市后扩张速度较快，2022 年销量为 288.6 亿元，同比增长 27.2%，在福彩总销量中占比为 19.5%。

目前，双色球、3D、刮刮乐和快乐 8 是福彩的四大主力销售产品，市场占比合计超过 98%。地方游戏销量为 10.94 亿元，七乐彩销量为 7.27 亿元，销量占比分别为 0.7%、0.5%。具体各游戏的销量占比情况见图 7。

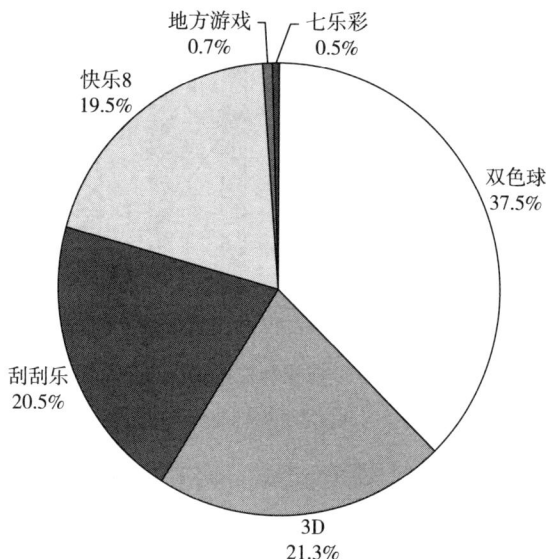

图 7　2022 年福彩各游戏销量占比

3. 人均购买彩票金额

2022 年全国人均购买福彩的金额为 104.93 元，比上年增加 4.23 元，比 2018 年人均彩票销量最高时的 160.93 元减少了 1/3 以上（见图 8）。

2020 年以来，我国人均购买福彩金额已连续三年稳定在 100~105 元，与 2014~2018 年的人均 146~161 元有明显差距。体育彩票 2022 年人均购彩金额为 195.87 元，接近于福利彩票的 2 倍。从人均购彩金额来看，福彩市场仍有较大的发展空间。

图 8　近十年全国人均购买福彩金额变化情况

二　彩票公益金的筹集、分配和使用情况

（一）公益金筹集情况

2022 年全国共发行销售彩票 4246.52 亿元，同比增长 13.8%；共筹集彩票公益金 1138.47 亿元，同比增长 8.77%。截至 2022 年末，我国彩票累计发行 53029.64 亿元，共筹集彩票公益金 14852.34 亿元。2022 年全国福利彩票销售额为 1481.31 亿元，筹集公益金 461 亿元，同比增长 3.9%。

按目前规定，不同类型彩票的公益金提取比例也有所区别。公益金提取比例最高的乐透数字型彩票销量 2022 年略有下降，导致福利彩票整体的公益金提取比例比 2021 年减少 0.1 个百分点，为 31.1%（见图 9）。近些年，福利彩票的公益金提取比例一直高于体育彩票。

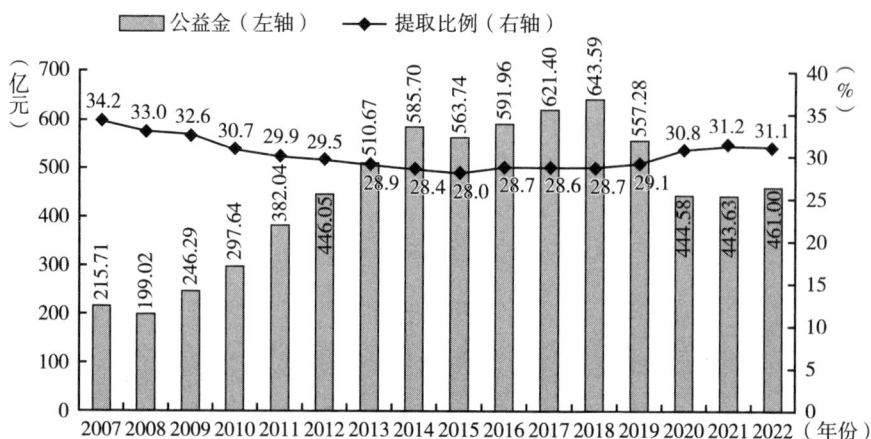

图9　2007～2022年福利彩票公益金的筹集量和提取比例

（二）公益金分配使用情况

根据现有公益金分配政策，筹得的彩票公益金在中央和地方之间按1∶1比例分配。中央集中的彩票公益金基本上按60%、30%、5%、5%的比例在全国社会保障基金、中央专项彩票公益金、民政部和国家体育总局之间分配。地方留成的公益金则由当地有关部门分配使用。2022年，中央财政收缴入库彩票公益金为539.46亿元，加上2021年度结转收入156.14亿元，2022年共筹集公益金695.6亿元。经过全国人民代表大会审议批准，2022年中央财政安排彩票公益金支出637.68亿元（见表2）。

表2　2022年中央集中公益金分配情况

单位：亿元，%

类别	金额	占比
全国社会保障基金	402.4	63.10
中央专项彩票公益金	168.22	26.38
民政部	33.53	5.26
国家体育总局	33.53	5.26

2022 年中央集中彩票公益金的具体使用情况、地方公益金的分配使用情况，本书另有专文进行梳理分析，此处不再赘述。

三 福利彩票的市场发展

2022 年福彩机构采取优化游戏产品体系、稳定市场主体、拓展优化和丰富销售渠道、持续开展负责任营销等措施，在确保安全的前提下，推动渠道稳定、销量提升和市场发展。下文分别从游戏产品、渠道、营销三个维度进行梳理分析。

（一）优化游戏产品

2022 年，福利彩票游戏的市场结构继续调整。即开票销量再创新高，全年共销售 303.47 亿元，同比增加 21 亿元；双色球销售 555.13 亿元，虽然销量有所下降，但在全国两个大盘乐透游戏中的市场份额略微上升至 56.4%，购彩群体基本稳定；3D 游戏潜力进一步释放，销售 315.90 亿元，增量、增幅创历史新高；快乐 8 持续扩大试点规模，销售 288.6 亿元。乐透数字型、即开型、基诺型彩票的市场结构和发展格局正在形成，各主力游戏在稳市场、调结构、促发展中发挥了积极作用。

在稳定既有彩票游戏的同时，福彩也加快新游戏开发，特别是在即开票方面。基于博弈性和安全性兼顾、通俗易懂、玩法丰富的设计原则，2022 年共获批 25 款即开型彩票新游戏。2022 年中国福利彩票发行管理中心（以下简称中福彩中心）还面向社会开展了即开型福利彩票游戏征集活动，吸引公众参与，共征集新游戏 460 多款。

中福彩中心在研发新游戏时，强调通过机制、技术、管理和设计来有效防控游戏风险。2022 年引入专业评估工具 Gamgard，对新开发的即开型游戏进行风险评估，并根据测评结果对游戏规则进行调整优化。

一些地区的福彩机构也结合当地情况，就彩票游戏的品种优化、潜力挖掘等进行探索。湖北福彩通过做大双色球、做优 3D、做强快乐 8，打造电脑票的新"三驾马车"。广东福彩通过培育新游戏、挖掘老游戏新活力等方式，构建均衡互补的游戏组合，提升市场竞争力和购彩体验感。[①] 山东福彩实施即开票大力发展、双色球稳定发展、3D增量发展、快乐8提效发展的综合策略，努力挖掘老游戏潜力，积极培育新游戏市场，推动新老游戏良性互补。

山西福彩结合本地文旅产业优势，与省文旅厅、省电视台开展跨行业融合创新，推出富含山西文旅特色的"人说山西好风光"地方特色即开型福利彩票。

（二）稳定和拓展渠道

随着经济社会发展和人们消费习惯的改变，很多行业的竞争已从产品竞争、价格竞争转变为渠道竞争。而销售渠道质量的高低是其中最为重要的因素。[②] 彩票行业亦是如此。随着近年彩票游戏政策调整以及疫情影响，彩票专营网点的生存和经营压力持续加大，经营成本高、赢利困难的问题更加突出。中福彩中心基于"专营为骨干、兼营为补充、自营为示范"的渠道多元布局策略，稳定专营渠道规模，加大新渠道发展力度。

2022年，福彩系统将商业综合体作为构建"福彩+"渠道融合生态的突破口，探索拓展兼营渠道以及跨行业"福彩+"发展模式，有效扩大福彩销售覆盖面，新渠道客户触达与拓展质量得以提升。截至2022年底，中国福利彩票注册销售网点达到19.77万个，净增网点约1.3万个，增加就业岗位约2.5万个。

1. 稳定传统销售网点

2022年福彩系统通过降低设备押金、免收耗材费、发放疫情补贴、举办销售竞赛等举措，为销售网点减负5.9亿元、增收6.3亿元，提振网点信

---

① 张雨点：《踔厉奋发　笃行不息　推进高质量发展再上新台阶——专访湖北省福彩中心主任邓宏》，《中国社会报》2022年9月26日。
② 姜雪芹：《以创新驱动引领福彩事业转型发展——专访山东省福利彩票发行中心主任王伟》，《中国社会报》2022年9月5日。

心，推动销售工作在不利的大环境下实现稳中有进。各地福彩结合当地特点，做好现有网点的动态稳定。宁夏福彩在网点帮扶中做到"精准化"，实施了发放防疫物资、疫情补助、提高代销费比例、降低自治区级留成比例、降低网点网络使用费、免除热敏打印纸和便捷支付费用等一系列措施。山东福彩采取调减销售设备押金、开展销售竞赛、引入便民服务项目等方式推动网点减负增收。天津福彩通过以奖代补的激励扶持政策，增强网点销售积极性。① 江西福彩出台了"三免　两稳　两奖　两补助"的彩站奖励扶持政策。②

重庆福彩在原有专营、兼营渠道体系分类基础上，推出主营和联营销售站点类别，销售站点可结合自身实际，在主营福利彩票的同时适当引入附加经营项目，减轻经营压力。③

在稳定既有销售网点的同时，中福彩中心根据《彩票管理条例》《彩票管理条例实施细则》及相关政策，指导各地优化销售网点公开征召模式，降低设立门槛，以新补退、动态调整，加强新网点的征召工作。

山西福彩加大空白区域、销售薄弱区域销售场所的征召力度，探索在人流量大的商圈空白区域，整合优化资源，布设销售体验店，扩大经营渠道。广东福彩修订《广东省福利彩票销售场所管理办法》，调减销售场所设置间距，激发站点适度竞争。宁夏福彩优化站点准入和淘汰机制，将布点距离由500米调整为300米，并按照每30个站点一个片区管理员的标准，优化地市管辖片区及岗位配置。

2. 拓展新渠道

渠道拓展是各级彩票机构的主要工作之一，其做法主要包括创新渠道发展类型，通过"福彩+"的方式，加强跨行业合作，推动渠道创新，让福彩

---

① 如，第五季"买中国龙　赢宝马车"活动采取以奖代补形式，在给购彩者送上奖品之余，还按照活动票入站额 3.68% 的比例对代销网点进行补贴。在"快乐 8"派奖活动、刮刮乐"喜相逢"新票推广活动中，也采取以奖代补的形式，都取得了良好的效果。

② 杜志莹：《携手并肩渡难关》，《国家彩票》2022 年第 7 期。

③ 张晶晶：《努力交出福彩转型发展优秀答卷——专访重庆市福利彩票发行中心主任何亚雄》，《中国社会报》2022 年 8 月 22 日。

走进大众生活圈，扩大客户群体，优化彩民结构，提升品牌形象。

立足国际化大都市的市场特点，上海福彩把渠道创新目标定位为"三进三新"："三进"即进核心商圈、进办公楼宇、进工业园区；"三新"即使用新的销售手段、发展新的购彩群体、开发新的销售渠道。上海福彩与具有连锁特点、规模化设点的超市合作，布局兼营渠道。2022年底上海福彩入驻盒马鲜生门店，在2家盒马会员店内分别开设1家旗舰店，在11家盒马店分别布置了福彩展示柜。山东福彩顺应消费场景、购彩人群的快速变化，遵循"销售跟着人群走"原则，对接融入商业经济、旅游经济、"夜经济"等新业态，与山东高速集团签订战略合作协议，深化与中福彩运营公司等平台合作，推进彩票销售进商业综合体、连锁便利店、加油站、景区、电影院等场所，已开发商业综合体销售网点59处，新拓展兼营网点200多处。

宁夏福彩在火车站、机场建设公益销售展厅，加大展会、商业广场、网红夜市户外销售场所布设力度，加强与文旅集团合作，推进星级旅游景点销售亭建设。

重庆福彩探索重点地段网点建设。创新探索建设直营示范销售站点、品牌形象示范店等新渠道形态；针对部分繁华区域、房租较高的空白路段，引导经营者提供面积不低于5平方米的独立区域，建设与其他业态共存的联营福彩销售站点，通过政策激励和专项扶持，在繁华空白路段建设民心亭。[①]湖南福彩以"潮"为风向引领，征召年轻化、专业化、高学历从业人员，构建集"'潮'店、亭、厅、网、端"于一体的新兴渠道格局。

（三）创新营销方式

1. 加强负责任营销与宣传

营销是彩票销售工作的重要环节，对构建市场品牌、赢得客户忠诚

---

① 张晶晶：《努力交出福彩转型发展优秀答卷——专访重庆市福利彩票发行中心主任何亚雄》，《中国社会报》2022年8月22日。

至关重要。基于彩票的特征，其营销活动既要不断创新、挖掘市场潜力，又要加强理性购彩宣传，强化福彩文化塑造与品牌建设，突出福利彩票人民性、国家性、公益性的本质属性。2022年福彩系统坚持开展负责任的营销宣传，借助官方网站、微信、抖音等新媒体渠道宣传责任彩票，为购彩者提供真实有效的游戏产品信息，树立责任形象；严格遵守《彩票管理条例》《中华人民共和国广告法》《中华人民共和国未成年人保护法》等规定，依法合规开展营销宣传；杜绝虚假和失实宣传，不进行诱导性、刺激性宣传，引导公众理性购彩。

2. 拓展营销渠道、创新营销方式

一是加强市场推广。为扩大公益彩票传播力、影响力，福彩系统依托传统媒体及新媒体，加强线上线下联动，强化传播渠道创新。一些地区建设统一营销平台，提升市场推广的整体性、协同性、精准性、有效性，充分发挥促销派奖在品牌、销售、拓展购彩者群体等方面的多重效应。

二是创新营销方式。2022年福彩系统通过跨界合作等方式，着力整体营销、精准营销和特色营销，[①] 试图以多样化的形式吸引潜在购彩群体了解、购买彩票，激发了市场活力。

一些省份重视整体营销。宁夏福彩加强营销资源整合，配合全国主题营销，开展自主营销、主动组织片区营销，使营销季季有主题、月月有活动，推动市场营销与品牌形象建设、渠道建设相融合。山东福彩围绕全国营销派奖活动安排，按照互相配合、有序衔接、突出重点的原则，上下联动开展集中性、差异化配套营销，增强叠加聚合效应。例如，山东福彩在2022年的生肖票、快乐8全国派奖中，均配套开展全省销售竞赛活动，派奖期间生肖票销量同比增长23.3%，快乐8日均销量同比增长23.03%。

一些福彩机构积极开展特色营销活动，突出主题、优化购彩体验，拓宽营销受众面和传播范围。山东福彩组织开展季节性促销、区域营销等活动，

---

① 姜雪芹：《以创新驱动引领福彩事业转型发展——专访山东省福利彩票发行中心主任王伟》，《中国社会报》2022年9月5日。

巩固拓展现有购彩群体；开展户外卖场、游戏体验、公益推广等活动，将福彩品牌延伸至年轻人活跃的场所。山西福彩聚焦基诺型游戏，抓住试点全面放开的机遇，以"'快乐8'擂台系列活动"为契机，提升各种玩法的宣传推广技巧。①

即开票是近几年福彩在渠道建设和营销上投入很大的票种。一些省份针对即开票展开精准营销。湖南福彩通过丰富销售场景，延伸市场触角，建设"无处不在、无时不在"的"泛在化"网络。② 广东福彩依托广东福彩微信公众号开展2场全省福彩体验券抽奖活动，借助网红商圈，开展巡游彩票销售模式。

3. 加强公益营销

2022年中福彩中心结合双色球游戏推出"送你一朵小红花"公益营销活动，社会反响较大。重庆福彩结合不同彩种的特点，融入公益品牌元素，营造人人公益、随手公益的购彩氛围。重庆福彩在彩票票面展示公益援建学校的剪纸画，通过扫描票面二维码可收听受助学生的感谢语音，让购彩者获得更生动、贴切的公益参与感。③ 天津福彩开展责任彩票进社区活动，宣讲彩票相关法律法规、福彩公益金资助项目等；开展"中华慈善日"主题宣传活动，科普福彩的人民属性、国家属性及公益属性。④

（四）强化和创新管理

无论是在游戏品种动态优化、渠道拓展，还是在营销创新方面，都需要同步做好组织管理和服务。上海福彩在渠道管理方面积累了很多经验。2014年率先在全国试行销售站点星级评定，推动精细化管理。上海福彩将传统销

---

① 姜雪芹：《以创新驱动引领福彩事业转型发展——专访山东省福利彩票发行中心主任王伟》，《中国社会报》2022年9月5日。
② 曾波彦：《创新"三化"思维的即开票发行销售工作实践》，中国福利彩票网，2022年3月15日。
③ 张晶晶：《努力交出福彩转型发展优秀答卷——专访重庆市福利彩票发行中心主任何亚雄》，《中国社会报》2022年8月22日。
④ 姜雪芹：《聚力融合发展 创新转型升级——专访天津市福利彩票发行中心主任高增起》，《中国社会报》2022年11月4日。

售渠道分为专营店和兼营店，星级评定从一星级至五星级，其中三星级至五星级为单彩、双彩专营店，一星级至二星级为兼营店。疫情防控期间，上海福彩三次动态调整星级评定制度，提高费率让利，为站点减负增收；在特殊困难时期按照销售站点实际情况，发放纾困补贴5000多万元。上海福彩开展全年常态化网上站点征召，淘汰能级低、服务差的代销点，为其他站点让出空间，提升渠道质量。

湖北福彩强化绩效管理，激励一线人员做好市场服务和市场开拓工作。广东福彩出台、修订、完善涉及预算编制、开奖兑奖、合同管理、资产管理、议事决策等制度，加强标准化建设，促进规范化管理。

福彩系统始终严守《中华人民共和国未成年人保护法》、《彩票管理条例》及其实施细则等法律法规要求，禁止向未成年人销售彩票和兑奖，并在游戏设计、售彩渠道、营销宣传等方面制定保护措施。

在商业综合体的渠道开拓中，中福彩中心主要采用了直营和征召两种经营模式。直营模式由销售机构或其下属公司运营，征召模式则按《彩票管理条例》及其细则征召代销者。[①] 一些省市在社会零售渠道建设管理中进行了管理创新。山西福彩在2021年设立了2150家社会零售店。与直接管理传统网点不同，山西福彩通过公开招标引进运营服务企业对这些社会零售渠道进行管理，发挥福彩机构的管理职能和企业的市场灵活性、积极性，提升社会兼营渠道的运营水平。[②]

（五）提升购彩服务

福彩系统在拓展渠道、加强营销和管理的同时，重视回应购彩者需求，通过优化购彩环境和兑奖方式、畅通投诉沟通渠道、保护购彩者信息等措施，完善购彩者服务体系。

1. 优化购彩环境、提升购彩体验

为进一步提升销售场所服务体验，中福彩中心推动部颁标准《中国福

---

① 李丽君：《更青春，赢未来，彩票进驻商业综合体》，《国家彩票》2022年第7期。
② 杜志莹：《更积极，接地气，彩票走进个体零售店》，《国家彩票》2022年第7期。

利彩票销售场所形象标识通用要求》出台，修订《中国福利彩票销售场所规范化建设手册》（2022 版）；为适应销售场所多元化多样化发展，分类编制《中国福利彩票实体店空间设计规范手册》，力求打造新消费场景，呈现更加年轻化、时尚化的福彩形象。

福彩系统持续通过开展网点星级评定、设立形象建设专项资金、改善网点设施、提升销售人员服务意识与能力等方式，加强福利彩票形象建设。很多地区通过改造兑奖大厅、改进兑奖设备等方式，缩短兑奖时间，提供更加便利、舒适的兑奖服务。

2. 回应购彩者诉求、保护购彩者信息

福彩系统持续改善与购彩者的沟通机制，通过倾听购彩者声音、回应购彩者诉求，提升客服质量；严格按照《中国福利彩票代销者违规名单管理暂行办法》，加强代销者管理，保障购彩者合法权益，维护市场秩序。2022 年中福彩中心热线咨询投诉总量为 299057 个，投诉回复率为 100%。

福彩系统根据《彩票管理条例》及其实施细则规定，做好购彩者信息保护工作，教育和督促代销者保护购彩者个人信息，未经中奖者同意，福彩机构、代销者以及其他因职务或者业务便利知悉彩票中奖者个人信息的人员，均不得擅自公开中奖者身份。

四　福利彩票的社会责任建设和公益发展

全面加强责任彩票工作并将相关信息公之于众，有利于彰显福利彩票社会作用，有利于塑造福利彩票社会形象，有利于提升福利彩票社会公信力。[①] 坚持党建引领、坚持依法合规、加强责任沟通等则是福彩机构推进社会责任建设和责任彩票建设的重点。

---

① 张雨点：《踔厉奋发　笃行不怠　推进高质量发展再上新台阶——专访湖北省福彩中心主任邓宏》，《中国社会报》2022 年 9 月 26 日。

（一）深化党建引领

2022年中福彩中心坚持以习近平新时代中国特色社会主义思想为指导，以迎接和学习宣传贯彻党的二十大精神为主线，落实新时代党的建设总要求，以政治建设为统领，从政治和全局的高度谋划和推进福彩工作，以坚定的政治立场保证福彩事业正确的发展方向，把党的领导贯穿到福彩工作各领域、全过程，为福彩事业高质量发展提供坚强保证，筑牢福彩高质量发展"压舱石"。

各地福彩系统也加强党的建设和对彩票工作的引领。广东省民政厅强化"首先从政治上看福彩事业"的意识，切实加强党的领导，将福彩重大规划、重要人事、重大营销等纳入议事决策范围，与省民政的中心工作同谋划、同部署、同落实，确保福彩工作正确的政治方向。广西福彩系统以习近平新时代中国特色社会主义思想为指导，深入学习宣传贯彻党的二十大精神，牢记福利彩票初心使命，坚持"以彩履责、以彩扬善、以彩助业、以彩乐民、以彩寄情、以彩圆梦"。2018年以来湖北福彩逐步构建了省、市福彩一体化管党治党责任体系和监督体系，把党的领导贯穿到工作各领域、全过程，加强组织建设、思想建设、党风廉政建设，促进党建与业务深度融合。

（二）加强社会责任建设

1. 加强责任管理

近些年来，中福彩中心成立责任彩票专项工作小组，构建责任彩票管理体系，着力夯实责任彩票建设的组织与制度基础。2022年中福彩中心从完善制度体系入手，进一步推动福彩系统责任彩票建设的实践。

一是经过持续几年的努力，2022年9月福彩责任彩票行业标准《中国福利彩票机构责任彩票工作指南》正式向社会公开征求意见。该指南通过明晰责任彩票建设基本目标、基本原则、基本实践、核心主题和议题，为福彩系统开展责任彩票工作提出建设性意见和建议，完善了福利彩票责任彩票体系。该指南强调要普及责任彩票基础理论知识，使福彩机构和从业人员增强社会责任意识，加强机构的责任实践和规范管理。

二是起草《责任彩票建设管理办法》，对责任彩票建设的工作目标、管理对象、组织架构、工作流程等进行了规范。

三是为提升福彩机构责任彩票意识、强化责任彩票建设、编制发布社会责任报告，并对社会责任报告（责任彩票报告）进行科学评价，中福彩中心编制了《中国福利彩票责任彩票报告评价指南》。2022 年中福彩中心首次正式组织对省级福彩机构社会责任报告进行综合评估。

2. 加强责任融合

中福彩中心将责任彩票建设工作贯穿到发行销售工作的各环节、全领域；开展责任彩票培训，提升员工责任管理能力；通过宣传、编制及发布责任报告等方式，加强与利益相关方的沟通，助力营造健康的行业发展生态。

3. 加强责任沟通

2022 年中福彩中心通过开展培训、调研、发布责任彩票报告、宣传推广等工作，履行信息公开义务，健全利益相关方信息沟通机制，积极争取利益相关方对中国福利彩票的理解和信任，通过多种方式宣传福利彩票的人民性、国家性、公益性，强化福彩文化传播与品牌建设。

2022 年 7 月 27 日，在中国福利彩票迎来第 35 个生日之际，全国福彩系统在新疆乌鲁木齐召开责任彩票报告集中发布仪式，中福彩中心和 19 个省市福彩中心联合发布上年度社会责任报告。这是全国福彩系统首次联合发布责任彩票报告，是福利彩票责任彩票建设的重要举措。[①] 2022 年 32 个省级福彩（含深圳）机构首次全部发布了上年度社会责任报告。经"中国企业社会责任报告评级专家委员会"评级小组评定，《中国福利彩票责任彩票报告（2022 年）》为"五星级"，这是中国福利彩票责任报告再次获得五星级评价。

[①] 《全国福彩系统 2021 年责任彩票报告集中发布》，中国福彩网，2022 年 7 月 28 日，http://www.cwl.gov.cn/c/2022/07/28/509271.shtml。

4. 加强理论和政策研究

2022 年 4 月，为深化对我国福利彩票事业重要理论、重大政策、重要举措和重点难点问题的研究和探索，中福彩中心会同中国社会保障学会、清华大学公益慈善研究院、《中国民政》杂志社共同开展 2022 年"福利彩票助力共同富裕"系列课题研究，主要涉及 5 个研究方向：福利彩票在基础性分配制度中的功能和定位研究、新发展理念指导下的福利彩票高质量发展途径与模式研究、福利彩票安全运营与风险防范制度机制设计研究、基于新媒体传播特点的福利彩票社会形象塑造研究、消费升级之下的福利彩票发展生态研究。2022 年 12 月发布福利彩票蓝皮书《中国福利彩票发展报告（2022）》。

部分省市福彩也通过与高校合作方式加强理论研究并指导实践。重庆福彩 2021 年开始与西华大学合作对非理性购彩者心理干预服务进行研究，启动"幸福福彩　共同关心"从业人员心理关怀建设工作。[1] 在既有研究成果的基础上，重庆福彩 2022 年开展了责任福彩组织文化建设，其中包括非理性购彩心理危机干预、福彩从业人员心理关怀、责任福彩组织文化建设等内容。[2]

（三）福彩公益和品牌发展

福彩系统 2022 年在公益发展方面有不少创新和亮点，主要包括公益营销系列化、公益品牌系统化、公益宣传场景化、公益宣传常态化。通过上述方式，推动阳光福彩、责任福彩、诚信福彩的公益品牌建设，使广大公众和购彩者对福彩品牌的认知有所提升。

1. 公益营销系列化

公益营销即公益和营销的结合。前文从营销的角度对此做了简单介绍，这里再从公益发展角度梳理 2022 年福彩系统的公益营销情况。福彩

---

[1] 祝慧：《慰藉心灵　化解痛点——重庆福彩通过"心理关怀"项目加强团队建设》，《国家彩票》2022 年第 7 期。

[2] 丁姗姗：《多管齐下，倡导理性购彩》，《国家彩票》2022 年第 6 期。

系统加强国家公益彩票品牌形象宣传，开展喜闻乐见、形式多样、满足大众差异化购彩需求的营销活动。许多省份的福彩机构在中福彩中心全国营销活动的指导下，通过全国联动的营销宣传，推动彩票销售机构、销售站点、购彩者、媒体、公益金受益者以及广大人民群众构成公益"同心圆"。

从中福彩中心到地方福彩，着力构建"公益+"彩种品牌的公益宣传体系。例如重庆市福彩将主力彩种游戏品牌与"福彩，让美好发生"系列公益子品牌对应冠名，增强彩种游戏公益属性，推动公益项目和彩种品牌宣传相互促进。例如，助学助教与双色球、助力乡村振兴与"快乐8"、送福到家与即开票、爱心帮帮帮与3D分别对应，设计公益品牌主题LOGO、系列VI等，将公益品牌形象植入营销产品的宣传物料，向销售站点、新媒体推送。

2. 公益品牌系统化

一些省份的福彩机构通过持续支持，系统性推进公益品牌项目。例如，湖南省福彩的公益活动品牌是福泽潇湘。其中助学类就包括"福泽潇湘·精准助学"公益助学活动、"福泽潇湘·筑梦助学"公益助学活动和"福彩公益行·助圆大学梦"公益活动。重庆市福彩的公益项目包括"福彩助学助教""福彩助力乡村振兴""福彩有爱·送福到家""福彩爱心帮帮帮"等。其中，"福彩助学助教"资助困难家庭大学生、高中（职）学生；"福彩助力乡村振兴"资助困难家庭进行住房改造，资助乡村敬老院进行升级改造，为乡村免费安装太阳能路灯，捐建便民活动广场等，改善村民的生活环境；"福彩有爱·送福到家"针对社会反响大、群众关注度高的社会慈善公益项目进行资助；"福彩爱心帮帮帮"通过设立爱心急难救助金对社会突发事件、社会急难群体以及媒体报道的社会反响大的民生急难问题给予帮助。

3. 公益宣传场景化

广东福彩推进公益宣传场景化，以"福彩地铁公益投注站"为创意，结合"扶老、助残、救孤、济困"发行宗旨，运用原创手绘方式打造福彩主题宣传地铁专列。一些省份把福彩公益宣传融入传统节气、民俗节日、文化庆典等。广西福彩在壮族节日"三月三"开展系列公益营销活动，还与有关单位联合举办"好运村滨江露营节"等公益活动，尝试探索跨界拉新模式，使福彩公益形象得以在更大范围内传播。

4.公益传播常态化

广西福彩发挥宣传全媒体矩阵作用，通过广西全区收听率最高的电台节目、客运量最大的高铁列车、南宁市主要的公交车线路、人流量最大的地铁线路、流动性最大的出租车、消费者最多的前 10 个超市、车流量最大的要道地标屏、上万个社区入户门等载体，开展立体式、多角度的常态化传播，使福彩公益理念走进人们的日常生活。宁夏福彩加强"融媒体"建设，通过组建"报、网、端、微、屏"综合传播矩阵，试图覆盖现有购彩群体、潜在购彩群体，打通彩票监管方和公益金受益方的公益传播渠道，强化彩票购买行为与公益金使用的关联度，常态化地向公众传递有感、有趣、真实的福利彩票形象。

五 中国式现代化进程中的彩票事业发展：方位、现状和挑战

（一）中国式现代化进程中彩票事业发展的方位

党的二十大报告科学论述了中国式现代化及其基本特征。中国式现代化的五个基本特征对于确定福利彩票在新征程中的方位，具有非常重要的意义。我们认为，可以从人口规模巨大的现代化认识彩票产业的超大规模市场优势，从全体人民共同富裕的现代化认识彩票的民生产业、公益事业定位，从物质文明和精神文明相协调的现代化认识彩票与公益、市场和社会的深度融合关系，从人与自然和谐共生的现代化认识彩票事业的可持续发展，从走和平发展道路的现代化认识彩票事业对外开放和中国特色。

1. 人口规模巨大的现代化与彩票业的超大规模市场优势

人口规模巨大的现代化是中国式现代化的"显著特征"。[①] 幅员辽阔、民族众多、人口规模巨大，是中国的客观实际和基本国情。这既是开创中国式现代化道路面临的巨大优势，也是重大难题。从彩票业发展的角度看，正确认识和准确把握这一"显著特征"，对于彩票业高质量发展至关重要。

人口规模巨大是彩票业发展的"基本盘"。近些年，我国的福利彩票和体育彩票的销量都稳居世界彩票机构销量的前五名。超大规模市场内生于人口规模巨大的现代化进程，使国内彩票市场具有潜在的巨大需求，更为彩票业的市场开拓、体制机制改革创新、公益金筹集规模扩大等提供了足够大的发展空间。

人口规模巨大也导致众多艰巨复杂的问题。例如，从彩票事业发展来看，不同地区经济发展不平衡、彩票市场发展也不平衡。地区差异的程度甚至要超过很多发行彩票的国家。这也意味着不同地区彩票业发展面临的问题可能也不一样。要防止由于市场巨大，一些博弈性较强游戏的发行销售可能引发负面社会影响，这对规制部门的工作提出了更高的要求。人口规模巨大这一特征要求在推进中国式现代化进程中，必须从中国的国情出发想问题、作决策、办事情，既不好高骛远，也不因循守旧，保持历史耐心，坚持稳中求进、循序渐进、持续推进。[②] 因此，在兼顾各地差异的同时统筹发展彩票事业，我们并没有现成的模式可供选择，而是必须创新发展，走出一条自己的路，也就是彩票的中国式现代化发展之路。

2. 全体人民共同富裕的现代化与彩票业的功能定位

中国式现代化的本质特征是全体人民共同富裕的现代化。全体人民共同富裕即社会主义的本质特征，也是中国式现代化不同于西方现代化的根本区别。这一特征对彩票事业的发展提出了共享发展的要求，提出了一二三次分配促进共同富裕的要求。

---

① 曲青山：《深刻理解中国式现代化五个方面的中国特色》，《求是》2023 年第 16 期。
② 曲青山：《深刻理解中国式现代化五个方面的中国特色》，《求是》2023 年第 16 期。

随着我国经济社会发展和社会主要矛盾的转变、社会保障和社会福利事业的推进，全体人民共同富裕的内涵和具体任务也逐步发生变化。因此，彩票业无论是在彩票销售还是公益金分配使用方面，都需要做跟进调整，要以更加完善、更加便捷、更加高效的服务满足人民对美好生活的需要，让更多民众享受到丰富多彩的文化生活，推进全体人民的共同富裕。

彩票事业与第一、二、三次分配都有着紧密联系。彩票产业带动基层民众就业，使更多群体能通过劳动享受到经济发展的成果；彩票事业通过筹集公益金并用于全国社会保障基金、中央彩票公益金项目等方式，对适度平衡不同地区发展差距、保障弱势群体的基本生活需要等发挥了二次分配的作用；彩票通过传播公益精神，倡导人们基于公益目标购买彩票、筹集公益金并支持公益项目，发挥第三次分配的作用。[①]

"共同富裕"要求彩票业在发展中，"必须坚持以人民为中心的发展思想，坚持把实现人民对美好生活的向往作为现代化建设的出发点和落脚点，着力维护和促进社会公平正义，着力促进全体人民共同富裕，坚决防止两极分化"。[②] 这也正是福利彩票的"人民性"属性的要求。

3. 物质文明和精神文明相协调的现代化与彩票业的多维度目标之间的协调

物质文明和精神文明相协调既是社会主义的基本要求，也是"对中华文明的传承弘扬和对实践的探索及经验的总结"，[③] 是中国式现代化的崇高追求。"坚持物质文明建设和精神文明建设两手抓、两手都要硬，是把马克思主义基本原理同中国改革开放具体实际相结合得出的必然结论"。[④]

从彩票业的发展战略角度看，要以辩证的、全面的、平衡的观点正确处理好彩票业发展中物质文明和精神文明的关系。在彩票消费和公益金分配使

[①] 陈鲁南：《浅析我国福利彩票在基础性分配制度中的地位与作用》，《中国民政》2022 年第 5 期。

[②] 曲青山：《深刻理解中国式现代化五个方面的中国特色》，《求是》2023 年第 16 期。

[③] 陈鲁南：《浅析我国福利彩票在基础性分配制度中的地位与作用》，《中国民政》2022 年第 5 期。

[④] 沈夏珠：《中国式现代化是贯彻新发展理念的现代化》，中国网，2023 年 2 月 16 日，https：//t. m. China. com. cn/convert/C_ 10iOxCvz. html。

用中，要"增强人民精神力量，促进物的全面丰富和人的全面发展"①，繁荣和发展社会主义先进文化，践行社会主义核心价值观，推广社会主义公益精神。

彩票业既要通过产业发展、经济带动、促进就业等方式提高人们的物质文化生活水平，也要通过彩票产业发展更好地满足城乡居民的休闲娱乐需要，还要通过人们参与彩票购买和公益行动，传递爱心，传递公益精神和公益文化。彩票业不仅在彩票发行销售阶段要注意二者的协调，也要注意在公益金分配使用阶段二者的协调，公益项目不仅要在扶贫济困的物质层面投入，也要在精神层面投入。

4. 人与自然和谐共生的现代化与彩票业的可持续发展

中国式现代化是人与自然和谐共生的现代化。对于彩票而言，要积极推进责任彩票建设，把健康游戏、健康销量、健康发展作为工作目标，以"绿色"塑造新形态。要在产品设计和制造中融入绿色环保因素，在网点和站点的服务中，融入和传递人与自然和谐共生的理念。要通过制定一系列标准、规范等，通过社会责任实践实现彩票事业的可持续发展；在公益金项目的支持方面，要在现有公益项目的领域之外，增加对环保公益项目的支持，推动生态文明发展。

绿色彩票的发展不仅涵盖生产、物流、销售、回收等环节的绿色低碳，也包括牢固树立公益理念、丰富公益实践、支持公益活动、彰显公益精神，营造良好的福利彩票发展的社会生态。②

5. 走和平发展道路的现代化与彩票产业的对外交流和对外开放

中国式现代化是走和平发展道路的现代化。中国式现代化倡导不同国家之间相互协作、优势互补，坚持开放包容、合作共赢，推动构建人类命运共同体。从彩票产业角度看，面对世界百年未有之大变局，需要坚持改革开

---

① 辛向阳：《深刻把握中国式现代化的中国特色和本质要求》，《中国纪检监察报》2022 年 10 月 20 日。
② 路畅：《重新解读福彩责任彩票理念——全国福彩系统责任彩票报告发布》，《国家彩票》2023 年第 9 期。

放，既要尊重慈善公益事业发展的客观规律，又要符合我们的国情，[①] 充分利用巨大市场的优势，更加自信地与国际彩票产业进行交流合作，充分借鉴和吸收彩票业先进国家的经验，提升中国彩票业的国际影响力，推动中国彩票与各国彩票机构文明平等交流、和合共生。

综上，彩票事业的高质量发展，需要立足于中国式现代化五个特征，在现有基础上，进一步明确其在中国式现代化进程中的发展方向和功能定位。人民性、国家性和公益性是我国彩票事业的根本属性，也是中国式彩票事业的基本特征。我国彩票事业发展的终极目标是推进全体人民共同富裕。兼顾物质文明和精神文明，创新、绿色和开放是彩票事业高质量发展的根本要求和具体路径。

（二）彩票事业发展的现状和挑战

关于彩票事业发展现状和挑战的阐述已经较多，[②] 这里仅对此做简单的梳理概括。

1. 现状

1987 年我国福利彩票发行至今，福利彩票事业对我国的社会福利和社会公益事业做出了非常大的贡献。截至 2022 年末，我国彩票累计发行金额53029.64 亿元，共筹集彩票公益金 14852.34 亿元。其中，福利彩票累计销售额为 26458.37 亿元，筹集公益金 7917.46 亿元；体育彩票累计销售额为26571.27 亿元，筹集公益金 6934.88 亿元。到目前为止，彩票事业经过 30多年探索逐步形成了下述特征。

一是彩票市场规模大，发展潜力较大，彩票类型、游戏种类逐步优化，体育彩票和福利彩票销量近些年都处于世界彩票机构销量前五甚至前三。

---

① 郑功成：《慈善事业在推动中国式现代化中的作用不可替代》，《中国慈善家杂志》2023 年第 1 期。
② 可参考《中国福利彩票发展报告（2020）》《中国福利彩票发展报告（2021）》《中国福利彩票发展报告（2022）》相关文章。

二是我国彩票为国家特许经营，由民政部和国家体育总局下属的两家事业单位进行运营管理。彩票发行销售和公益金筹集分配主要由财政部门监管，民政和体育部门主管。

三是筹措的彩票公益金主要用于社会福利和包括体育在内的社会公益事业，彩票公益金已成为我国社会保障的重要资金来源。

2. 挑战

一是从我国超大规模市场来看，彩票供给和需求的匹配度还不够，市场潜力还没有充分发挥出来。现代化的生产组织方式和社会治理形式对既有的彩票管理模式形成挑战。需要加快体制机制的改革创新，推进彩票销售市场供求双方的双向升级。

二是基于共同富裕的发展目标，公益金的筹集率、公益金的筹集量、公益金的分配和使用都还有待进一步优化提高，需要推进彩票公益金筹集和分配使用的进一步公益化。

三是基于物质文明和精神文明相协调的视角，彩票销售和彩票公益金分配使用两个市场联动还存在障碍，人们对彩票公信力和公益性的认知还存在不足。需要推进彩票公益品牌和公益精神的宣传，加强彩票销售和公益金分配使用的联动。

四是基于人和自然和谐共生的视角，彩票游戏的品类和结构还需要进一步优化，责任彩票的推进虽已取得较大成绩，但仍需要提升。

五是基于走和平发展道路的视角，目前我国彩票业的发展，无论是基于国情的创新发展、形成中国特色的彩票事业，还是对国际先进经验的借鉴方面，都还有进一步提高的空间。

六　中国式现代化进程中福利彩票事业高质量发展的建议

2022 年底召开的全国民政工作会议提出，要"坚持以人民为中心"，"坚持稳中求进工作总基调，着力推动高质量发展"，"不断增进民生福祉，促进共同富裕，为全面建设社会主义现代化国家开好局起好步贡献力量"。① 中国式现代化的本质要求之一，就是实现高质量发展。福利彩票事业要贯彻新发展理念，加快构建新发展格局，以高质量发展推进中国式现代化。

基于中国式现代化的视角，彩票事业的高质量发展是三个因素的有机结合：一是国际上彩票业发展具有共同的特征，二是中国慈善公益的历史传统，三是中国特色社会主义发展进程中对彩票事业的规律性认识。这三方面因素的有机融合，构成了中国式现代化进程中彩票事业高质量发展的特征。在全面建设社会主义现代化国家的新征程中，在中国式现代化的进程中，福利彩票事业要进一步明确自身定位，把握新机遇，担当新使命，继续做好转型升级，推进高质量发展。

（一）加强党建引领、进一步明确福利彩票的功能定位

通过坚持以政治建设为统领，不断加强党对福彩事业的全面领导，筑牢福彩高质量发展"压舱石"。从政治和全局的高度谋划和推进福彩工作，保证福彩事业正确的发展方向，推动党建与业务深度融合。始终坚守福利彩票初心使命，践行"扶老、助残、救孤、济困"发行宗旨，把为人民服务、服务国家大局理念贯穿到福彩工作各领域、全过程。持续稳定筹集公益金、推动公益金管理使用与彩票发行销售互促互进。通过福利彩票事业转型发展和高质量发展，推动新时代公益慈善事业大发展，为扎实推进共同富裕提供更大推力。

在彩票业的功能定位上，要立足于把握新发展阶段的经济社会环境，推动彩票的法治化、健康化、娱乐化、公益化，重视彩票业的综合功能定位，使彩票业发挥为民、富民、利民、乐民的作用，以彩履责、以彩扬善、以彩助业、以彩乐民，使之成为推动全体人民共同富裕的幸福产业、公益事业。

---

① 民政部：《全国民政工作会议在京召开》，中国福利彩票网，2022 年 12 月 31 日，http://www.cwl.gov.cn/c/2022/12/31/526113.shtml。

（二）推动彩票的顶层制度设计、加强彩票生态系统的构建

我国彩票立法工作近些年在持续推进，2019 年全国人大有关部门开展了彩票立法调研，将彩票法列入立法工作计划，并起草了立法建议稿，此后因彩票管理体制机制等关键问题尚未确定，彩票立法没有更新更大的进展。在中国式现代化进程中，需要相关部门加强对彩票管理体制机制改革的研究，大力推进彩票立法，推动彩票的政策框架设计和体制机制创新。

彩票业的高质量发展，离不开利益相关者的理解和支持。彩票发行销售环节、彩票公益金分配使用环节所涉及的各个主体，包括监管主管部门、社会公众等共同构成彩票事业的生态系统。需要通过彩票法、彩票的政策框架设计和彩票的体制机制改革，构建一个不同主体之间积极互动、相互协作、共同推进彩票事业高质量发展的生态系统，建立国家层面的彩票业标准体系。[①]

（三）推动福利彩票产业的转型升级、推进供需双向升级和高质量发展

在行业和机构层面，要引入更多市场化机制，推进供给侧结构性改革和需求侧管理，推动福利彩票事业的转型升级。要创新激励机制，形成有效市场和有为政府的结合，激励相关主体投入彩票的产品创新、渠道创新、营销创新和公益创新。

近几年来，特别是 2022 年以来，很多地方的即开票都引起年轻人的关注和参与购买。这既是对这几年福彩机构在渠道拓展、彩票游戏开发方面诸多努力的市场回应，也可以视为推动彩票消费群体的结构优化、加强彩票的市场化运营的好的契机。基于此，在彩票产品供给端，应该进一步完善彩票产业政策和监管政策，重视市场因素，提升产品供给类型和供给质量；推动科技赋能，探索发展数字化彩票。在彩票需求端，要加强彩票市场和公益金

① 李刚、余庆瀛：《关于构建中国彩票业国家标准的思考》，《国家彩票》2023 年第 1 期。

分配使用市场的联系，搭建彩票消费认知桥梁，促进彩票公益品牌建设，扩展购彩者人群，提升彩票消费，"推动形成人人慈善、随手公益的生动局面"。①

（四）推进公益金分配使用的进一步优化

彩票公益金在扶老、助残、救孤、济困等社会福利和社会公益领域发挥非常重要的作用，是民政事业重要的资金来源，是国家完善分配制度、促进共同富裕的重要力量，是健全多层次社会保障体系、增进民生福祉的重要方面，是促进社会向上向善、推动形成社会文明风尚的重要引导。彩票公益金进一步明确其定位，发挥重要功能，需要注意以下四个方面：一是完善制度规范建设，构建长效稳定机制；二是拓展培育分配主体，引导社会主体全面参与；三是丰富项目分配内容，优化资源协调配置；四是充分利用数字经济，做好与一二三次分配的统筹协调。②

参考文献

曲青山：《深刻理解中国式现代化五个方面的中国特色》，《求是》2023 年第 16 期。

中国福利彩票发行管理中心：《中国福利彩票责任彩票报告（2022 年）》。

陈鲁南：《浅析我国福利彩票在基础性分配制度中的地位和作用》，《中国民政》2022 年第 5 期。

辛向阳：《深刻把握中国式现代化的中国特色和本质要求》，《中国纪检监察报》2022 年 10 月 20 日。

詹成付：《深刻认识党的二十大的重大意义》，《红旗文稿》2022 年第 20 期。

民政部党组：《谱写新时代民政事业发展新篇章》，《旗帜》2022 年第 11 期。

郑功成：《慈善事业在推动中国式现代化中的作用不可替代》，《中国慈善家杂志》2023 年第 1 期。

---

① 新华社：《谌贻琴出席中华慈善奖表彰大会强调 推动新时代公益慈善事业高质量发展》，中国福利彩票网，2023 年 9 月 6 日，http://www.cwl.gov.cn/c/2023/09/06/552659.shtml。

② 具体内容看参照本书相关专题文章 B.9。

分　报　告
Sub-reports

B.2
2022年福利彩票省级区域比较分析报告

王晶磊*

摘　要： 本文主要探讨了2022年中国福利彩票省级层面销售情况，包括总销量、销量占比、GDP占比、福彩发展指数、福彩偏差指数、人均购彩等相关维度，并结合往年数据进行对比分析，在相同既定条件下寻找具有价值的结论。此外，根据本文中设定的"彩票偏差指数"，可以按照偏差指数计算方式，更直观地看出各省份福利彩票销量与GDP之间的关系，得出"西部、北部各省份内，大多省份福彩销量占比高于其省GDP占比""东南沿海、中部各省份内，大多省份福彩销量占比低于省GDP占比或与之基本持平"等结论。此外，本文详细对比了2022年各省份福利彩票人均销量与体育彩票人均销量的情况，详细分析各省份福利彩票与体育彩票间的相关情况，从而寻找在整体环境下存在的特殊情况。

* 王晶磊，高级工程师，高级项目经理，中国社会科学院大学学生工作处协助负责人，主要研究方向为数据分析、项目管理、公共治理。

关键词: 福利彩票销量　福利彩票偏差指数　彩票人均销量

一　福利彩票的省级销量分析

（一）2022年各省份福利彩票销量分析

1.销量情况

2021年全国彩票形势总体有较大提升，全国彩票销量4246.52亿元，较2021年彩票销量增加513.67亿元，同比增长13.8%。其中，福利彩票销量约为1481.31亿元，同比增加58.76亿元，增长4.1%；体育彩票销量2765.22亿元，同比增加454.92亿元，增长19.7%（见图1）。

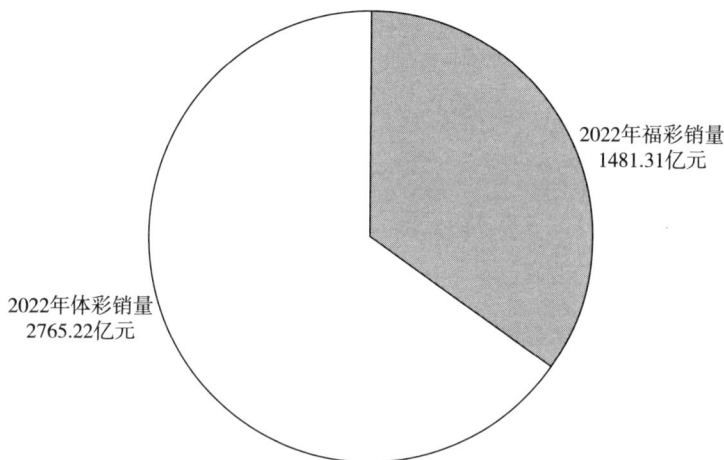

2022年福彩销量
1481.31亿元

2022年体彩销量
2765.22亿元

图1　2022年彩票销量数据

数据来源：国家统计局网站数据。

相较于2021年，2022年各省份福彩销量情况持续好转。全国31个省、自治区、直辖市中（不包含台湾地区及香港、澳门特别行政区），21个省份福彩销量同比上升，10个省份福彩销量同比下降。

通过分析 2022 年全国各省份销量数据（见图 2）可知，广东省销量长期居全国首位，年销量 172.82 亿元，同比增长 6.79%。浙江、山东、江苏3 省位列第 2~4 位，销量分别为 124.36 亿元、91.83 亿元、91.18 亿元，同比增长 6.94%、1.58%、12.22%。由此可知销量超过 90 亿元的四个省份均呈现一定程度增长。

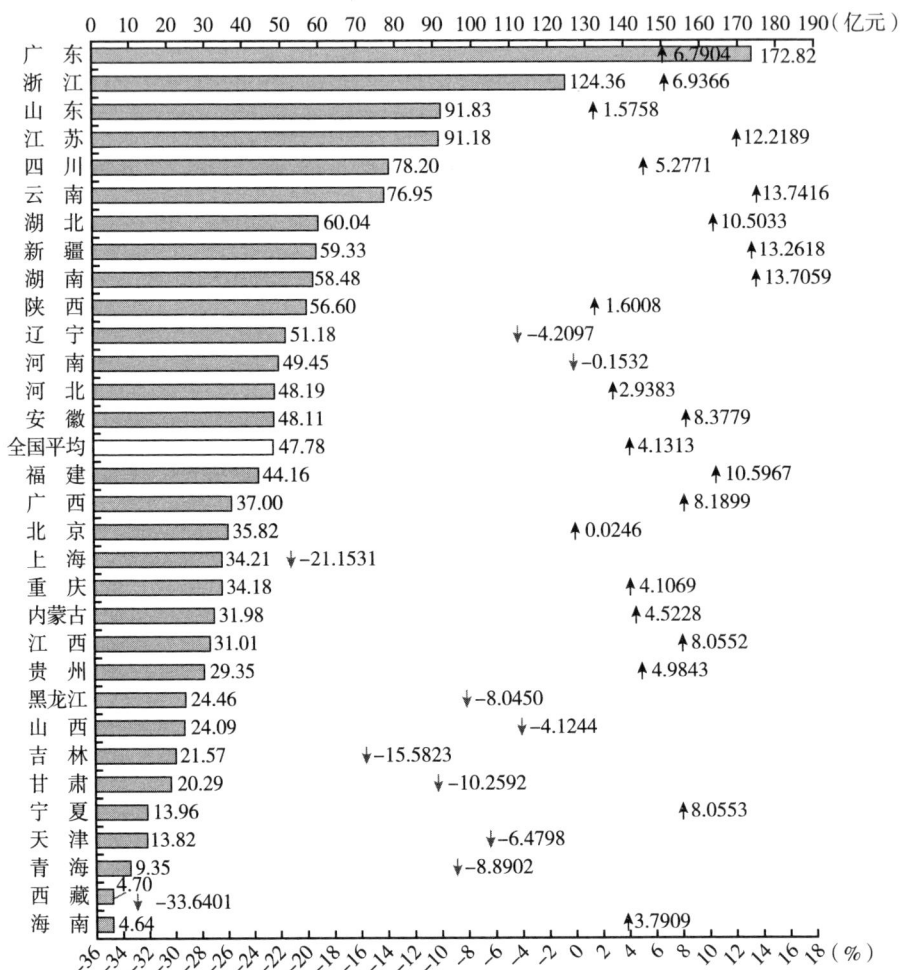

图 2　2022 年各省份福彩销量及同比增幅（按照销售额排序）

数据来源：民政部等公开数据。

在福彩销量高于各省份平均值的 14 个省份中，12 个省份销量实现了同比增长。其中江苏、云南、湖北、新疆、湖南 5 个省份销量同比增长 12.22%、13.74%、10.50%、13.26%、13.71%，增长均超过 10%，仅辽宁、河南两省销量同比下降。

在福彩销量较低的省份中，销量同比下降的省份相对较多。2022 年福彩销量后十位的省份分别是贵州、黑龙江、山西、吉林、甘肃、宁夏、天津、青海、西藏、海南，其中 7 个省份销量同比下降。其中西藏自治区销量同比下降 33.64%，是销量同比下降最大的省份。2022 年各省份平均销量为 47.78 亿元，同比增长 4.13%。

广东省销量 172.82 亿元，其销量仍较大幅领先；浙江省销量为 124.36 亿元，仍保持销量超过 100 亿元；山东、江苏、四川、云南四省紧随其后，销量分别为 91.83 亿元、91.18 亿元、78.20 亿元、76.95 亿元。以上六省销量保持一定领先，但领先趋势在逐渐衰减。湖北、新疆、湖南、陕西、辽宁、河南、河北、安徽、福建 9 个省份销量属于第二梯队，销量分别为 60.04 亿元、59.33 亿元、58.48 亿元、56.60 亿元、51.18 亿元、49.45 亿元、48.19 亿元、48.11 亿元、44.16 亿元。其余 16 个省销量属于第三梯队，与前者存有一定差距。

2022 年福彩销量的中位数为广西。此外，销量位于第一梯队的省份（如广东、浙江、山东、江苏等），其销量较大幅度领先于其他省份，从而提高了平均彩票销量。

2. 销量同比情况

如图 3 所示，2022 年福利彩票销量同比增长率为 4.13%，15 个省份同比增长率高于平均同比增长率，16 个省份同比增长率低于平均同比增长率。

在销量同比增长的省份中，云南省销量同比增长 13.74%，湖南省销量同比增长 13.71%，新疆维吾尔自治区销量同比增长 13.26%，江苏省销量同比增长 12.22%，福建省销量同比增长 10.6%，湖北省销量同比增长 10.5%，是 2022 年福彩销量同比增长最高的六个省份，也是同比增长率高于 10% 的省份。其中湖北、新疆、湖南三省（区）销量同比上升 10.5%、

13.26%、13.71%，销量超越陕西、辽宁两省，位列第7~9位。

在销量同比下降的省份中，西藏自治区销量同比下降33.64%，上海市销量同比下降21.15%，吉林省销量同比下降15.58%，甘肃省销量同比下降10.26%，是2021年福彩销量同比下降幅度超过10%的省份。

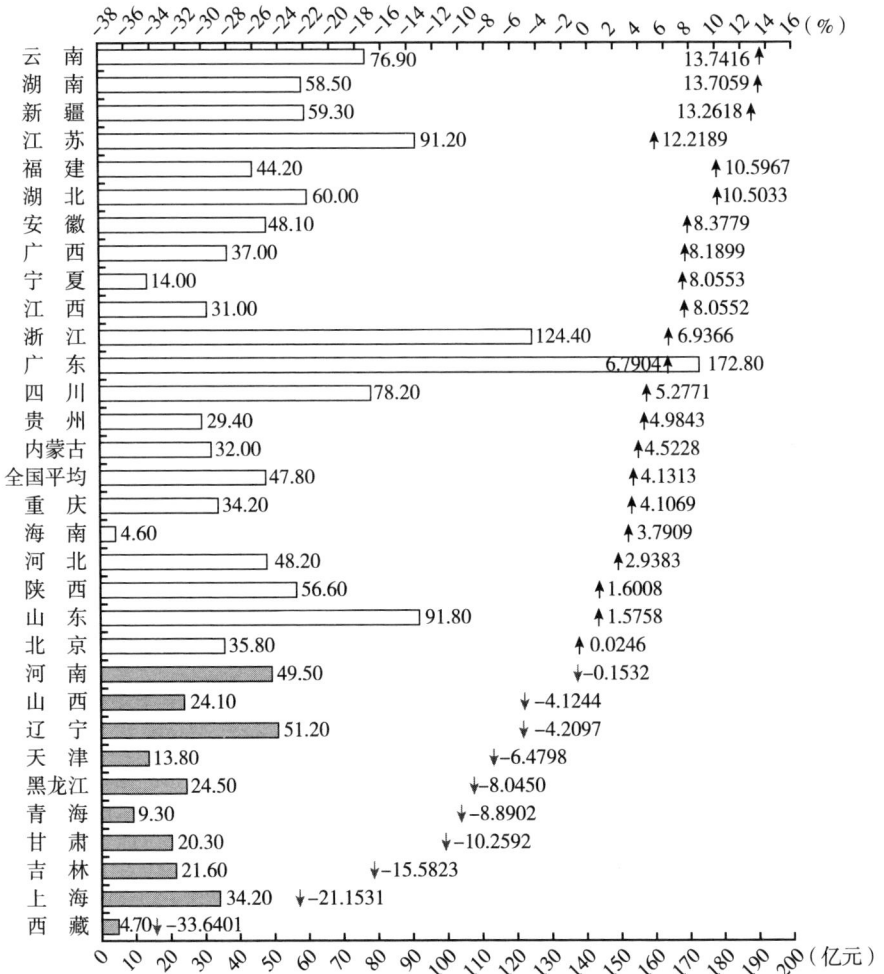

图3 2022年各省份福利彩票销量及同比增幅（按照同比增长率排序）

数据来源：民政部公开数据。

（二）省级福利彩票发展指数分析

福利彩票发展指数（福利彩票销售额/GDP）可用以对比福利彩票销售额与 GDP 之间的关系。

如图 4 所示，新疆、宁夏、云南、青海、西藏是 2022 年福彩发展指数排名前五的省份，相较于 2021 年福彩发展指数前五名的省份（西藏、新疆、

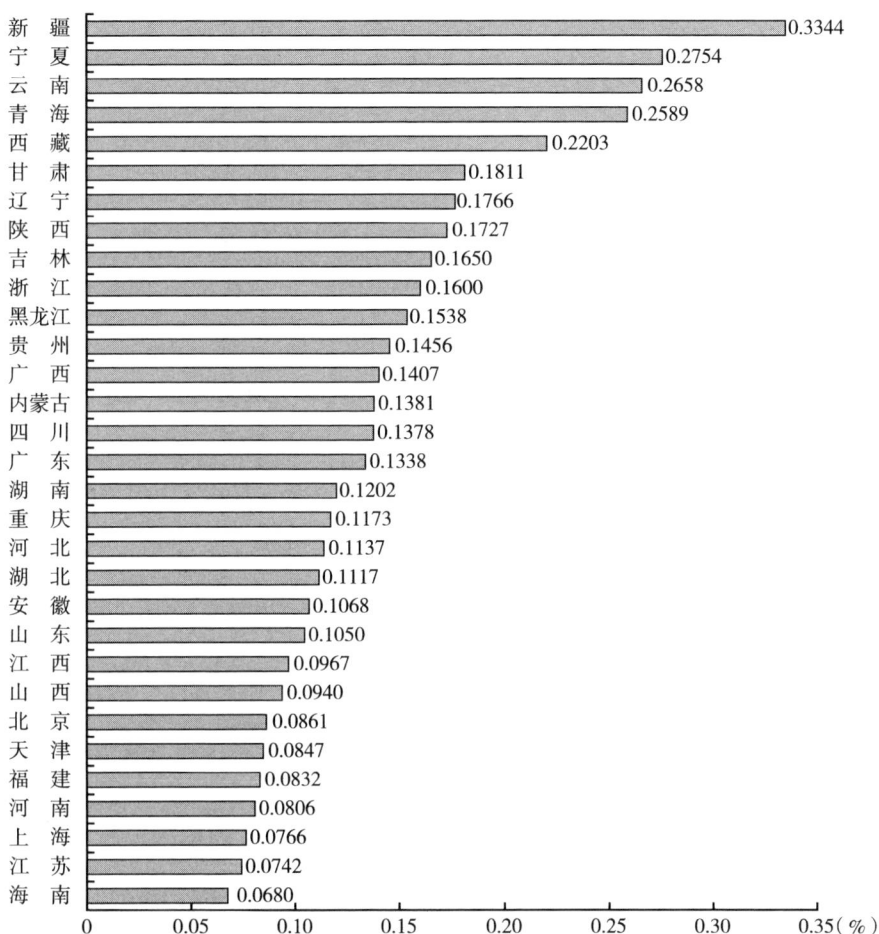

新疆	0.3344
宁夏	0.2754
云南	0.2658
青海	0.2589
西藏	0.2203
甘肃	0.1811
辽宁	0.1766
陕西	0.1727
吉林	0.1650
浙江	0.1600
黑龙江	0.1538
贵州	0.1456
广西	0.1407
内蒙古	0.1381
四川	0.1378
广东	0.1338
湖南	0.1202
重庆	0.1173
河北	0.1137
湖北	0.1117
安徽	0.1068
山东	0.1050
江西	0.0967
山西	0.0940
北京	0.0861
天津	0.0847
福建	0.0832
河南	0.0806
上海	0.0766
江苏	0.0742
海南	0.0680

图4　2022年福利彩票发展指数

数据来源：民政部公开数据。

青海、宁夏、云南），虽然省份不变，但排名产生了较大变化。首先是西藏自治区从长期保持的福彩发展指数排名首位，跌落至第五位；新疆维吾尔自治区由 2021 年的发展指数排名第二位升至首位，以较大幅度领先于其他各省份；宁夏回族自治区、云南省由 2021 年的发展指数排名第四位、第五位升至第二位、第三位；青海省则由 2021 年的第三位降至第四位。

（三）2022年各省份福彩销量、GDP 占比分析

GDP 是经济核算体系中的重要指标，用以评估指定区域的经济发展态势。为了直观体现某省份在其经济态势下，民众对于彩票的购买意向，接下来通过将各省份 GDP 所占比重（GDP 占比），与各省份福彩销量所占比重（福彩销量占比）进行比较分析。如图 5 所示，福彩销售额前四名广东、浙江、山东、江苏均位于沿海经济较发达地区，其福彩销售额占比分别为 11.67%、8.4%、6.2%、6.16%。这四省也是 2022 年 GDP 占比排名前四位的省份，GDP 占比分别为 10.73%、6.46%、7.27%、10.21%。广东、浙江、山东、江苏四省无论是福彩销售额占比还是 GDP 占比，均处于领先地位；四川、云南、湖北、新疆、湖南、陕西六省份福彩销售额占比位于第五至第十位，其 GDP 占比分别为 4.72%、2.41%、4.47%、1.47%、4.04%、2.72%，福彩销售额占比为 5.28%、5.19%、4.05%、4.01%、3.95%、3.82%。

通过上述数据可知，各省份在既定经济态势下，对于购买福利彩票的意向有着一定差别，例如新疆维吾尔自治区福彩销售额占比为 4.01%，湖北省福彩销售额占比 4.05%，两者基本持平；而 GDP 占比方面，新疆维吾尔自治区 GDP 占比为 1.47%，湖北省 GDP 占比为 4.47%，湖北省 GDP 占比是新疆维吾尔自治区 GDP 占比的三倍。在大多数省份中，GDP 与福彩销售额的体量呈同趋势化，例如广东省 GDP 和福彩销售额常年位于全国首位，且 GDP 占比与福彩销售额占比大致相等。但存在个别省份，其福彩销售额与 GDP 体量有较大差异，这些特殊情况尤其值得关注。

彩票销售额与 GDP 息息相关，但由于两者体量间存在较大差距，考虑到要更加直观地展现两者的联系，课题组设定了偏差指数标准及判定区间，

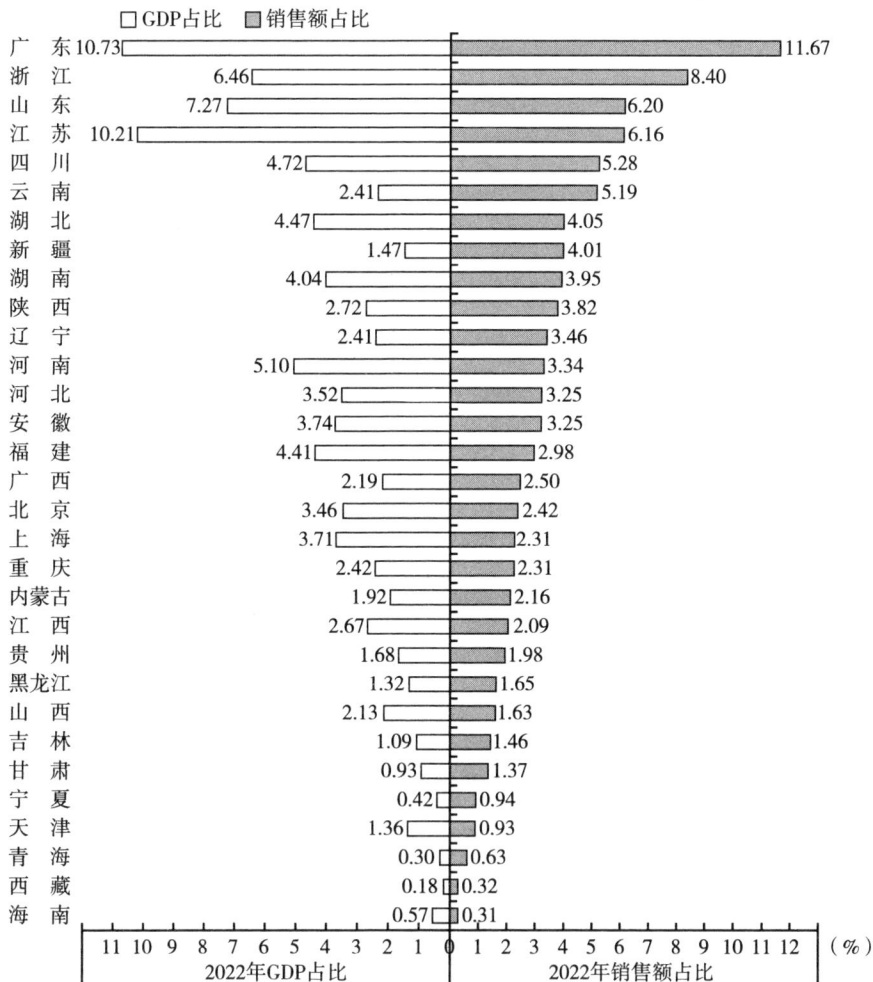

图 5　2022 年各省份福利彩票销售额、GDP 占比统计

数据来源：民政部公开数据、国家统计局网站数据。

以此来分析各省份福彩销售额占比与 GDP 占比，即依照偏差指数"（福彩销售额占比-GDP 占比）/福彩销售额占比"对各省份福彩销售额与 GDP 的关系进行分类评估。如图 6 所示，有 15 个省份的偏差指数小于零，也即该地区的福彩销售额占比小于 GDP 占比；16 个省份的偏差指数大于零，也即该地区的福彩销售额占比大于 GDP 占比。

□ 销售额占比大大高于GDP占比　□ 销售额占比高于GDP占比
▨ 销售额占比与GDP占比大致持平　▨ 销售额占比低于GDP占比
■ 销售额占比大大低于GDP占比

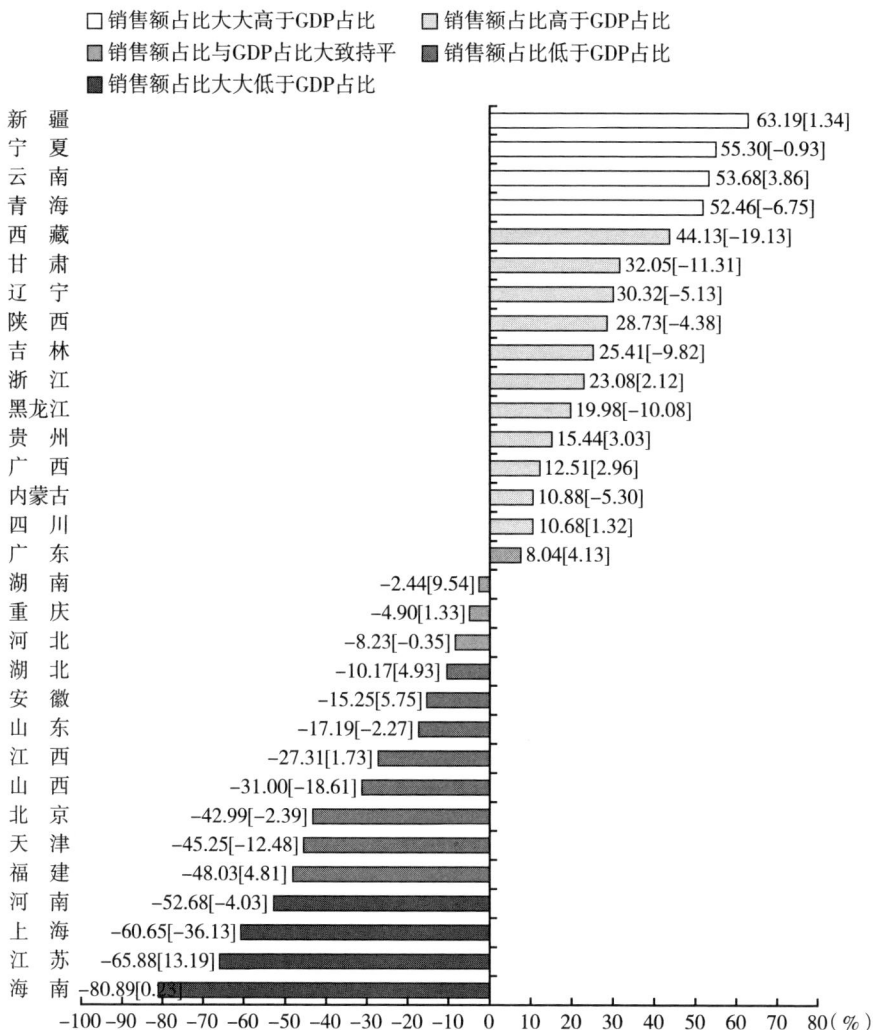

省份	偏差指数
新　疆	63.19[1.34]
宁　夏	55.30[-0.93]
云　南	53.68[3.86]
青　海	52.46[-6.75]
西　藏	44.13[-19.13]
甘　肃	32.05[-11.31]
辽　宁	30.32[-5.13]
陕　西	28.73[-4.38]
吉　林	25.41[-9.82]
浙　江	23.08[2.12]
黑龙江	19.98[-10.08]
贵　州	15.44[3.03]
广　西	12.51[2.96]
内蒙古	10.88[-5.30]
四　川	10.68[1.32]
广　东	8.04[4.13]
湖　南	-2.44[9.54]
重　庆	-4.90[1.33]
河　北	-8.23[-0.35]
湖　北	-10.17[4.93]
安　徽	-15.25[5.75]
山　东	-17.19[-2.27]
江　西	-27.31[1.73]
山　西	-31.00[-18.61]
北　京	-42.99[-2.39]
天　津	-45.25[-12.48]
福　建	-48.03[4.81]
河　南	-52.68[-4.03]
上　海	-60.65[-36.13]
江　苏	-65.88[13.19]
海　南	-80.89[0.23]

-100 -90 -80 -70 -60 -50 -40 -30 -20 -10 0 10 20 30 40 50 60 70 80(%)

图6　2022年福利彩票偏差指数统计

根据偏差指数区间，来判定相应偏差定义：

（1）偏差指数区间位于（50%，+∞），即偏差指数>50%，代表福彩销售额占比较大幅度高于GDP占比；

（2）偏差指数区间位于（10%，50%），即10%<偏差指数<50%，代表福彩销售额占比高于GDP占比；

（3）偏差指数区间位于（-10%，10%），即-10%<偏差指数<10%，代表福彩销售额占比与省GDP占比基本持平；

（4）偏差指数区间位于（-50%，-10%），即-50%<偏差指数<-10%，代表福彩销售额占比低于省GDP占比；

（5）偏差指数区间位于（-∞，-50%），即偏差指数<-50%，代表福彩销售额占比较大幅度低于省GDP占比。

如图7所示，省份福彩销售额占比较大幅度高于省份GDP占比（偏差指数>50%）的共有4个省份，分别是新疆、宁夏、云南、青海，数量与2021年（西藏、新疆、青海、宁夏）相同，有区别的是云南省代替了西藏自治区。其中新疆维吾尔自治区的福彩偏差指数为63.19%，首次位列各省份之首。

省份福彩销量占比高于省份GDP占比（10%<偏差指数<50%）的省份有11个，分别是西藏、甘肃、辽宁、陕西、吉林、浙江、黑龙江、贵州、广西、内蒙古、四川，相较于2021年增加2个省份。其中西藏自治区偏差指数为44.13%，相较于2021年下降了19.13个百分点。

省份福彩销量占比基本持平于省份GDP占比（-10%<偏差指数<10%）的省份有4个：广东、湖南、重庆、河北。数量相较于2021年减少1个。

省份福彩销量占比低于省份GDP占比（-50%<偏差指数<-10%）的省份有8个，分别是湖北、安徽、山东、江西、山西、北京、天津、福建。数量相较于2021年减少2个。

省份福彩销量占比较大幅度低于省份GDP占比（偏差指数<-50%）的省份有4个：河南、上海、江苏、海南。数量相较于2021年增加1个。其中上海市偏差指数为-60.65%，同比下降36.13个百分点；海南省偏差指数为-80.89%，为各省份最低。

根据上述分析，结合图5、图6、图7所示，可以得出以下分析结果。

（1）GDP相对较低的省份中，福彩销售额占比明显高于GDP占比。如图8所示，GDP低于全国平均水平的共有18个省份。在这18个省份中，有13个省份属于偏差指数>50%或10%<偏差指数<50%，有5个省份偏差指

数<10%。在偏差指数为正的 16 个省份中，GDP 高于全国平均水平的省份有 3 个，分别是浙江、四川、广东；由此可见 GDP 相对较低的省份中，福彩销量占比明显高于 GDP 占比。

（2）GDP 相对较高的省份中，福彩销售额占比大多低于 GDP 占比或与之基本持平。如图 8 所示，GDP 高于全国平均水平的共有 13 个省份。在这13 个省份中，仅浙江省与四川省偏差指数>10%。其余 11 个省份中，有 3个省份偏差指数<-50%，5 个省份-50%<偏差指数<-10%，3 个省份-10%<偏差指数<10%。在偏差指数为负的 15 个省份中，GDP 低于平均水平的省份有 5 个，分别是重庆、山西、江西、天津、海南。由此可见 GDP 较高的省份中，偏差指数往往较低，即福彩销售额占比低于 GDP 占比。

（3）福彩销售额占比高于 GDP 占比的省份数量为 16 个，低于 GDP 占比的省份数量为 15 个，两者相对平衡。

（4）在西部、北部、东北部区域中，较多省份福彩销售额占比高于GDP 占比；东南沿海、中部区域中，较多省份福彩销售额占比低于 GDP 占比或与之基本持平。

西北、西南、东北、北部各省份基本都属于福彩销售额占比高于 GDP占比，尤其是新疆、云南、青海、宁夏等西部省份，偏差值均大于 50%，福彩销售额占比明显高于 GDP 占比。

（5）西藏自治区福彩销售额再次下降，福彩发展指数、福彩偏差指数均被多个省份超越。西藏自治区 2022 年福彩销量 4.7 亿元，同比下降33.64%。其福彩发展指数、福彩偏差指数由长期排名各省份首位跌至第五位。

（四）各省份福彩人均销量及同比

如图 9 所示，在 2022 年各省份人口统计中，人口过亿的省份有两个：广东省人口总数 12657 万人，长期居各省份人口排名首位，同比下降0.2129%；山东省人口总数 10163 万人，排名第二，同比下降 0.0688%；河南省人口总数 9872 万人，同比下降 0.1113%，其人口总数与山东省十分接

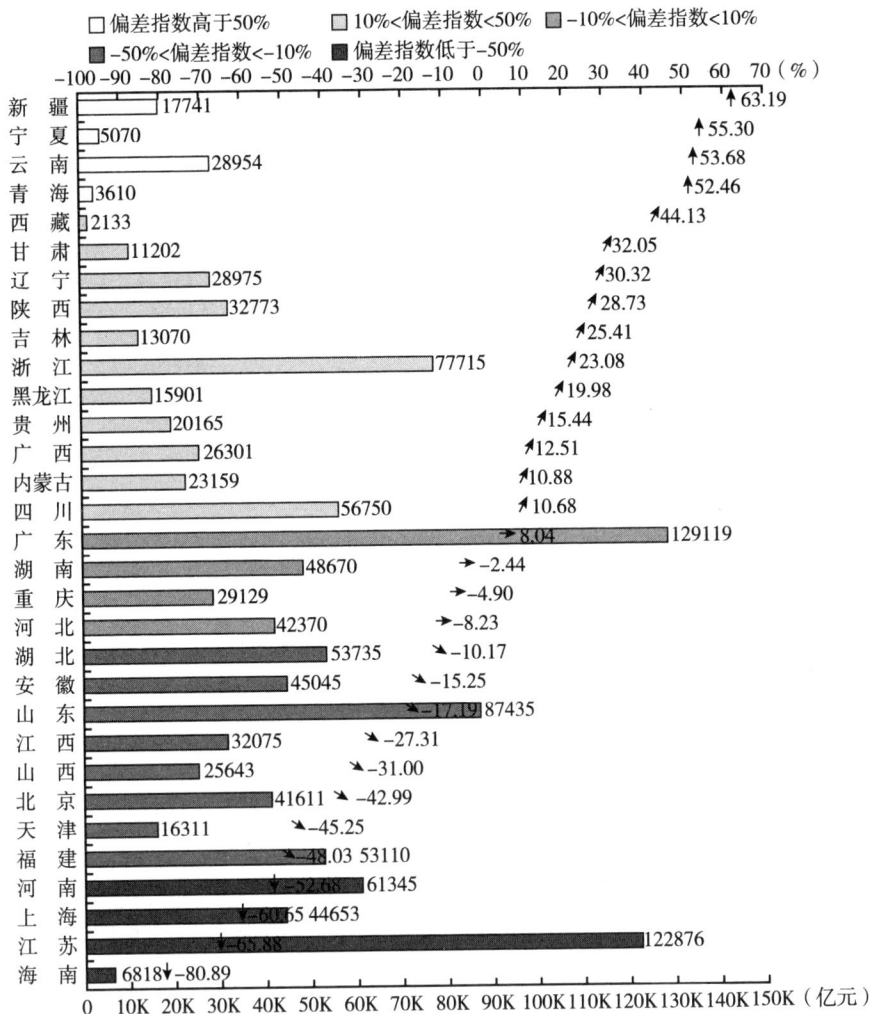

图7　2022年各省份GDP、偏差指数对比统计（按照偏差指数排序）

数据来源：民政部公开数据、国家统计局网站数据。

近；江苏、四川紧随其后，人口总数分别为8515万人、8374万人，同比增长0.1176%、0.0239%，人口总数均在8000万人以上；而宁夏、青海、西藏三省份人口数量均不足1000万人，其中西藏自治区人口总数364万人，不到广东省人口总数的3%。此外吉林、黑龙江、辽宁三省人口同比下降

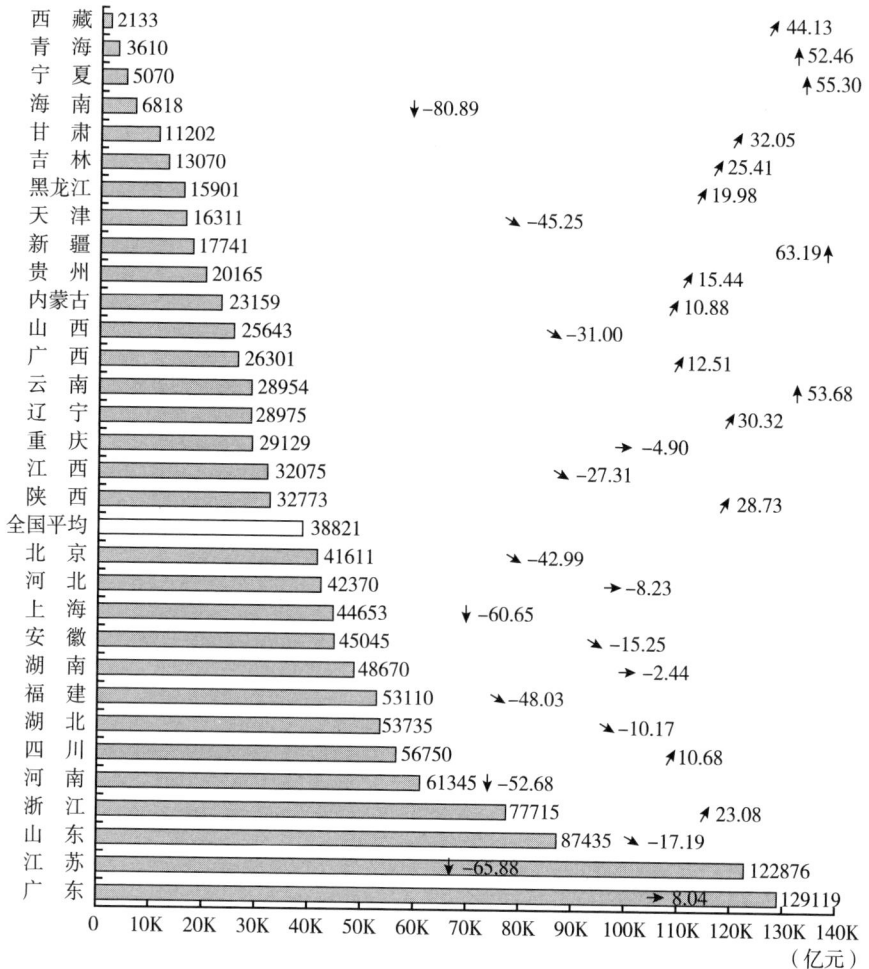

图8　2022年各省份GDP、偏差指数对比统计（按照GDP排序）

数据来源：民政部公开数据、国家统计局网站数据。

1. 1368%、0.8320%、0.7567%，是2022年人口同比下降最高的3个省份。

为了直观了解各省份民众在福利彩票领域的购买意向，下面对比2022年、2021年福利彩票人均销量的变化情况。如图10所示，2022年全国人均福彩销量105.1元，2021年全国人均福彩销量为100.8元，同比增长4.27%。全国共有15个省份人均福彩销量高于全国人均销量。新疆维吾尔自治区人均福彩销量229.3元，同比增长13.35%，以较大幅度领先其他省

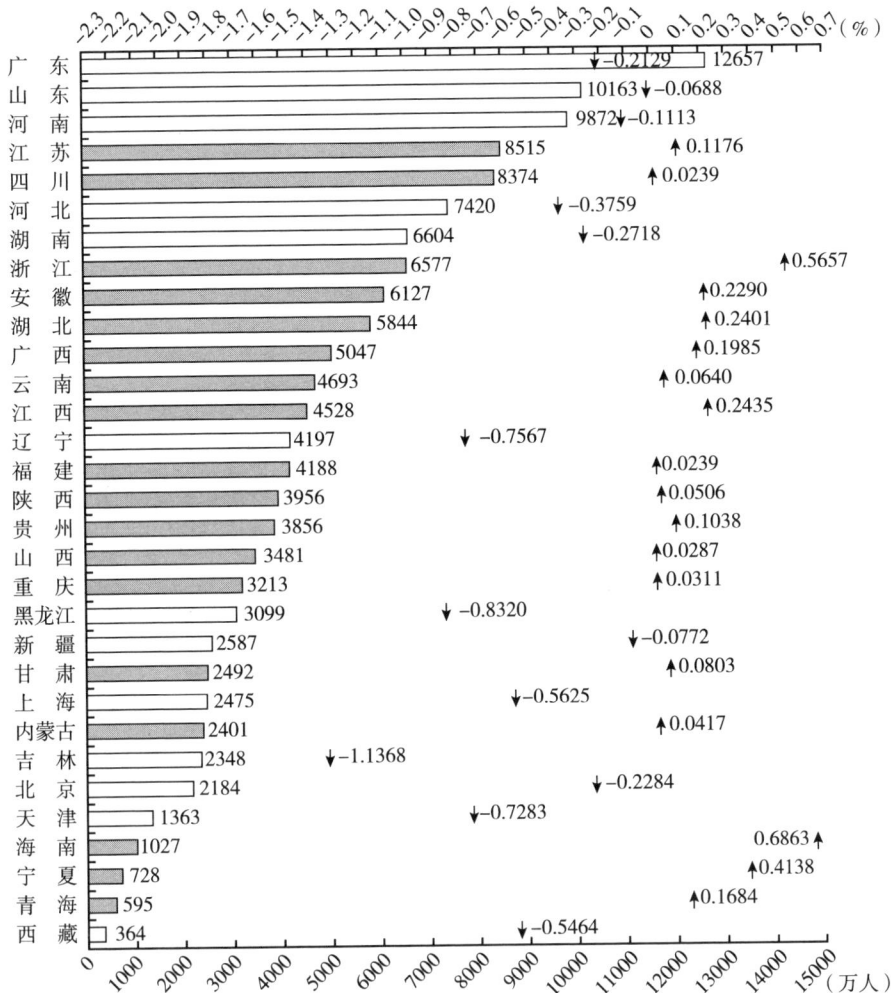

图9　2022年各省份人口数量及同比统计

数据来源：国家统计局网站数据。

份位列第一；宁夏、浙江、北京、云南位列第 2~5 位，人均销量分别为 191.8 元、189.1 元、164.0 元、164.0 元。人均福彩销量排名后五位的省份是海南、河南、河北、江西、山西，人均销量为 45.2 元、50.1 元、64.9 元、68.5 元、69.2 元。其中新疆维吾尔自治区人均福彩销量 229.3 元，是海南省人均福彩销量的 5 倍。

人均销量同比增长的前 5 名分别是湖南、云南、新疆、江苏、福建，同比增长 14.02%、13.67%、13.35%、12.09%、10.57%；人均销量同比增长的后 5 名分别是西藏、上海、吉林、甘肃、青海，同比下降 33.28%、20.71%、14.61%、10.33%、9.04%。

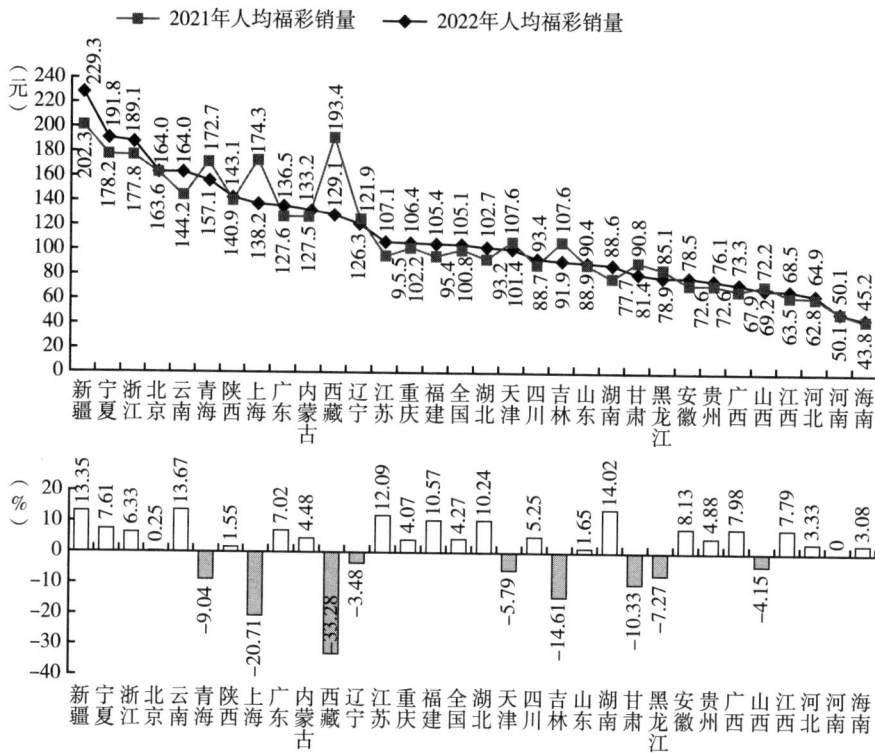

图 10 2022 年、2021 年各省份福利彩票人均销售额及同比增长情况

数据来源：民政部公开数据、国家统计局网站数据。

二 福利彩票、体育彩票对比

（一）各省份福彩、体彩销量对比

在彩票销量方面，各省份之间的差距也十分明显。如图 11 所示，广东省因其 GDP 及人口的体量优势，以 442.54 亿元位列各省份彩票销量首位，其中福彩销量 172.82 亿元，体彩销量 269.73 亿元；浙江省位列第二，彩票销量 342.27 亿元，其中福彩销量 124.36 亿元，体彩销量 217.91 亿元；江苏省彩票销量 319.78 亿元，其中福彩销量 91.18 亿元，体彩销量 228.61 亿元，排名第三位；山东省彩票销量 292.79 亿元，其中福彩销量 91.83 亿元，体彩销量 200.96 亿元，排名第四位。上述四个省份彩票总体销量处于领先地位。海南、西藏、青海、宁夏四省份则排名后四位，其彩票销量分别为 12.83 亿元、13.02 亿元、17.91 亿元、32.03 亿元。

2022 年全国彩票销量 4246.52 亿元，其中，福利彩票销量 1481.31 亿元，体育彩票销量 2765.22 亿元，福利彩票销量占比 34.88%，体育彩票销量占比 65.12%。如图 11 所示，大多数省份体育彩票销量均高于福利彩票销量。

（二）各省份福彩、体彩人均销量对比

下面将分析 2022 年各省份人均彩票销量情况，并结合福彩、体彩人均销量进行综合比较。如图 12 所示，2022 年全国彩票人均销量为 301.23 元，其中福利彩票人均销量 105.08 元，体育彩票人均销量 196.15 元。共有 15 个省份彩票人均销量高于全国平均销量，16 个省份彩票人均销量低于全国平均销量。其中天津市人均彩票销量最高，人均销量为 554.33 元，其中福利彩票销量 101.41 元，体育彩票销量 452.92 元；浙江省人均彩票销量位居第二，人均销量为 520.4 元，其中福利彩票销量 189.08 元，体育彩票销量 331.33 元；北京市人均彩票销量位居第三，人均销量为 497.71 元，其中福利彩票销量 164.01 元，体育彩票销量 333.71 元。上述三省市人均彩票销量领先于其他省份，人均销量超过或接近 500 元。与此同时，海南、广西、山西、湖南四省人均彩票销量不足 200 元，其中海南省人均彩票销量 124.94 元，广西壮族自治区人均彩票销量 138.65 元，仅约为天津市人均销量的 1/4。

为了直观了解各省份人均彩票销量及福彩、体彩的占比情况，将彩票人

□ 福彩销量　■ 体彩销量

省份	福彩销量	体彩销量	合计
广　东	172.82	269.73	442.54
浙　江	124.36	217.91	342.27
江　苏	91.18	228.61	319.78
山　东	91.83	200.96	292.79
河　南	49.45	179.43	228.88
四　川	78.20	144.26	222.46
湖　北	60.04	136.42	196.46
云　南	76.95	118.21	195.16
河　北	48.19	113.59	161.78
安　徽	48.11	101.86	149.97
福　建	44.16	103.51	147.68
各省平均	47.78	89.20	136.98
湖　南	58.48	72.61	131.08
陕　西	56.60	74.06	130.66
辽　宁	51.18	62.49	113.67
北　京	35.82	72.88	108.70
江　西	31.01	75.60	106.62
重　庆	34.18	71.91	106.08
新　疆	59.33	46.65	105.97
贵　州	29.35	63.82	93.17
内蒙古	31.98	56.78	88.76
上　海	34.21	45.11	79.33
天　津	13.82	61.73	75.56
黑龙江	24.46	46.04	70.50
广　西	37.00	32.97	69.97
山　西	24.09	43.25	37.35
甘　肃	20.29	43.54	63.83
吉　林	21.57	38.12	59.69
宁　夏	13.96	18.07	32.03
青　海	9.35	8.57	17.91
西　藏	4.70	8.32	13.02
海　南	8.19	4.64	12.83

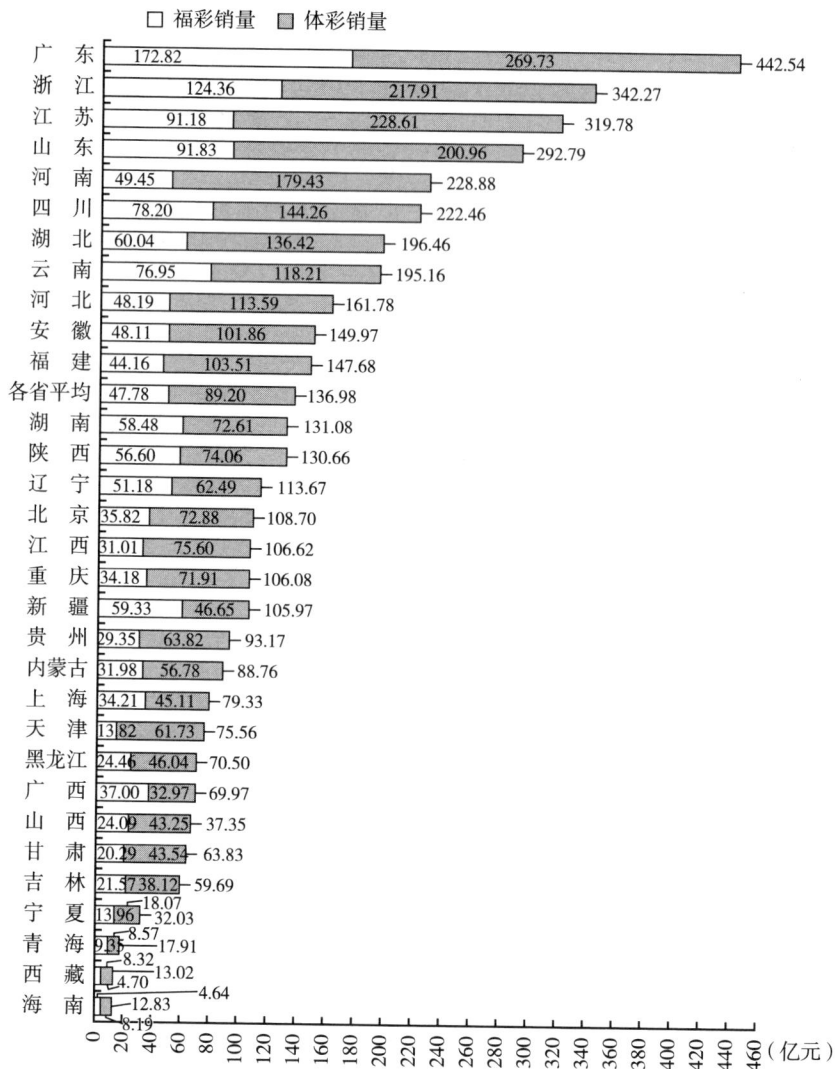

图 11　2022 年各省份彩票销量数据

数据来源：国家统计局网站数据。

均销量平均分为五个层级进行分析。如图 13 所示，天津、浙江、北京三省（市）彩票人均销量最高，属于第一层级；宁夏、云南、新疆三省份销量较高，属于第二层级；江苏、内蒙古、西藏、福建、广东、湖北、陕西、重庆、上海、青海份十省属于销量较为平均的第三层级；山东、辽宁、四川、甘肃、吉林、安徽、贵州、江西、河南、黑龙江、河北十一省属于第四层级；湖南、山西、广西、海南四省销量较低，属于第五层级。

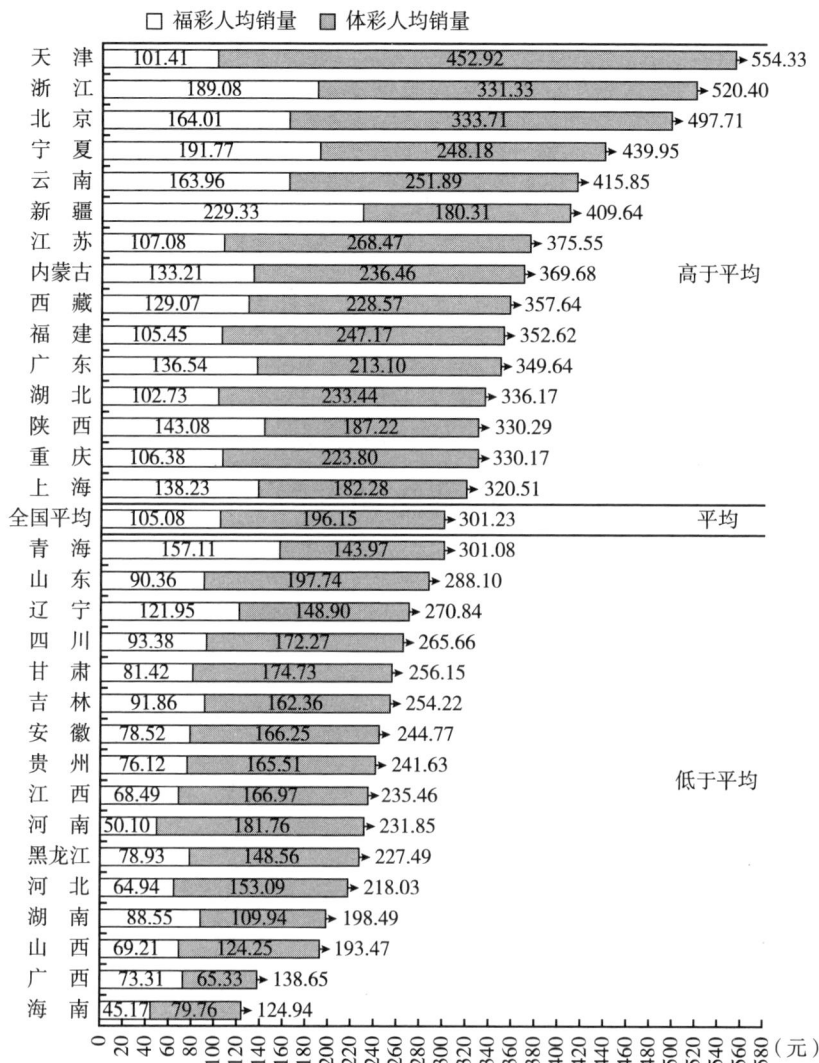

图12　2022年各省份彩票人均销量数据

数据来源：国家统计局网站数据。

在福彩、体彩人均销量占比方面，可结合图13，将福彩、体彩人均销量分别设置为 X、Y 轴。分别取 X、Y 轴存在的最大值与最小值，也就是福彩人均销量的最大值（新疆维吾尔自治区）与最小值（海南省）及体彩人均销量的最大值（天津市）与最小值（广西壮族自治区），从而形成 A、B、C、D 四个节点，在矩形 ABCD 空间内，覆盖了各省份福彩、体彩人均销量坐标。

与此同时，将福彩、体彩人均销量的各省份平均值设定为两条参考线，将坐标轴分成四个象限。第一象限为 C 节点所在的右上区间（体彩、福彩人均销量均高于平均值）；第二象限为 D 节点所在的左上区间（体彩人均销量低于平均值、福彩人均销量高于平均值）；第三象限为 A 节点所在的左下区间（体彩、福彩人均销量均低于平均值）；第四象限为 B 节点所在的右下区间（体彩人均销量高于平均值、福彩人均销量低于平均值）。第一象限包括浙江、北京、宁夏、云南、内蒙古、西藏、广东、江苏、福建、重庆十个省份，数量相对较多，其体彩、福彩人均销量均相对较高；第二象限包括新疆、陕西、上海、青海、辽宁 5 个省份，其福彩人均销量相对较高，体彩人均销量相对较低；第三象限包括四川、吉林、甘肃、安徽、贵州、江西、河南、黑龙江、河北、湖南、山西、广西、海南 13 个省份，其数量最多，体彩、福彩人均销量均相对较低；第四象限包括天津、湖北、山东三省，其数量最少，其福彩人均销量相对较低，体彩人均销量相对较高。

由此可得出以下结论。

（1）2022 年福彩、体彩销量规模仍存有一定差距，较多省份的体彩人均销量高于福彩人均销量；

（2）大多数省份在体彩、福彩销量方面的个体化差距不大，整体差距由销量总体形势导致；

（3）天津市体彩、福彩人均销量差距最大，体彩人均销量是福彩人均销量的 4 倍多；

（4）新疆、青海、广西三省份存有特例情况，福彩人均销量高于体彩人均销量，其中新疆维吾尔自治区的福彩人均销量 229.33 元，明显高于体彩人均销量 180.31 元。

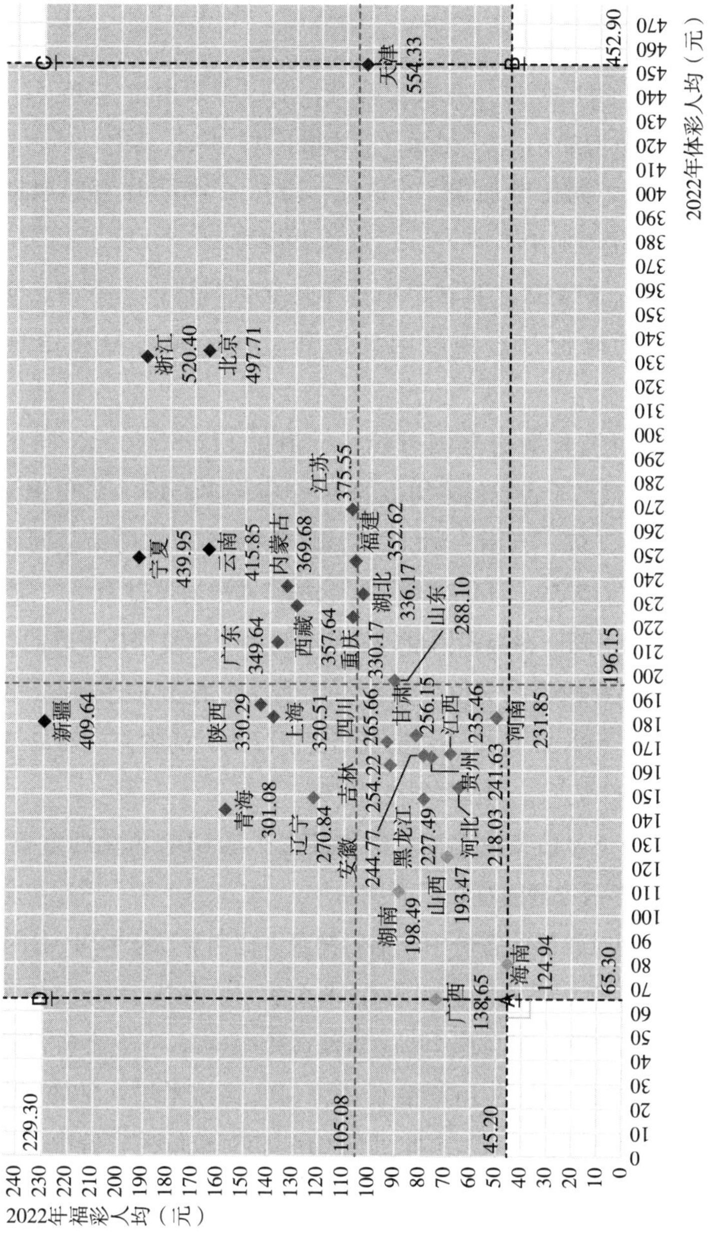

图 13　2022 年各省份福彩、体彩人均销量

数据来源：国家统计局网站数据。

三　小结

2021 年全国彩票形势总体有较大提升，全国彩票销量 4246.52 亿元，较 2021 年彩票销量增加 513.67 亿元，同比增长 13.8%。其中，福利彩票销量为 1481.31 亿元，同比增加 58.76 亿元，增长 4.1%；体育彩票销量为 2765.22 亿元，同比增加 454.91 亿元，增长 19.7%。

全国 31 个省、自治区、直辖市中（不包含台湾地区，香港、澳门特别行政区），21 个省份福彩销量同比上升，10 个省份福彩销量同比下降。

广东省福彩销量长期居全国首位，年销量 172.82 亿元，同比增长 6.79%。在福彩销量高于各省份平均值的 14 个省份中，12 个省份销量实现了同比增长。其中江苏、云南、湖北、新疆、湖南 5 个省份销量同比增长 12.22%、13.74%、10.5%、13.26%、13.71%，增长均超过 10%，仅辽宁、河南两省销量同比下降。在福彩销量较低的省份中，销量同比下降的省份相对较多。2022 年福彩销量后十位的省份中 7 个省份销量同比下降。其中西藏自治区销量同比下降 33.64%，是销量同比下降最大的省份。2022 年各省份平均销量为 47.78 亿元，同比增长 4.13%。

福彩偏差指数是评估某省份福彩销售额占比与 GDP 占比的重要指标，各省份 GDP 与福彩销售额间存在以下规律。

第一，GDP 相对较低的省份中，福彩销量占比明显高于 GDP 占比。

省份 GDP 低于全国平均水平的共有 18 个省份。在这 18 个省份中，有 13 个省份属于偏差指数>50% 或 10%<偏差指数<50%，有 5 个省份偏差指数<10%。在偏差指数为正的 16 个省份中，GDP 高于平均水平的省份有 3 个，分别是浙江、四川、广东。由此可见 GDP 相对较低的省份中，福彩销量占比明显高于 GDP 占比。

第二，GDP 相对较高的省份中，福彩销量占比大多低于省份 GDP 占比或与之基本持平。

省份 GDP 高于全国平均水平的共有 13 个省份。在这 13 个省份中，仅浙江省与四川省偏差指数>10%。其余 11 个省份中，有 3 个省份偏差指数<-50%、5 个省份-50%<偏差指数<-10%，3 个省份-10%<偏差指数<10%。在偏差指数为负的 15 个省份中，GDP 低于平均水平的省份有 5 个，分别是重庆、山西、江西、天津、海南。由此可见 GDP 较高的省份中，偏差指数往往较低，即福彩销售额占比低于 GDP 占比。

第三，在西部、北部、东北部区域中，较多省份福彩销售额占比高于GDP 占比；东南沿海、中部区域中，较多省份福彩销售额占比低于 GDP 占比或与之基本持平。

第四，西北、西南、东北、北部各省份基本都属于福彩销售额占比高于GDP 占比，尤其是新疆、云南、青海、宁夏等西部省份，偏差值均大于50%，福彩销售额占比明显高于 GDP 占比。

第五，西藏自治区福彩销量再次下降，福彩发展指数、福彩偏差指数均被多省份超越。西藏自治区 2022 年福彩销量 4.7 亿元，同比下降33.64%。其福彩发展指数、福彩偏差指数由长期的各省份排名首位跌至第五位。

2022 年全国人均福彩销量 105.1 元，同比增长 4.19%。新疆维吾尔自治区人均福彩销量 229.33 元，同比增长 13.35%，以较大幅度领先其他省份位列第一；宁夏、浙江、北京、云南位列第 2~5 位，人均销量分别为 191.8元、189.1 元、164 元、164 元。人均福彩销量排名后五位的省份是海南、河南、河北、江西、山西，人均销量为 45.2 元、50.1 元、64.9 元、68.5元、69.2 元。其中新疆维吾尔自治区人均福彩销量是海南省人均福彩销量的 5 倍。

参考文献

《全国福彩系统发布 2022 年责任彩票报告》，《中国民政》2023 年第 14 期。

楚利娟:《中国彩票销售增长变化研究——基于偏离—份额分析法》,上海师范大学硕士学位论文,2022。

陈鲁南:《浅析我国福利彩票在基础性分配制度中的地位与作用》,《中国民政》2022 年第 5 期。

杨洋:《中国省级彩票业发展综合评价及其影响因素实证分析》,上海师范大学硕士学位论文,2017。

B.3

2022年彩票公益金筹集、分配和使用情况研究报告[*]

蒋 楠[**]

摘　要： 本文分析了2022年我国彩票公益金的筹集、分配及其使用情况。通过与往年公益金变化情况的对比分析，本文认为彩票公益金在增进人民福祉、推动社会治理方面继续发挥重要作用。针对资金筹集和分配口径不一致及资金配置分散、不合理的问题，建议采用"专项筹集、对口分配、统筹使用"的方式，强化激励作用，灵活使用项目法和因素法，合理有效地分配使用资金，提高公益金使用效率。

关键词： 彩票公益金　社会治理　公益

一　2022年全国彩票公益金筹集情况

截至2022年末，我国彩票累计发行53029.64亿元，共筹集彩票公益金14866.46亿元。其中，2022年全国共发行销售彩票4246.53亿元[①]，同比

---

* 本研究受到国家社科基金项目"第三次分配的供给侧研究"（项目编号：22BJL137）和民政部中国福利彩票发行管理中心课题项目"基于新发展理念的福利彩票高质发展路径研究"的支持。

** 蒋楠，管理学博士，中国社会科学院大学商学院副教授，主要研究方向为公司财务与资本市场。

① 根据民政部和国家体育总局发布的数据，2022年福彩和体彩销量共计4246.53亿元。出于四舍五入的原因，略高于财政部统计的全国彩票总销量4246.52亿元。

增长 13.8%；共筹集彩票公益金 1152.59 亿元，同比增长 10.12%。相比而言，彩票公益金虽呈现总体增加的趋势，但是提取比例总体下降，2022 年相比 2021 年下降了 0.9 个百分点，公益金的增速仍低于彩票的整体销量增速（见图 1）。

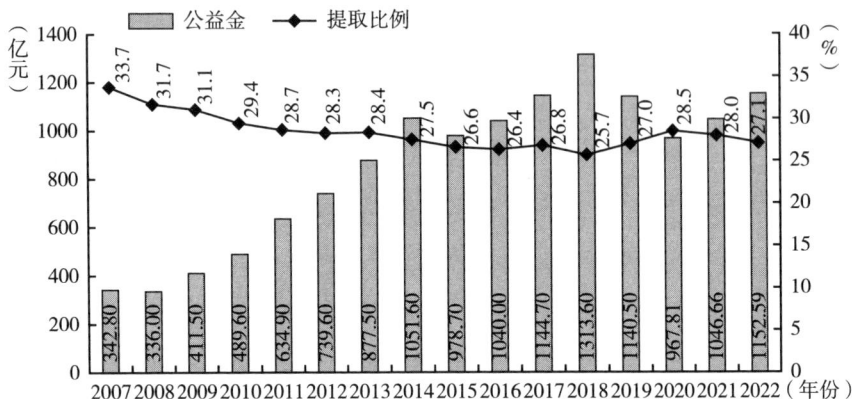

图 1　2007～2022 年彩票公益金筹集数量和提取比例

数据来源：财政部、民政部、国家体育总局 2007～2023 年发布的数据。

注：2022 年财政部数据参见《中华人民共和国财政部公告 2023 年第 40 号》，财政部网站，2023 年 8 月 31 日，http：// zhs. mof. gov. cn/ zhengcefabu/202308/t20230831_ 3904965. htm；2022 年之前的数据详见民政部及国家体育总局官网历年发布的有关公告。本报告中，凡涉及全国彩票销售、公益金筹集和分配使用的相关数据均以此为准，后面的图表中不再单独列出。

财政部发布的数据显示，2022 年全国福利彩票销售额为 1481.31 亿元，同比增长 4.13%，福彩公益金为 461 亿元，提取比例与往年基本持平（见图 2）；体育彩票机构销售额为 2765.22 亿元，同比增长 19.7%，体育彩票公益金为 677.47 亿元。加上当年逾期未兑奖奖金 14.12 亿元，2022 年共筹集彩票公益金 1152.59 亿元。根据我国彩票管理规定，彩票公益金来源于彩票发行的销售收入和逾期未兑付的奖金。彩票发行的类型不同，公益金的提取比例也有所差异，具体来看，主要包括以下五类。

其一，乐透数字型彩票：2022 年，乐透数字型彩票筹集公益金 551.24 亿元。其中，全国性的乐透数字型彩票公益金的提取比例约为 36%，彩票

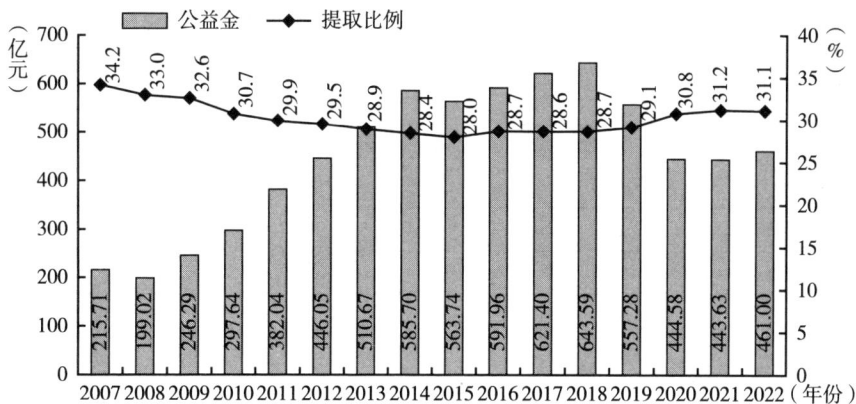

图 2　2007~2022 年福利彩票公益金筹集数量和提取比例

数据来源：根据财政部、民政部 2007~2023 年发布的数据制作。

奖金和彩票发行费用的提取比例约为 51% 和 13%；地方性乐透数字型彩票，多数彩票游戏的公益金提取比例为 37%，彩票奖金和发行费用的提取比例分别为 50%、13%。

其二，竞猜型彩票：2022 年，包括足球彩票、奥运彩票等在内的竞猜型彩票公益金筹集额度为 381.76 亿元。竞猜型彩票的大部分彩票游戏公益金提取比例为 21%，彩票奖金和彩票发行费用提取比例为 70% 和 9%。

其三，即开型彩票：2022 年，即开型彩票筹集彩票公益金 118.89 亿元。对于即开型彩票而言，其公益金提取比例为 20%，彩票奖金和发行费用的提取比例分别为 65% 和 15%。

其四，基诺型彩票：2022 年，基诺型彩票筹集彩票公益金 86.58 亿元。基诺型彩票的公益金提取比例为 30%，彩票奖金和彩票发行费用提取比例为 58% 和 12%。

其五，视频型彩票：2022 年，视频型彩票筹集彩票公益金 0.0012 亿元。视频型彩票公益金提取比例为 21%，彩票奖金和发行费用提取比例为 67% 和 12%（见表 1）。

表1   2022 年各类型彩票收入的资金分配比例及公益金筹集额

彩票类型	公益金提取比例（%）	彩票奖金提取比例（%）	发行费用提取比例（%）	彩票公益金筹集额（亿元）
乐透数字型	36（全国） 37（地方）	51（全国） 50（地方）	13	551.24
竞猜型	21	70	9	381.76
即开型	20	65	15	118.89
基诺型	30	58	12	86.58
视频型	21	67	12	0.0012

数据来源：根据财政部 2023 年发布的数据制作。

二   2022 年中央集中彩票公益金分配及使用情况

2022 年，中央财政收缴入库彩票公益金为 539.46 亿元，加上 2021 年度结转收入 156.14 亿元，2022 年共筹集公益金 695.6 亿元。经过全国人民代表大会审议批准，2022 年中央财政安排彩票公益金支出 637.68 亿元，根据国务院批准的彩票公益金分配政策并结合上一年度资金结余等相关情况，2022 年中央财政继续加大补充全国社会保障基金的力度，分配给全国社会保障基金理事会 402.4 亿元，同比增长 29.43%；分配给中央专项彩票公益金 168.22 亿元，用于国务院批准的社会公益事业项目，同比增长 20.17%；分配给民政部 33.53 亿元，用于资助老年人福利、残疾人福利及儿童福利等方面，同比增长 29.41%；分配给国家体育总局 33.53 亿元，用于贯彻落实全民健身国家战略，加快推进体育强国建设，同比增长 29.41%（见表2）。在 2022 年实际执行过程中，中央财政收回结余资金 0.19 亿元，中央集中彩票公益金实际安排支出 637.49 亿元，收支相抵后期末余额为 58.11 亿元。下面就对以上各项支出予以详细介绍。

表2 2022年中央集中彩票公益金分配及变动情况

类别	金额(亿元)	占比(%)	同比变动(%)
全国社会保障基金	402.4	63.10	29.43
中央专项彩票公益金	168.22	26.38	20.17
民政部	33.53	5.26	29.41
国家体育总局	33.53	5.26	29.41

数据来源：财政部2023年发布的数据。

（一）全国社保基金

2022年中央集中彩票公益金分配给全国社会保障基金402.4亿元，占中央集中彩票公益金年度分配总额的63.10%，相比2021年的占比增加了1.26个百分点。作为国家社会保障储备基金，全国社会保障基金（以下简称全国社保基金）主要用于养老保险等社会保障支出的补充和调剂，是我国多层次社会保障体系的重要组成部分，更是应对人口老龄化的重要财力基础。

《全国社会保障基金理事会社保基金年度报告（2022年度）》显示，2022年财政性拨入全国社保基金资金和股票641.11亿元，其中一般公共预算拨款50亿元，彩票公益金402.40亿元，国有资本经营预算补充资金100亿元，罚没股票划转充实社保基金88.71亿元。扣除在实业投资项目上市时社保基金作为国有股东履行减持义务累计减少国有股13.88亿元，加上2009年用于四川地震灾区工伤保险金补助划缴中央财政6.80亿元，截至2022年末，中央财政净拨入全国社保基金累计额度达10912.04亿元，彩票公益金累计4301.53亿元，平均占中央财政净拨入款项的39.42%，相比往年增加了1.46个百分点。作为全国社会保障基金的重要资金来源，彩票公益金在推进民生福祉建设、构建多层次社会保障体系方面作出了巨大贡献。

（二）中央专项彩票公益金

2022年，中央专项彩票公益金为168.22亿元，比2021年的139.99亿元增长了 20.17%，占中央集中彩票公益金的比例为 26.38%，与往年相比基本持平。从具体构成来看，中央专项彩票公益金项目在经过 2021 年的大幅调整后，除了恢复原有的"大学生创新创业教育"和"足球公益事业"外，又新增设了"阳光驿站"项目。从资金分配安排看，"低收入家庭高校毕业生就业帮扶"比往年增加了 0.4 亿元，"地方社会公益事业"项目增加了 26.73 亿元，相比 2021 年增加了约一倍，"乡村学校少年宫"项目资金则压缩近 50%，除此之外其他项目资金额度较为稳定，与上一年度相比基本保持不变，具体项目及资金分配情况见表 3。

表 3　2022 年中央专项彩票公益金分配情况

单位：亿元，%

序号	项目名称	实施部门	总额	占比
1	中小学生校外研学实践活动	教育部	1.90	1.13
2	幼儿普通话教育		0.31	0.18
3	低收入家庭高校毕业生就业帮扶		0.89	0.53
4	大学生创新创业教育		1	0.59
5	乡村学校少年宫	中央文明办	1.48	0.88
6	教育助学	中国教育发展基金会	10	5.94
7	医疗救助	国家医疗保障局	19.80	11.77
8	居家和社区基本养老服务提升行动	民政部	11	6.54
9	欠发达革命老区乡村振兴	国家乡村振兴局	20	11.89
10	文化公益事业	国家艺术基金管理中心	5	2.97
11	残疾人事业	中国残疾人联合会	25.20	14.98
12	红十字事业	中国红十字会总会	5.89	3.50
13	法律援助	中国法律援助基金会	1.30	0.77
14	低收入妇女"两癌"救助	全国妇联	2.87	1.71
15	阳光驿站		0.20	0.12
16	出生缺陷干预救助	国家卫生健康委员会	2.58	1.53
17	罕见病诊疗水平能力提升		0.64	0.38
18	地方社会公益事业	各省级财政部门	56.73	33.72
19	足球公益事业	国家体育总局	1.43	0.85
总计			168.22	100

数据来源：财政部 2023 年发布的数据。

第一，由教育部组织实施的中小学生校外研学实践活动项目：该项目资金1.9亿元，主要用于资助中小学生研学实践教育基地及营地开展学生实践研学教育活动，以及改善基本的教育教学条件。与2021年相比，该项目资助金额保持不变，在中央专项彩票公益金中的占比略有下降，由之前的1.36%降至2022年的1.13%。

第二，由教育部组织实施的幼儿普通话教育项目：该项目资金0.31亿元，主要用于支持西藏、新疆、四川、云南、内蒙古、青海以及甘肃等省份的有关民族地区农村（乡村、镇区、镇乡结合地区）幼儿园教师进行国家通用语言文字应用能力培训，以加快推进幼儿普通话的教育工作。幼儿普通话教育项目的资助力度和整体占比与往年相比基本持平。

第三，由教育部组织实施的低收入家庭高校毕业生就业帮扶项目：该项目资金0.89亿元，主要用于面向全国低收入家庭高校毕业生开展线上及线下的就业能力培训。考虑到整体经济形势及就业现状，中央专项彩票公益金安排给低收入家庭高校毕业生就业帮扶项目的资金由2021年的0.49亿元增加到2022年的0.89亿元，总体占比也由之前的0.35%提升至0.53%。

第四，由教育部组织实施的大学生创新创业教育项目：该项目资金1亿元，主要用于支持建设国家级创新创业学院和国家级创新创业教育实践基地。

第五，由中央文明办组织实施的乡村学校少年宫项目：该项目资金1.48亿元，主要用于脱贫县已开展活动的乡村学校少年宫的运转补助。由于脱贫县新建乡村学校少年宫修缮补助工作已基本完成，因此相比上一年度，乡村学校少年宫项目资助力度有所下降，由2021年的2.83亿元压缩至2022年的1.48亿元，整体占比由2.02%减少到0.88%。

第六，由中国教育发展基金会组织实施的教育助学项目：该项目资金10亿元，支持力度与往年持平，主要用于资助中西部地区普通高校家庭经济困难新生入学报到产生的交通费用以及入学后的短期生活费，资助家庭经济困难教师和中西部地区符合条件的县域或乡镇中心学校美术、体育、音乐专业教师到师资力量较为薄弱的农村学校开展本专业教学工作过程中产生的交通费，支持面向中西部地区教师开展特殊的、急需的培训工作，资助遭遇突发自然灾害、紧急事件或者在教育教学过程中遇到一些特殊困难的学校。由于中央专项彩票公益金总额的增加，教育助学项目的整体占比由2021年的7.14%下降到2022年的5.94%。

第七，由国家医疗保障局组织实施的医疗救助项目：该项目资金19.8亿元，主要用于补充城乡医疗救助基金，资助各地区城乡困难群众参加城乡居民医疗保险，并对其难以负担的个人自行承担的费用给予补助支持。2022年，医疗救助项目在实际执行中调整收回资金0.04亿元。该项目拨付金额与2021年相同，由于公益金总量的增加，其占比由上年的14.14%减至2022年的11.77%。

第八，由民政部组织实施的居家和社区基本养老服务提升行动项目：该项目资金11亿元，资助力度与往年持平，主要用途是为符合条件的经济困难失能及部分失能的老年人建设家庭养老床位、提供居家养老上门服务等。

第九，由国家乡村振兴局组织实施的欠发达革命老区乡村振兴项目：该项目资金20亿元，主要用于支持我国欠发达革命老区统筹实施必要的农村人居环境整治以及公益性基础设施建设、促进脱贫劳动力就业增收和发展农业特色产业等。

第十，由国家艺术基金管理中心组织实施的文化公益事业项目：该项目资金5亿元，主要用于资助艺术创作生产、传播交流推广以及人才培养等方面。

第十一，由中国残疾人联合会组织实施的残疾人事业项目：该项目资金25.2亿元，主要用于支持残疾人康复训练、残疾人体育运动、盲人读物出版及盲人公共文化服务等。

第十二，由中国红十字会总会组织实施的红十字事业项目：该项目资金5.89亿元，主要用于红十字生命安全健康教育、红十字人道救助救援、大病儿童救助、人体器官捐献和中国造血干细胞捐献者资料库等项目。

第十三，由司法部委托中国法律援助基金会组织实施的法律援助项目：该项目资金1.3亿元，主要用于为残疾人、老年人、农民工、妇女和未成年人等弱势群体提供法律援助给予支持。

第十四，由全国妇联委托中国妇女发展基金会组织实施的低收入妇女"两癌"救助项目：该项目资金 2.87 亿元，主要用于救助符合条件的患有宫颈癌或乳腺癌的城乡低收入妇女及开展"两癌"防治知识宣传活动。

第十五，由全国妇联委托中国儿童少年基金会组织实施的"阳光驿站"项目：该项目拨付资金 0.2 亿元，为新增设项目，主要用于支持四川、江西和安徽三个省份 200 个"阳光驿站"的建设，为农村留守儿童提供活动场所，并根据具体需求开展各类主题的实践活动，提供专业家庭教育指导以及心理疏导等关爱服务。

第十六，由国家卫生健康委组织实施的出生缺陷干预救助项目：该项目资金 2.58 亿元，主要用于出生缺陷救助、出生缺陷检测、出生缺陷预防治疗宣传工作和健康教育等。

第十七，由国家卫生健康委组织实施的罕见病诊疗水平能力提升项目：该项目资金 0.64 亿元，主要用于支持罕见遗传病患者遗传检测和遗传咨询、疑难罕见病患者的多学科诊疗以及医生罕见病诊疗能力的提升培训等。

第十八，由各省份自行组织实施的支持地方社会公益事业发展项目：该项目拨付资金 56.73 亿元，是往年总额的 1.9 倍，主要支持社会公益事业发展相对落后的西藏、新疆、革命老区等，以促进全国各地社会公益事业的协调发展。2022 年，中央继续加大对江西、福建、广东和山东四个原中央苏区革命老区的资金扶持力度，资助金额分别是 2021 年的 2.90、4.47、8.77和 7.07 倍。对于湖南、广西、湖北、河北、安徽等部分地区也加大了资金投入量，分别是上一年度的 2.34、2.75、3.00、3.66 和 2.20 倍。

第十九，由国家体育总局委托中国足球发展基金会组织实施的足球公益事业项目：该项目是 2022 年新增加的，拨付资金 1.43 亿元，主要用于青少年足球人才的培养以及开展相关的足球公益活动等。

（三）民政部公益金

根据《财政部　民政部关于提前下达 2022 年中央集中彩票公益金支持

社会福利事业专项资金预算的通知》（财社〔2021〕144号）、《财政部 民政部关于提前下达新疆生产建设兵团2022年中央集中彩票公益金支持社会福利事业专项资金预算的通知》（财社〔2021〕145号）、《财政部关于批复民政部2022年部门预算的通知》（财社〔2022〕21号）和《财政部 民政部关于下达2022年中央集中彩票公益金支持社会福利事业专项资金预算的通知》（财社〔2022〕79号）精神，2022年民政部将335332万元公益金用于地方和民政部的老年人福利、残疾人福利、儿童福利和社会公益事业。其中，下达补助地方项目资金335082万元，比往年增长29.6%，占总金额的99.93%；民政部项目资金250万元，同比减少一半，占总金额的0.07%。具体使用情况如下。

1. 补助地方项目资金拨付情况

相比2021年，2022年补助地方项目资金增加了76500万元，占民政部公益金比例增加了0.12个百分点。2022年，民政部将本级彩票公益金补助地方项目资金335082万元分别用于老年人福利、残疾人福利、儿童福利、社会公益项目和乡村振兴衔接专项项目。其中，老年人福利类项目165867万元，残疾人福利类项目52775万元，儿童福利类项目52775万元，社会公益类项目30157万元，乡村振兴衔接专项资金33508万元。[①]为了巩固脱贫攻坚的成果，2022年补助地方项目资金的最后一项仍保留了上一年度的"乡村振兴衔接专项"，除了具体内容有部分调整和删减外（如2022年儿童福利类具体构成中取消了"购买机构养育儿童的护理照料服务、农村留守儿童和困境儿童的巡访探视服务"和"完善未成年人保护工作热线功能"等项目），各项目大类构成和资助占比情况基本保持不变，各大类项目金额同比增长29.4%～29.9%。具体分配情况详见表4。

[①] 民政部：《民政部2022年度彩票公益金使用情况公告》，中国福利彩票网，2023年8月30日，http://www.cwl.gov.cn/c/2023/08/30/551902.shtml。

表4　2022年民政部补助地方项目资金分配情况

项目名称		资助金额（万元）	2022年占比（%）	2021年占比（%）
老年人福利类		165867	49.50	49.57
残疾人福利类		52775	15.75	15.71
儿童福利类		52775	15.75	15.74
社会公益类	殡葬基础设施设备建设更新改造项目	21110	9.00	9.00
	社会工作和志愿服务项目	9047		
乡村振兴衔接专项		33508	10	9.98
合计		335082	100	100

数据来源：民政部2023年发布的数据。

（1）老年人福利类项目：165867万元。拨付资金主要用于特殊困难老年人居家适老化改造；对服务于城乡生活困难和失能失智老年人的城乡老年社会福利机构、社区养老服务设施、农村特困人员供养服务设施等进行新建及改扩建改造，帮助养老机构配置应对疫情的防疫物资以及消防设施器材等设备；通过政府购买服务，培育居家和社区养老服务组织和机构发展，提高城乡居家和社区养老服务覆盖率。

（2）残疾人福利类项目：52775万元。拨付资金主要用于开展包括直接服务人员能力培训在内的精神障碍社区康复服务以及困难残疾人公益性康复辅助器具配置服务，精神卫生福利机构、民政直属康复辅助器具机构设施设备配置。

（3）儿童福利类项目：52775万元。拨付资金主要用于实施"福彩圆梦·孤儿助学工程"、"孤儿医疗康复明天计划"以及儿童福利服务机构设备设施配置。

（4）社会公益类项目：30157万元。拨付资金主要集中用于殡葬基础设施设备建设更新改造和社会工作及志愿服务项目：前者使用资金21110万元，用于中西部和参照执行中西部地区政策的东部省份对殡葬基础设施设备的完善改造；后者使用资金9047万元，用于开展面向残疾人、老年人、儿童及困难群众的社会工作和志愿服务项目，进一步加大了对社会工作和志愿服务的支持力度，有力地推动了社会的文明进步。

（5）乡村振兴衔接专项项目：33508万元。拨付资金主要用于国家乡村振兴重点帮扶县等地区（含西藏自治区、新疆维吾尔自治区、民政部定点帮扶和对口支援县）的老年人福利（其中用于老年人福利类项目的资金不得低于55%）、残疾人福利、儿童福利和社会公益类项目，为更好地贯彻落实党中央、国务院关于巩固拓展脱贫攻坚成果与乡村振兴有效衔接的决策部署提供了有力保障。

2.民政部本级项目资金拨付情况

2022年，财政部批复民政部本级项目资金250万元，占总金额的0.07%，主要包括彩票公益金第三方绩效评价、评审和审计项目150万元和常见老年康复辅具应用微视频制作及科普宣传项目100万元。相比2021年，2022年本级项目中保留了彩票公益金第三方绩效评价、评审和审计项目，取消了涉外送养儿童寻根回访及中国文化教育项目和"福康工程"指导、服务和评估项目，新增设了常见老年康复辅具应用微视频制作及科普宣传项目。虽然彩票公益金第三方绩效评价、评审和审计项目资金与往年持平，但由于民政部本级项目资金由2021年的502万元减至2022年的250万元，无论资金总量还是整体占比都压缩了50%左右，因此这一项目的资金占比由往年的29.88%升至60%，常见老年康复辅具应用微视频制作及科普宣传项目资金占比为40%，各项目构成及资金变动情况见表5。

表5 2021~2022年民政部本级项目资金分配情况

年份	资金总额（万元）	项目名称	资助金额（万元）	占比（%）
2021	502	涉外送养儿童寻根回访及中国文化教育项目	252	50.20
		彩票公益金第三方绩效评价、评审和审计项目	150	29.88
		"福康工程"指导、服务和评估项目	100	19.92

年份	资金总额（万元）	项目名称	资助金额（万元）	占比（%）
2022	250	彩票公益金第三方绩效评价、评审和审计项目	150	60
		常见老年康复辅具应用微视频制作及科普宣传项目	100	40

数据来源：民政部2023年发布的数据。

（1）彩票公益金第三方绩效评价、评审和审计项目：150万元。该项目由规划财务司负责实施，拨付资金主要用于委托第三方专业机构对2021年度彩票公益金补助地方的64个项目进行抽查审计，以便更好地规范彩票公益金的使用管理，进而提高资金使用效益。

（2）常见老年康复辅具应用微视频制作及科普宣传项目：100万元。为了提高老年人和辅具从业者的康复辅具认知率和配置水平，规范常见康复辅具的使用程序和方法，项目组人员遴选了20类老年人经常使用的康复辅具产品，通过起草使用规范、使用指南等，委托第三方专业机构根据编写的拍摄脚本拍摄剪辑制作科普微视频。

在2023年度民政部发布的《民政部彩票公益金绩效目标和绩效目标完成情况表》中，对于补助地方项目最初设定目标与绩效目标的实际完成情况进行了较为全面详细的介绍和说明。例如，老年人福利类项目已完成111025个特殊困难老年人家庭适老化改造任务，项目的实施推动了各省份养老机构服务提质升级，进一步提高了公办养老机构基础设施、消防设施和应急救援设施设备配备率，特殊困难老年人家庭居家适老化改造任务也同时加快推进，养老服务人才队伍建设成效明显；残疾人福利类项目支持精神卫生社会福利机构和民政直属康复辅助器具机构购置设备282个，登记康复对象接受规范健康服务人数396750人，项目的实施支持提升了精神卫生福利机构、民政直属康复辅助器具机构服务能力，推动了康复辅助器具产业进一步发展，提高了残疾人福利机构的服务水平；儿童福利类项目资助"福彩圆梦·孤儿助学工程"人数为 24288 人，"孤儿医疗康复明天计划"救治人数为 10959 人，通过资助孤儿项目，儿童福利机构基础设施建设得到进一步完善，儿童机构、未成年人保障中心服务质量以及未成年人、孤儿和事实无人抚养儿童的生活质量得到明显提高；社会公益殡葬类项目因受到疫情影响，社会工作（志愿服务）项目实际完成 463 个，新建及改扩建殡仪馆任务完成 78 个，相关项目的开展和实施进一步完善了殡葬服务单位基本服务功能，推动了社会工作和志愿者服务的队伍和机构建设，使其在解决群众困难、提高社会专业化服务水平、化解社会矛盾以及促进社会和谐等方面日益发挥积极的作用；通过项目资金倾斜支持我国乡村振兴重点帮扶县、西藏、新疆及民政部定点帮扶和对口支援县，提升了以上各地区老年人福利、残疾人福利、儿童福利及社会服务水平。

（四）国家体育总局

2022 年，根据财政部批复的预算，国家体育总局将彩票公益金 335332 万元主要用于开展群众体育和竞技体育工作。总体来看，资助额度比上年增加 76248 万元，其中群众体育类和竞技体育类资金分别增加 47101 万元、29147 万元，总体增长幅度为 29.43%，资金支持力度稳步增大，持续为体育强国建设和全民健身高质量发展提供坚实保障。就具体构成而言，群众体育工作方面包括：（1）帮助地方建设 77 个小型健身中心及小型体育公园等群众身边的全民健身场地设施，引导推动建设完善群众身边的健身设施资金投入 19800 万元；（2）用于开展社区运动会等群众身边和小型多样的赛事活动、推动全国各地广泛深入开展全民健身主题活动、支持举办全国性单项群体赛事活动以及开展社会体育指导员和全民健身志愿服务工作等赛事活动资金 22361 万元；（3）为推动广大群众积极参与全民健身及组织全民健身普及与文化宣传活动提供资金 10462 万元；（4）为了推广与提升青少年体育活动，用于支持开展全国各地区各类各级体校教练员和管理人员等师资培训资金 4311 万元；（5）支持各地加强青训工作、开展青少年 U 系列赛事及青少年足球发展等青少年后备人才培养经费 50195 万元；（6）为各地开展

"奔跑吧·少年"儿童青少年主题健身活动提供资金支持6200万元；（7）借助中国教育电视台等权威媒体，发挥国家级教育传播平台的公益属性，资助体教融合宣传费用8600万元。除了群众体育工作外，国家体育总局本级体育彩票公益金还用于资助开展竞技体育工作，主要包括：（1）支持竞技体育人才培养和训练基地条件改善资金75260万元（包括开展优秀竞技后备人才"选星计划"、支持地方共建国家集训队、支持高水平运动员培养、支持国家队训练基地条件改善以及举办赛事活动等）；（2）支持重大奥运参赛训练场地设施建设经费71367万元（例如，加大对地方用于冬奥会重点参赛项目的训练场地设施支持力度，着力提升科学训练条件等）；（3）奥运争光计划纲要保障资金65000万元（包括租用冬季项目驻训场地、驻训保障和集体球类项目相关训练保障，保障国内外训练、器材采购、聘请外教及科技服务购买等）；（4）用于运动员文化教育与科研经费1776万元（包括开展运动员文化教育服务和信息平台运营维护工作、开展体育高端智库建设、修订完善初级教练员岗位考试大纲和试题库以及组织远程专业考试等）。

三 2022年地方彩票公益金的筹集、分配及使用情况

2022年全国共筹集彩票公益金1152.59亿元，扣除中央集中彩票公益金实际安排支出637.49亿元，地方各级政府可以使用的公益金为515.10亿元；在2022年中央专项彩票公益金168.22亿元中，有56.73亿元明确用于支持地方社会公益事业的发展，占中央专项资金的33.72%，剩余的资金也以不同额度、不同形式分配到了地方项目。地方彩票公益金进行单独核算，一般由各省区市财政厅（局）与民政、体育等部门研究确定具体的分配原则并支配使用。以湖北省为例。2022年，湖北福利彩票销售60.03亿元，筹集福彩公益金19.21亿元，公益金筹集额度同比增长7.92%。按照《彩票公益金管理办法》规定，彩票公益金需按照50：50的比例分别上缴中央和省级财政，逾期未兑奖的彩票奖金全部留归省级财政。在筹集的19.21亿

元公益金中，上缴中央财政 9.48 亿元，湖北省各级财政留成 9.73 亿元。省级福彩公益金主要用于资助为老年人、残疾人、儿童等特殊群体提供服务的社会福利项目，以及符合福彩宗旨的其他社会公益项目，其中，福彩公益金用于老年人福利类项目预算总额不得低于福彩公益金总额的 55%。为了进一步加强省级福利彩票公益金管理、提高资金使用效率，根据已颁布实施的《彩票管理条例》、《彩票管理条例实施细则》、《彩票公益金管理办法》以及《中央集中彩票公益金支持社会福利事业资金使用管理办法》等一系列规定，结合湖北省民政事业发展的实际情况，湖北省财政厅和民政厅在 2022 年 4 月 27 日联合印发了《湖北省省级福利彩票公益金使用管理办法》（鄂财社发〔2022〕12 号），进一步明确了各部门及单位的管理责任，对公益金的使用管理程序进行了严格规范。

2023 年 6 月湖北省民政厅发布的《2022 年度省级福利彩票公益金使用情况公告》和《2022 年度中央补助湖北省彩票公益金使用情况公告》显示，2022 年省级福利彩票公益金支出 36345.54 万元，其中，省本级项目支出 2849.54 万元，主要用于援疆援藏对口帮扶、福彩助学经费、应急救助及残疾人假肢装配等支出；省级补助市县转移支付 33496 万元，主要用于老年人福利类项目和社会公益类项目，具体用途由各级财政会同有关主管部门，按照省级福利彩票公益金管理办法纳入本级预算安排使用，详细情况见表 6。

表 6　2022 年湖北省级福彩公益金支出情况统计

单位：万元

	项目名称		金额		合计
省本级支出	援藏援疆对口帮扶和两节慰问等		320		2849.54
	福彩助学经费	"关心下一代"困难家庭　儿童关爱金	10	298.66	
		武汉民政职业学院孤儿"励志班"等	288.66		
	省级应急救助及慈善大病众筹引导资金		880		
	残疾人假肢装配及"爱心助残行动"		893.87		
	残疾儿童康复训练补贴及设施配套改造		257.01		
	学校专项业务费		200		

续表

	项目名称		金额		合计
对下转移支付	老年人福利类项目	经济困难高龄失能老人补助	8000	20946	33496
		社会养老服务体系建设转移支付	12946		
	社会公益类项目	殡葬设施设备更新改造等项目	8675	12550	
		社会工作和社会服务项目	3875		
合计			36345.54		36345.54

数据来源：《湖北省福利彩票责任彩票报告（2022年）》，2023年7月27日，http：//www.cwl.gov.cn/c/2023/07/27/548787.shtml。

除了省级福彩公益金使用外，2022年中央补助湖北省彩票公益金31223万元，比2021年的23645万元增长了32%。具体项目与往年相同，包括中央彩票公益金支持社会福利事业专项资金14410万元、中央专项彩票公益金支持地方社会公益事业发展资金10480万元以及中央专项彩票公益金支持开展居家和社区基本养老服务提升行动项目资金6333万元（见表7）。

表7 2022年中央补助湖北省彩票公益金项目

单位：万元

	项目名称	金额
中央补助湖北省彩票公益金	中央彩票公益金支持社会福利事业专项资金	14410
	中央专项彩票公益金支持地方社会公益事业发展资金	10480
	中央专项彩票公益金支持开展居家和社区基本养老服务提升行动项目资金	6333
总计		31223

数据来源：《湖北省福利彩票责任彩票报告（2022年）》，2023年7月27日，http：//www.cwl.gov.cn/c/2023/07/27/548787.shtml。

具体分配使用情况如下。

（1）中央彩票公益金支持社会福利事业专项资金14410万元，主要用于老年人福利类项目、残疾人福利类项目、儿童福利类项目和社会公益类项目（见表8）。

表8　2022年中央彩票公益金支持社会福利事业专项资金分配使用情况

单位：万元

	项目名称及单项金额			合计
中央彩票公益金支持社会福利事业专项资金	老年人福利类	—	8394	8394
	残疾人福利类	省本级留用	1092	2442
		下达市县	1350	
	儿童福利类	孤儿助学项目	1161	2033
		孤儿医疗康复明天计划项目	57	
		儿童福利机构及未成年人救助保护机构设施设备配置	815	
	社会公益类	殡葬基础设施设备建设更新改造项目	1167	1541
		社会工作和志愿服务项目	374	
	总计			14410

数据来源：《湖北福彩年度社会责任报告（2022）》发布的数据。

（2）中央专项彩票公益金支持地方社会公益事业发展资金10480万元，主要用于支持湖北省的103个县（市、区）的15000户特殊困难老年人居家适老化改造、12个县（市）级社会福利院或失能特困人员供养服务机构建设和52个农村（街道）区域性乡镇福利院改造提升。

（3）中央专项彩票公益金支持开展居家和社区基本养老服务提升行动项目资金6333万元，主要用于推进湖北省居家和社区基本养老服务提升。通过支持咸宁市建设家庭养老床位1895张，为不低于3788人次的经济困难失能及部分失能老人提供上门服务，支持襄阳市建设家庭养老床位3862张，为不低于7727人次的经济困难失能和部分失能老人提供上门服务，有效提高了居家和社区养老服务的能力和品质。

四　影响彩票公益金发挥作用的因素及对策

我国福利彩票始终坚持"扶老、助残、救孤、济困"的发行宗旨，牢牢把握国家公益彩票的本质属性，公益金筹集率持续保持在高位，用实际行动坚定地履行社会责任。无论从横向、纵向还是宏观、微观角度，彩票公益金在助力扶贫攻坚、支持乡村振兴、保障和改善基本民生、推动基础设施更新改造以及提升社会公共服务能力等方面发挥了重要作用，为我国社会福利体系的完善和公益慈善事业的发展作出了重要贡献。经过多年发展，彩票公益金的筹集、分配和使用制度建立并逐步完善起来，但是与满足人民群众对美好生活的需要相比，与社会公众对彩票公益金的期望相比，仍存在一定的差距，主要有以下两个方面的问题。

（一）资金筹集和分配口径不一致，难以起到激励作用

作为公益金的来源，在资金筹集的时候是按照归属部门进行的，即从民政部和体育总局两个归口部门分别发行福利彩票、体育彩票，但是在资金分配时却混在一起由财政部门在所有部门之间进行拨付使用。这种"专项筹集、混合分配、分散使用"的模式虽然对部门权力起到了一定的约束作用，但也带来了其他问题。一方面，对于牵头发行的部门无法起到激励作用；另一方面，对于归口部门掌握资金的使用情况也带来了很大的困难（例如，民政部门想了解福利彩票公益金对于民政事业方面的支持力度等就存在一定难度）。为了稳定并提升彩票销量，也为了更好地追踪评价资金使用情况，在没有其他特殊情况的背景下，应尽可能将筹集和分配口径统一，始终围绕公益性这个中心专款专用，即福彩公益金专门用于民政部门项目，体彩公益金专门用于体育部门项目。当然，考虑到统筹及其他因素的影响，可以将福彩公益金或体彩公益金按照6∶4或7∶3的比例在归口部门和中央之间进行分配，中央的资金分配可参考现有的项目，所有资金的调度分配权仍归属财政部门。在"专项筹集、对口分配、统筹使用"的方式下，不仅能够调动彩票发行部门的积极性，有助于增加彩票销量，也便于主管部门及时追踪了解资金的流向和使用情况，实现了一致性和灵活性相统一。

（二）资金配置分散不合理，难以集中力量办大事

就中央集中彩票公益金的分配来看，除了用于补充全国社保基金外，对

中央专项、民政部和国家体育总局的部分主要采用因素法和项目法进行分配。根据民政部《彩票公益金使用管理办法》的要求，对于中央补助地方项目的资金分配以因素法为主。在补助地方项目的资金下达后，各省级民政部门结合实际情况酌情采用因素法和项目法等，将项目资金分配方案报同级财政部门审核后及时下拨。以民政部补助地方项目资金为例，在按照老年人福利类、残疾人福利类、儿童福利类、社会公益类和乡村振兴衔接专项项目切块划分后，再按照因素法确定下达各地区的资金额度，该资金体量经由省下拨到市、区一级，对于其社会福利事业的发展起到的作用十分有限。

以前文介绍的湖北省为例，2022 年，中央专项彩票公益金支持湖北省地方社会公益事业发展资金 10480 万元，用于服务全省 103 个县（市、区）的 15000 户特殊困难老年人、12 个县（市）级社会福利院或服务机构和 52 个农村（街道）区域性乡镇福利院。仅按照 15000 户居家适老化改造进行粗略估算，每户就花费 6970 元，这还不包括 12 个县（市）级的社会福利院的机构建设和 52 个区域性乡镇福利院的改造提升，它们所能分到的资金少之又少。2022 年，武汉市级福彩公益金预算为 24205.33 万元，中央、省级补助武汉市福彩公益金 3068 万元，仅占武汉市当年福彩公益金预算总额的 12.67%，其中用于老年人福利类项目资金 1085.85 万元，对武汉市化解人口老龄化和高龄化严重的问题难以提供有效支持，仅能借助拼盘资金用于养老机构的建设资金和运营补贴，而同期因受到废标及实施办法等影响，湖北省本级福彩公益金用于省直单位部门的预算执行率为 71.87%，资金配置方面存在一定的信息偏差。事实上，对于老龄化突出的问题，政府应根据当年的工作计划集中资金力量，优先解决急难任务中面临的公益金分配"僧多粥少"的问题。除此之外，为了鼓励各区发挥主观能动性和创造性，吸引各方力量参与社会福利和公益事业的发展，则宜采用因素法为主、项目法为辅的分配方式。这样，既可以保证完成重点工作任务，又能够最大限度地保证资金分配的合理性、客观性。

参考文献

何辉主编《中国福利彩票发展报告（2022）》，社会科学文献出版社，2022。

何辉主编《中国福利彩票发展报告（2021）》，社会科学文献出版社，2021。

中国福利彩票发行管理中心：《2022 年中国福利彩票社会责任报告》，2023。

姜雪芹：《福彩公益金为乡村振兴赋能加力》，《中国社会报》2023 年 3 月 13 日第 5 版。

刘含琦、邵祥东：《福利彩票公益金使用问题研究》，《辽宁行政学院学报》2020 年第 3 期。

孙道萃、王凯：《我国法律援助经费保障制度研究——以中央专项彩票公益金法律援助项目为例》，《中国法学教育研究》2020 年第 2 期。

陈鲁南：《浅析我国福利彩票在基础性分配制度中的地位与作用》，《中国民政》2022 年第 5 期。

B.4
2022年我国省级福彩机构公益活动报告

孙　蕾*

摘　要： 2022年各省级福彩机构在公益活动的类型和数量上都较上一年有所增加。本文详细梳理了2022年我国27个省（自治区、直辖市）福彩机构举办的公益活动情况，对公益活动的资金来源、不同省级福彩机构公益资金投入量、公益活动的类型特征等进行分析，比较了东、中、西部地区公益活动的异同。福彩机构如何更好地开展公益活动？本文运用企业公益活动的模型，对福彩机构公益活动的开展进行分类探讨，并在此基础上提出加快公益活动体系化发展、加强公益文化建设、建设公益品牌和加大信息公开力度三个方面的建议。

关键词： 彩票公益金　公益活动　社会责任

2022年是党的二十大召开之年，是实施"十四五"规划承上启下的关键之年，也是福利彩票提质增效、责任先行的奋进之年。党的二十大报告指出，要"加快构建新发展格局，着力推动高质量发展"，"增进民生福祉，提高人民生活品质"，"引导、支持有意愿有能力的企业、社会组织和个人积极参与公益慈善事业"。

福利彩票事业的健康发展，包括公益金的筹集和分配使用两个环节。公益金的分配和使用环节主要体现彩票的公益性，而彩票销售和公益金筹集环

---

* 孙蕾，中国社会科学院大学经济学院教师，法学硕士，主要研究方向为老年社会工作、社会工作与社会福利。

节则主要体现经济性。省级福利彩票中心（以下简称省级福彩机构）负责当地福利彩票的发行销售。推动彩票销售的稳定增长、增加公益金的筹集量是其主要职责。与此同时，在彩票销售环节传播福利彩票的公益理念，在全社会塑造福利彩票的公益形象，也是省级福彩机构的重要社会责任。

民政工作关系民生、连着民心，是社会建设的兜底性、基础性工作。福利彩票自发行以来，一直秉承"扶老、助残、救孤、济困"的发行宗旨，聚焦民政主责主业，坚持改革创新，为改善民生、乡村振兴、共同富裕贡献福彩力量。各地的福彩机构开展多种类型的公益活动，促进基本公共服务资源向基层延伸、向农村覆盖、向边远地区和生活困难群众倾斜，提高困难群众的生活质量，使其共享社会发展成果。这些公益活动既是福彩机构的一种营销推广策略，也是福彩公益理念的重要传播渠道。

各地福彩机构开展的公益活动，在资金来源、活动数量与类型、活动的内容、品牌建设与推广方面呈现不同面貌，对公益理念及彩票销售等传播发挥了不同的作用。本文梳理 2022 年全国 27 个省（自治区、直辖市）① 福彩机构举办的公益活动，分析归纳这些公益活动的特征，并在此基础上，就如何更好地开展公益活动提出相应政策建议。

一 省级福彩机构公益活动的概况

本文数据主要来源于中国福彩网、《公益时报》、中华彩票网、中彩网及各省级福彩机构官方网站。我们通过网络搜索，收集各省级福彩机构

---

① 本文 27 个省级福彩机构公益活动相关数据主要来源于中国福彩网、《公益时报》、中华彩票网、中彩网及 27 个省级福彩机构官方网站中福彩公益活动新闻报道数据的汇总，并利用百度官网对未查到 2022 年公益活动数据的省级福彩机构进行了相关检索。2023 年 7 月 27 日《中国福利彩票责任彩票报告（2022 年）》及 32 个省级福彩社会责任报告统一发布后，再次对本省级福彩公益活动的相关数据进行了核验与补充。本文中 2022 年各省级福彩公益活动相关数据的收集截止于 2023 年 8 月 25 日。全国 32 个省（自治区、直辖市）除台湾地区、香港特别行政区、澳门特别行政区不作统计外，2022 年未获得福彩公益活动相关数据的 5 个省级（吉林省、贵州省、青海省、北京市和上海市）福彩机构，虽然都有福彩机构官网，但仍未查找到 2022 年福彩公益活动相关数据。

2022 年开展的公益活动的相关新闻报道等公开信息。经统计，2022 年全国 32 个省（自治区、直辖市）福利彩票机构中有 27 个省（自治区、直辖市）开展了相关的扶老、助残、救孤、济困等公益活动共 92 项。资料收集时未获得 5 个省份的相关信息，因此本次统计分析并不是各省级福彩机构举办公益活动的全部。

（一）公益活动的资金来源

2022 年度公益活动共花费公益资金 11887.543 万元，其中 91 项公益活动使用公益金共计 11174.543 万元；四川省"放飞梦想·托起四川希望的明天"公益活动使用了发行费 713.000 万元；具体来讲，2022 年度公益活动除使用发行费 713.000 万元外，其余均为公益金。具体参见图 1。

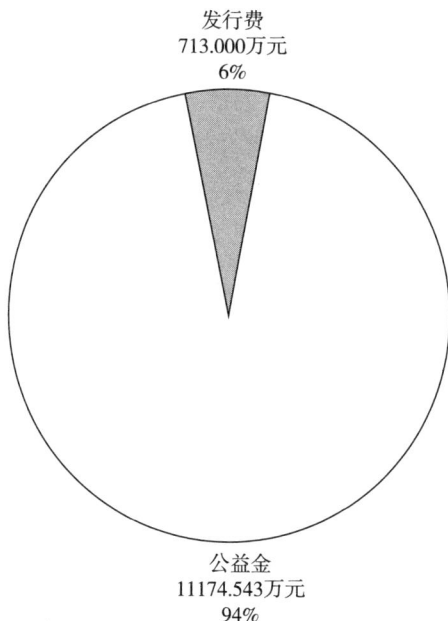

发行费
713.000万元
6%

公益金
11174.543万元
94%

图 1　2022 年度资金来源

数据来源：根据各省级福彩机构公开资料汇总。

（二）不同省级福彩机构资金投入量

图 2 是 27 个省级福彩机构开展公益活动的投入资金量情况。公益活动资金投入量前 10 名为陕西、河北、重庆、江苏、四川、浙江、广西、山西、湖北和安徽。公益活动投入资金最多的省份是陕西省，投入资金 2000 万元。与 2021 年相比，2022 年广西、山西和安徽三省投入公益资金多于山东、深圳和海南三省进入公益活动资金投入前 10 名。但总体来看，2022 年各省级机构公益活动投入资金量较 2021 年下降，尤其是一些省级机构投入资金量出现断崖式大幅度降低，如山东省、江苏省和湖北省，投入资金量的降低对公益活动开展数量和类别以及公益活动品牌推广影响很大。

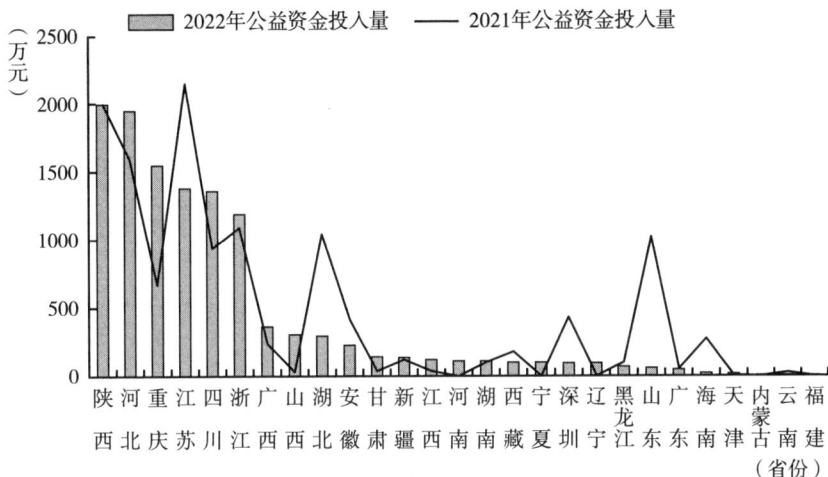

图 2　2022 年与 2021 年 27 个省级福彩机构举办公益活动投入的资金量

数据来源：根据相关省级福彩机构公开资料汇总。

（三）福彩公益活动的类型特征

根据已获取的 27 个省（自治区、直辖市）福彩机构的公益活动主题和内容，可以将这些活动分为六种类型，即扶老类、助学类、助残类、救孤类、济困类、公益文化及其他类。扶老类公益活动主要包括救助老年群体、帮扶养老机构等，例如山西省开展的"敬老月慰问行·走进养老院"活动，浙江省的"938福彩助力梦想·关爱困难老人"活动等。助学类公益活动，主要是面向家庭经济困难的学生，特别是高中生和考取大学的学生开展的各种资助性活动，例如陕西省开展的"资助困难家庭大学新生"活动、山东省"为福添彩·福利彩票圆梦大学生行动"及河北省开展的"福彩献真情·爱心助学子"活动等。助残类公益活动围绕着残疾人群体，满足其一定的需求，例如湖南省开展的"福泽潇湘——湘西福彩'六一'关爱残障儿童党日活动"，了解残障儿童康复中心残障儿童康复情况。救孤类公益活动，面向儿童福利院的孤儿群体开展，例如广西"双色球·送你一朵小红花"暨"福彩情·惠民生"主题公益活动。济困公益类活动面向困难家庭、困难群体开展活动。例如甘肃省"圆梦"行动、河北省"福彩暖冬助困"活动、江苏省"三关爱公益行动"等。有些省级福彩机构还开展了一些宣扬福利公益品牌和文化的活动，例如深圳开展的"爱心福彩·常回家看看"公益项目、浙江省开展的"福彩暖万家·金婚祝福礼"活动和"福彩暖万家·与爱同行"活动及重庆市开展的"福彩助力乡村振兴——'点亮乡村'太阳能路灯"公益项目等。

从2022年度全国公益活动开展数量来看，公益活动最多的类型为助学类，2022年全国各省级福彩机构共开展助学类公益活动29项，占总数的31.52%；其次为公益文化及其他类公益活动，共计开展了公益活动20项，占总活动数的21.74%；济困类公益活动总计18项，占总活动数的19.57%；2022年全国开展了扶老类活动12项，占总活动数的13.04%；救孤类8项公益活动占总活动数的8.7%；助残类全国只开展5项公益活动，占总活动数的5.43%。2022年度全国各省级福彩机构开展活动与往年相比数量大幅度增加，在92项公益活动中，助学类活动占比最多，公益文化及其他类、济困类排在第二和第三，三项相加达到67项，占所有公益活动的72.83%。

从 2022 年度全国公益活动开展省份来看，开展省份最多的公益活动类型为助学类，24 个省级福彩机构开展了助学类公益活动；其次为公益文化及其他类公益活动，有 10 个省级福彩机构开展；济困类公益活动有 9 个省级福彩机构开展；有 7 个省级福彩机构开展了扶老类活动；救孤类公益活动同样有 7 个省级福彩机构开展；有 5 个省级福彩机构开展了助残类公益活动。2022 年度全国 32 个省级福彩机构中有 27 个省区市开展了相关的扶老、助残、救孤、济困等公益活动，与 2021 年相比，无论是开展省份的数量还是开展活动的数量都有所增加。

表 1　2022 年度省级福彩机构举办公益活动的类型

类型	数量（个）	活动数量在所有活动中占比（%）	活动省份（个）
助学	29	31.52	24
公益文化及其他	20	21.74	10
济困	18	19.57	9
扶老	12	13.04	7
救孤	8	8.7	7
助残	5	5.43	5

数据来源：各省级福彩机构公开资料。

从 2022 年度全国公益活动使用公益资金数量来看，全国公益资金投入最多的是助学类公益活动，投入了 7682.780 万元，占公益资金总投入量的 64.629%；济困类公益活动投入资金 2049.200 万元，是排在第二的公益活动类型，占公益资金总投入量的 17.238%；公益文化及其他类公益活动投入公益资金 1509.700 万元，占公益资金总投入量的 12.700%；扶老类公益活动公益资金投入 347.700 万元，占公益资金总投入量的 2.925%；救孤类公益活动公益资金投入 226.973 万元，占公益资金总投入量的 1.909%；助残类公益活动公益资金投入最少，为 71.190 万元，占公益资金总投入量的 0.599%。

从 2022 年度各省级公益活动数量来看，我们分别对各省级福彩机构开展的六种公益活动类型的数量进行了统计，列出了每一个省级福彩机构2022年开展的公益活动中占比最多的活动类型。表2显示，各省级福彩机构自身开展的公益活动中，活动类别比重最多的类型为助学类公益活动。排名前三的除了助学类公益活动外，即济困类公益活动和公益文化及其他类公益活动。

表2　2022年度省级福彩机构开展公益活动的类型特征

| 省份 | 公益活动类型及数量 | | | | | | 活动类别第一比重 |
	扶老	助学	助残	济困	救孤	公益文化及其他	
广　东		2				1	助学
深　圳			1			1	助残、公益文化及其他
江　苏	1	1		2	1	2	济困、公益文化及其他
山　东		1		1		1	助学、济困、公益文化及其他
浙　江	4	1	1	6		5	济困
四　川	1	2					助学
湖　北		1		1			助学、济困
湖　南	2	3	1				助学
河　北	1	1		3	1	1	济困
河　南		1		1	1		助学、济困、救孤
安　徽		1					助学
山　西	2				2		扶老、救孤
陕　西		1					助学
江　西	1		1	1		2	公益文化及其他
重　庆		1				4	公益文化及其他
广　西		1			1	2	公益文化及其他
天　津		1	1		1		助学、助残、救孤
云　南		1			1		助学、救孤
内蒙古		1					助学
福　建		1					助学
黑龙江		1					助学
辽　宁		2					助学

续表

省份	公益活动类型及数量						活动类别第一比重
	扶老	助学	助残	济困	救孤	公益文化及其他	
新　疆		1		2			济困
甘　肃		1		1			助学、济困
海　南		1				1	助学、公益文化及其他
宁　夏		1					助学
西　藏		1					助学
总　计	12	29	5	18	8	20	

数据来源：各省级福彩机构公开资料。

（四）省级福彩机构不同类型公益活动的资金投入

从 2022 年度各省级公益活动的投入资金量来看，我们分别对各省级福彩机构开展的六种公益活动类型的投入资金量进行了统计，列出了每一个省级福彩机构 2022 年开展公益活动的投入资金最多的活动类型。表 3 显示，在省级福彩机构自身开展的公益活动中，投入资金量比重最多的类型为助学类公益活动，其次为济困类公益活动，再次为公益文化及其他类公益活动。

（五）省级公益活动资金量与福彩销售量对比

我们将 2022 年福彩销售量与 2022 年公益活动投入资金量进行对比，如图 3 所示，发现福彩销售量与公益活动投入资金量存在一定联系。2022 年，福彩销量排名前 5 的是广东、浙江、山东、江苏和四川，公益活动投入资金量排名前 5 的是陕西、河北、重庆、江苏和四川。江苏省级福彩机构既是福彩销量的前 5 又是公益活动投入资金量的前 5，而一些福彩销量较少的地区公益活动投入资金量也较少。

表3 2022年度省级福彩机构公益活动类型及公益资金数量

单位：万元

| 省份(27) | 公益活动类型及投入公益资金数量 | | | | | | 总计 | 投入公益资金第一比重 |
	扶老	助学	助残	济困	救孤	公益文化及其他		
广　东		46.000				4.100	50.100	助学
深　圳			47.190			50.000	97.190	公益文化及其他
江　苏	10.000	300.000		1010.000	50.000	15.000	1385.000	济困
山　东		30.000		10.000		18.900	58.900	助学
浙　江	156.800	524.590	12.000	400.000		97.800	1191.190	助学
四　川	2.000	1357.000					1359.000	助学
湖　北		288.660		10.000			298.660	助学
湖　南	17.000	91.000	3.000				111.000	助学
河　北	10.000	1525.200		409.100	7.213	0.200	1951.713	助学
河　南		60.000		50.000	3.000		113.000	助学
安　徽		225.500					225.500	助学
山　西	151.300				154.800		306.100	救孤
陕　西		2000.000					2000.000	助学
江　西	0.600		6.000	108.000		9.000	123.600	济困
重　庆		249.000				1301.000	1550.000	公益文化及其他
广　西		350.000	3.000		5.000	10.000	365.000	助学
天　津		10.000			5.000		18.000	助学
云　南		5.000			1.960		6.960	助学

续表

省份(27)	公益活动类型及投入公益资金数量						总计	投入公益资金第一比重
	扶老	助学	助残	济困	救孤	公益文化及其他		
内蒙古		9.000					9.000	助学
福建		0.300					0.300	助学
黑龙江		69.600					69.600	助学
辽宁		93.450					93.450	助学
新疆		90.600		47.000			137.600	助学
甘肃		138.080		5.100			143.180	助学
海南		20.000				3.700	23.700	助学
宁夏		99.800					99.800	助学
西藏		100.000					100.000	助学
总计	347.700	7682.780	71.190	2049.200	226.973	1509.700	11887.543	

数据来源:各省级福彩机构公开资料。

□ 2022年公益资金投入量（万元） ▨ 2022年福利彩票销售量（千万元）

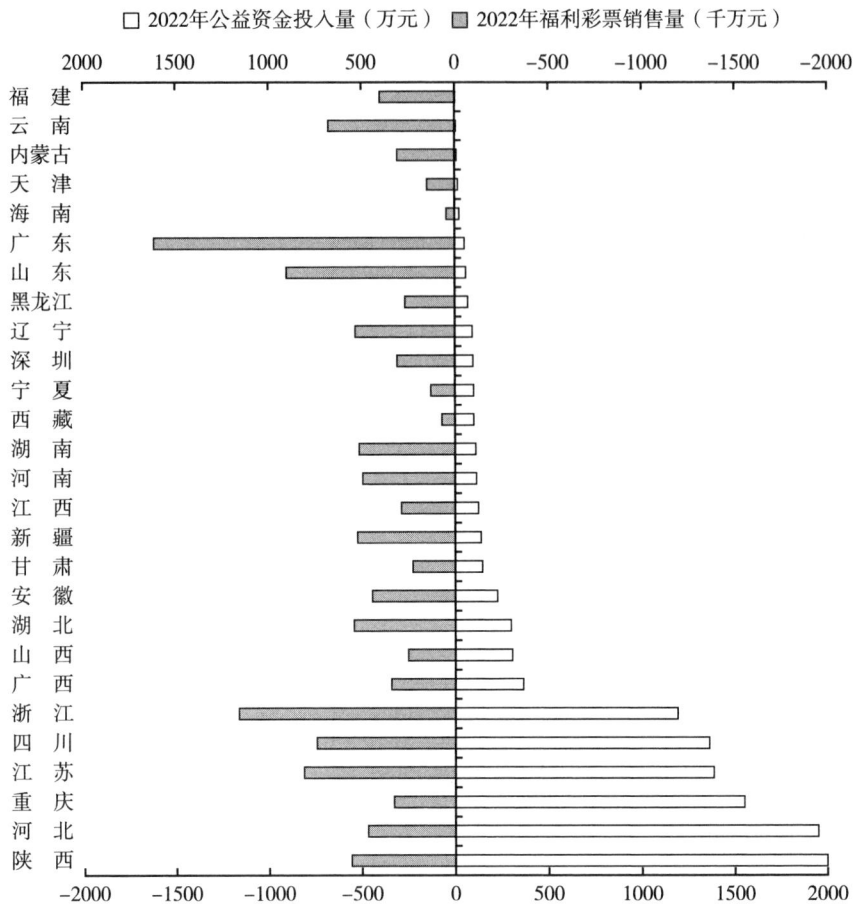

图 3　2022 年度 27 个省级福彩机构举办公益活动投入的资金量
与福彩销售量对比

数据来源：各省级福彩机构公开资料。

二　东、中、西部地区公益活动的比较

为方便分析，我们从东部、中部、西部区域视角，将 27 个省（区、市）福彩机构进行比较。其中，东部地区包括天津、河北、辽宁、江苏、浙江、福建、山东、广东、深圳和海南。中部地区包括山西、内蒙古、黑龙

江、安徽、江西、河南、湖北、湖南。西部地区包括四川、重庆、云南、广西、西藏、陕西、甘肃、宁夏、新疆。通过对比，可以发现2022年度东部地区、中部地区和西部地区省级福彩机构的公益活动在资金投入量、公益活动类型与数量等方面，存在较大差异。

（一）东部、中部和西部公益活动的比较

1. 资金投入

在公益活动的资金投入上，图4显示了东部地区、中部地区、西部地区三个地区公益资金投入量。东部地区省级福彩机构共投入公益资金4869.543万元，中部地区共投入公益资金1256.460万元，西部地区共投入公益资金5761.540万元。较上年不同的是，2022年西部地区省级福彩机构公益活动投入资金最大，其次为东部地区。

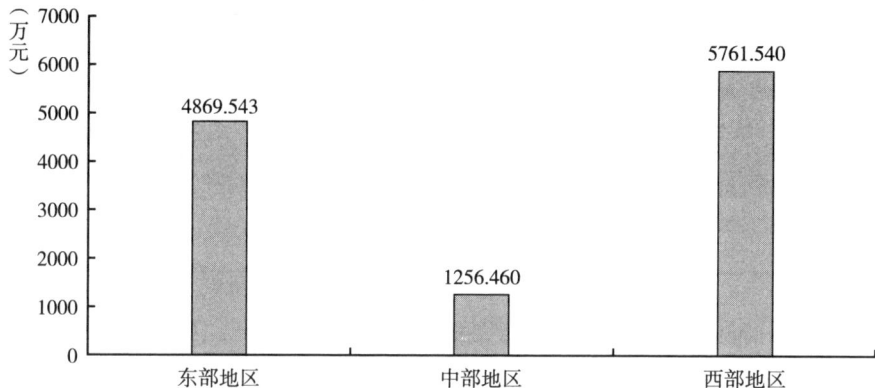

图4 2022年度不同地区省级福彩机构公益活动投入资金量的比较

数据来源：各省级福彩机构公开资料。

图5显示了2022年度不同地区省级福彩机构公益活动投入资金量。资金投入量前10名的省级福彩机构中，有4个来自西部地区、3个来自东部地区、3个来自中部地区。

2. 公益活动类型

在公益活动的数量上，东部地区省级福彩机构2022年度总计开展公益

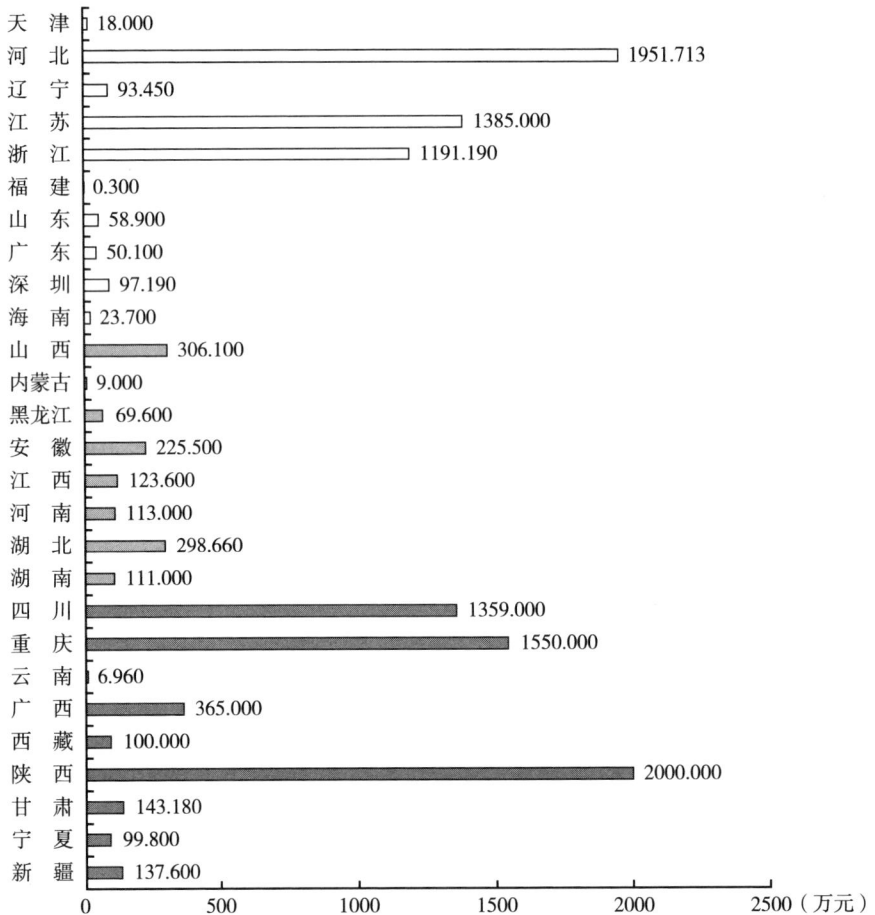

图5 2022年度不同地区省级福彩机构公益活动投入资金量

数据来源：各省级福彩机构公开资料。

活动47个，占总活动数量的51.09%；中部地区总计开展公益活动23个，占总活动数量的25.00%；西部地区总计开展公益活动22个，占总活动数量的23.91%。东部地区开展公益活动的数量最多，其次是中部地区，最后是西部地区。

在不同类型活动的分布上，如图6、图7所示，东部地区省级福彩机构开展的公益活动中扶老类公益活动6个，占此类公益活动的50%。开展助学类公益活动 11 个，占此类公益活动的 37.9%。开展助残类公益活动 3 个，占此类公益活动的 60%。开展济困类公益活动 12 个，占此类公益活动数量的 2/3。开展救孤类公益活动 3 个，占此类公益活动的 37.5%。开展公益文化及其他类公益活动 12 个，占此类公益活动的 60%。我们发现东部地区省级福彩机构开展各类别的公益活动数量都是最多的；中部地区省级福彩机构开展的公益活动总体数量多于西部地区，开展扶老类公益活动 5 个，占此类公益活动的 41.7%。开展助学类公益活动 8 个，占此类公益活动的 27.6%，开展助残类公益活动 2 个，占此类公益活动的 40%。开展济困类公益活动 3 个，占此类公益活动的 1/6。开展救孤类公益活动 3 个，占此类公益活动的 37.5%。开展公益文化及其他类公益活动 2 个，占此类公益活动的 10%。西部地区省级福彩机构开展的公益活动中扶老类公益活动 1 个，占此类公益活动的 8.3%。开展助学类公益活动 10 个，占此类公益活动的 34.5%。西部地区省级福彩机构未开展助残类公益活动。开展济困类公益活动 3 个，占此类公益活动的 1/6。开展救孤类公益活动 2 个，占此类公益活动的 25%。开展公益文化及其他类公益活动 6 个，占此类公益活动的 30%。

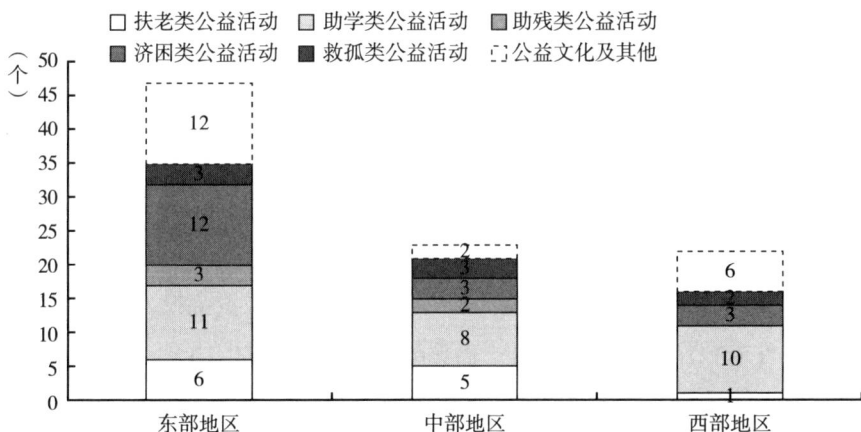

图 6 2022 年度不同地区省级福彩机构公益活动开展数量（按地区）

数据来源：各省级福彩机构公开资料。

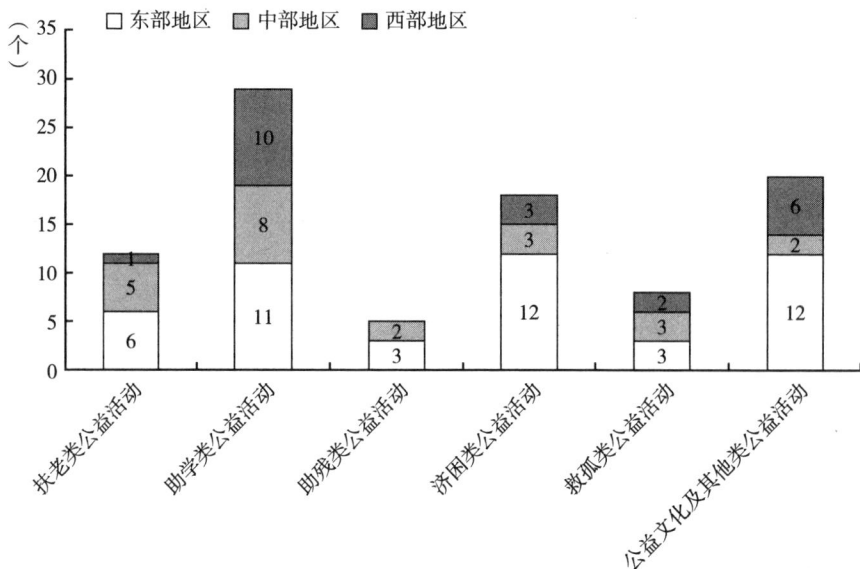

图7　2022年度不同地区省级福彩机构公益活动开展数量的比较
（按活动类型）

数据来源：各省级福彩机构公开资料。

（二）2022年东中西部地区各省份公益活动的具体情况

1. 东部地区

东部地区主要包括天津、河北、辽宁、江苏、浙江、福建、山东、广东、深圳和海南10个省（市）。

天津市共计投入福彩公益金18万元开展助学类活动"福彩圆梦·点亮希望"爱心助学公益行动，救孤类"送你一朵小红花"活动和助残类公益活动"守护心灵健康成长"公益活动，较2021年公益资金投入有所增加。

河北省福彩开展助学类活动"福彩献真情·爱心助学子"活动，这项活动是河北省的品牌公益活动，已经连续举办了21年，该活动也得到了社会各界的广泛关注和认可。2022年度该活动投入公益金1525.2万元，占总花费的78.1%；另外，还开展了济困类"福彩暖冬助困"活动、"福彩慰问山区学生"活动和"关爱留守儿童、困境未成年人"活动，扶老类"坚守公益初心，关爱高龄老人"公益活动，救孤类"庆六一 关爱儿童相伴成长"活动和公益文化及其他类公益活动"践行公益初心·传承长城文化"公益活动。河北省福彩机构开展的公益活动共使用公益金1951.713万元，举办五类活动。

辽宁省福彩2022年共举办助学类公益活动2个，共计使用公益资金93.45万元。"福彩助学子·大学圆梦行动"活动使用公益金37.45万元，"福彩慈善助学"活动使用公益金56万元。

江苏省福彩公益活动共使用公益金1385万元。济困类公益活动和公益文化及其他类公益活动是该省的主要公益活动，分别开展2项。济困类公益活动"情暖江苏"春节慰问、"三关爱公益行动"是延续项目，共使用公益资金1010万元，占总花费的72.9%；公益文化及其他类公益活动开展了"福彩图书室"公益活动和"情系环卫人，温暖润心田"活动；助学类项目"爱心助学"公益活动已经连续六年举办，2022年度使用公益金300万元，"福彩爱心敬老"系列活动使用公益金10万元，救孤类公益活动"梦想改造+"关爱计划使用公益金50万元。江苏省举办公益活动类型和去年相比数量和类别都有大幅度增加。

浙江省福彩公益活动经费来源于公益金，共使用公益金1191.19万元。助学类"福彩暖万家·助圆大学梦"公益活动为江苏省主要公益活动，占总花费的44.04%；济困类举办"福彩暖万家·救助直通车"公益活动、"温暖禾城·福彩公益行"活动、"福彩暖万家·温暖同行"公益活动、"938福彩助力梦想·温暖过大年"公益活动、"福彩同行·温暖到家"活动、"福彩有爱·1+N"公益慰问活动；公益文化及其他类开展"福彩暖万家·金婚祝福礼"活动、"福彩暖万家·与爱同行"活动、"福彩非常帮助"活动、"福彩暖万家·一路有你"活动和福彩暖万家"御冬送暖·温暖同行"公益活动五个活动；助残类"福彩暖万家，爱心永相随"公益活动使用公益金12万元；扶老类开展了四项公益活动。"福彩暖万家"系列活动为浙江省公益活动品牌，浙江省开展公益活动类别较多，2022年除救孤类公益活动外其他类别均已开展。

福建省福彩开展助学类公益活动"爱在中山 情满中秋"活动一项，

总共投入 0.3 万元。

山东省福彩将公益金 58.9 万元用于助学类活动"为福添彩·福利彩票圆梦大学生行动"活动一项；济困类活动一项"为福添彩"公益救助活动，公益文化及其他活动"公益福彩同行，点亮美丽乡村"活动一项。2022 年度山东省福彩公益活动投入相比 2021 年大幅度减少。

广东省福彩公益活动共使用公益金 50.1 万元。其中助学类公益活动"福彩育苗计划"和"蒲公英关爱行动"均为延续品牌；公益文化及其他类公益活动开展一项针对青少年的"环保"教育活动，传递绿色出行、节能减排理念。

深圳福彩公益活动共使用公益金 97.19 万元，用于公益文化及其他活动类和助残类两类公益活动，其中公益文化及其他类公益活动"爱心福彩·常回家看看"公益项目，主要对象是外地来深圳的建设者。助残类公益活动开展"残疾人文体活动"一项。

海南省福利彩票公益活动共使用公益金 23.7 万元。2022 年度海南公益活动为助学类和公益文化及其他两项，其中助学类为主要的公益活动，占总花费的 84.4%。

2. 中部地区

中部地区包括山西、内蒙古、黑龙江、安徽、江西、河南、湖北、湖南 8 个省（区）。

山西福彩机构开展救孤类、扶老类公益活动各两项，共计使用公益金 306.1 万元。

内蒙古只开展一项助学类公益活动"福彩·北疆情"公益活动，使用 9 万元公益金。

黑龙江投入公益金 69.6 万元，用于助学类公益活动"福彩圆梦·情系贫困中学生"资助活动。

安徽省总计投入公益金 225.5 万元，用于助学类公益活动"福彩助你上大学"公益活动，此公益活动也是安徽省的公益品牌。

江西省共使用公益金 123.6 万元，济困类活动"福彩公益行·走近 XX

地"活动为持续举办的品牌活动；除此之外江西省还开展了扶老类公益活动"福彩公益行·走近养老乐园"活动，助残类公益活动"福彩公益行·情暖残障人士"活动，以及公益文化及其他类"福彩公益行·走近最美养老护理员"活动和"福彩公益行·送文明下乡"活动。

河南省开展三类公益活动，分别是助学类"情系学子，福彩圆梦"爱心助学公益活动、救孤类"关爱儿童"活动和济困类"豫爱福彩"活动，共使用公益金 113 万元。

湖北省共使用公益金 298.66 万元，助学类活动为其主要公益活动，民政职业学院孤儿"励志班"项目共花费公益金 288.66 万元；同时开展了一项济困类公益活动"关心下一代"困难家庭儿童关爱活动。

湖南省公益活动资金来源于公益金，共使用 111 万元。其中助学类有"福泽潇湘·精准助学"公益助学活动、"福泽潇湘·筑梦助学"公益助学活动和"福彩公益行·助圆大学梦"公益活动；扶老类开展了"迎新春送温暖，走进敬老院"活动和"中秋送福　娄底福彩慰问双峰荷叶镇敬老院"活动；助残类开展一项公益活动福泽潇湘——湘西福彩"六一"关爱残障儿童公益党日活动。

3. 西部地区

西部地区包括四川、重庆、云南、广西、西藏、陕西、甘肃、宁夏、新疆 9 个省（区）。

四川省福利彩票公益活动资金来源于公益金和发行费，共使用公益金 1359 万元，其中用于助学类活动"放飞梦想·托起四川希望的明天"活动的资金 713 万元来自发行费，投入公益金 644 万元于"志翔班"项目。还开展了扶老类公益活动"公益福彩·与爱同行"公益慰问活动。

重庆市福利彩票公益活动经费全部来源于公益金，共使用公益金 1550 万元，公益文化及其他活动为重庆市福彩主要公益活动，"福彩助力乡村振兴——'点亮乡村'太阳能路灯"公益项目、"福彩有爱，送福到家"公益活动、"福彩爱心帮帮帮"活动和"福彩，让生活更美好"活动四个公益活动，共使用公益金 1301 万元，占重庆福彩总花费的 83.9%；重庆福彩还开展了助学类"公益福彩幸福校园"活动，2022 年度重庆市福利彩票公益活动均为延续品牌，重庆市在品牌建设方面做得比较好。

云南省福利彩票公益活动经费来源于公益金，共使用公益金 6.96 万元。助学类"资助贫困大学生活动"为云南省福彩主要公益活动，占总花费的 71.8%；"中华慈善日"系列活动使用公益金 1.96 万元，占总花费的 28.2%。

广西福彩使用公益金 365 万元用于"福彩情·学子梦"助学活动、"双色球·送你一朵小红花"暨"福彩情·惠民生"主题公益活动、"福彩情·公益健步走"活动和"福彩情·乡村振兴启智——八桂慈善爱心图书室"项目。

西藏福利彩票公益活动共使用公益金 100 万元，助学类"公益福彩·情暖高原"公益助学活动为西藏福彩主要公益活动，此活动为西藏福彩延续项目。

陕西省保留开展一项助学类公益活动，即延续品牌项目"资助困难家庭大学新生"活动。

甘肃省共使用公益金 143.18 万元，用于助学类"福彩圆梦·孤儿助学工程"项目和济困类"圆梦"行动。

宁夏共使用公益金 99.8 万元，用于助学类"福彩公益行 圆筑学子梦"公益项目。

新疆使用公益金 137.6 万元，助学类活动"爱心无疆，益路同行，爱心助学，筑梦前行"困难大学生救助活动使用公益金 90.6 万元，占总花费的 65.8%；济困类活动"人民至上 迎新春送温暖 民政福彩在行动"公益活动和"大手拉小手福彩园梦"公益活动，共使用公益金 47 万元，占总花费的 34.2%。三个公益活动均为延续活动。

三　2022 年省级福彩机构公益活动小结

从全国福彩机构开展的公益活动来看，涉及助学、济困、公益文化及其他等公益活动开展较多，救孤、扶老类公益活动开展较少，福彩公益活动类型和资金投入相对集中。2022 年总计开展公益活动 92 项，虽然开展的公益活动较多，但是福彩公益活动类型及公益金支出类型相对集中。从 27 个省级福彩公益活动投入量和开展各项公益活动类型数量来看，助学类公益活动是大部分省份首先考虑开展的公益活动类型，投入资金量也是最大的。相比之下助残类、救孤类公益活动投入资金量不足全年总投入量的 3%。

许多省份 2022 年度开展的福彩公益活动相较于疫情时期，不管是在公益活动开展数量、类别还是在公益资金投入量上都有所增加，尤其一些省份延续多年的福彩品牌项目坚持开展，产生了持续的社会效益。

从东部地区、中部地区和西部地区福彩机构开展的公益活动来看，东部地区各省级福彩机构开展公益活动数量、类型均为最多，东部地区开展的 47 项公益活动中，涉及扶老类、助学类、助残类、济困类、救孤类和公益文化及其他六类公益活动类型，其中开展最多的是公益文化及其他和济困类公益活动；中部地区各省级福彩机构开展的 23 项公益活动中，最多的为助学类和扶老类公益活动；西部地区各省级福彩机构开展的 22 项公益活动中，开展最多的是助学类公益活动。

四 福彩机构办好公益活动的更多可能

（一）企业举办公益活动的形式及其特征

著名的营销学者菲利普·科特勒基于社会责任的理念，对企业举办公益活动的情况进行了深入研究，并将这些活动基于参与和支持公益的行动方式，划分为六种形式：公益事业宣传、公益事业关联营销、社会营销、慈善活动、社区志愿者活动和对社会负责的商业实践。

公益事业宣传，是指通过提供资金、非现金捐助或其他的企业资源，以促进公众对某项社会公益事业的了解和关心，或者为某项公益事业的募捐活动、参与或志愿者招募提供支持。例如戴尔公司曾发起募集旧电脑，并将这些旧电脑捐赠给当地的非营利组织。

公益事业关联营销，是承诺基于产品销售量或者销售金额为某项特定的公益事业捐款，或者捐出一定比例的营业收入。例如2001年初，农夫山泉公司推出了喝农夫山泉为奥运捐助活动，"每卖出一瓶水就为北京2008奥运捐赠一分钱"，此活动持续七年，直至2008年。

社会营销，是通过项目的开展，推动人们某种行为的改变，意在由此改善公共卫生、安全，环境和社区福利。例如，麦当劳公司为了让人们关注儿童的免疫接种，在门店的托盘衬纸上，印刷"为健康而接种"的宣传内容，以此提示消费者关注自己孩子的健康和幸福。

慈善活动，作为可能是所有社会公益活动中最传统的一种方式，主要表现为直接捐助某个慈善机构或某项公益事业。最常见的形式是现金拨款、捐款或者非现金的服务。例如，戴尔公司推行的"直接捐助"计划，让戴尔员工可以通过工资扣减的方式来为自己喜欢的非营利组织提供捐赠。

社区志愿者活动，是指企业鼓励员工、零售伙伴、特许经销商志愿奉献他们的时间，来支持当地的社区组织和公益事业。志愿者活动可能包括员工志愿奉献他们的专业知识、才能、创意和体力劳动等。

对社会负责的商业实践，一般通过支持社会公益事业的商业实践和投资以改善社区福利和保护环境等来体现。例如，戴尔公司在产品设计中，提出"面向环保的设计"计划。主要的做法包括在设计中尽可能避免使用有害材料，多使用环保材料，降低产品能耗等。

以上这六类公益活动的举办，对企业和公益事业均能够带来价值。对公益事业而言，其主要价值一般体现为促进公众对公益事业的了解和关注、参与，增加公益活动的资金和资源，改善人们的行为等。对企业的价值，则体现在提高企业的剩余、增加企业的销售、降低企业成本、建立与社区的牢固关系、吸引相关人才、减少政府的监管等。

但也要注意到，企业在开展这些活动时也会存在一些顾虑，顾虑主要基于成本、投入产出效率、持续时间、社会对企业做此事的看法等。例如，公众对企业开展活动和企业努力的关注度可能很容易消失；企业与公益伙伴合作时可能要花费巨大的时间成本，企业组织公益活动的专业能力不足导致需要很多员工付出时间参与，宣传支出可能非常大，消费者可能会怀疑企业开展活动的动机；活动的效率和效果的评估可能非常困难等。

科特勒从既有利于企业也有利于公益事业的角度，对这六种形式的活动潜在的优点和可能存在的不足进行了分析。以企业的慈善活动为例，其价值表现为提高企业声誉，增加公益事业的资金和其他资源，吸引和留住关心公益事业的员工，建立与社区的友好关系。其潜在的不足是，公众对该活动和企业的关注不容易持续，慈善捐赠行为的产出价值不容易衡量等。

（二）企业如何开展公益活动[①]

按科特勒的思路，企业开展公益活动，可以按以下三个步骤来操作：一是选择企业要参与支持的公益主题是什么；二是企业要基于该公益主题，在前述六种活动形式中选择最佳的一个或几个；三是具体实施公益活动的策略。

1. 如何选择公益主题

对于如何选择公益活动的关注主题，科特勒提出下述建议。

一是尽量选择少数几个社会公益主题；二是选择企业所在社区关心的主题；三是选择可以与企业的使命、价值观、产品和服务协同配合的公益主题；四是选择有可能支持企业经营目标的公益主题；五是选择关键群体（员工、目标市场、顾客、投资者、当地政府）关心的公益主题；六是选择企业可以长期投入的公益主题。

2. 如何选择活动形式

科特勒提出，企业应该选择最有利于实现经营目标的活动，能够最有效运用现有资源的活动，最能够挖掘合作伙伴潜力的活动，自己有经验的活动，对一项公益主题可以匹配多种形式的公益活动。

---

① 考虑到篇幅因素，这部分内容没有展开分析，相关内容可参考科特勒等著《企业的社会责任》第九章的内容。〔美〕菲利普·科特勒等：《企业的社会责任》，姜文波等译，机械工业出版社，2006。

3. 如何实施公益活动

这一点相对简单，主要是要尽可能邀请非营利组织作为合作伙伴，要尽可能设定明确、可测量的活动目标，要注意与活动涉及的相关方的沟通。

其中某些省份由于公益活动项目的持续时间久、公益产出明显、组织效率高、社会影响力大而成为典型案例。下面，我们以江苏省福彩举办的公益活动为案例，对不同案例进行分析。本文着眼于企业为了支持社会公益事业和履行企业社会责任而采取的主要活动类型，来对省级福彩机构的公益活动进行简要的分析。

（三）福彩机构举办的公益活动案例

虽然我国的福彩机构属于事业单位，并不是企业，但由于彩票产业的市场化特征，彩票机构的公益活动的举办，可以充分借鉴科特勒提到的企业举办公益活动的做法。正如前文梳理的，各地的省级福彩机构举办了丰富多彩的公益活动，涉及扶老、助残、济困、助学等领域。我们基于科特勒提出的公益活动的六种类型，对福彩机构开展的公益活动做分析。在具体公益活动的选择上，以江苏省福彩的公益活动为主，另选了中国福彩中心2022年举办的"送你一朵小红花"活动。

2022年，江苏福彩全年共使用公益金1385万元，在全省范围开展了资助困难家庭慈善救助、"爱心助学"及"进社区爱心敬老"等一系列公益活动。其中，济困类和公益文化及其他类是该省开展的主要公益活动。济困类公益活动有"情暖江苏"春节慰问[①]、"三关爱公益行动"，共使用公益资金1010万元；公益文化及其他类公益活动包括"福彩图书室"公益活动和"情系环卫人，温暖润心田"活动。助学类项目"爱心助学"公益活动[②]使

---

① "情暖江苏"春节慰问活动是江苏福彩公益活动重点，已连续开展15年，主要内容是为困难群众雪中送炭、缓解燃眉之急。

② 江苏福彩"爱心助学"活动自2006年组织实施以来已连续开展17年，累计投入福彩公益金7900万元，惠及全省贫困家庭大学生3万余人，是江苏高等教育系统规模最大、受众最广、持续时间最长的公益助学活动。

用公益金 300 万元，"福彩爱心敬老"系列活动使用公益金 10 万元，救孤类公益活动"梦想改造+"关爱计划使用公益金 50 万元。见表 4。

表 4 福彩公益活动

公益事业宣传	公益事业关联营销	社会营销	慈善活动	社区志愿者活动	对社会负责的商业实践
成功举办江苏省"福彩杯"养老服务机构老年人营养餐大赛	"送你一朵小红花"	"梦想改造+"关爱计划	助学类、济困类、扶老类、救孤类及公益文化及其他类公益活动	"弘扬雷锋精神 传播阳光福彩文化"活动、"致敬建设者 福彩送清凉"等活动	在彩票销售过程中，对彩票公益性进行宣传，宣传理性购彩。在纸质即开票设计印制中，使用绿色环保材料

数据来源：根据各省级福彩机构公开资料汇总。

1. 公益事业宣传

2022 年起，中国人口进入历史性负增长阶段，并在未来呈现阶段性加速趋势。快速的人口转变和长期低迷的生育率，决定了中国人口负增长和人口老龄化趋势不仅无法逆转，而且将在波浪式演进中不断相互强化。在人口老龄化的背景下，福彩机构在公益活动的项目选择上，对养老公益事业和扶老类公益活动予以特别支持。

江苏省根据省委省政府关于构建供给高质量、普惠高水平、享老高品质的"苏适养老"服务体系决策部署，打造具有江苏特色的"舌尖上的养老"，为老年人奉献形式多样、内容丰富、营养健康的餐食。"福彩杯"养老服务机构老年人营养餐大赛，通过展示养老服务机构日常菜肴，还原"苏适养老"烟火气息，强化了江苏省扶老项目品牌的定位。大赛的举办也对江苏福彩的品牌公益知名度、影响力起到了很好的提升作用。

2. 公益事业关联营销

公益事业关联营销的核心，是基于企业的销售，为公益项目或公益组织提供捐赠。对于福利彩票机构来讲，彩票销售本身实质上就是一种公益事业关联营销，通过销售彩票筹集公益金来支持众多的社会福利和公益项目。当然，彩票公益金筹集是一种国家行为，不是彩票机构策划实施的公益活动。因此，严格按照公益事业关联营销的概念来说，江苏省福彩 2022 年没有开展相关活动。

中国福彩发行管理中心 2022 年的双色球营销活动"送你一朵小红花"，属于比较典型的公益事业关联营销。2022 年的活动具体是这样的：购彩者买了双色球彩票后，按照活动规则获得阳光值，1 元等于 1 阳光值，40 阳光值培育 1 朵小红花或小蓝花，还可以邀请好友助力积攒阳光值。用户可将积攒的小红花或小蓝花捐赠给所在地的儿童福利院，助力福利院儿童实现微心愿。中国福彩中心和各省福彩中心通过该活动，共为全国 60 个儿童福利院捐赠了价值超过 250 万元的学习、运动等类别的公益物资。

3. 社会营销

为切实帮助困境儿童家庭解决实际困难和问题，促进困境儿童全面发展，江苏福彩开展了"梦想改造+"关爱计划，该计划以全市 6～16 周岁的事实无人抚养儿童及实际未得到父母有效监护照料的困境青少年和最低生活保障家庭儿童为主要帮扶对象，为关爱对象在家庭里改造建设 1 间梦想小屋。通过改造梦想小屋，不仅使困境儿童家庭的生活环境得到了基本改善，同时为进一步解决困境儿童家庭的问题提供了可能。

4. 慈善活动

江苏省福彩开展的众多公益活动，大多数都属于慈善活动。这也是其他省级福彩机构开展的主要公益活动类型。像"情系环卫人，温暖润心田"活动，在帮助环卫职工解决实际困难的同时，也为困难环卫工送去了一份爱心和温暖。"福彩图书室"公益活动也是一个比较典型的案例。江苏福彩开展"福彩图书室"公益活动，由福彩公益金出资 10 万元，向未成年人保护工作站、养老服务中心等 10 家机构捐赠书籍，建设福彩图书室并挂牌。秉承"扶老、助残、救孤、济困"的发行宗旨，江苏福彩作为社会责任的践行者，通过援建图书室的形式，为未成年人和老人创造良好的阅读环境；以书为介质，丰富文化生活，为其送去精神食粮，使其开阔视野、增长见识，运用科学知识致新渠道。与此同时，也使这些未成年人保护工作站的未成年人和养老服务中心的老人感受到来自全社会的关爱。2022年是"福彩图书室"公益活动开展的第12年，连续多年开展公益活动，也使江苏福彩公益活动类型更加丰富多彩。

5. 社区志愿者活动

在江苏省的社区志愿者活动中，南京福彩中心党总支联合江东街道聚福园社区党委，共同开展学雷锋广场活动。以"弘扬雷锋精神　传播阳光福彩文化"为活动主题，深入社区开展环境保护、敬老助残等志愿者服务；倡导文明出行，文明排队，文明用语；提醒疫情防控安全、健康安全，同时宣传公益、慈善、健康、快乐、创新的福彩文化。

6. 对社会负责的商业实践

对社会负责的商业实践，一般是在企业的日常经营活动中，选择对社会负责、对环境负责的行动。对于福彩机构来讲，在彩票的销售网点，加强彩票公益的宣传和理性购彩的宣传等，就是一种负责任的商业实践。其中，加强对彩票公益性的宣传，就是推动彩票销售的企业经营行为，传播了彩票公益信息，倡导更多人通过购买彩票支持公益项目。在纸质即开票设计印制中，使用绿色环保材料也属于此类。

通过对上述六种类型公益活动的分析，发现目前各省级福彩机构在开展公益活动时，大部分采用的是简单的慈善活动的方式，采用的其他公益活动形式少。很多省份福彩机构每年都会对考上大学的贫困家庭的学生予以资金支持。这种形式确实在一定程度上缓解了各地不少贫困家庭因孩子升学产生的经济困难，但基本上只有彩票机构和贫困大学生点对点支持的方式简单易行。这种形式的弱点也很明显，一是这种慈善活动引发的社会关注度相对较低。因为点对点的支持，很难在更广大社会群体里产生更广大的宣传效果。且这种活动与彩票机构的营销目标等没有联系。另外，彩票机构的公益活动与当地社区关联度较小，彩票机构工作人员参与当地社区的志愿服务也较少。而以社区为主的公益活动，对于在该区域营造好的彩票发展环境，意义是非常重大的。

五　建议

基于 2022 年度省级福彩机构的公益活动及省级品牌福彩机构公益活动案例的相关分析，提出以下建议。

（一）优化公益活动的体系化建设

福彩公益活动的体系化发展是指建立相对完整、科学、规范的公益活动管理机制和运作体系，以确保福利彩票公益资金的有效使用和社会效益的最大化。这里仅就公益活动的覆盖面、形式和领域进行简单论述。

一是公益活动的覆盖面。可以考虑由中国福利彩票发行管理中心统筹各省份的共性公益活动。目前各省级福彩机构开展的公益活动既有共性特征，又有地方特色。面对共性特征，福彩系统应统筹形成一个整体品牌，以整体品牌形象向社会推广，加速品牌影响效力发展。2022 年和 2023 年福彩双色球的"送你一朵小红花"就属于这类全国性的公益营销活动。

二是采取更加丰富的公益活动形式。基于各地特点，借鉴前文提到的企业开展公益活动的策略，采用包括公益事业宣传、公益事业关联营销、社区志愿者活动等更多元的公益活动形式，从而更好地满足福彩机构做公益、促营销的目标实现。

三是公益活动要顺应社会发展需要，在更多的领域发力。目前福彩公益活动类型多集中在助学类公益活动和济困类公益活动。公益文化及其他类公益活动主要涉及乡村建设、基层工作者等相对单一的目标群体，无法满足多层次、快发展的社会需求。公益活动的主题需根据新形势、新变化、新问题和新趋势作出快速反应和相应调整。在确保福彩公益活动的普惠性和实效性的基础上，应不断满足教育、扶贫、医疗、环境保护等各领域及社会各个层面的需求，开展多元化的福彩公益活动。

（二）加强公益文化和公益品牌建设

福利彩票的公益价值，除了公益金支持的公益项目之外，还包括公益文化的传播。公益文化的传播、好的公益品牌的建立与持续影响能够将社会责任很好地整合到福利彩票的销售、运营及福彩的生命周期中，从而更好地带动销售。以公益影响销售，以销售促进公益，形成一个良性发展的循环。因此，我们建议各福彩机构在开展公益活动的时候，要更加重视公益文化的传播与公益品牌建设，打造好的公益品牌，做好公益营销。

（三）加大信息公开力度

构建稳定的公益活动相关信息公示渠道是加大信息公开力度的主要手段，社会公众可以在特定渠道上直接查询与福利彩票公益活动相关的信息资料。正如本文在调研中发现的，目前还有一些省份福彩机构的网站无法登录，一些省份尽管有网站，但发布的信息不论是信息类型还是信息数量都非常有限。有些省份虽然在自己的福彩官方网站上发布相关公益活动信息，但没有明确公示公益活动使用的资金信息。在我们的调研中，这几年来一直查询不到个别省份的福彩公益活动的信息。这有可能是实际情况，但更可能是该机构忽视了公益活动信息的及时有效发布，举办了公益活动却并没有将信息发布和传播出来。因此，建议各福彩机构要重视公益活动信息的发布和传播，让更多人知晓。

建立相应的问责制度。对福彩公益金经办与使用单位的信息公示情况进行跟踪调查，如果发现公示不实信息、公示信息不全、延期公示等问题，要求相关单位限期整改，对单位负责人及相关人员进行问责处理，也能够更好地完善福彩公益活动各个环节，使其顺利开展。

参考文献

〔美〕菲利普·科特勒等：《企业的社会责任》，姜文波等译，机械工业出版社，2006。

马福云：《彩票利益相关方的社会责任》，中国财政经济出版社，2015。

何辉：《深化供给侧改革创新推动福利彩票事业新发展》，《中国民政》2020年第18期。

责任彩票篇

Special Topic on Responsibility Lottery

B.5
责任彩票建设的理论框架与发展建议

马福云[*]

摘　要： 伴随彩票筹资规模的扩大，彩票的公益性越来越得到社会各界的重视。在此背景下，彩票运营及其管理机构更加强调责任彩票建设。本文以社会责任理论为基础，借助利益相关方分析法对责任彩票建设进行分析，本文认为要推进彩票法律规范建设，强化彩票发行销售的依规运作，倡导彩民理性购彩消费，协同彩票社会组织推动彩票行业发展。

关键词： 责任彩票　彩票社会责任　利益相关方

---

[*] 马福云，博士，教授、博士生导师，中共中央党校（国家行政学院）社会和生态文明教研部社会治理教研室主任，主要研究方向为发展社会学，主要从事社会建设、基层治理、彩票管理等教研工作。

在改革开放背景下，鉴于政府财政资金对公益事业支持的不足，我国彩票逐渐发育发展，社会筹资成为彩票存在的合理性之所在。近年来，社会各界对彩票"公益性"提出越来越高的要求，"责任彩票"建设越来越多地进入各界的视野。如何推动履行彩票社会责任、更好发挥彩票在社会整体发展中的作用、限制其不良影响成为当前中国彩票业健康发展的重要议题。本文借助利益相关方分析法分析责任彩票建设，阐述责任彩票建设的利益相关方分析框架，并提出强化责任彩票建设的对策建议。

一 彩票与责任彩票

我国颁布的《彩票管理条例》明确，彩票是国家为筹集社会公益资金，促进社会公益事业发展而特许发行、依法销售，自然人自愿购买，并按照特定规则获得中奖机会的凭证。彩票经由政府特许经营，以中奖机会鼓励人们购买，从而实现社会筹资目标，用于支持社会公益事业的发展。

责任彩票，起源于欧美、我国港澳地区等对责任博彩的倡导。责任彩票是指彩票在依法合规运行、履行公益金筹集义务的基础上，还应对彩票发行销售的参与方，对国家、社会及彩票利益相关方等承担责任和义务。彩票业是国家为筹集社会公益事业发展资金而确立的一项特殊事业，我国强调其为公益慈善事业。国家发行彩票为筹集社会资金，用于支持社会公益事业。然而，彩票本质上属于博彩范畴，国家发行彩票时，还需注意兴利除弊，在筹集彩票资金、发挥支持公益作用的同时，将其负面作用控制在最低限度内，探索如何引导彩民参与合法彩票市场活动，分析如何防范甄别非法彩票活动以及如何打击非法博彩活动等。基于此，就提出责任彩票、彩票社会责任等问题。因此，责任彩票强调彩票行业发展必须为政府、社会及相关利益方负责，对彩票运营加以合理规范，限制其中的博彩因素，发挥其筹资、公益等责任，推动其担负应有的社会责任。

责任彩票建设是指倡导彩票承担其社会责任，在彩票行业运营中为承担社会责任所进行的各种建设性管理制度、行为及活动的统称。责任彩票建设包括但不限于优化彩票游戏、规范销售行为、防范运营风险，提升彩票依法合规运营水平；提升彩票运营人员的责任意识、提高彩票运营队伍责任能力，进一步推动运营队伍提升使命感；倡导理性购彩，加强彩票行业自律，促进行业运管环境的净化；提升彩票品牌形象，引导社会价值认同，以负责任方式为国家筹集更多彩票公益金等。

二　责任彩票建设理论与分析框架

（一）社会责任的起源与发展

社会责任发端于企业管理领域，企业社会责任（Corporate Social Responsibility，缩写为 CSR）的概念主要针对长期以来企业片面强调经济责任而言的，它要求企业将社会效益纳入企业管理框架中，与经济效益一起考虑，更好地处理企业与社会的关系，不能因为企业的逐利行为而损害社会利益。

多年来，人们仅仅将企业视为一种经济制度安排，认为企业管理者的责任就是追求企业利润的最大化。但是人们很快就发现，企业绩效与社会利益之间存在冲突，因为很多社会问题正是因为市场中的企业仅仅追求自身经济利益而产生的，例如食品安全、生产安全、环境污染等。企业的绩效追求与社会利益间的矛盾，推动着人们开始思考企业社会责任问题。人们逐渐认识到，企业不能仅仅被视为一种纯粹的经济制度安排，企业既有经济职能，也应该承担社会职能；企业运行追求经济利益，同时还要考虑其社会运行后果，对社会的期望和预期做出积极反应。

20 世纪 50 年代，霍华德·R. 鲍恩（Howard R. Bowen）提出了企业社会责任的概念，认为其是企业按照社会目标和价值观的要求，向有关政府靠拢，做出相应决策，采取理性的具体行动的义务。70 年代，美国经济发展委员会（Committee for Economic Development，简称 CED）在其发布的《公司的社会责任》报告中提出用三个同心的责任圆来描述企业社会责任，这就是企业社会责任的同心圆模型。由此企业社会责任得到了越来越多学者认可，并逐步为社会所接受。90 年代，伴随全球化浪潮的兴起，自然资源被破坏、生态环境恶化、贫富两极分化等全球性问题引起世界各国的关注，人们普遍认为企业在发展中，应承担尊重人权、维护劳工权益、保护环境等社会责任。在国际社会，企业履行社会责任越来越成为全球企业的共识。不仅许多跨国公司要求其合作厂商履行企业社会责任，联合国、世界银行、欧盟等国际组织都基于自身视角来界定企业社会责任，推动企业履行其社会责任。

企业社会责任强调企业在追求利润、经济效益的同时，要将社会效益纳入企业的整体绩效分析之中，并将其与经济效益一同考虑。它是在全球化、社会化大生产背景下，企业对其自身经济行为的道德约束，它超越了企业赚取利润的传统理念，强调企业运营中对生产者权益的关注，对供应商生产经营行为的管理评估，强调企业对消费者、所在社区、自然环境的社会价值，注重企业对社会的贡献。①

（二）社会责任理论

从企业社会责任理念拓展开来，社会责任是指对社会所负有的责任，它表明一个组织、机构在其运行过程中对社会承担应有的责任和义务。社会责任的概念说明任何社会机构或者组织在开展活动时不仅要追求自身目标和利益，而且要考虑其对社会所承担的责任，要考虑对社会、环境的影响，要符合社会道德伦理标准，并满足社会可持续发展和生态环境保护的需要。社会责任意味着一个组织应该以对整个社会有利的方式开展活动，组织除了追求组织自身的目标和利益之外，还应该承担高于组织目标的社会责任和道德伦理，有助于推动社会发展长远目标的实现。社会责任的基本要求是其基本的经济责任、法律责任，在高层次上则是对其所涉及的雇员、消费者等人员福祉的关注，对社区发展、环境保护、社会公益事业倡导支持等道义责任。

---

① 崔新健：《企业社会责任概念的辨析》，《社会科学》2007 年第 12 期。

社会责任理论发端于企业社会责任，是从社会伦理角度对企业追求利润最大化观点进行反思和批判的结果，其目的是在理论上阐释企业担负社会责任的合理性之所在，探究企业社会责任的内容及其承担方式，并研究在实践中推进企业及其社会相关各方整体利益的协调，实现经济社会综合绩效的最大化。后来，企业社会责任理论逐步向外拓展，演变为对所有组织、行业等承担社会责任的要求，发展为社会责任理论。

1. 社会契约（social contract）理论

1937年，科斯在《企业的性质》中提出企业契约理论，认为企业的本质在于其对价格机制的取代；企业也是对市场存在的系列短期合约的取代，实际上生产要素交易是劳动和资本长期、权威性的契约关系。1999年，托马斯·唐纳森（Thomas Donaldson）提出，企业自成立以来便与社会建立起一种契约的关系，企业应对为其存在提供条件的社会承担责任，社会应对企业的发展承担责任。[①]

企业社会契约论提出，企业为追求利润而提供商品、服务也是对社会作出的贡献，同样是其承担社会责任的体现。然而，企业的利润追求不会自然而然促进社会进步，相反还有可能带来环境污染、经济条件恶化、歧视社会特定团体等社会问题，因此，企业有责任为社会和经济发展而工作。面对八九十年代对企业社会责任的强调，企业社会契约论也得到发展，它强调现实或现存社会契约构成企业道德规范的一个重要来源，当社会契约以非正式方式被自愿接受，并且当其提出的规范与更广泛的伦理原则一致时，它们显然就成为强制性的，企业有义务遵守与社会达成的这一广泛社会契约。企业是由各人之间一组复杂的显性和隐形契约交织构成的一种法律实体，其中契约包括经营者与所有者之间的契约、经营者与雇员之间的契约、企业作为债权人与债务人之间的契约、企业作为供应商（消费者）与消费者（供应商）之间的契约、企业作为法人与政府之间的契约等等。作为契约的主体，企业

---

① 章辉美、李绍元：《中国社会责任的理论与实践》，《北京师范大学学报》（社会科学版）2009年第5期。

被要求在遵守社会契约前提下行使权力，并对契约另外一方的合法权益负责，而不能为经济利益而违背或破坏契约。

2. 利益相关方（Stakeholders）理论

利益相关方理论是企业社会责任研究中最具影响的理论之一。1984 年弗里曼在《战略管理：利益相关者方法》中首次提出"利益相关方"理论。利益相关方理论是在社会契约论的基础上发展起来的，认为公司不应该仅仅对股东负责，也必须对社会中的和其存在相关性的一系列主体负责，这些主体与企业有着利益关系，企业的行为活动决定或者影响到了他们的利益。20世纪 90 年代，利益相关方理论被用作评估企业社会责任的理论框架，其后两者呈现出综合发展的趋势。克拉克森（Clarkson）提出，利益相关方理论为研究企业社会责任提供了一种理论分析框架，对企业社会责任应该按照契约关系的思路而不是某种特定行为来进行界定。克拉克森还认为，企业不是政府或者慈善组织机构，企业只需要处理其利益相关方问题，不需要处理与其没有直接关系的社会问题，与其使用企业社会责任概念为基础的模型，不如根据公司与利益相关方关系来分析评价企业的社会责任，后者会更加有效。

同时，基于利益相关者的企业社会责任绩效评价方法在实践中得到了实证研究结果的支持。例如，以社会性与环境性议题为目标而筛选的多米尼指数在企业社会责任研究中得到了普遍应用，而对国际商业机器公司（International Business Machines Corporation，简称为 IBM）、惠普公司（Hewlett-Packard Development Company, L. P.，简称为 HP）、通用汽车公司（General Motors Company，简称为 GM）绩效评价方法的研究也表明基于利益相关方角度进行企业社会责任绩效评价有助于企业形成富有竞争性的长期战略。这表明，企业社会责任与利益相关方之间无论在理论上，还是在实践上，均已呈现出全面融合。因此，在对企业社会责任进行界定时，直接从利益相关方开始。例如，世界银行将企业社会责任界定为，企业与关键利益相关方的关系、价值观、遵纪守法以及尊重人、社区和环境有关的政策和实践的集合，是企业为改善利益相关方的活动质量而贡献的可持续发展的一种承诺。2006年，中国企业社会责任调查直接基于企业利益相关方进行界定，认为其以股东、债权人、高管、员工、供应商、客户、竞争者、政府、行业协会、社会组织（NGO）、媒体、社区为对象。

3. 企业公民（Corporate Citizenship）理论

企业社会责任来源于企业与社会的关系，这种关系可以被比拟为自然人与社会的关系。企业与自然人一样在社会中都是公民，都享有特定权利和义务或责任。将企业视为公民便可合乎逻辑地推导出来，企业承担社会责任实际上是针对特定的社会成员（个人或者团体）而言的，但不是泛泛地针对所有社会成员，只是针对与企业关联的利益相关方，即那些能够影响企业和受企业影响的个人或者团体。

到20世纪90年代，全球性"企业公民运动"开始兴起，从而推动着企业公民概念的推广应用。企业公民理论认为，社会赋予企业以生存权利，让企业受托承担管理社会资源的责任，企业就必然要为社会更美好而承担责任，合理地利用这些资源。美好社会不仅需要经济的繁荣，还需要政治的稳定和道德伦理和谐等。企业公民的核心观点在于，企业成功与社会健康发展密切关联，企业在获取经济利益的同时，也要通过各种方式来回报社会。美国波士顿学院"企业公民中心"提出了定义企业公民的三个核心原则和三个价值命题。三个核心原则是危害最小化、利益最大化、关心利益相关者和对利益相关者负责。三个价值命题为：命题一，理解、整合和强化企业价值观；命题二，将这些平衡的、整合的价值观融会到企业的核心策略中；命题三，形成支持体系以强化这些价值观，并付诸行动。①

企业公民已经成为一种全球性的社会运动，它将经济行为与更广泛的社会相联系，并服务于双方的利益，特别强调企业作为社会中的经济实体必须承担与公民类似的、应有权利和责任。2003年全球CEO世界经济论坛召开。这次会议总结了企业公民的标准，即良好的公司治理和道德价

---

① 转引自赵琼《国外企业社会责任理论述评——企业与社会的关系视角》，《广东社会科学》2007年第4期。

值、对人和环境的责任以及对社会和经济福利的贡献等。总体上，企业公民理念将企业视为社会的一部分，认为企业与个体社会公民一样，既拥有社会公民的权益，也必须承担对社会的责任。企业公民的内涵随着经济全球化的深入而变化，这在一定程度上也推动着企业社会责任在全球范围内的拓展。

4. 社会责任国际标准

以企业社会责任理论为指引，一些跨国公司开始制订企业社会责任守则，一些社会组织、国际组织也拟定企业社会责任标准，对企业承担社会责任的状况进行评估。但是，这些社会组织制订的企业社会责任标准的适应性和权威性不够，国际上要求制订统一的企业社会责任国际标准的呼声也越来越高。这导致了国际标准化组织（ISO）制定的社会责任国际标准 ISO26000的出台。

作为全球最具权威的标准化组织，国际标准化组织技术管理局（ISO/TMB）在 2002 年经过研究通过第 78/2002 号决议，建立国际标准化组织社会责任顾问组，其对企业社会责任的国际标准进行了系统研究。经过两年研究，国际标准化组织社会责任顾问组提交了《社会责任工作报告》。2004 年6 月，国际标准化组织社会责任大会专门就《社会责任工作报告》进行讨论，随后技术管理局举行会议，根据"社会责任大会"的讨论意见进行表决形成第 35/2004 号决议，决定成立"国际标准化组织社会责任工作组"，负责 ISO26000《社会责任指南》国际标准的起草，正式启动标准制定工作。决议还确定了三个原则：一是该标准是一个指导性文件，二是该标准不用于第三方认证，三是该标准不是一个管理体系。

为使得 ISO26000 成为国际协调一致的社会责任标准，国际标准化组织分别与国际劳工组织、联合国全球契约办公室签署备忘录，共同推动标准制定。90 多个国家、40 多个国际组织、600 多名专家参与该标准起草工作，其中非政府组织专家不断施加影响，逐渐主导了国际标准起草工作，使得标准草案的内容从社会责任理念逐步扩展到人权、劳工、环境、社区等七个方面，其适应范围也从企业逐步扩展到包括政府、社团等在内的各种组织。

2010 年 11 月，国际标准化组织在瑞士日内瓦国际会议中心举办社会责任指南标准（ISO26000）的发布仪式，该国际标准正式出台。

社会责任国际标准 ISO26000 用社会责任代替了企业社会责任，使其适用于所有类型的组织，包括公有、私有的，发达国家、发展中国家和转型国家的各种组织，明确了社会责任的原则，即负责制、透明度、道德行为、尊重权利相关方利益、遵守法律法规、遵守国际行为规范、尊重人权，确定了践行社会责任的核心主题，即组织管理、人权、劳工实践、环境、公平运营、消费者问题以及社区参与和发展等。社会责任国际标准 ISO26000 还在全球范围内统一了社会责任的界定，明确了社会责任的基本实践，描述了以可持续发展为目标将社会责任融入组织战略和日常活动的方法。

（三）责任彩票建设的利益相关方分析框架

企业社会责任理论适合欧美以及我国港澳地区的博彩行业，因博彩行业普遍是企业运营。伴随社会责任的概念理论向博彩业的渗透，它开始进入我国彩票行业。我国彩票管理机构提出责任彩票理念，关注彩票行业运营对社会承担的责任义务。其中，将利益相关方理论分析用于彩票业，识别和分析彩票业的利益相关方，探究彩票行业整体的社会责任，为彩票利益相关方的社会责任研究奠定了基础。

彩票利益相关方是借助企业利益相关方、社会责任理论而提出的概念。将企业利益相关方理论及其分析方法引入彩票行业或者彩票研究领域，对与彩票运行、彩票行业发展相关联的不同利益主体进行分析从而产生一种研究路径或者研究取向。将利益相关方概念引入彩票行业，意味着在彩票业发展过程中，不能只关注彩票购买者、彩票发行者等某些群体或者组织的利益，还必须看到彩票与各种主体之间的相互关系，考虑和彩票行业发展相关的诸多利益相关主体。

彩票利益相关方是指在彩票行业投入资源或者对彩票行业运营抱有期望和要求，能够影响彩票行业的生存、发展和绩效或者受彩票行业活动及绩效影响的个人、群体或者组织等主体。与彩票、彩票行业相关的利益主体有很多，与彩票行业运营及其发展存在相互连带、相互作用关系，承担着的特定责任和义务的各个相关主体都应属于彩票利益相关方。根据我国彩票行业发展现状，考虑不同利益相关方在彩票行业中的作用差异，我们将彩票利益相关方及其在责任彩票建设中的责任分析如下。

1. 彩票规制方

彩票的规制方包括对彩票予以管理规范的立法机关及政府行政管理机构等。彩票通常需要立法或行政机关通过法律法规给予认可，并制定相应的监督规范。同时，彩票在各国都属于政府特许经营范畴，政府拥有彩票的特许经营权，并在批准彩票运营基础上，对彩票的发行、销售、开兑奖等过程进行监管，或者将其赋权于特定政府部门或独立机构，构建彩票运营监管的体制框架，以确保彩票筹集资金功能的发挥，同时尽力控制其负面影响。中国的彩票规制由国务院及其财政、民政、体育行政等部门负责。

2. 彩票管理方

彩票管理方是指对彩票发行、销售、开奖等运作过程进行管理、监督的政府部门或者专门机构。在很多国家，由立法授权的独立机构或者政府职能部门统一对彩票运营进行管理，对彩票资金的运行进行监督。中国的彩票管理由财政部门负责运营监管，由民政、体育行政主管部门负责相应彩票的具体管理工作。同时，之前中央级与地方层级政府职能部门存在全国与区域管理的分工，从而形成了具有中国特色的彩票运营及监督管理的复合型管理方式。

3. 彩票行销方

彩票行销方是指实际从事彩票发行、销售的部门及其工作人员。彩票行销方一般由彩票管理部门确定的机构、公司或者私人来承担。在中国，彩票行销是由彩票管理职能部门所建立的彩票发行销售机构来承担的。民政部、国家体育总局主管的彩票发行机构负责我国福利、体育彩票发行管理，各省市区民政、体育行政部门所建立的销售机构负责具体彩票销售。其主要职责包括制订彩票发行销售规划，建立彩票行销系统，组织彩票品种研发，管理彩票销售数据、资金归集结算、开奖兑奖等，组织管理彩票形象建设、营销宣传业务培训、人才队伍建设等。

4. 彩票购买方

彩票购买方主要是指彩票的购买者，包括机构和个人，统称为购彩者，简称彩民。彩民是我国社会福利彩票、体育彩票的实际购买者或消费者，不仅包括各类纸质、电子或网络彩票的消费者，也包括不同视频彩票的消费者。中国彩票以公益彩票来进行定位，彩票资金取之于民，用之于民。彩民是彩票行业发展的基石，不管其购买彩票的动机如何，彩票行业的发展是广大彩民支撑的结果。

5. 彩票受益方

彩票受益方主要是指彩票所筹集公益金的使用者，一般是特定福利、公益事业的对象，尤其是处于社会底层的弱势群体以及广大民众。在中国，弱势群体以及普通民众是彩票行业筹集公益金的受惠群体。彩票公益金主要用来提高孤儿、残疾人、老年人、灾民、贫困人群等弱势群体（或称困难群体）的生活水平，通过补充社会保障资金、支持全民健身活动、发展基层文化事业等来提高民众的社会福利水平。

6. 彩票协作方

彩票协作方主要包括教研机构、社会组织以及大众媒体等。和彩票相关的教育科研机构、社会组织以及大众媒体等是彩票行业发展的关注者，它们通过教育、科研活动，以及面向公众的宣传教育等为彩票行业的发展献计献策，为彩票业培养管理研发人才，宣传彩票发行的宗旨，传播公益彩票、责任彩票的理念，有助于推动彩票业的顺利发展。

三 进一步推进我国责任彩票建设的策略

彩票行业的持续发展都离不开责任彩票建设。彩票的产生，并非为满足人们的博彩需求，而是要满足政府筹资需求，彩票筹集的资金应该远远超过其带来的社会问题。彩票筹资并不意味着筹资规模的最大化，而是在追求合理规模的同时，推动彩票资金的合理分配，推进彩票公益金合理使用，并降低彩票行业运营所带来的各种风险。因此，彩票行业持续发展须重视责任彩票建设，使其有利于社会建设，协助公益事业发展。从目前我国彩票利益相关方社会责任建设现状来看，彩票利益相关方承担各自社会责任、努力承担各方义务还存在瑕疵。为促进责任彩票建设，推动各方承担社会责任，建议如下。

（一）推进彩票相关法律规范建设，强化政府依法规制

当前我国彩票行业规范依赖于政府行政规章，民政和体育行政部门也分别对其主管彩票予以规范。尽管彩票管理立法多次被列入国务院立法规划，但是，实际立法进程却一直比较缓慢。2007 年，国务院法制办、财政部、民政部、公安部等政府部门多方协调才基本达成一致，促成了《彩票管理条例》的通过。但是，条例依然没有改善彩票管理体制，一些强化政府彩票监管职能的条款因没有惩罚而流于形式。另外，管理条例的法规层次依然过低。针对这种状况，我国彩票法律规范建设需要进一步推进。这需要超越彩票主管各方的政府部门利益，建立彩票管理政府化、彩票发行销售企业化、彩票公益金使用透明化、彩票监督社会化的法律规范框架，为彩票依法规制管理奠定基础。

（二）彩票行销需依规运作，推动机构间合作

彩票行销依赖于彩票发行销售机构，这需要在全国地域范围内进行统筹布局，为彩票销售提供不可或缺的组织基础。同时，要明确行销机构的职能职责，推动其规范化运作。当前，我国彩票发行机构集中于中央政府的民政、体育两行政部门，彩票销售则由省、自治区、直辖市人民政府的民政、体育部门依法设立，省级人民政府部门的彩票机构承担着区域范围内的彩票销售职责。我国彩票发行与彩票销售机构之间属于委托关系，也就是彩票销售机构受发行机构委托，在本行政区域进行彩票销售。彩票发行销售主要依据《彩票管理条例》及其实施细则的管理规范进行，需要进一步细化彩票行销规范，完善彩票机构的管理监督，提高彩票行销透明度，确保彩票市场的稳定、健康运作。

（三）倡导彩民理性购彩，强化其理性约束管控

彩票是为筹集社会公益资金而发行的，彩票筹资目标是支撑社会公益事

业的发展。因此，彩票发行需要注重其博彩负面影响控制，在推动彩票实现公益筹资目标的基础上，将其消极、负面作用限制在社会可接受的最小限度内。我国彩票的购买不记名，彩民资金投入数量也难把控，基于销售机构和彩民的诉求差异，彩票销售机构对彩民的大数额购买限制难以落地。因此，要更加重视彩民教育，通过多方面宣传，来引导彩民对彩票的理性购买；要通过多种教育方式提示非理性购彩风险，引导彩民强化自我约束，购彩投入要量力而行，不能影响到本人及家庭生活，更不能沦落为问题彩民。要适时建立非理性购彩者干预救助机制。

（四）彩票社会组织需强化信息沟通，协同推进行业交流

彩票行业、彩票市场发展涉及彩票行销机构、彩民以及社会公众等多方面利益，而彩票社会组织基于自愿理念而建构起来，其相对中立，理应成为彩票利益相关方的沟通、协调和协同的渠道和桥梁，推动彩票利益相关方立场和利益的协调，促进彩票利益相关方的协同合作，促进彩票行业的可持续发展。但是，目前我国彩票行业社会组织的数量不多，服务及发展质量不高。同时，在彩票行业活动，或者协助彩票行业发展的社会组织还不多。因此，彩票利益相关方要采取多方面培育措施，引导推动彩票社会组织的发展，推动政府主管机构、彩票管理中心以及相关的教育、科研院所建立彩票教育及研究机构，推进更多的社会组织基于公益取向拓展彩票研究、彩民服务等彩票相关领域，以发挥彩票社会组织的协同优势，推进彩票行业满足民众需求，为满足人民美好生活需要做出贡献。

参考文献

1. 益彩基金编《彩票蓝皮书：中国彩票发展报告（2015）》，社会科学文献出版社，2015。
2. 马福云：《彩票利益相关方的社会责任》，中国财政经济出版社，2015。
3. 沈小钰：《浅谈新形势下福利彩票的社会责任》，《中国民政》2018 年第 1 期。

"彩票社会责任"和"责任彩票"的
概念提出及其适用条件

韩雪松*

摘　要： "彩票社会责任"和"责任彩票"是目前彩票业界进行责任担当时使用频率最多的两个词语，但是，彩票业界对二者的概念认知及理论解读都存在一定的偏差，导致在实际运用和贯彻落实中出现了混乱和错误，其主要原因是对彩票社会责任和责任彩票的概念以及理论依据缺乏合理的解释。本文对彩票社会责任和责任彩票的相关概念进行了梳理，从责任主体、责任对象、责任内容以及主观性和客观性四个方面分析了彩票社会责任与责任彩票的适用条件。彩票社会责任和责任彩票并不是非此即彼的关系，具体应用时首先要明确责任主体，根据责任主体来选择概念并应用，同时，"彩票社会责任"与"企业社会责任"、"责任彩票"与"责任博彩"的责任主体和责任内容都不尽相同，应用时应避免简单地照搬套用。

关键词： 彩票社会责任　责任彩票　企业社会责任　责任博彩

　　"彩票社会责任"和"责任彩票"是两个不同的概念，对二者的概念认知存在偏差，使得在实际运用和贯彻落实中出现了混乱和错误，这不仅会影

＊ 韩雪松，管理学硕士，黑龙江省福利彩票发行中心战略发展部负责人，高级经济师，社工师，主要研究方向为彩票市场与管理。

响彩票从业人员的判断力，也会使其工作失去方向感，更容易造成社会大众对彩票行业的误读。基于此，本文将对彩票社会责任和责任彩票的相关概念进行梳理，对其适用条件进行分析，希望为理论研究和实践探索提供一条思路。

一 "彩票社会责任"的提出

"社会责任"一词来源于企业管理，彩票业界履行社会责任时都不同程度参照了企业社会责任的学理，因此，本节将按照企业社会责任—彩票社会责任的顺序进行梳理。

（一）企业社会责任概念的出现

1923 年，英国学者欧利文·谢尔顿（Oliver Sheldon）在美国进行考察时首次提出了企业社会责任这一概念，并在 1924 年著书《管理的哲学》，把企业社会责任与企业经营者满足人类需求的责任联系在一起，认为企业社会责任包含道德因素在内。

随后的几十年里，西欧和其他发达资本主义国家经济高速发展，同时也产生了日益严重的社会问题，使得企业社会责任越来越受到关注。进入 21 世纪，在经济全球化的背景下，经济一体化程度不断提高，企业社会责任也随着全球供应链从发达国家向发展中国家传导，众多国际组织也都从不同的角度对企业社会责任进行界定，积极倡导和推动企业社会责任。[1]

国外学术界从 20 世纪 30 年代起就开始讨论企业社会责任的概念，但至今也无统一认识。虽然国内企业在 20 世纪 90 年代初期就有了一些社会责任的活动和意识，但企业社会责任理论研究和发展是从加入 WTO 之后才开始，所以国内对企业社会责任的理论研究起步较晚。和国际社

---

① 《企业社会责任概念的演变》，企业社会责任中国网，2015 年 3 月 24 日，https：//www.csr-china.net/a/zixun/guandian/qydb/2015/0324/2599.html，最后检索时间：2023 年 10 月 8 日。

会一样，国内学者对企业社会责任的定义也没有达成共识，但无论是国外还是国内，企业社会责任理论分歧都主要集中在概念和范畴的界定上。

（二）彩票社会责任概念的提出

彩票一词对应的英文是 Lottery，但在国际上几乎看不到 Lottery Social Responsibility（彩票社会责任）的表述。国际上彩票社会责任的相关表述多为 Responsible Gambling 或 Responsible Gaming，这两个概念只是在表述和使用习惯上有所差异，其本质内容都是相同的。由于国际上并没有对彩票社会责任进行概念界定，所以，国内对彩票社会责任的研究就少了一定的理论依据和参考。

彩票社会责任是国内在借鉴企业社会责任理念的基础上提出的，国际上并无此提法。2012 年，我国两大彩票发行管理机构在其全国工作会议上纷纷提出并强调要履行彩票的社会责任，但同企业社会责任一样，国内学界对彩票社会责任的概念并没有一个准确的界定。不过，综观国内诸多学者的研究，基本上可以达成三点共识：一是大多学者是基于企业社会责任理论，尤其是阿奇·卡罗尔的金字塔模型理论进行分析与研究；二是认为彩票社会责任是彩票行业的社会责任，需要彩票利益相关方共同来承担；三是彩票发行管理机构是彩票社会责任的主要承担者。同时，国内对彩票社会责任的研究也有分歧之处，存在理论性较强、实践性较弱的特点，集中体现在：首先，由于学界和业界的研究都是基于企业社会责任理论，其研究成果受企业社会责任理论的影响比较大，未能针对彩票业的实际情况对相关理论进行深入探究；其次，虽然理论界一致认为彩票社会责任是彩票行业的社会责任，并且彩票发行管理机构是彩票社会责任的主要承担者，却未能从理论层面对彩票社会责任与彩票发行管理机构社会责任，以及彩票社会责任与责任彩票进行区分。邵祥东教授认为，学界对阿奇·卡罗尔企业社会责任金字塔模型理论的适用性解读出现偏误。学界和福利彩票机构偏重借鉴国外企业社会责任理论和国内外非彩票类指南、标准建设社会责任体系，在战略定位和微观路径方面误导了发展方向①。

在我国，彩票的发行与销售虽然有市场行为，也有促进经济社会发展的功能，但它是为促进公益事业的发展而发行的。彩票发行管理机构是事业单位而不是企业，对于彩票来说，最基础最重要的是公益责任，而不是经济责任，这是由彩票的发行宗旨与本质属性所决定的，也是彩票与企业最大的不同之处。阿奇·卡罗尔的企业经济责任必然要以创造经济价值为目标，以为股东、员工创造财富为目的，并且，企业经济行为的主要特征是实现利益最大化，而彩票筹集公益资金只是有市场行为，既没有为任何人创造财富的责任，也不会以利益最大化为主要手段，彩票发行管理机构更没有公益金的分配权和使用权，因此，把筹集公益资金归属到经济行为的范畴不免有些牵强。

事实上，学界在企业社会责任的概念和范畴界定上也是存在许多分歧的。王秋霞认为企业社会责任包括经济责任、法律责任、道德责任（伦理责任）和慈善责任（自愿性责任），即将企业社会责任等同于企业责任，只是学术界的主要观点之一②。白楠楠认为，以往学者对企业社会责任概念界定存在的争议，不是对与错的问题，而是界定的角度不同。如果从社会整体俯视企业社会责任，它包括经济责任、法律责任、伦理责任以及慈善责任；如果从企业自身仰视企业社会责任，则仅包括伦理责任与慈善责任③。彩票社会责任无法等同于责任彩票，那么，彩票社会责任在借鉴企业社会责任理论时是直接套用企业社会责任主流观点，还是根据彩票业的实际情况进行广泛参考，仍有待学者们进一步研究和探讨，但无论借鉴哪一种理论观点，彩票社会责任还是要多考虑彩票与企业的不同之处，多参考企业社会责任的理论依据与逻辑关系，避免简单地照搬套用。

① 邵祥东：《福利彩票社会责任学理渊源偏误及修正》，载何辉主编《中国福利彩票发展报告（2022）》，社会科学文献出版社，2022。
② 王秋霞：《企业责任及企业社会责任概念再辨析——基于组织社会学的新制度主义理论》，《财会月刊》2019 年第 13 期。
③ 白楠楠：《社会学视角下企业社会责任概念研究》，《辽宁高职学报》2016 年第 2 期。

同时，企业社会责任的责任主体就是企业自身，在实践中指的是具体的某一个企业，企业在履行社会责任时并不受供应链上其他企业的制约。而彩票社会责任的责任主体其实是彩票行业所有的利益相关方，发行管理机构之所以是彩票社会责任的主要承担者是由它在行业的核心位置所决定的，若从履行彩票社会责任的角度看，彩票发行管理机构并不处在行业的核心位置上，其在履行彩票社会责任时还会面临来自利益相关方的诸多制约。

虽然一些学者也从利益相关方的角度对彩票社会责任进行了界定，但现实层面，彩票发行管理机构仍旧是彩票社会责任的主要承担者，这也是彩票社会责任与企业社会责任的主要区别之一。马福云教授在其著作《彩票利益相关方的社会责任》中对彩票利益相关方进行了分类，并提出基本社会责任法定的建议，[①] 这种观点不仅具有实践价值，也为深化责任彩票研究提供了理论参考。

二 "责任彩票"的提出

一般认为，"责任彩票"的概念源于世界彩票协会提出的 Responsible Gambling 或 Responsible Gaming，通常会说由"责任博彩"置换而来。

（一）责任博彩概念的出现

理解责任博彩一词，先要了解什么是"博彩"。

王五一教授在其著作《博彩经济学》中提到，赌博和博彩实为同一事物，两词语更多的是雅俗之别、褒贬之别，进而使两个词在词义上存在微妙的区别。赌博更多指向的是非法赌博，而合法的赌博如澳门赌场之类，更多使用博彩一词。

责任博彩的概念是在 20 世纪 70 年代伴随欧美等西方国家开放商业博彩出现的，最早出现在发达国家（地区）博彩公司的内部管理条例中，学界目前并没

---

① 马福云：《彩票利益相关方的社会责任》，中国财政经济出版社，2015。

有对其形成概念共识。责任博彩是针对问题博彩而提出的，2017 年，Marchic 指出"责任博彩"的核心内容是"问题博彩"，即"责任博彩"是针对问题博彩提出的，"责任博彩"相关政策不仅包括政府部门颁布的法律法规，还包括博彩委员会等社会组织提出的问题博彩的预防和救助策略[①]。也就是说责任博彩是针对博彩的负面影响而提出的解决措施，要求博彩公司按照责任博彩的规则提供安全的产品和环境，并针对负面后果进行弥补和救助。

（二）责任彩票概念的提出

由于国外博彩业不仅指娱乐场游戏和体育投注，还包括彩票在内，所以责任博彩的概念也就涵盖到了博彩业的所有领域。博彩业发达的欧洲彩票协会提出了不包括娱乐场在内的责任博彩（游戏）要求，这个责任博彩（游戏）自然也就覆盖到了彩票。由于彩票与体育投注或娱乐场在同一主体下运营或者管理，因此很多人将彩票、体育投注、娱乐场混为一谈，同时也将责任博彩同责任彩票一概而论。许多对境外娱乐场颇有研究的人士将责任博彩这个概念引进国内，一些关心彩票的人将其套用到彩票上，便有了责任彩票一词。

国内两大彩票发行管理机构在先后通过了世界彩票协会责任彩票（Responsible Gaming）二级和三级认证后，各自提出了对责任彩票的理解（虽然体育彩票目前更加提倡使用"负责任彩票"这一概念，但体育彩票在 2018 年通过世界彩票协会责任彩票三级认证后，对责任彩票进行了相关界定，在《中国体育彩票 2022 社会责任报告》中，体育彩票依旧采用责任彩票这一提法，所以本文暂时不认为体育彩票已不使用责任彩票这一概念）。目前，中国福利彩票发行管理机构已将《社会责任报告》改名为《责任彩票报告》，并对责任彩票进行了概念界定：中国福利彩票责任彩票主要是指福利彩票在坚持自身国家彩票、人民彩票和公益彩票的本质属性中，始终以责任战略引领事业发展、以责任意识推动对内管理与对外服务，在游戏设

[①] 张瀚月：《发达国家责任博彩政策对我国体育彩民问题购彩预防的启示——以澳、加、美、新为例》，华中师范大学硕士学位论文，2019，第 4 页。

计、彩票发行、销售和售后服务的全过程中践行责任治理，以及面向员工和零售商、利益相关方等直接相关方，和政府、公众、社区等间接相关方塑造负责任形象。中国福利彩票责任彩票有两方面的含义，一是中国福利彩票是负责任的彩票，二是中国福利彩票发行机构是负责任的彩票发行机构①。

可以看出，福利彩票发行管理机构是想借鉴国外责任博彩的理念，来增强自身的责任意识和责任担当，尽量减少或消除负面的社会影响，促进彩票业的健康可持续发展。只是，彩票和博彩在责任主体、责任内容和责任后果等方面都不相同，直接照搬难免会"水土不服"。

三　"彩票社会责任"和"责任彩票"的适用条件

目前，学界和业界对彩票社会责任和责任彩票的概念并没有准确的界定，但能够确定的是彩票社会责任和责任彩票是不同的两个概念，二者的主要区别包括以下四点：一是二者词义来源不同，前者来源于企业社会责任，后者来源于国外责任博彩的概念，这一点前面已经做了充分介绍；二是二者的责任主体不同，前者的主体是彩票行业的所有利益相关方，后者的主体是彩票发行管理机构；三是二者的责任对象和内容不同，前者的责任对象和责任内容更宽泛、更复杂，后者的责任对象相对集中，其责任内容以预防负面后果的产生、打造负责任的彩票为主；四是二者的侧重点不同，前者强调的是客观责任，即彩票应为社会所肩负的责任，后者强调的是主观负责，即彩票自身就是负责任的彩票。本节将对后三点进行具体分析。

（一）从实施主体的角度看适用条件

彩票社会责任的责任主体是彩票的所有利益相关方，并不只是彩票发行管理机构。但由于日常的一种不严谨的习惯用法，常常用中国福利彩票代表

---

① 中国福利彩票发行管理中心印发《中国福利彩票责任彩票手册》，http：//www.cwl.gov.cn/shzr/zrcpsc/，最后检索时间：2023 年 10 月 8 日。

中国福利彩票发行管理机构，用中国体育彩票来代替体育总局体育彩票管理机构，使得在实际运用时会混淆彩票社会责任与彩票发行管理机构社会责任两个概念。事实上，彩票业是一个行业，彩票发行管理机构只是彩票行业中的一个核心组织，虽然是核心组织，却履行不了整个彩票的社会责任，甚至连彩票的主要社会责任都无法独立履行。所以，以彩票发行管理机构为主体提出履行社会责任时，其履行的是彩票发行管理机构的社会责任，而不是彩票的社会责任，想要履行彩票的社会责任必须要由彩票行业的所有利益相关方共同来参与完成。

国外责任博彩的责任主体是获得经营牌照的公司，而发牌照的政府和监管部门则无须承担责任。虽然国外责任博彩更多指向的是娱乐场和体育投注，但我国责任彩票的责任主体同国外责任博彩一样，是其经营者，也就是彩票发行管理机构。我国的责任彩票主旨是要打造一个负责任的彩票，不仅要打造一个负责任的彩票，还要打造一个负责任的彩票发行管理机构，所以，责任彩票的实施主体是彩票发行管理机构。当然，其他利益相关方的加入会更有利于打造负责任的彩票，但没有其他利益相关方，彩票发行管理机构完全可以独立进行责任彩票建设，这也是责任彩票与彩票社会责任的主要不同之处。

（二）从责任对象与责任内容看适用条件

虽然我们从责任内容确定了责任主体，但反过来说，责任主体不同，责任内容也应该不同，否则的话彩票发行管理机构的社会责任很可能就等同于责任彩票，但事实上彩票发行管理机构社会责任与责任彩票也是不同的两个概念，它们之间的主要区别就是责任对象不同。由于目前国内对彩票社会责任和责任彩票的概念及相关内容都没有准确的界定，所以我们无从对其责任对象与责任内容进行有效区分，但对概念研究的界定顺序应该是责任主体—责任对象—责任内容，而不应该反方向进行。

毋庸置疑，彩票社会责任的责任对象是"社会"，这个社会是广义的，其指向对象的范围也很广，除了具体的利益相关方以外还包括社区、公众和员工等等。而责任彩票的责任对象比彩票社会责任少很多，比如，社区、公众、员工都可以不是责任彩票的责任对象，国外责任博彩把防范出现问题彩民放在第一位，其责任对象主要指向购彩者而不是社会，这也在一定程度上为责任彩票提供参考。当然，责任彩票的责任对象也可以同彩票社会责任的责任对象一样多，只不过，如果二者责任对象也一样多，那就一定会在责任内容上有很大的区别，会有多大区别还有待商榷。另外，彩票社会责任的责任主体与责任对象往往会是同一个，只是在不同的情境下，身份会有所变化。例如，彩票发行管理机构履行彩票社会责任时其身份是责任主体，彩票的监督管理部门会成为此时的责任对象，而在监督管理部门以责任主体身份来履行彩票社会责任时，发行管理机构就会变成责任对象。但责任彩票的责任主体只有一个，彩票发行管理机构永远是责任主体，不可能成为责任对象。

如果仅从责任内容的范围上做对比，彩票社会责任是大于责任彩票的，但从目前我国责任彩票的概念界定看，责任彩票的内容范围也非常广泛。例如：彩票发行管理机构虽不能承担起打击非法彩票的社会责任，但打击非法彩票依然是责任彩票的责任内容；环境责任虽是彩票的社会责任，但并不是主要的社会责任，不过也被列为责任彩票的责任内容；员工责任、社区责任、政府责任等都被列为责任彩票的责任内容。从责任内容上看，彩票发行管理机构通过责任彩票建设不仅能更好地履行机构自身的社会责任，同时也是在尽己所能为履行整个彩票行业的社会责任做最大的努力和贡献。但是，倘若责任彩票和彩票社会责任在责任对象与责任内容上都差别不大，那么二者最主要的区别就是责任主体的不同，问题就又回到了最初的原点——彩票发行管理机构无法独立履行彩票的社会责任。因此，责任彩票的责任对象应该比彩票社会责任的责任对象少，责任彩票的责任内容也应该比彩票社会责任的责任内容少。

（三）从主观性和客观性的角度看适用条件

随着企业社会责任的不断发展，企业履行社会责任已成为其可持续发展的重要途径，虽然社会责任并不具有强制性，却成为一个企业或者一个组织

"不得不为之"的行为，成为"必须"要肩负的一种责任和义务。而彩票的特殊性决定彩票比企业或其他组织更容易受到负面舆论的影响，彩票业必然通过履行社会责任来体现彩票的"公益性"和"公信力"，并且，彩票是由政府信誉背书的事业，彩票社会责任问题会影响到政府信誉，所以，彩票若想实现全面高质量发展，履行社会责任是必然要求，不仅必须履行，而且要履行好，彩票履行社会责任的这种客观必然性是由经济社会发展以及彩票自身的属性决定的。

与彩票社会责任相比，责任彩票就没有那么大的"强制"性，实施环境也相对宽松，它并不要求实施主体一定要去为社会肩负责任，责任彩票强调的是主观意识，强调的是责任治理。国外责任博彩的责任对象主要指向购彩者而不是社会，我国责任彩票的主要实施对象虽然与国外责任博彩有所不同，但它的主旨是要打造一个负责任的形象，是要塑造一个良好的社会形象和品牌形象，是想通过责任彩票建设来履行机构自身的社会责任。其实，从公众的角度来看，公众并不会仔细区分彩票发行管理机构履行的是机构的社会责任还是彩票行业的社会责任，也不会仔细区分彩票发行管理机构所负的"责任"是在进行责任彩票建设工作，还是在履行社会责任，他们更多在意的是彩票发行管理机构是不是一个有责任担当的组织，从这个角度来说，责任彩票更多体现的是彩票发行管理机构愿意接受"负责任"这种理念来实现可持续发展，这种主观意识并不带有"强制"性。彩票发行管理机构有责任带领利益相关方共同履行彩票的社会责任，但不必须带领利益相关方共同进行责任彩票建设。

四　结论与建议

彩票社会责任和责任彩票是两个完全不同的概念，二者在责任主体、责任对象及责任内容上都不尽相同。但它们并不是非此即彼的关系，并不是只能选择一个来进行应用，而是需要在应用时做出正确的判断和选择。

首先，要明确责任主体并根据责任主体来进行概念应用。彩票社会责任的责任主体是彩票行业的所有利益相关方，而责任彩票的责任主体是彩票发行管理机构，彩票发行管理机构可以通过责任彩票建设来履行机构自身的社会责任，却履行不了彩票的社会责任。其次，彩票社会责任来源于企业社会责任，但二者在组织使命、责任主体、责任内容等方面都完全不同，企业责任可以等同于企业社会责任，但责任彩票不等同于彩票社会责任；责任彩票来源于责任博彩，但它并不等同于责任博彩，二者在责任主体、责任内容、责任后果等方面也不尽相同，责任博彩具体指向是游戏场和体育投注，而责任彩票是要打造负责任的彩票，因此，在具体应用时应避免简单地照搬套用，要建立起自己的理论支撑体系。最后，责任彩票的责任对象与责任内容都与彩票社会责任相类似，应当做出进一步的区分。并且，彩票社会责任与责任彩票只是我们常用的两个概念，事实上与这两个概念相关联的还有"彩票发行机构社会责任"和"负责任彩票"两个概念，只有对这些概念都进行界定和区分，才能使彩票社会责任和责任彩票的概念更明晰，应用起来更顺畅。

基于以上研究结论，本文对彩票社会责任和责任彩票的研究提出以下建议：一是建议结合彩票业的实际，加强理论渊源的适用性分析，进一步完善彩票责任体系的理论建构；二是建议彩票发行管理机构尽快厘清概念之间的关系，及时纠正理论偏差，进一步修正和完善已颁布的规范标准；三是建议相关部门持续推进彩票立法，用健全完善的法律法规为彩票未来发展提供保障，为彩票业履行责任提供法律依据。

B.7

责任彩票认证：北美彩票协会、
世界彩票协会及中国澳门的实践

王长斌*

摘　要： 责任彩票认证是提高负责任博彩有效性的重要措施。尽管我国已
　　　　 有彩票经营机构获得世界彩票协会（WLA）的认证，但我国的
　　　　 责任彩票认证还处于起步阶段。为使我国的责任彩票认证工作有
　　　　 一个良好的开端，有必要学习国际组织和其他地区的经验。为
　　　　 此，本文介绍北美州和省彩票协会（NASPL）、世界彩票协会和
　　　　 中国澳门的责任彩票认证体系与标准，并结合我国国情，提出建
　　　　 设我国责任彩票体系的建议。

关键词： 负责任博彩　责任彩票认证　北美　中国澳门

一　引言

现代合法彩票，除极少数规模较小、范围有限、持续时间较短的彩票之
外，[①] 都是政府开办的彩票。政府开办的彩票不能唯利是图，而是必须坚持
负责任博彩的理念，在达到集资目的的同时，尽量把危害降到最低。如果在
负责任博彩方面的工作做得不好，彩票经营必然遭到反对，从而丧失合法存

---

* 王长斌，澳门理工大学博彩旅游教学及研究中心主任、教授、博士，主要研究方向为澳门
博彩法律、博彩经济与公共政策。

① 例如以小范围集资为目的的社会彩票。即便此类彩票，亦须接受政府的监督，防止有害结
果的出现。

在的基础。我国彩票发展的历史，实际上已经昭示这一规律。例如，互联网彩票在我国之所以屡遭禁止，是与负责任博彩工作不到位有关系的。因此，负责任博彩是彩票持续存在的生命线，是合法经营彩票有机且重要的组成部分，属经营合法彩票之必须。

然而，即便是政府开办的彩票，具体的彩票经营机构也有自己独立的利益，从而与负责任博彩存在一定的内在冲突。因此，在负责任博彩工作方面，单靠彩票经营者的自觉，并不是可靠的方法，也不容易得到购彩者的认可。为了得到购彩者及大众的信任，以及维护彩票经营的正面形象，在国际范围内，越来越多的彩票经营者接受负责任博彩方面的认证。通过认证，彩票经营机构可以按照独立专业机构制定的标准，以及在独立专业机构的监督下，构建自己的负责任博彩体系。

在独立专业机构组织的责任彩票认证方面，比较为我国所了解的，是世界彩票协会（The World Lottery Association，WLA）的一套做法。中国体育彩票和中国福利彩票分别于 2018 年 12 月及 2019 年 7 月获得该组织第三级别——计划与执行——的"责任彩票"认证。其实，除了世界彩票协会外，其他一些组织如北美州和省彩票协会（The Northern American Association of State and Provincial Lotteries，NASPL）、欧洲彩票协会（The European Lotteries，EL）也为会员提供认证服务。我国的澳门于 2021 年开始推行"负责任博彩执行指标"，推动博彩经营者及负责任博彩工作机构按照政府规定执行负责任博彩指标体系，这同样是一种认证。

我国是彩票销售大国，具有庞大的彩票销售网络，但是迄今为止还没有建立独立专业的负责任博彩专门机构。尽管中国福利彩票、中国体育彩票及各省彩票销售机构近年来在负责任博彩方面做了大量工作，取得了显著的、实质性的进步，但仍然没有建立起由独立专业机构所组织及监督的责任彩票认证体系。由于负责任博彩工作涉及很多方面，而且必须按照形势发展不断更新，所以有必要从长远考虑，建立具有一定独立性的专责负责任博彩协会，以及符合我国实际的责任彩票认证体系。

为此，本文着重介绍境外构建负责任博彩体系的经验，以为我国提供借鉴。由于过去的文献对于世界彩票协会的责任彩票认证体系介绍较多，且我国彩票发行及销售机构多采用世界彩票协会的标准，所以，本文着重介绍北美州和省彩票协会的责任彩票认证体系，并将其与世界彩票协会的责任彩票认证体系进行比较，使读者了解二者之异同。在此基础上，本文进一步介绍澳门的负责任博彩执行指标，从微观的、基层的角度探讨负责任博彩体系的构建。再者，澳门负责任博彩执行指标施行的主要对象之一是从事负责任博彩工作的非政府组织，可以为我国具有类似功能的组织提供参照。

二 NASPL-NCPG 的责任彩票认证体系

NASPL 是"北美州和省彩票协会"的简称，其前身为美国"全国州彩票协会"（National Association of State Lotteries，NASL）。该协会成立于 1971 年，最初是美国州彩票经营机构联合成立的行业组织，后来因为有加拿大某些省的彩票经营机构的加入，才改为现名，并因此从一个美国国内的组织变成一个国际组织。该协会的宗旨是为会员提供信息，促进交流，从事培训，保持公众对彩票的信心及支持等。其中，促进负责任博彩是保持公众对彩票信心和支持的重要措施。

NASPL 于 2015 年开始，与美国"全国负责任博彩协会"（National Council on Problem Gambling，NCPG）合作，为 NASPL 会员（迄今为止，仅限于美国会员）提供责任彩票认证服务。认证的主要目的是创立及执行一套标准，帮助彩票经营机构在运营的各个方面执行及提高负责任博彩的效率。按照 NCPG 执行主任 Keith Whyte 的说法，该体系之所以重要，是因为要求被认证者有一套负责任博彩的计划，该计划必须含有可以度量的目标，并且，评估委员可以跟踪向这些目标迈进的过程。评估委员对该计划进行个体化的评估，而不仅是一套抽象化的标准。①

---

① Spectrum Gaming Group, *Ohio Lottery: Identifying Opportunities, Generating Growth*, September 28, 2016. https://spectrumgamin.wpengine.com/wp-content/uploads/2018/04/spectrumreportf orohiodas.pdf.

NASPL-NCPG 提供三个等级的认证服务，分别是计划等级（The Planning Level）、执行等级（The Implementation Level）和持续发展等级（The Sustaining Level）。

计划等级是最低等级，对象是尚未建立负责任博彩体系又没有相关知识或经验的彩票经营者。对此等级进行认证，意在帮助彩票经营者制订符合标准的负责任博彩工作计划，为开展负责任博彩工作奠定良好基础。

要通过计划等级认证，彩票经营者必须就开展负责任博彩工作制订全面的工作计划。该计划必须包含以下要素：①总体负责任博彩规划；②雇员培训；③零售商培训；④公众教育和宣传；⑤产品监督；⑥研究；⑦广告；⑧资源。该计划不应是在上述各领域各种活动的松散集合，而是必须具有贯穿始终的指导原则，使各部分构成整体。理想情况下，该计划需要反映彩票经营者的战略规划，包括在负责任博彩方面的愿景（vision）、使命（mission）、价值观（core value）以及指导原则（guiding principles），还要包括为完成使命而采取的具体措施。

计划等级的认证有效期为两年。在此期间，NASPL 鼓励彩票经营者执行计划中列出的行动，能够积极地向执行等级迈进。在计划等级认证到期之前，彩票经营机构如认为已经准备好，则可以提出执行等级认证的申请。

执行等级认证的对象是已经建立负责任博彩体系的彩票经营者。通过该等级认证的经营者应达到计划等级所列出的标准，已经采取了计划中的具体措施，并必须能够以具体的例子证明其在被评估的领域已经取得了实际成果及作出了具体的努力。执行等级认证的有效期为三年。

持续发展等级认证的对象是在执行等级上运作了至少三年并有更高追求的彩票经营者。彩票经营者需要对其负责任博彩计划进行一次内部评估，并且已经准备好讨论哪些要素完成良好、哪些要素需要提高，对于需要提高的要素要列出具体措施。持续发展等级认证的有效期也是三年。

认证由独立的评估委员会进行。该委员会由 4 名委员组成，其中 1 名委员由 NASPL 任命，另外 3 名委员由 NCPG 任命。委员必须具有负责任博彩的专业经验，且由 NASPL 和 NCPG 批准。最终的评估报告中不出现评估委员的名字。认证费用由 NASPL 承担，会员无须付费。

独立评估委员会对上述每个领域均须进行评估，并给出熟练（proficient）还是不熟练（non-proficient）的意见。评分标准实行 1~4 分制：超出认证标准，得 4 分；达到认证标准，得 3 分；还需要某些提高才能达到认证标准，得 2 分；需大幅度提高才能达到认证标准，得 1 分。在 4 名评估委员中，只有当 3 名评估委员打出 3 分或以上的分数时，彩票经营者在该领域才算达到"熟练"等级；在所有 8 个领域中，有 6 个领域达到"熟练"等级，该彩票经营者才被认为达到认证标准。如果评估委员的打分为 1 分或 2 分，则必须给出理由；打分为 3 分或 4 分，则可以给理由，也可以不给。

三 NASPL-NCPG 责任彩票认证的具体标准

NASPL-NCPG 责任彩票认证具体考察八个领域，对于每个领域都有具体要求。

（一）计划

一个有效率的负责任博彩计划不仅是众多活动的集合，而且应当是协调一致的、综合性的努力。它需要有一套原则和核心价值贯穿始终。这个计划应当使负责任博彩理念体现在彩票经营的各个层面，并要求彩票管理机构——尤其是行政总裁——有奉献和承诺。对于计划进行认证的目的，是让彩票经营者的雇员、零售商、公共机构的官员和公众都能清楚地了解彩票经营者关于负责任博彩的承诺以及为履行承诺而采取的措施。

计划需要满足以下最低要求：包括关于核心价值和原则的陈述，彩票经营者为支持这些价值和原则将采取的具体行动，计划应当易为所有利益相关方所接触，并应当定期检讨和修改。

（二）雇员培训

对彩票经营机构的雇员进行培训，需要达到以下目标：①雇员应当理解彩票政策以及对于负责任博彩所制订的计划或安排；②雇员应当对何为问题赌博有基本的理解，并且能够意识到问题赌徒表现出来的征象；③雇员应当知道为负责任博彩而设置的服务，以及怎样转介这些服务给有需要的人；④经常接触公众的雇员应当接受如何处理危机情况的训练，也应当掌握某些策略，以便与受赌博困扰的人打交道。

关于雇员培训的最低要求：①彩票经营机构须有一个正式的培训方案，所有雇员必须参与，设计该培训方案的时候，需要征询在负责任博彩方面有特长或有丰富经验人士的意见；②所有雇员每年至少接受一次负责任博彩的培训；③应当为雇员分发载有彩票经营者关于负责任博彩政策和计划的印刷物。

此外，彩票经营机构应当：①使用 NASPL 的培训视频；②确保新员工受聘时得到培训；③与州负责任博彩协会（如果有）和/或其他当地类似的机构合作，提供此培训；④对于具体承担负责任博彩工作的雇员，提供额外的培训机会，例如参加行业的相关会议；⑤在彩票经营者办公场所显著位置摆放负责任博彩的资料。

（三）零售商培训

零售商与购彩者接触最频繁，也最有可能发现过度购买彩票行为，尤其是对于老顾客。尽管不期望零售商员工成为咨询师或进行诊断，但零售员工仍然可以为遇到困难的客户提供基本服务，从而可以真正改变该人的生活，并展现零售店的正面形象。

零售商培训的目标是：①零售商员工应懂得识别赌博问题的迹象，并知道如何与受赌博困扰的人进行交流；②零售商员工应了解如何提供基本的负责任博彩服务信息，尤其是州或国家有关机构的负责任博彩求助热线；③零售商员工应了解不向法定年龄以下人士出售彩票的重要性。

对零售商培训的最低要求是：①负责销售彩票或为顾客服务的每一个员工，均应知悉有关负责任博彩资源的信息，尤其是帮助热线；②在法律限制范围内，应要求零售商在彩票客户能够看到的位置，张贴有关为问题赌徒服务的信息；③应把负责任博彩的信息，作为基本培训的一部分，向所有新零售店提供；④应定期提醒零售商张贴与负责任博彩及治疗问题赌徒信息的重要性；⑤应经常向商店管理层和彩票销售员工强调购彩者年龄验证。

此外，彩票经营机构还应当做到：①只要合适，均应使用 NASPL 培训视频；②应考虑在员工休息场所张贴有关资料；③应利用彩票终端定期向零售员工发送负责任博彩的提醒；④可以利用零售商咨询委员会、零售商会议和零售行业协会等机会开展培训，并接收有关零售商培训和公众教育工作的反馈。

（四）公众教育和宣传

彩票经营者是政府机构，应认识到彩票有其特殊性，所以有责任确保向客户提供充分且准确的信息，以帮助顾客作出决定。

公众教育和宣传的目标是：①为购彩者提供有关游戏设计的准确且完整的信息，包括中奖概率和支付方式（分期付款还是现金）；②向购彩者提供有关负责任博彩资源的信息；③向购彩者提供如何负责任地参与博彩游戏的信息；④明确传达购彩年龄限制的信息；⑤与州问题赌博委员会、卫生部门或公共服务部门、治疗机构或其他致力于减少问题赌博危害的机构建立合作伙伴关系。

对公众教育和宣传的最低限度的要求是：彩票经营机构应当①以多种方式传达问题赌博热线的信息，包括网站、社交媒体、销售点终端系统（point-of-sale）、简报（newsletter）等；②以醒目的方式提醒购彩者年龄限制；③提供有关游戏返奖率和奖金支出的完整信息；④与其他负责任博彩工作的组织建立工作关系。

此外，彩票经营者还应当做到：①彩票信息传播应不时包括负责任博彩的提示；②彩票网站应包含问题赌博服务提供者的链接；③应该成为国家和州问题赌博委员会的积极成员；④应当参与"全国负责任博彩协会"或其他机构主办的宣传活动，例如负责任博彩宣传月等。

（五）产品监督

彩票游戏可以包含鼓励或反对负责任赌博的功能，所以应当对游戏本身进行监督，防止其具有误导性。

在产品监督方面的最低要求是：①所有彩票均应包含有关负责任博彩资源的信息，包括帮助热线和网站；②应审查所有彩票游戏，以确保其图像或主题不过分地吸引未达法定购彩年龄的人；③应审查所有游戏，以确保彩票及相关资料不包含关于奖金、中奖率或鼓励过度购彩的误导性内容。

此外，彩票经营机构还应当：①在增加诸如基诺（keno）或网络游戏等主要彩票产品时，征询负责任博彩领域专家的意见；②注意对与每种游戏相关的风险因素（risk factors）或保护性因素（protective factors）进行研究；③考虑使用一种风险评估工具来帮助评估每一种类型的游戏。

（六）研究与评估

研究是负责任博彩计划的重要但经常被忽视的组成部分。定期评估和修订负责任博彩计划至关重要。彩票经营者可以通过多种方式参与负责任博彩研究。首先，可以从员工、零售商、购彩者和公众那里，就其在负责任博彩方面的工作，获得反馈。其次，可以了解学术和政府机构正在进行的研究，特别是对与游戏相关的风险和保护因素的研究。再次，可以利用民意调查或设立专责研究小组等方法，对其负责任博彩工作进行更正式的评估。最后，可以与有关机构合作，开展负责任博彩相关研究。

对研究与评估领域进行认证，所要达到的目标是：对负责任博彩工作进行持续的改进，向决策者提供有关有效产品设计和负责任博彩的最新信息的教育，协助开展负责任博彩和问题赌博的相关研究。

彩票经营者在研究与评估领域进行认证的最低要求是：①应当制订一项计划来评估其负责任博彩工作；②应当制订一项政策，与具资格的从事负责任博彩的研究者进行合作；③应当有办法了解负责任博彩相关知识的进步；④应免费向其他彩票经营者提供与负责任博彩相关的任何研究；⑤应定期联系治疗提供者、求助热线和问题赌博委员会，了解有关彩票产品发展的趋势和问题。

此外，彩票经营者可以自行研究负责任博彩，利用现有研究成果了解公众意识和误解，也可以对员工和零售商进行有关负责任博彩知识和意识的正式调查。

（七）广告

彩票经营者在广告领域进行认证的最低要求是：①应制定与广告内容相关的正式政策，应当使用《NASPL 广告指南》（NASPL Advertising Guidelines, approved March 19, 1999），只要该指南与政府的法律或监管要求不相冲突；②应确保其广告代理了解彩票政策和法律规定；③在广告发布之前，应该有对其进行审查的流程，以确保遵守规定和符合负责任博彩的要求。

此外，彩票经营者可以选择由负责任博彩的外部专家对广告进行审查。广告可以包括负责任博彩的信息，例如求助电话号码和负责任博彩的建议等。

（八）资源

如果彩票经营者没有投入足够的资源，负责任博彩努力就不可能成功。彩票经营者必须证明其能够投入足够的资源，在各个方面都能够执行其负责任博彩计划。

彩票经营者在资源投放领域进行认证的最低要求是：①应指定专人领导负责任赌博工作，此人应该是高级管理人员，或可以随时接触高级管理层的专业人士；②应该能够投入足够的人力资源来实现其负责任博彩的目标，负责任博彩职责应该分散到整个组织；③在法律允许的情况下，应有用于负责任博彩的专门预算；④负责任博彩计划不应因任何一个人的离开而停止运作。

此外，在法律允许的情况下，彩票经营机构应向负责任博彩组织提供经济捐助，包括会员资格和赞助。彩票经营者还可以通过提供技术支援的方式，例如在诸如平面设计、广告和管理支持等领域提供技术支援，向这些组织提供帮助。

四　NASPL 与世界彩票协会责任彩票认证的框架比较

世界彩票协会的责任彩票认证体系分为四级，分别是承诺（commitment）、自我评估和差距分析（self-assessment and gap analysis）、计划和执行（planning and implementation）以及持续改善（continuous improvement）。只要是世界彩票协会的会员，均自动获得第一等级的认证，这是因为承诺接受其负责任博彩的原则，是加入世界彩票协会的前提。所以，真正需要获得认证的，是第二到第四等级。

世界彩票协会负责任彩票认证与 NASPL 不同的地方，是第二和第三等级。世界彩票协会把"自我评估和差距分析"独立出来，设立一个单独的等级，而把计划和执行合并成为一个等级；NSAPL 没有相当于世界彩票协会的第二等级，而是把计划与执行分为两个独立的等级。但是，总体而言，二者差别不大，因为制订计划之前一定要进行自我评估，所以自我评估实际是制订计划的一个步骤，NASPL 的计划等级实际上包含自我评估与差距分析。因此，在世界彩票协会与 NASPL 的责任彩票认证体系中，均包含自我评估、制订计划、执行以及持续提高等几个阶段，尽管其认证的标准在细节上存在不同。

鉴于二者的大体相似性，NASPL 承认世界彩票协会的认证。凡获得世界彩票协会第三或第四等级认证的 NSAPL 会员（限于美国彩票经营者），均可以向 NASPL 申请相同等级的认证。

根据世界彩票协会责任彩票的认证要求，彩票经营者需要在十个领域进行评估、分析或提出有关措施。这些领域分别是研究、雇员安排、零售商安排、游戏设计、远程博彩、广告和营销、购彩者教育、治疗转介、与利益相关者的沟通以及报告与措施。其中，研究、雇员安排、零售商安排、游戏设计、广告和营销、购彩者教育基本可以与 NASPL 的相关领域对应；包含在治疗转介、与利益相关者的沟通、报告与措施领域的内容可以在 NASPL 的零售商培训、公众教育和宣传、资源等领域找到对应。比较明显的不同在于远程博彩，NASPL 未就此领域提出专门要求。

与 NASPL 一样，世界彩票协会责任彩票每一等级的认证，都由企业社会责任领域的专家组成独立评估委员会进行评估。彩票经营者必须在每一领域（如果彩票经营者没有网络售彩，则远程博彩领域可以不计算在内）至少完成"行动项目"的 75%。但是，如果不能达到 100%，彩票经营者需要作出解释，并说明将如何达到 100%。世界彩票协会认证的有效期为三年。三年后，可以在该等级重新认证或申请更高一级等级的认证。

五　中国澳门的负责任博彩执行指标

自 2009 年起，中国澳门特区政府开始举办负责任博彩推广活动。为了有效宣传负责任博彩讯息，提高居民对负责任博彩的认知度，中国澳门特区政府于 2011 年组成跨部门的"负责任博彩工作小组"，协调及推动负责任博彩相关政策。负责任博彩工作小组由社会工作局、博彩监察协调局、教育及青年发展局、澳门大学及澳门理工大学委派代表组成。十几年来，负责任博彩推广活动取得了明显的效果，澳门居民的博彩参与度持续下降。

为进一步提升负责任博彩工作质量，负责任博彩工作小组于 2021 年设立"负责任博彩执行指标"，并分阶段执行。第一阶段为澳门社会服务机构及博彩营运商编写规范的执行指标条文，制定"负责任博彩执行指标"（社会机构服务版），率先对社会服务机构当中的赌博失调防治协作机构进行评审；第二阶段将计划扩展至赌博失调防治协作机构以外的社会服务机构，同时设立负责任博彩执行指标（娱乐场版），对澳门幸运博彩经营机构进行评审，并逐步扩展至赛马、彩票等博彩公司。

"负责任博彩执行指标（社会服务机构版）"分为三个项目，包括服务输出、人员培训、设施配置。服务输出包括提供负责任博彩的辅导、咨询或转介服务情况，在社区内开展相关服务情况等；人员培训是指配备负责任博彩服务人员及对其进行培训的情况；设施配置是指负责任博彩社会服务机构须提供负责任博彩的宣传单张、求助资讯等。

"负责任博彩执行指标（娱乐场版）"也分为三个项目，包括培训与宣传、自我隔离与求助信息以及设施配置。培训与宣传是指在娱乐场内配备负责任博彩人员、对雇员进行负责任博彩培训、制订负责任博彩计划等；自我隔离与求助信息是指在娱乐场内摆放自我隔离相关资讯、向顾客提供自我隔离帮助与求助信息等。在澳门，有赌博失调问题的顾客及其家庭成员可以向政府申请不再进入赌场，称为"自我隔离"。接到"自我隔离"申请后，政府通知博彩公司禁止其进入娱乐场。自我隔离是负责任博彩工作的一个重要组成部分，为取得较好的效果，需要娱乐场配合。所以，自我隔离和求助信息是"负责任博彩执行指标"（娱乐场版）的重要组成部分；设施配置是指博彩公司需要投放必要的负责任博彩资源，例如在娱乐场内放置负责任博彩资讯亭、设有与赌博失调人士面谈的地方等。

负责任博彩执行小组收到相关单位的申请后，对其进行实地评估。评审过程中，申请单位代表需出示与指标条文相关的实证文件，并由申请单位员工亲身讲解申请内容，以及操作负责任博彩资讯亭等。执行小组完成实地评估后，于60天内向申请单位发出实地审核评估报告。完成度达90%或以上，被评为"负责任博彩执行模范单位"，并获发负责任博彩执行指标资格座牌。未达标的申请单位，执行小组将向申请单位提出改善建议，协助申请单位修正未达标项目，申请单位按建议进行完善后，可于翌年再提出申请。

负责任博彩执行指标认证有效期为三年，于第四年将优化执行指标项目及条文，并顺序对达三年有效期之社会服务机构及博彩营运商进行复审。

六　建立我国的责任彩票认证体系

尽管"中国体育彩票管理中心"和"中国福利彩票发行管理中心"先后获得世界彩票协会的责任彩票三级认证，但这并不表示中国体育彩票和中国福利彩票的所有经营机构均已达到三级认证水平。中国福利彩票发行管理中心和国家体育总局体育彩票管理中心只是国家层面上的彩票发行机构，除此之外，我国还有众多的彩票销售机构以及成千上万的销售网点。这些机构负责的彩票销售工作更加具体，与购彩者距离更加接近，更需要建立完善的负责任彩票体系。责任彩票认证可以促使这些机构建立有效的负责任彩票认证体系，这是我国应当开展的重要工作。NASPL、世界彩票协会和澳门的实践经验值得我们借鉴。

第一，应当着手建立自己的责任彩票认证体系。我国是彩票销售大国，机构及销售网点众多，且有自己的国情，不可能依赖世界彩票协会或其他类似机构对所有彩票机构进行认证，而是应当建立自己的责任彩票认证体系，促进负责任彩票工作的有效开展。

第二，我国所建立的责任彩票认证体系既要有统一的框架要求，又要顾及具体情况的千差万别。建立统一的框架要求，是为了确保责任彩票基本处于同一水平线上，不因为地域或其他方面的差别而降低负责任博彩工作的要求；顾及具体情况的不同，是把责任彩票建设得更具针对性，同样是为了确保责任彩票工作的有效性。

第三，我国的责任彩票体系应当采取递进方式，像 NASPL 及世界彩票协会那样，从低等级的认证开始，逐渐晋升到更高等级。认证的目的是建立责任彩票有效体系，真正促进责任彩票工作。从低等级的计划开始做起，然后过渡到执行及提高阶段，一步一个脚印，真正把责任彩票工作基础夯实。否则很容易成为彩票经营者的宣传工具，对责任彩票工作的推进并无太大好处。

第四，应当建立公正的认证机制，防止认证变成走过场或镀金的工具。NASPL 委托 NCPG 和专家进行评审，并随机选择专家，且专家不在评审报告上具名等，值得借鉴。中国澳门的评审工作也由政府机构与学术机构的代表相结合进行，既保持一定的权威性，也保持一定的独立性。

第五，对于省、市级的彩票机构，NASPL 及世界彩票协会的认证实践更具参照性，而对于基层，中国澳门的实践更可资借鉴。NASPL 及世界彩票协会服务的对象是国家或省级的彩票经营者，他们除销售外还承担很多研究、推广及对外联络合作的功能，所以，其责任彩票认证涉及的领域比较广。中国澳门负责任博彩执行指标的主要对象是社会服务机构及具体的博彩运营者，具体执行的成分多，所以指标设计比较简单，易于操作，更易于在基层推行。

第六，NASPL 及世界彩票协会的认证，主要是针对彩票经营者的，但承担责任彩票工作的，不限于彩票经营者。其他机构，例如彩票经营者的供应商、彩票管理部门和社会工作机构等，也应在各自的范围内承担责任彩票工作。因此，我国的责任彩票认证，不应限于彩票经营者，还应当逐步扩大到其他相关机构，且应当针对不同的机构设定不同的标准。中国澳门的负责任博彩指标，针对社会工作机构和博彩营运商就有不同的标准与要求。

总体而言，责任彩票认证是促进负责任博彩工作的重要措施，值得我国认真考虑采纳。世界彩票协会、NASPL、中国澳门及世界很多地区和机构已经先行一步，应当学习其经验，结合我国的国情，使我国的责任彩票认证工作有一个好的开始以及打下良好的基础。

B.8
各国彩票机构社会责任实践

马 妍 刘守俊*

摘 要： 2006年世界彩票协会通过了《世界彩票协会负责任彩票（游戏）框架》和负责任彩票原则，时至今日负责任彩票（游戏）已成为国际彩票行业的共识，并随着各国/地区监管环境的变化、彩票运营管理的完善、彩票技术和产品的革新，不断地推进。一些地区非常重视彩票游戏的科学和规则调整，旨在降低部分活跃在彩市上的游戏黏性；一些地区努力加强法制管理，通过完善立法达到行业调整的目的，促进市场平衡发展；还有些地区以理性宣传为侧重，帮助民众理性看待彩票，树立健康的购彩意识。以上种种皆为"社会责任"在彩票经营中的具体呈现。

关键词： 世界彩票协会 负责任彩票（游戏）框架 社会责任

一 世界彩票协会负责任彩票（游戏）框架

（一）世界彩票协会

在了解负责任彩票（游戏）之前，首先了解一下率先提出"负责任彩票（游戏）"的组织——世界彩票协会（WLA）。世界彩票协会成立于1999年8月，由国家彩票组织国际协会（AILE）、国际足球和乐透型彩票组

---

* 马妍，国家彩票杂志社副社长，主要研究方向为国内外彩票政策、彩票管理体制、彩票市场运营等；刘守俊，就职于山东省福利彩票发行中心，主要研究方向为彩票市场。

织协会（Intertoto）合并而成。它是一个国际性、非政府、非营利、无时间限制的、具有法人资格的组织，注册地在瑞士巴塞尔，协会根据瑞士法律成立，在加拿大蒙特利尔设有办事处。

世界彩票协会是一个基于成员的组织，其任务是推进国家授权的彩票机构的利益发展。其价值观是基于遵守企业责任最高标准的承诺，包括世界彩票协会负责任彩票（游戏）原则和框架，同时也基于对决定彩票产品在何地、以何种形式销售给一个特定地域或国别的公民的正式授权法律制度的尊重。世界彩票协会的目标包括：收集和传播彩票行业以及相关领域的信息；设立最佳实践标准；制定道德标准；为会员提供教育和职业发展服务、信息和有关服务；和地区协会发出一致的声音，使会员能拥有令人信服的参考点，为当局提供一致的信息。

协会工作由下设的执行委员会承担。除执行委员会外，协会还包括企业社会责任委员会、审计委员会和安全与风险管理委员会。其中，企业社会责任委员会于 2003 年成立，该委员会推出了《世界彩票协会负责任彩票（游戏）框架》，并负责《世界彩票协会负责任彩票（游戏）框架》的可持续发展，同时，与社会责任专家组成的独立评估小组一起，审查成员机构是否符合负责任彩票框架认证。我国的两大彩票发行管理机构——中国福利彩票发行管理中心、国家体育总局体育彩票管理中心在 2016 年分别取得了负责任彩票的二级认证，随着负责任彩票的工作推进，目前两家发行机构均取得了三级认证。

协会会员以彩票发行机构为单位申请入会。截至 2022 年底，有 155 家彩票机构成为其会员，这些机构来自 87 个国家和地区（不含香港、澳门和台湾）。此外，世界彩票协会官网显示，截至 2022 年底，已经有 98 家彩票机构通过负责任彩票认证。

（二）负责任彩票（游戏）框架内容

早在 2003 年格拉纳达世界彩票论坛上，世界彩票协会各彩票会员机构就开始呼吁制定一套关于彩票行业的社会责任的标准。2004 年，世界彩票协会责任彩票独立评估小组专家、加拿大魁北克拉瓦尔大学 Robert Ladouceur 教授，澳大利亚悉尼大学 Alex Blaszczynski 教授及哈佛大学 Howard Shaffer 教授共同提出了一个"责任购彩"的观点，即个人应该在其可承受的范围内（不论是时间还是金钱投入）参与游戏。

同时，三位教授提出了一个科学的指导负责任博彩建设的战略框架，即"雷诺模型"（Reno Model），成为很多国家制定负责任博彩项目的基准。雷诺模型是一个战略框架，主要有以下几个重要原则。

（1）是否参与博彩的最终决定权在于个人。这并不意味着参与博彩者或玩家应该承担所有的责任。因此，彩票机构应尽可能多地提供相关信息帮助其做出知情的选择。

（2）尽可能地避免侵入性的干预措施（Intrusive Measures），除非已有科学的证据表明这些措施有效。

（3）一个完善的负责任博彩体系需要多个主要利益相关方的参与和共同合作。

（4）负责任博彩项目应该置于一个科学实证研究的框架之中，有负责任的意愿还不够，还要对负责任博彩项目进行不断评估，才能找到更有效的途径。

在前面的基础上，以规范行业发展为目标，WLA2006 年首次推出了以彩票及部分体育投注类游戏为对象的标准化"全球彩票行业责任体系"——《世界彩票协会负责任彩票（游戏）框架》（The WLA Responsible Gaming Framework、RG）和负责任彩票原则。在 WLA 的大力倡导之下，其他五大区域性协会组织积极响应，使得该体系逐渐成为一项业界公认的执行标准。在 2012 年、2019 年《世界彩票协会负责任彩票（游戏）框架》进行了更新，为彩票的发行和销售机构履行社会责任提供了指引。

世界彩票协会负责任彩票（游戏）框架的内容包括：七项"责任原则"、十个项目要素、四级认证（见附件）。

框架补充内容：世界彩票协会负责任彩票框架认证指南、已申请并获得独立评估小组认证的彩票机构案例。

其中，负责任彩票的最重要的是两大块内容，一个是被称为"彩票行业立足根基"的七大原则，另一个则是（彩票及部分体育投注类游戏）"游戏责任框架"。这两大板块，不仅旨在保护购彩者的切身利益，同时旨在确保游戏收益最终能够用之于民。

1. 七大原则的内涵

"七大原则"是彩票行业责任体系架构下的主要内容之一，具体包含了七项要求，而这七项要求的核心是以保护游戏参与者的切身利益、支持行业经营主体的健康发展、确保收益用之于民为前提，由机构履行行业的社会责任。

从中可以得出两点结论。第一，协会认定的这套"行业责任"标准的践行主体，指的是各国（和地区）彩票机构，也就是彩票及部分体育投注游戏的发行管理机构和运营机构。这些机构恰恰隶属于协会旗下，被称为"协会会员"。换句话说，只有那些获得所属国政府授权的博彩经营机构，才有资格申请成为世界彩票协会的会员。第二，"行业责任"的价值核心体现在这个行业的"社会责任"上。早在 2002 年就有会员向协会提议进一步完善和明确对行业责任体系中与"社会责任"相关内容的理解和定义。对于"社会责任"——这个行业"七大原则"的价值核心，协会用一句话来解释，即"社会责任体现在机构在防范游戏引发的行业社会问题上所做出的努力"。由此可见，机构的努力可以令包括监管机构、研发机构、零售供应机构、社会保障机构以及参与机会型游戏的购彩个体和相关群体在内的行业链条上的各个节点从中受益，而协会所要做的就是确保"七大原则"能够在游戏运营这个闭环中得到贯彻落实，从倡导游戏的科学研发开始，直到寻找到游戏收益与大众娱乐需求之间的市场平衡为止。

2. "七大原则"与"游戏责任框架"之间的关系

在"七大原则"的基础上衍生出来的"游戏责任框架"是一套从入门级到最高级别（四级）的包含了十项基本内容的系统认证，除入门级认证外，余下三个级别的认证均涉及十项基本要求外加若干子要求。

因此，"七大原则"是落实"游戏责任框架"的前提要素。不同地区文化差异下的彩票机构可以根据自身情况逐一落实，不同级别的认证内容不尽相同。每一级别认证完成后，申请机构会获得协会颁发的级别证书，获得认证的级别越高，代表该机构对"行业责任"的认知和履行度越高，在业界享有的声誉也就越高。

（三）其他彩票组织的"社会责任"标准

1. 欧洲彩票协会

欧洲彩票协会成立于 1999 年，总部位于瑞士洛桑。其前身"欧洲国家彩票协会（European Association of State Lotteries）"于 1983 年 11 月在瑞士的蒙特勒成立，1989 年改名为"欧洲国家彩票与体育博彩协会（European Association of State Lotteries and Lottos）"，1999 年 5 月，在合并了"欧洲体育彩票（European Lotteries Sports，ELS）"之后，又改名为"欧洲国家彩票与竞猜彩票协会（European State Lotteries and Toto Association）"，简称"欧洲彩票协会（The European Lotteries，EL）"。

2007 年，欧洲彩票协会制定了负责任彩票标准草案，2009 年得以正式实施。此后这一标准不断被修改和完善，最新版本为 2021 年版。此项认证没有级别，即只有"获得"或"未获得"两类，认证资格有效期为 2 年。

欧洲彩票协会负责任彩票政策框架的主要组成部分是"负责任彩票标准"，还包括其他补充该标准的文件。该协会的责任彩票标准设计与《世界彩票协会负责任彩票（游戏）框架》相辅相成，因为欧洲彩票协会的标准规定了各会员单位应该采取的可衡量的具体行动。通过欧洲彩票协会的"负责任彩票标准"，该协会会员机构有望达到世界彩票协会框架的第四级。然而，欧洲彩票协会标准的设计意图不仅要符合世界彩票协会框架的规定，必要的情况下，还要满足欧洲的需求。欧洲彩票协会负责任彩票包含以下主要内容。

（1）责任彩票目标

a. 促进公共秩序的连续性和完整性；根据欧盟相关法律，打击非法博彩和金融违规行为。

b. 基于"责任彩票",明确彩票机构的最优行为。

c. 确保欧洲彩票协会成员的"责任彩票"工作成为其业务不可或缺的组成部分,实现博彩对社会带来的危害最小化。

d. 明确欧洲彩票协会成员运营规则。

e. 使得欧洲彩票协会会员向社会展示相关证明,包括"责任彩票"项目符合标准,且被第三方独立评估。

(2)责任彩票标准内容

欧洲彩票协会责任彩票标准包括十方面内容,每一项内容都有具体的要求和阐述,本节对游戏设计、广告和营销的内容简要阐述,其他标准不一一赘述。

a. 研究。

b. 员工培训。

c. 代理销售项目。

d. 游戏设计。

在推出每款新产品之前,会员机构应该使用结构化的评估程序进行社会影响评估,检验相关的风险因素。会员机构应该采取有效策略,最大限度降低这些风险因素的负面影响。所有的风险因素和任何降低危害的策略都应清晰地记录下来,以便需要时可以审查评估。

因此,会员机构应充分了解产品层面、情境层面以及组织层面可能存在的问题博彩相关风险因素。

只有某项被评估为"高风险"的新产品或服务能够降低市场上已存在的某种风险,或使得该风险能由会员机构进行更有效的规范,机构才能运营该项新产品或服务。

会员机构应审视某项社会影响评估,尤其是那些被指出存在高风险的产品或服务的评估,是否应由独立第三方的认证来支撑,并且将结果作为该社会影响评估的一部分予以存档。而自主退出选项在经营上能够实现的情况下都应予以建立。

e. 互联网博彩渠道。

f. 广告和营销。

会员机构不应针对弱势群体投放广告。会员机构应遵循以下广告和营销准则：确保广告和营销活动不鼓励未成年人和问题购彩者参与，不为购彩者提供虚假中奖率印象等误导性信息。会员机构应遵循与所提供服务相关的自愿和强制性准则。会员机构基于自身的准则应明确哪些强制性和自愿原则适用于其经营范围。

准则必须确保广告和营销活动：

——不采取过度的激烈措施，不鼓励"投注越多中奖越多"的观念；

——准确地将中奖定位为一种概率事件；

——准确地说明中奖概率、奖项和赔率等；

——排除任何利用购彩者财务焦虑心理的内容；

——不声称或暗示购买彩票是替代工作的一种形式或脱离财务困境的一种方式；

——不鼓励种族、民族、宗教、性别或年龄等方面的歧视；

——排除任何包含鼓励暴力、性剥削主题或非法行为等相关的内容；

——不提供快速贷款给购彩者用以购买的链接或其他广告合作。

g. 治疗与推介。

h. 购彩者教育。

i. 利益相关方参与。

j. 报告、举措和认证。

（3）与 WLA 互为认可

尽管欧洲彩票协会的负责任彩票标准与世界彩票协会的负责任彩票框架在本质上类似，且追求共同的目标，但是世界彩票协会的负责任彩票框架更具灵活性，那些尚未达到欧洲彩票协会负责任标准的欧洲彩票机构依然可以申请世界彩票协会负责任彩票框架的第 2 级、第 3 级认证。这便于欧洲的彩票机构更好地完善自我以达到欧洲彩票协会的负责任彩票标准和世界彩票协会的负责任彩票框架第 4 级认证。作为最低的要求，所有欧洲彩票协会和世界彩票协会的会员都必须获得世界彩票协会的第 1 级认证。

如果世界彩票协会中某欧洲彩票会员机构同时也是欧洲彩票协会的会员并已经获得其负责任彩票标准认证，则可直接申请世界彩票协会负责任彩票框架第 4 级的认证。

2. 其他彩票组织

除了 WLA 或者 EL 的社会责任标准外，很多地区也有彩票组织，不同组织也有自己的"责任标准"，并对其会员发展提出要求

例如，2015 年，北美洲省级彩票协会和全国问题博彩理事会（NCPG）联合发布了关于责任博彩的认证项目，这能帮助非 WLA 或者 EL 的会员单位在发展中解决出现的社会问题。该认证项目由全国问题博彩理事会来开展独立的认证工作。彩票机构在规划（即开始规划并全面制定一个责任博彩方案）、执行（即对公司实施的更为稳健的方案进行评估）和维持三个层面提出申请认证。在全国问题博彩理事会领导下，一个独立评估小组负责对所有申请认证材料进行评估。评估分八个领域，分别是：①研究；②员工培训；③零售商培训；④玩家教育；⑤新产品/现有产品监管；⑥预算；⑦广告；⑧参与/意识。

（四）彩票"社会责任"内涵与外延

追溯社会责任的概念，其源于企业管理，并在企业社会责任发展中不断发展起来。企业社会责任（Corporate Social Responsibility，简称 CSR）是指企业在创造利润、对股东和员工承担法律责任的同时，还要承担对政府、消费者、社区、资源环境和企业自身可持续发展的责任，企业的社会责任要求企业必须跨越把利润作为唯一追逐目标的传统理念，强调在生产过程中对人的价值和社会的关注，强调对环境、社会以及消费者的贡献。

伴随着经济国际化的推进，社会责任的履行不仅成为全球企业追求的共同义务和挑战，众多的国际组织如联合国、世界银行、欧盟、国际标准化组织等都从不同的角度对企业社会责任进行了界定，推动企业履行社会责任。进入 21 世纪，随着经济全球化的发展和我国加入 WTO，社会责任在中国各个领域也推广开来。

那么，彩票社会责任到底包括哪些内容？一直以来没有权威的解释和阐释。

早在2004年，世界彩票协会责任彩票独立评估小组专家、加拿大魁北克拉瓦尔大学Robert Ladouceur教授，澳大利亚悉尼大学Alex Blaszczynski教授及哈佛大学Howard Shaffer教授发布论文，对负责任博彩提出以下定义："负责任博彩是指那些旨在预防和减少博彩相关危害的政策和做法；这些政策和做法通过各式各样的干预措施，以促进消费者保护，提高社会/消费者意识和教育，获取有效的治疗。"

曾担任世界彩票协会执行主席的Philip A. Springuel认为，WLA推广的RG（Responsible Gaming）概念，实际上指的是对整个（彩票）行业的责任进行标准划分的一套机制。"这套机制以彩票游戏为载体，围绕着游戏引发出存在于整个行业链条上的各方行为主体所需承担的行业责任"，即不同的行为主体对应不同的责任承担。这大概就是"彩票的社会责任"的外延定义。

上任世界彩票协会主席Mr Jean-Luc Moner-Banet则表示，应该站在不同的行为主体的角度来解读"彩票的社会责任"所指向的内容。比如，彩票机构的社会责任，首先应该包括在制定决策、决定时的责任考量，接下来就是游戏的科学设计、相关规则的合理制定、管理（解决）方案的出台、对购彩群体的利益保护措施、市场的规划平衡以及彩票收入的科学透明管理等等。而作为彩票的零售商，他们的社会责任主要是保证渠道经营的合理合规，在平衡销售的同时从行业责任出发，以购彩人利益为重，发展提高彩票的零售业绩。对于广大购彩人来说，他们所应负起的社会责任包括正确认识彩票，进行自我的积极管理，实施理性购彩，行使舆论监督的权力，等等。

综上所述，从彩票性质出发，以所在国家（地区）的法律法规、管理运营方式为前提，参照权威组织的社会责任原则、标准来看，我国大陆彩票的社会责任内容至少包括以下几个方面：①合适的游戏。彩票游戏选择上如果出了问题，彩票的负面作用就会彰显，对社会的危害就会超过我们的想象，对国家和政府名誉的伤害也会让我们始料不及。彩票引发的一切负面问题，其最终的根源一定在彩票游戏上。彩票游戏的选择应该遵从一定原则，不能太过于追求游戏黏性和刺激性。②彩票的营销和宣传活动的节制，彩票宣传绝不能和商品宣传等同，过分刺激性和诱惑性宣传是不应允许的。③彩票主管和监管部门应切实履行职责问题，除了在审批中要科学论证严格审批外，在日常主管和监管中也要负起责任。④有效约束参与彩票的各方主体，包括与彩票相关的公司和销售网点，严格遵守规定。⑤彩票公益金的使用要严谨，公益金使用出现问题直接影响到彩票的发行工作。

（五）小结

在本节，对彩票业的社会责任相关概念进行简要的说明。彩票对应的英文是 Lottery，在国际上却几乎看不到 Responsible Lottery（负责任彩票）的表述。国际上相关表述为 Responsible Gambling（负责任博彩）或 Responsible Gaming（负责任游戏），这两个概念只是表述和使用习惯的差异，本质一样。我国彩票业的社会责任的兴起，一是彩票业发展到一定阶段的需求；二是加入世界彩票协会后国际化发展大势所趋。但是，我国大陆并没有"博彩"，也就有了负责任彩票、彩票社会责任以及责任彩票等概念。从构词上讲，这些词语是有差别的，但是从词语出现的本质讲，指向是一样的。所以，本节，在概念上并未统一，主要是因为国内外市场体制不同、分类不同，统一称谓并不能够帮助大家理解事物本质。

二　各国彩票机构社会责任实践

彩票行业的责任体系涉及诸多方面的内容。各国彩票机构往往会根据自身的实际状况和出现的问题，选择不同的着眼点发力。

（一）彩票游戏的评估

1. 英国彩票游戏测评系统

Camelot 公司曾是英国彩票的运营商。在游戏设计环节该公司使用两种工具来评估游戏在设计环节的潜在风险。

（1）由 Nottingham Trent University（诺丁汉特伦特大学）设计研发的 GAM-GaRD 工具，可以使游戏开发者在游戏开发过程中就游戏的某个方面进行评估，以发现游戏风险因素的具体所在，并及时做出调整，其中包括游戏是否方便购买、可以多久玩一次、头奖规模等。

（2）Game Design Protocol（游戏设计协议）可以评估游戏对弱势群体，例如 16 岁以下群体、低收入群体以及有上瘾倾向的群体有高于平均水平的吸引力。

若以上工具的评估结果显示，某款游戏可能产生高于平均水平的风险，Camelot 公司将对游戏进行调整或审核其他因素，例如广告和营销战略。如果这还不能降低风险，将放弃发行该新游戏。

2. 社会影响力评估标准

目前，国际公认的风险测评系统有两个。一个是由英国 Camelot 集团旗下的"责任博彩团队"研发的 GAM-GaRD 测评系统；另一个则是由德国专业博彩研究机构开发的潜在风险测试系统 AsTERIG。在对这两套评估系统进行比对研究后，世界彩票协会归纳出 10 条标准用来判断一款彩票游戏是否具有高风险性。

①彩票游戏的投注、开奖与下一轮开奖环节之间的时间间隔大小。如：在欧洲，有一种只有单一刮区的手机彩票，它的投注间隔至少要三秒。像那些高频快开游戏（如基诺），由于它的游戏"密度"大，其潜在风险自然会比普通游戏高很多。②开奖和返奖的时间间隔（或称为"周期"）大小。一般来说周期越短的游戏，风险度越高。据了解，在欧美地区投放的部分手机彩票游戏中已明确规定开奖的时间间隔不能短于一小时。③大奖奖金的返奖额设定。实践证明，返奖金额高的游戏很容易诱发购彩者的投机心理，从而产生高投入等非理性消费行为，扰乱彩票市场的正常发展。④一款游戏的持续时间，是指在没有发生任何中断的情况下，游戏所能持续的时间长度。持续时间越长，占用购彩者时间精力的比重越大，越容易造成购彩者对游戏的沉迷。⑤中奖概率的大小（包括未达到规定奖金数量的中奖概率）。之所

以将中奖概率视为评估游戏风险的要素，主要是因为中奖的范围还包含了所有的小奖。有可能在某些情况下，设奖导致小额中奖奖金低于投注金额，如采用"分享制"（Pair Mutual）的设计手法，或有些即开票的小奖本身就低于面额，但这种情况一般不常有。因此，依照国际标准，中奖概率越高，游戏的潜在风险就越大。⑥游戏的致瘾性控制参数。世界彩票协会在2014年的一次调查统计结果显示：控制参数越低的游戏，其致瘾性越高。⑦倍投型游戏。倍投游戏能够引发购彩者强烈的投机心理，从而导致过度投注行为的发生。⑧投注金额（这里可以延伸解释为由购彩者自行决定投注多少的金额）。自行决定性越强的游戏，风险也越高，因为下注金额的决定权在购彩者手里。⑨游戏的直观设计。有些游戏在视觉、听觉的效果展示上强调对象的错位，误导购彩者非理性购彩。⑩预计中出奖金（特指购彩者预计最有可能中出的奖金数额）。

参照以上标准，国际上将彩票游戏的风险分成五个等级，分别是：超低风险级、低风险级、中度风险级、高度风险级和超高度风险级。如：AsTERIG系统将电子即开和网络乐透这两款游戏的风险等级统归为"高度风险级"，主要就是因为游戏的频率较高、密度过大、返奖间隔时间短，部分游戏的视觉设计过于刺激，容易诱发购彩者过度投注，使游戏在投放后逐渐变成一种致瘾性和黏性很强的赌博游戏。

（二）对销售网点培训

在北美地区，所有彩票机构均要求新加入的零售商参加培训，培训的内容包括负责任博彩讨论。

1. 保护未成年人

虽然不向未成年人销售彩票在各司法管辖区通常是法律要求的内容，但仍会在培训中反复被强调。

例如，纽约州彩票机构在新零售商入职培训大会上提供定制的"我们检查身份证"培训内容，并且全年通过强制性的终端信息提醒鼓励再培训。同时，作为一种完善的商业做法，将"我们检查身份证"的贴纸、自助终端机的层压材料以及海报都分发给了零售商。

加拿大乐透魁北克公司的在线培训课程"Ici, on carte!",强调禁止向未成年人销售彩票。在一个员工流动率较高的行业,提供此类培训可以有效地提升合规率。

2. 绑定经营资格

有的彩票机构不仅要求零售商在首次获得许可牌照时接受细致的培训,而且为了保留牌照必须参加再培训。

大西洋彩票公司要求各零售网点至少一人要完成负责任博彩培训,这也是零售协议中的一项要求。而且零售商必须每两年进行一次培训。如果未履行,则会被吊销牌照。

印第安纳州彩票机构给零售商至少每三年提供一次培训的机会。彩票机构给每个零售商配备一个辅助工具以帮助其培训新员工。此外,彩票机构还与印第安纳大学签订了项目评价的合同,包括培训四个月后开展环境调查,以确定培训中的理念是否仍然在实际零售环境当中得以应用。

北卡罗来纳州教育彩票也要求其零售商每三年要接受一次责任博彩培训。当零售商完成培训,其彩票牌照上就会盖上"责任彩票认证"的印章。

3. 视频培训

采用视频培训的做法越来越为大家所接受,尤其是2014年北卡罗来纳州教育彩票与北美彩票协会及全国问题博彩委员会合作共同制作了一个负责任博彩培训视频。之后,许多彩票机构都在自己的零售商责任博彩培训中使用该视频。其他彩票机构也有自己制作的视频。例如,弗吉尼亚州彩票机构就为"全国问题博彩意识月"准备了一个责任博彩视频,零售商需要证明他们有定期观看该视频。

视频资料提供了许多案例,例如,关于如何识别一个有问题的购彩者以及如何为购彩者提供相关帮助。此外,有些彩票机构还给零售商配备了平板电脑,便于零售商通过短片或类似形式观看负责任培训内容。

4. 将负责任博彩工作流程化

许多彩票机构正在将负责任博彩工作流程正式化。

俄勒冈州彩票编制了一个详尽全面的《责任博彩实践守则》用于指导相关工作。上述守则的一个关键因素是员工和零售商培训计划，该培训可以为零售商和彩票机构员工的参与提供基于实证的最佳实践。该项培训着重于当有机会帮助处于危险或遭受问题博彩影响的人时，让员工和零售工作人员作准备并提供他们能够分享的信息和资源。

俄勒冈州彩票机构员工和零售商的所有负责任博彩培训都建立在该领域领先的实践和研究成果之上。一名行业顾问帮助制订培训计划的内容、功能和特性。培训基于多个焦点小组的意见，小组成员包括高交易量、高知名度的视频彩票零售商高管和工作人员、彩票机构工作人员和公共卫生相关部门和组织的利益相关方。

培训旨在帮助工作人员提供游戏的准确信息；提供责任博彩和问题博彩资源的准确信息；以及识别和利用机会把人导向相关信息和帮助资源。该培训设计可用于任何设备——台式电脑、笔记本电脑、平板电脑或手机。

俄勒冈州彩票机构能够跟踪每个零售网点有多少员工完成培训，并将此信息提供给各地的零售网点所有者和经理。一旦个人完成培训模块，系统即可以生成并打印结业证书或可以将结业证书保存为 PDF 格式。鼓励零售商和员工每年参加责任博彩培训，将其作为一种进修。

5. 零售商教育计划

乔治亚彩票机构（Georgia Lottery）曾推出过负责任博彩零售商教育计划，也就是彩票网点销售人员培训计划。

培训包括传单、小册子、终端信息和视频培训；该计划以彩票机构的员工培训计划为模板，在设计时也借鉴了北美彩票协会/全国问题博彩理事会的培训视频。

培训计划的重点是关注零售场所的负责任博彩意识，包括问题博彩的表现形式以及零售商在与表现出潜在博彩问题的购彩者交流时有何选项。

作为帮助有潜在问题购彩者的第一道防线，彩票机构期望零售商将以最大的诚意来接受培训。彩票销售代表对每个零售商进行评估，以确保正确地展示标语并及时提供新材料。在领导零售商进行培训计划之前，彩票公司的销售代表接受内部员工培训，了解问题博彩以及如何与零售商讨论该议题；在项目设计期间，他们也帮助提供相关反馈意见。

该培训计划包括以下三个步骤。

（1）在分发展示用的理性投注宣传册时，销售代表将拜访零售商。在此次拜访中，销售代表将讨论培训有关事宜，并发放培训信息传单。

（2）零售商将完成视频培训和评估。终端信息将定期传递给零售商的彩票终端，以提醒零售商参与培训及培训的截止日期。

（3）如果零售商未能完成培训，销售代表将与零售商联系，以处理不合规现象。

为启动零售商培训计划，乔治亚彩票推出了一项促销活动。该活动将为所有完成该培训计划的零售商提供一个赢取一包免费彩票的机会。

（三）开展公众教育

向公众传递正确健康积极的生活态度，帮助公众正确认识博彩，协助购彩者更理性地面对购彩活动，被很多国家（地区）的彩票机构列入负责任博彩工作的重要一环，通过视频广告、海报、线下线上主题活动等方式开展。

1.公众教育主要方式

以香港为例，制作系列广告提高公众对有节制博彩的认识和理解，并鼓励参与购彩的人士适可而止，时刻自律（见图1）。

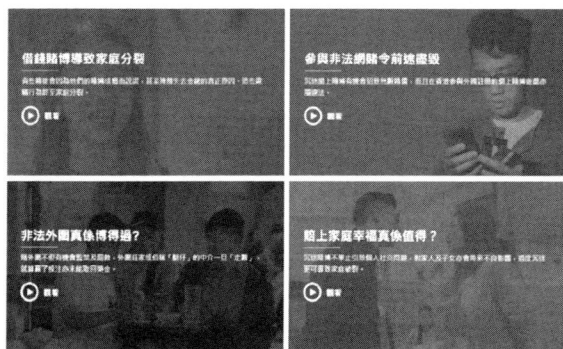

图 1　香港赛马会制作的有节制博彩短片截图

新南威尔士州 GambleAware 推出以理性购彩为主题的海报。通过三个不同角度，讲述非理性购彩在个人工作、家庭关系、亲子关系中的危害（见图 2）。

图 2　新南威尔士州 GambleAware 推出以理性购彩为主题的海报

维多利亚问题博彩基金会，举行了 100 天的线上挑战赛。让非理性购彩者通过参与 100 天挑战，养成理性的购彩习惯，重新建立与购彩的关系，重新抓住生活的主动权。活动包含了 100 天挑战的参与者真人真事系列广告，同时通过手机 App 可设置 100 天挑战的目标、获取专家建议、寻找其他兴趣爱好或活动，以及与其他共同参加挑战的人士沟通，相互打气，并最终挑战成功（见图 3）。

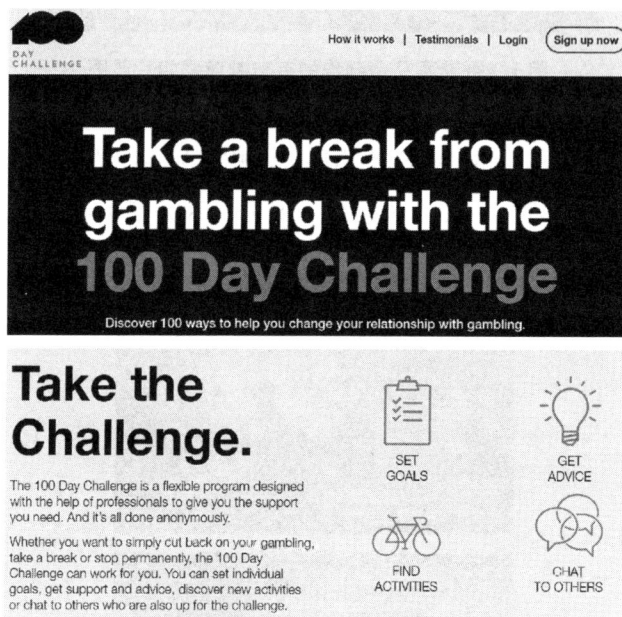

图 3　维多利亚问题博彩基金会举行 100 天的线上挑战赛活动网页截图

2. 对未成年人开展预防教育

香港赛马会针对未成年人提供预防教育，以促进中学生和职业教育学生的身心健康，通过线上和线下渠道将教育内容延伸至高危青年及网上青年。透过各项充满趣味的主题游戏及校本活动，协助青少年培养正向健康生活态度，提高他们对网络安全、网络陷阱的意识。内容如下。

（1）青少年正向健康生活攻略

依靠不同领域的专家分享知识、制作教育攻略手册，帮助学生理解心理健康、网络公民责任、情绪管理、沟通技巧以及怎样加强抗逆力等青年成长必不可少的要素。

a. 学校培训：专为中学和职业培训机构而设的校内活动，例如"午餐讲座"、青年支援小组等，让接受专门培训的社工和导师传递正向心理学、情绪管理的知识及贴士，网络博彩成瘾的负面影响，以及非法网络博彩的陷阱。

b. 桌上教育游戏：由青年人与游戏制造商共同创作全新桌上教育游戏，游戏展示批判思考和查验事实的重要性，并揭示网络游戏成瘾的负面影响，纠正年轻一代的博彩迷思。该桌上游戏应用于学校教育活动，以及网上青年外展活动中。

c. 虚拟实境教育游戏：利用虚拟实境技术的优势及特性，制作了数个互动教育游戏来增强青少年的整体学习体验。透过模拟青少年感兴趣的游戏模式，在游戏过程中向学生渗透教育信息。

d. 专题研习讲座：内容丰富的"专题研习讲座"为参与者提供有关青少年心理学、成瘾行为、压力管理、网络公民责任以及电竞行业趋势等实用资讯。讲座内容包括实用技巧及个案分享，让参与者掌握为潜在求助者提供协助的主要技巧。

e. "呼哈"简易测试套装：综合多位专家学者及社工的经验，制造了一套自我完善的测试套装，用于早期评估和识别高危青年。社工和辅导员可以利用这个测试套装为潜在求助者提供情绪管理的知识，并进一步帮助他们建立对过度博彩及非法网络博彩的风险和负面影响的意识。

（2）家庭及学校教育

向年轻一代及家庭推广健康正向的生活方式，远离不良嗜好极为重要。具体项目涉及内容如下。

a. 爱摄家主题短片创作比赛：倡议健康正向生活及远离不良嗜好的"爱摄家主题短片创作比赛"，得到各主办及协办团体的大力支持。活动获得空前的反响，公开组及专业组别共收到逾200条短片作品。得奖者及出席人士接受访问时均认同，比赛是一个宣传健康正向生活态度的有效的平台，并表示会继续透过自己的网络宣扬有关讯息。

b. 正向家庭义工学堂：与香港妇联合办"正向家庭义工学堂"，该活动获得劳工及福利局、妇女事务委员会、香港教育城、九龙妇女联会以及星岛新闻集团的全力支持。学堂旨在提供家庭义工在亲子教育、家庭沟通及辅导方面的知识与技巧，并为他们提供家庭理财贴士。主办机构邀请到儿童心理学、家庭辅导、游戏治疗及理财等不同范畴的星级演讲者及专家，于学堂内进行主题讲座及小组研讨。

（四）德国防购彩沉迷举措

德国联邦政府制定的国家博彩法规（Staatsver trag zum G lüc ksspie lwesen in Deutschland，简称 GlüStV）于 2008 年 1 月 1 日生效，明确德国的彩票游戏必须由国家垄断统一发行，且必须坚持负责任彩票理念，建立有效的防沉迷机制。

德国各州彩票公司均采用了各种措施和手段保护存在成瘾风险的购彩者，主要措施包括购买特定彩种的"客户卡"和建立全国范围内的防沉迷系统。

1. 客户卡

部分彩票游戏具有开奖频率高、奖金数额大的特点，被认为具有较高的成瘾风险。为保护购彩者，各州的彩票公司均采取了一种类似的方案，即发行针对特定彩种的客户卡，只有持有客户卡的购彩者才能购买。办理客户卡时，系统会记录用户的照片。在每次使用时，系统都会出现用户的照片供工作人员进行比对。

柏林彩票公司推出了客户卡（Spieler-Karte）和乐透卡（LOTTO-Karte），购彩者必须持有客户卡，才能购买 KENO 和 TOTO 彩票，持有乐透卡则可以享受额外服务，例如：记录 15 次购买历史、大额奖金通知等。

2. 防购彩成瘾宣传

2007 年起，德国彩票联合会与德国联邦健康教育中心合作开展了"不要在购彩中难以自拔"的负责任彩票活动，除了两年一次的调查以外，联邦健康教育中心还制作了多本关于购彩或博彩成瘾的宣传手册，手册中不仅包含负责任彩票的相关信息，还提供了自我测试检测成瘾风险、服务热线和援助手段。

除了联邦健康教育中心发行的宣传手册，各州也有自己制作的宣传手册。在各州的彩票销售点，都会陈列宣传手册并张贴防购彩成瘾的宣传海报，在宣传时会强调购彩成瘾风险，并提醒购彩者购彩并不一定会带来收益，以达到警示和保护购彩者的目的。

在德国各州彩票公司的网站上，会提供这些宣传手册的电子版以供下载。德国彩票联合会和联邦健康教育中心合作建立了以负责任彩票为主题的网站，无论是深陷于购彩的成瘾者，还是成瘾者的亲属，都可以通过该网站获得援助，以摆脱购彩成瘾对自身和亲人所带来的危害。购彩者还可以通过专业网站进行自我测验，网站上有很详尽的关于购彩成瘾、法律法规等信息，参与测试者会得到详细的反馈，了解自己的购彩成瘾风险。

3. 购彩成瘾调查

德国彩票联合会与联邦健康教育中心合作，进行两年一次的全国性购彩成瘾调查。首次调查于 2007 年开展，通过计算机随机抽取了 10001 名年龄在 16~65 岁的人，对他们的购彩行为进行了电话访问。数据的采样和收集由德国社会研究与统计分析学会进行。

2013 年，为保证数据的代表性，首次使用了"双框架"法，即通过座机和手机两种方式进行访问，并在之后的调查中都沿用了此方法。2015 年，由于人口结构变化，受访者的年龄范围从 16~65 岁扩大到了 16~70 岁。

在 2007 年的初次调查中，调查内容仅有是否参与过彩票游戏、是否在过去 12 个月内参与过彩票游戏、参与者对购彩的态度、成瘾者比例和对购彩成瘾宣传的了解程度等五个主要方面。经过历次调查后，调查的内容不断拓展。到 2019 年，调查报告的内容已经得到了极大的丰富，对受访者在购彩游戏中的主观收益、购彩动机、购彩频率等都进行了调查，并给出了详细报告。或许从每次调查报道的厚度上，也可以直观地感受到这种变化——2007 年的初次调查报告为 35 页，到了 2019 年，调查报告已经增加到

176 页。

调查会结合彩票发展的新情况进行完善，例如，2012 年德国开始发行"欧洲头彩"，自 2013 年起，调查开始对欧洲头彩进行评估，了解欧洲头彩购彩者的特征、购买动机和欧洲头彩带来的潜在影响。在此之前，德国主要的乐透型彩票是"乐透 49 选 6"，根据 2013 年的调查结果，购买过欧洲头彩的受访者中有 87% 在之前也购买过"乐透 49 选 6"，这表明购彩偏好具有一定的重叠性。

自 2013 年起，为更充分地调查青少年购彩成瘾的情况，增加了"青少年修订版"调查问卷。

2019 年，在调查中增加了一项"购彩动机"的内容。其中"为了奖金"的比例最高，为 62.6%；其次是"玩得开心"，比例为 53.3%。根据历年的"主观收益"调查结果，有 10% 左右的受访者从主观上认为他们在过去 12 个月的购彩过程中获得了收益，而超过 60% 的受访者认为他们在过去 12 个月购买的彩票游戏中损失了金钱。

从 2007 年至今，经历了十多年的不断宣传，德国彩票联合会和联邦健康教育中心开展的防治措施已经取得了明显成效。有关购彩成瘾风险的相关宣传通过广播、广告、电视、互联网、手册多渠道传播，媒体宣传避免购彩成瘾风险的传播率也不断增加。在彩票票面上印有理性购彩的提示信息。民众对联邦健康教育中心等博彩防沉迷热线服务相关信息的了解程度也在上升。

2007 年有约 25% 的受访者知道咨询中心，近 11% 的受访者知道相关的热线号码，67.8% 的受访者认为自己了解购彩成瘾相关问题，公众对博彩法规（如禁止青少年购彩、禁止网络博彩、政府垄断彩票及博彩业等）的认知程度保持在较高水平。伴随着社会发展和技术进步，德国彩票联合会和联邦健康教育中心逐渐增大在互联网渠道的宣传力度，并开通了网上自测服务"Check Your Game"，在进一步普及知识的同时为公众自我测评提供了便利。

2013 年，有 37.7% 的受访者表示自己在各种渠道了解过预防购彩成瘾和理性购彩相关信息，2019 年，这个数字已经上升到 69%。在各类媒介中，电视（33.4%）和广播（30.2%）占主导地位，其他常见的信息来源是联邦健康教育中心的宣传手册（5.1%）、传单（4.8%）、线上网站"Responsible Gambling"（3.7%）、联邦健康教育中心的热线服务（2.9%）和"Check Your Game"（2.8%）。

除了了解预防购彩成瘾和理性购彩信息之外，德国公众对于政府垄断彩票业的政策也有了更多了解和支持。

（五）OLG 的企业社会责任计划

加拿大安大略省彩票公司（简称 OLG）的使命是为安大略省创造收入，促进经济发展，提供高标准、负责任的游戏，通过经营相关的博彩业务募集资金，为政府、社区和慈善机构提供支持，改善当地人民的生活水平。

OLG 除了经营彩票业务，同时还经营体育投注、娱乐场、老虎机、慈善博彩游戏及在线博彩游戏，其中体育投注、娱乐场游戏、老虎机游戏和在线博彩游戏都具有较强的致瘾性。为减少这些游戏可能给社会带来的不良影响，预防博彩上瘾，保护购彩者，真正履行自己的使命，就需要把践行社会责任的理念根植于心。

OLG 有一套完整详尽的企业社会责任（CSR）计划，共分为五部分：公正运营、带来社会效益和经济效益、解决对社会带来的不良影响、吸引员工、降低对环境带来的影响。而 OLG 的《社会责任报告》旨在传递其在以上社会责任领域的努力，赢得并保持游戏参与者及社会公众的信任。

1. OLG 的《社会责任报告》

OLG 的《社会责任报告》大致上可以归结为三部分内容。

第一部分：对 OLG 的主要业务、本财年销售收入及分配、公益金用途等概况进行简要介绍。

第二部分：履行社会责任的方法。主要包括 OLG 的核心价值、治理结构、社会责任的演化发展过程、获得的世界彩票协会资格认证，以及案例研究。

第三部分：OLG 践行社会责任需解决和完成的重要事项。这一部分在报告中占了大部分篇幅，主要包括建立公众对 OLG 的信任、解决给社会带来的不良影响、支持员工发展，支持本地社区发展和减少对环境带来的影响等。

这些重要事项每个又分成解决问题的方法、解决问题的关键举措、执行效果和案例研究等子部分。

OLG 的《社会责任报告》聚焦于在经济、社会和环境等方面给安大略省人民带来的影响，这些主题是通过与利益相关者咨询协商，并且经 OLG 治理机构、风险管理和业务流程认定的。每年 OLG 都会对上一年《社会责任报告》聚焦的几大主题进行分析，决定是否要对主题进行更新和调整。当年《社会责任报告》聚焦的主题，是 OLG 邀请第三方对上一年的《社会责任报告》进行审查、评估，并通过在线调查、系列访谈、与利益相关者召开内部和外部会议等方式来确定。

2. 从《社会责任报告》看 OLG 公信建设

OLG 践行社会责任需解决和完成的重要事项是《社会责任报告》最主要的组成部分。以 2015/2016 财年的《社会责任报告》为例，当年报告中第三部分的第一项"建立公众对 OLG 的信任"的关注点是雇员和供应商的诚信、透明度、信息披露、道德和合规性。其中道德和合规性是新增内容，这是由于 OLG 在这一财年与新的合作伙伴签订了《娱乐场经营及服务协议》，OLG 需要满足新的合规和监管要求，因此增加了这个主题。

公众对 OLG 的产品和服务的信任是 OLG 能取得成功的关键所在。OLG 也在持续传播关于博彩的正确知识，消除误解。OLG 还向安大略省的公众证明，OLG 是在为他们的利益而服务，并尽一切可能公开运营业务，保护购彩者隐私，确保游戏的公平公正。以上在其《社会责任报告》中均有体现。

《社会责任报告》显示，根据 2016 年进行的公众认知调查，75% 以上的安大略省公众支持 OLG；73% 的人认为如果出现了影响客户的问题，OLG 能够作出正确的决策，是值得信赖的；大多数人认为 OLG 的运营是建立在公正基础上的，并且能够确保彩票公正、公平运营。这表明公众对 OLG 的信任度和信心都较高。

（1）建立公众信任的方法

OLG 在严格的监管框架下运作，执行有关博彩、隐私保护、未成年人保护、反洗钱等方面的法律法规。由合规团队负责法律规管问题，并确保政策和控制措施到位。为了维护公众的信任和信心，OLG 需要做的不仅仅是简单地遵守规则，还需要树立诚信和有道德的企业价值观及企业文化。在这种文化中，每个员工都恪守行为准则，并且有能力应对各类突发事件。

OLG 坚持高标准的信息披露，坚持业务运营的透明度，同时遵守个人隐私和商业保密要求。所有应公开的信息均会在 OLG 官网上发布，包括年度报告、业务计划、工资和支出信息披露，以及关于彩票交易的各种信息。同样，OLG 遵守《安大略省政府采购指令》的规定，所有采购流程均公开透明。

（2）建立公众信任的关键举措及效果

员工诚信和职业操守——员工必须遵守。《2006 年安大略省公共服务法案》规定，在收到并理解 OLG 的《商业行为准则》后方可入职。2015 年 6 月，所有员工都通过了《负责任博彩行为守则》。员工禁止参与购买 OLG 运营的彩票游戏、互联网博彩游戏、慈善博彩游戏、老虎机和娱乐场游戏。所有员工和供应商均可通过公司开设的"诚信问题"热线，匿名举报怀疑有不道德、欺诈或非法活动者。

游戏公正性——制定政策和计划，确保游戏的公正性，遵守安大略省酒精和博彩委员会（AGCO）的相关规定。彩票实体网点销售商必须遵守《彩票销售商行为规范》和合规要求。通过数据分析和检索技术支持彩票安全、客户保护和欺诈检测。

采购——所有采购合同均会在加拿大公共部门和政府机构进行外部采购服务的电子投标服务网站 MERXTM 上公布。

保护未成年人——为所有游戏设定了参与的最低年龄限制，参与老虎机和娱乐场游戏最低年龄为 19 岁，参与慈善博彩游戏和彩票游戏最低年龄为 18 岁。为保证参与者符合年龄要求，无论是在官方互联网售彩网站 PlayOLG 上，还是在线下的博彩场所，都会有第三方的工具或程序进行年龄验证，并对工作人员进行监督。

反洗钱和反恐怖主义融资——制定各种综合性政策和程序，以监测和防止个人进行可疑交易，包括洗钱等。

隐私保护——OLG 遵守《信息自由和隐私保护法案》的规定，并定期审查自己的政策是否跟上了相关法律法规的变化。业务系统、流程设计和架构均考虑到隐私问题，以符合法律规定和"设计保障隐私"原则。OLG 的信息获取和隐私服务小组会对收到的违反隐私保护的投诉进行评估和调查。

业务运营投诉——OLG 设有客户支持中心，公众可以通过该中心提交对业务运营问题的投诉。根据该中心的运作政策和程序，所有投诉均确保得到识别、记录和妥善处理。

无障碍环境——业务运营遵循《安大略省无障碍残疾人法》及客户服务、信息和通信、就业、交通和公共空间设计标准。

（3）案例研究——如何提高 OLG 的社会价值

为了建立公众信任、促进业务发展，还需要全面了解人们对 OLG 和彩票及博彩行业的看法。过去几年，OLG 通过每月随机调查 400 名安大略省成年人的方法来追踪公众的看法，并据此调整市场营销和公共策略。同时还会根据需要有针对性地推出新的市场调研。

OLG 为了践行负责任博彩、保护购彩者、预防购彩或博彩上瘾，做了许多工作：推出了专门的负责任博彩网站 PlaySmart；为员工提供全面深入的负责任博彩培训；搭建负责任博彩资源中心，提供相关资源和工具。调研表明，将负责任博彩作为重点工作跟进与宣传，可以让购彩者更愿意参与游戏，减少博彩污名化，并消除某些有关博彩的不实传言。

《社会责任报告》第三大部分阐述的其他几项还包括解决给社会带来的不良影响，支持雇员，支持本地社区发展，减少给环境带来的影响等，由于在结构上和第一项"建立公众对 OLG 的信任"非常类似，此处不再赘述。

OLG 从 2012/2013 财年开始发布《社会责任报告》，从 2016/2017 财年起，OLG 将与社会责任有关的内容转移到线上，通过专门的网页进行分门别类地展示。

三　建议

其一，从全球来看，博彩及彩票业的社会责任已经成为行业发展中必要与必须开展的重要工作。彩票发展较好的国家，在"社会责任"的实施以及落实上都较为系统、科学。

其二，彩票是由政府的信誉做担保的事业，因此所有与彩票有关的单位和人员，都要对彩票的社会责任问题承担责任。也就是说，彩票社会责任的主体不只彩票发行销售单位一家，主管部门、监管部门及所有参与单位都有责任。

其三，以世界彩票协会框架为理论依托，借鉴国外的经验，利用新技术、新媒体、新渠道等科技手段，结合社会文化、生活方式、日常习惯，制定和开展我国的负责任彩票工作。

其四，将"社会责任"理念渗透在彩票的日常工作中，和实际工作结合才是最终目标。

其五，厘清与彩票社会责任相关的概念、内容、内涵及外延，建立理论研究的体系，为正确指导负责任彩票工作以及彩票健康发展提供理论依据。

参考文献

王五一：《博彩经济学》，人民出版社，2011。

邵祥东：《福利彩票社会责任学理渊源偏误及修正》，载何辉主编《中国福利彩票发展报告（2022）》，社会科学文献出版社，2022。

李刚：《德国负责任彩票面面俱到》，《国家彩票》2020 年第 10 期。

刘娟：《加拿大安大略省彩票公司的成功经验——社会责任报告可以这样写》，《国家彩票》2022 年第 8 期。

郭志：《浅析责任博彩、彩票社会责任和责任彩票》，《国家彩票》2018 年第 5 期。

布基：《责任彩票的多角度观察》，《国家彩票》2020 年第 2 期。

附录

1. 七项"责任原则"的具体规定

协会会员承诺在遵守所属辖区内经济、政治、文化、道德以及法律的规制下，在日常经营管理中践行以下七项责任原则。

（1）世界彩票协会会员将采取合理、妥善的措施来实现其目标，同时保护其客户与弱势群体利益；与此同时，他们还将继续致力于维护其所在地区的公共秩序。

（2）世界彩票协会会员将确保其运营实践与操作流程能够反映政府监管、运营者的自我规范以及个人责任三者的组合。

（3）世界彩票协会会员将在充分了解相关信息及分析相关研究的基础上，制定开展与责任彩票相关的实践做法。

（4）世界彩票协会会员将尽可能广泛地与其利益相关方（包括政府与非政府组织、监管者、研究人员、公共卫生方面的专业人士以及普通大众）共享信息、开展研究，在尽可能广的范围内提倡责任彩票，并鼓励加深对博彩所产生的社会影响的理解。

（5）在其所有业务领域，包括其产品和相关活动的开发、销售、市场营销中，世界彩票协会会员将仅推广合法的责任彩票；并采取合理措施，保证其代理商也能遵守此规定。

（6）世界彩票协会会员向公众提供准确、适度的信息，以便人们可以对彩票机构所在地区内的游戏活动做出知情的选择。具体要求如下。

a. 彩票活动与产品的市场营销应遵循合理的经营者自我规范，并提倡责任彩票实践与知情的选择。

b. 应向个人提供关于游戏及其风险的准确信息，例如，组织教育项目。

（7）世界彩票协会会员将采取合理措施，对责任彩票的相关活动与实践做法进行适当的监督、测试与修改，并将结果公之于众。

2.十个项目要素

十个项目要素指的是会员机构必须采取行动加以解决的十个方面（见附表1）。独立评估小组将对彩票机构在这十个方面采取的行动进行评估，世界彩票协会将根据独立评估小组的评估结果对彩票机构进行认证。请注意，其中某些要素可能不适用于个别地区。世界彩票协会也知道有些要素（例如远程游戏）在某些地区并不存在。而在其他地区，治疗指引可能由外部的机构来处理。彩票机构应说明为什么某一要素与其不相关，独立评估小组会考虑这些情况。

附表1　10个项目要素

序号	类别	内容
1	研究	用于支持和/或开展、整合与宣传责任彩票相关研究的系统化流程
2	员工项目	用于确保、支持所有员工都能高效和有效应用责任彩票原则的系统化方法
3	零售商项目	用于确保所有零售商及其一线员工都能高效和有效应用责任彩票原则的系统化方法
4	游戏设计	在新彩票和博彩产品的设计选择与推出时,应用基于实证的责任彩票理念的系统化方法
5	远程游戏渠道	用于确保互动、远程游戏平台具备购彩者保护措施的系统化方法
6	广告与营销宣传	政策与项目的应用,以确保对责任营销与宣传实践以及规范准则应用进行持续完善
7	彩票教育	用于支持、整合并宣传有关"责任参与"（购彩者知情的选择）及治疗指引的良好做法等相关信息的系统化方法
8	治疗指引	为具有潜在或实际游戏成瘾问题的客户提供帮助、指导与治疗指引服务(若有需要)的系统化方法
9	利益相关方参与	用于确定、理解及将决策者、决策影响者及其他社会成员的利益与责任彩票相关业务的关键决策融合的系统化方法
10	报告、衡量	用以衡量及向有关内部和外部利益相关方汇报彩票机构在责任彩票方面的承诺、行动与进展等相关情况的系统化方法

3.责任框架中的四级认证

一级认证（即承诺）是指所有获得WLA会员资格的彩票机构所享有的

一项最基础的级别认证。该认证要求符合条件的机构在申请成为会员时要认同协会提出的七项"责任原则"，审核通过后便可获得一级认证资格。对于所有会员来说，第一级认证是所有认证级别中门槛最低的。

二级认证（即自我评估和差距分析）要求会员根据要求，向审核团队递交自我评估和"长短板"分析报告，从而获悉自己在"游戏责任框架"中拥有的优势和劣势，在接下来的级别认证中明确提高的方向。报告的内容越详细越有助于得出客观合理的评估意见。提交的内容涉及机构的背景介绍、最新架构、权益设计、收益分配、运营管理模式、产品业务说明、财务状况、受管控的法规制度介绍，与游戏责任相关的经济、政治及文化政策以及机构未来对社会责任的战略考量和发展计划等。从二级认证开始，框架系统所提供的认证模版设有十项与游戏责任密切相关的基本内容，例如：准入前的调研问题、雇员培训问题、零售推广计划、游戏设计问题、网络渠道应用问题、广告推广问题等等，每项内容下设多个子项要求，帮助申请者更好地理解和规划"有关责任"的落实。

三级认证（即规划和实施）根据二级认证的评估结果，这个级别的认证要求会员分享身边可以帮助其落实"责任"标准的资源对象，完成与责任原则相关的项目策划与实施方案，并提供项目时间表和财物预算表。

四级认证（即进阶性持续改进）在完成三级认证后，会员根据自身的日常经营状况和市场反馈，在制定决策意见时贯彻系列的责任标准，拟定进阶性的提高方案和监管反馈措施，以解决问题为出发点，与协会的责任体系团队建立良性的沟通咨询机制。由于第四级认证涉及机构的决策权和决策力度，因此在相关认证中，在市场的客观分析、政策法规的参考借用以及决策制定的前后说明中体现行业责任的方方面面，是需要详尽而充分的论据支撑的。

为了确保审核的客观和权威性，协会规定从二级认证开始，会员递交的每一份资料都会交给由业内专家组成的第三方独立评审团从社会责任的角度对申请内容进行审核评估。通过审核的交给协会颁发认证证书，没有通过的报告说明和指导意见也会发回给机构，促进其调整。

福彩公益篇

Special Topic on Lottery Public Welfare

B.9

彩票公益金在推进三次分配和实现
共同富裕中的作用[*]

蒋　楠　闫晓英　何　辉[**]

摘　要： 彩票公益金在推进共同富裕进程中具有特殊地位。本文在分析福利彩票公益金筹集、分配、使用和成效的基础上，认为福利彩票公益金在扶老、助残、救孤、济困等社会福利和社会公益领域发挥非常重要的作用，具有四个功能：一是民政事业重要的资金来源，为民政事业高质量发展提供了物质保障；二是国家完善分配制度、促进共同富裕的重要力量；三是健全多层次社会保障体系、增进民生福祉的重要方面；四是促进社会向上向善、形成社会文明风尚的重要引导。作为

　 * 本研究受到国家社科基金项目"第三次分配的供给侧研究"（项目编号：22BJL137）的支持。
** 蒋楠，管理学博士，中国社会科学院大学商学院副教授，主要研究方向为公司财务与资本市场；闫晓英，法学博士，民政部政策研究中心研究员，主要研究方向为慈善事业、儿童福利等；何辉，经济学博士，中国社会科学院大学商学院党委书记，副教授，主要研究方向为产业与政府规制、公益市场、彩票。

我国社会保障和社会公益事业的重要资金来源，它是我国第三次分配的重要组成部分。在中国式现代化的进程中，彩票公益金需要进一步明确其定位、发挥重要功能。本文提出四条建议：一是完善制度规范建设，构建长效稳定机制；二是拓展培育分配主体，引导社会主体全面参与；三是丰富项目分配内容，优化资源协调配置；四是充分利用数字经济，做好与一二次分配的统筹协调。

关键词： 彩票公益金　三次分配　共同富裕

共同富裕是社会主义的本质要求，是中国式现代化的重要特征。党的十八大以来，以习近平同志为核心的党中央始终坚持人民至上，将逐步实现全体人民共同富裕摆在更加重要的位置反复强调。党的十九届四中全会决议指出，要"重视发挥第三次分配作用，发展慈善等社会公益事业"①。这不仅首次明确了第三次分配在我国收入分配制度体系中的重要作用，也确立了慈善等公益事业在我国经济和社会发展中的重要地位。2020 年，党的十九届五中全会发布的《中共中央关于制定国民经济和社会发展第十四个五年规划和二〇三五年远景目标的建议》指出，要"全体人民共同富裕取得更为明显的实质性进展"，"发挥第三次分配作用，发展慈善事业，改善收入和财富分配格局"。

对于推动三次分配和共同富裕的实现路径，诸多学者从不同的视角展开了分析研究，认为在注重协调区域发展的同时②，提质扩容中等收入群体③④，从

---

① 《中共中央关于坚持和完善中国特色社会主义制度　推进国家治理体系和治理能力现代化若干重大问题的决定》，中国新闻网，2019 年 11 月 5 日，https：//www.chinanews.com.cn/gn/2019/11-05/8999040.shtml。

② 张跃胜：《促进地区间分配的共同富裕》，《政治经济学研究》2021 年第 3 期。

③ 李逸飞：《面向共同富裕的我国中等收入群体提质扩容探究》，《改革》2021 年第 12 期。

④ 郁建兴、任杰：《共同富裕的理论内涵与政策议程》，《政治学研究》2021 年第 3 期。

而让全体人民获得积累人力资本和参与共创共建的公平机会①。关于三次分配促进共同富裕的作用机理，学者们从不同角度展开了研究。王名等结合实践的发展和需求对已有的理论观点进行了拓展，提出第三次分配的作用是社会财富通过流动达到适应个体精神追求，进而实现人民美好生活的愿景②。郑功成明确指出，第三次分配应当且只能是社会分配的有益补充，在促进共同富裕过程中应发挥其调节社会财富分配的直接效应、再分配机制的强化效应和弘扬社会主义核心价值观及中华传统美德的扩散效应③。邓国胜通过分析第三次分配的内涵特征、作用价值和与慈善的关系，提出在实现共同富裕中主要面临规模与结构两个维度的挑战，建议完善《中华人民共和国慈善法》，加大政策扶持力度，激发社会力量捐赠热情，提高个人捐赠比例，充分发挥第三次分配在经济社会发展中的作用④。江亚洲和郁建兴提出在推动共同富裕中，应注意与初次分配和再次分配的配套协调、坚持第三次分配的非强制性以及重点发挥其对于促进社会公平正义的有益补充作用⑤。为了更好地推动共同富裕，王杨和邓国胜从制度理论出发，指出当前第三次分配过程中激励机制、承诺机制和信念机制还不成熟、不完善，需要构建协调完备的激励制度、分配规则和价值认同体系⑥。徐家良和成丽姣从供给侧理论的角度对慈善在推进共同富裕中如何更好地发挥财富分配和主体激励等积极作用进行了探讨，建议通过增强发展高质量慈善教育的使命感、推广普及性慈善教育以及增加社会力量供给等手段予以完善⑦。相比已有文献对于三次分

① 刘培林、钱滔、黄先海等：《共同富裕的内涵、实现路径与测度方法》，《管理世界》2021年第8期。
② 王名、蓝煜昕、王玉宝、陶泽：《第三次分配：理论、实践与政策建议》，《中国行政管理》2020年第3期。
③ 郑功成：《以第三次分配助推共同富裕》，《中国社会科学报》2021年11月25日。
④ 邓国胜：《第三次分配的价值与政策选择》，《人民论坛》2021年第24期。
⑤ 江亚洲、郁建兴：《第三次分配推动共同富裕的作用与机制》，《浙江社会科学》2021年第9期。
⑥ 王杨、邓国胜：《第三次分配的制度化：实现机制与建构路径——基于制度理论视角的分析》，《新疆师范大学学报》（哲学社会科学版）2022年第4期。
⑦ 徐家良、成丽姣：《慈善教育是实现共同富裕的重要供给侧》，《华东师范大学学报》（教育科学版）2023年第10期。

配和共同富裕的研究主要聚焦慈善捐赠、志愿服务行为和体系构建不同，本文以彩票公益金为研究对象，探讨其在促进三次分配、推进共同富裕中的作用。本文包括五个部分，一是概述了彩票公益金的发展情况；二是具体分析了公益金筹集、公益金分配使用及其效果评价；三是探讨了其在民政事业、国家三次分配制度和社会保障体系中发挥的重要作用；四是明确了彩票公益金在中国式现代化进程中的功能定位；五是就其推动共同富裕提出对策建议。

一　彩票公益金概述

从 1987 年发行第一张彩票至今，我国彩票业已走过 36 年的时间。随着经济社会的变迁，彩票行业发展分别经历了政府部门联合形式下的民政部和中募会（1987～1993 年）、金融部门负责制形式下的中国人民银行（1994～1998 年）和政府部门联合形式下的财政部和民政部（1999 年至今）负责三个阶段，从最初的由急需资金的机构组织进行公开募捐、主要用于弥补国家财政资金短缺转向现在的由民政部和国家体育总局下设机构公开发行福利彩票和体育彩票、公众自愿购买、主要用于国家基本民生保障和社会救助等公益事业，彩票资金筹集规模不断扩大，资金的分配和使用也逐步趋于规范化、系统化。

作为管理的重要内容，彩票公益金是将发行彩票取得的销售收入扣减发行费用和返奖奖金后剩余的净额，加上逾期未兑奖的部分计算得出。2004 年以前，我国对彩票销售采用统一的资金构成比例，即彩票奖金占 50%、发行费占 15%、公益金占 35%。随着彩票市场的日益丰富，针对不同种类的彩票游戏资金也设定了不同的公益金提取比例。为了更好地体现国家彩票的公益性和社会责任，财政部在 2015 年发布的《关于进一步规范和加强彩票资金构成比例政策管理的通知》（财综〔2015〕94 号）中明确要求，彩票公益金比例最低不得低于 20%。截至 2022 年末，我国彩票累计发行 53029.64 亿元，共筹集彩票公益金 14852.34 亿元。其中，福利彩票累计销售额为 26458. 37 亿元，筹集公益金 7917. 46 亿元；体育彩票累计销售额为 26571. 27 亿元，筹集公益金 6934. 88 亿元①。根据我国《彩票管理条例》（2009）及《彩票公益金管理办法》（财综〔2021〕18 号）的相关规定，在具体实施过程中，彩票公益金必须专项用于社会福利、体育等社会公益事业，按政府性基金管理办法纳入预算，实行财政收支两条线管理，不得用于平衡财政一般预算。

从彩票公益金的来源和受益对象看，它通过吸纳社会闲散资金，取之于民、用之于民，为增进民生福祉起到了推动作用，因而具有人民属性；从彩票获准发行、公益金分配使用和最终目的看，其由国家特许批准并经由中央和地方政府统一划拨调配，有助于维护社会和谐稳定，因而具有国家属性；从彩票的发行宗旨和推动力量看，其由公益而生，因公益而不断繁荣发展，因而又具有公益属性。因此，人民性、国家性和公益性三个维度共同构成了彩票公益金的本质属性。

二　彩票公益金的筹集、分配和使用

彩票公益金从筹集到使用，涉及彩票的发行销售、彩票公益金的分配使用两个大的环节，参与了第一次、第二次和第三次分配。彩票的销售主要由传统的线下销售网点来实施。彩票产业通过彩票的发行销售，带动基层民众就业，使更多普通劳动者通过劳动享受到经济发展的成果，参与了第一次分配。彩票公益金中的中央筹集部分主要分配给全国社会保障基金、中央彩票公益金项目等，以转移支付等方式，发挥二次分配的作用。彩票的发行销售环节、彩票公益金分配使用环节，都通过传播公益精神，倡导人们基于公益目标购买彩票、筹集公益金并支持公益项目，发挥重要的第三次分配的作用。

---

① 如无特别说明，本文所用数据均由作者根据中国财政部、民政部、国家体育总局、统计局、U. S. Bureau of Economic Analysis（BEA）、La Fleur's Magazine 等官方网站发布的文件或说明计算得出。

（一）资金筹集

我国彩票销售收入主要来源于福利彩票和体育彩票两部分。为了保障彩票公益金的比例，发行机构会根据市场需求、彩票品种的特点以及主管部门政策要求，在彩票游戏规则中合理设定公益金的提取比例。以福利彩票为例，乐透数字型、竞猜型、即开型、基诺型和视频型五种游戏彩票种类规则不同，公益金的比例也有所差异（见表1）。近几年受疫情影响，每年彩票游戏类型也会有不同程度的调整。与2021年相比，2022年乐透数字型和视频型彩票销售量继续减少，降幅分别为4.00%和39.18%（见表2）。

表1　2022年不同类型彩票收入的资金分配比例和公益金筹集额

彩票类型	公益金提取（%）	彩票奖金提取（%）	发行费用提取（%）	公益金筹集额（亿元）
乐透数字型	36(全国)37(地方)	51(全国)50(地方)	13	551.24
竞猜型	21	70	9	381.76
即开型	20	65	15	118.89
基诺型	30	58	12	86.58
视频型	21	67	12	0.0012
总计	—	—	—	1138.47

资料来源：根据财政部2023年发布的《中华人民共和国财政部公告2023年第40号》数据制作。

表2　2022年全国彩票销售分布类型及变动情况

项目	乐透数字型	竞猜型	即开型	基诺型	视频型
销售额(亿元)	1554.18	1809.27	594.47	288.60	0.0059
占比(%)	36.60	42.61	14.00	6.80	0
同比变动(%)	-4.00	34.72	9.26	27.23	-39.18

资料来源：根据财政部2023年发布的《中华人民共和国财政部公告2023年第40号》数据制作。

2007~2021年，我国累计发行彩票6338.21亿美元，筹集公益金1756.26亿美元，彩票销量年均增长率为9.74%，公益金年均增长8.30%，两者都远低于 11.24% 的 GDP 年均增长率。同一时期，美国发行彩票的各州累计发行量为 10569.57 亿美元，年均增长率为 4.04%，高于 GDP 年均增长率 0.67 个百分点。如图 1 所示，美国彩票发行量虽然增长较慢，但是基本与经济增速保持同步，除了 2008、2017、2020 年度有所下滑外，整体销售量呈逐年上升的趋势。相比而言，我国彩票年销售量虽然增长较快，但是仍旧赶不上经济发展的速度，无论年度还是总体发行量都较低。特别从 2019 年开始，彩票销售量从 2018 年的 729.75 亿美元快速回落到 2020 年的 476.47 亿美元。2020～2021 年，美国彩票销量占 GDP 比重为 0.39% 和 0.41%，而我国则连续两年为 0.33%。不仅如此，我国人均购彩量和年均增长率也较低（见图 2）。2007～2021 年，美国人均购买彩票支出是 220.82 美元，年均增长率为 3.32%；我国人均购买量为 31.11 美元，年均增长率为 9.21%。这一方面与彩票总体销量低有关，另一方面我国人口基数大也对人均购买量产生了一定影响。

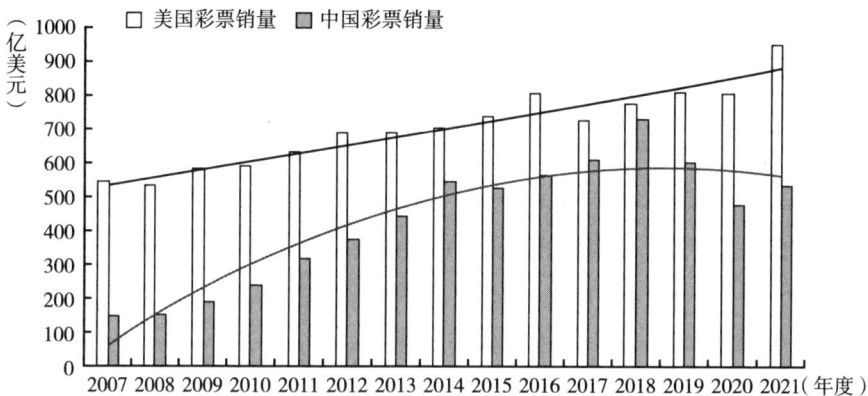

图 1　2007～2021 年中美两国彩票销售量

注：根据作者统计，中美两国彩票销量占各自 GDP 的比例都较低，最高没有超过 0.6%，因此只选取了彩票销量数据而没有将两国的 GDP 数据放入其中进行对照参考。

资料来源：根据中国财政部和 U. S. Bureau of Economic Analysis（BEA）发布的数据制作。

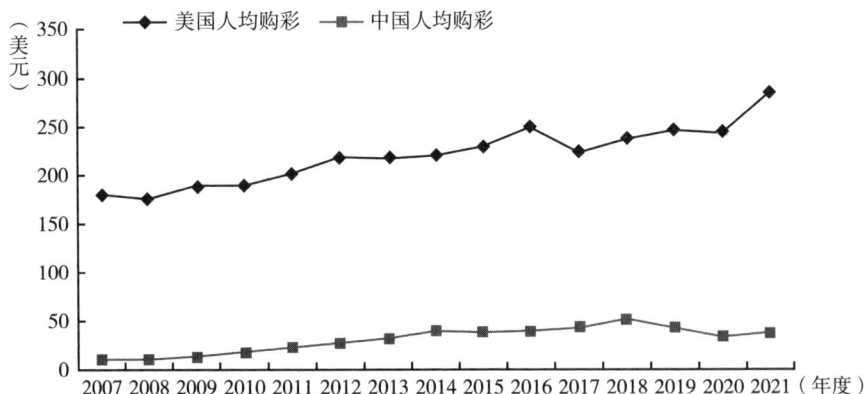

图 2　2007~2021 年中美两国人均购彩支出

资料来源：根据中国财政部、国家统计局和 La Fleur's Magazine 发布的数据制作。

由于彩票销售收入全部用于返奖奖金、销售管理费用以及公益金三部分，因此提高返奖奖金、增加销售管理费用会在一定程度上降低公益金的提取比例。就欧美等发达国家的彩票销售配置情况来看，2021~2022 财年英国国家彩票销售收入中约 1%作为彩票运营商的收益，约 4%作为运营成本，约 28%作为公益金提取；英国人民邮政彩票的公益金提取率为 32%；美国销售彩票的各州对于彩票资金的分配比例各不相同，具体根据各州的情况而定，通常情况下返奖资金比例在 50%以上，上缴给州财政或各专项公益金的提取比例一般都高于 30%，美国华盛顿州公益金提取率为 36%，纽约州约为 39%，发行费有的州仅占全部收入的 7%~8%；西班牙彩票收入中仅有 5%作为手续费、管理费以及人员经费等项目开支。就我国情况而言，2007 年至今公益金提取比例平均为 28.43%，除了 2007~2009 年三年外，其余年份公益金提取比例均低于 30%。2015 年，财政部在发布的《关于进一步规范和加强彩票资金构成比例政策管理的通知》中对部分政策进行了调整，除了明确规定彩票公益金比例最低不得低于 20%外，对于不同类型彩票的发行费用也分别设定了 13%和 15%的上限，要求合理控制彩票发行费比例。相比英国、美国部分州和西班牙的彩票资金分配情况可以看出，我国现有彩票销售虽然能够保证在国务院批准的限度内给予一定的比例返奖，但是由于各项支出相互牵制，因此一定程度存在运行成本高、公益金提取比例低的问题。

（二）资金分配和使用

福利经济学中的卡尔多-希克斯效率强调要着眼于长期、整体的效益改进，其本质就在于构建收入分配中的再分配和三次分配的体制机制①。除了慈善捐赠外，作为第三次分配中最具公益性的资金代表，彩票公益金在缩小各利益相关方诉求差距、推动社会财富的跨阶层流动、促进经济社会发展成果全民共享方面起到了重要作用。根据国务院相关办法规定，彩票公益金在中央和地方之间按照各 50% 的比例进行分配，形成中央集中彩票公益金和地方留成彩票公益金两部分。中央集中彩票公益金由中央财政在全国社会保障基金、中央专项彩票公益金、民政部和国家体育总局之间分别按照 60%、30%、5% 和 5% 的比例进行分配；地方留成公益金由省级财政部门会同民政、体育等有关部门研究确定具体的分配原则。

1. 全国社会保障基金

作为国家社会保障的战略性储备，社保基金能够为公众提供基本的生活保障，对共同富裕起着基础性的支撑作用。自从全国社保基金会成立特别是 2014 年以来，彩票公益金投入社保基金的额度和比例逐年增加（见图 3），已成为全国社保基金的主要来源，为增进我国人民福祉、维护社会的正常稳定提供了重要保障。2021 年全国社保基金年度报告数据显示，在财政性拨入全国社保基金的 361.30 亿元资金中，仅彩票公益金就有 310.89 亿元，占比为 86.05%，为历年来新高。虽然我国社保基本实现了制度全覆盖，但在人群全覆盖方面还有待进一步提高，加之企业和机关事业单位分别采用"缴费型"统筹制度和国家财政统一发放退休金双轨制，不同行业、地区和群体的保障待遇差别较大，尤其是农村地

---

① 李实、陈宗胜、史晋川等：《"共同富裕"主题笔谈》，《浙江大学学报》（人文社会科学版）2022 年第 1 期。

区养老保障发展严重滞后，因此存在资金分配和实际需求的匹配度较差、资金使用边际效用低的情况。

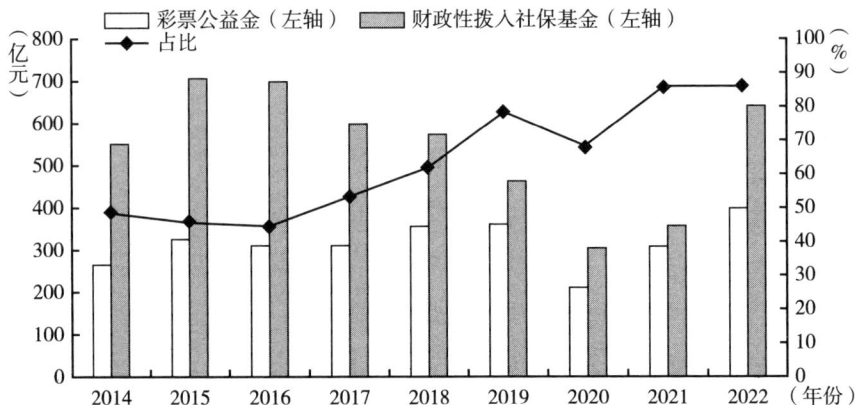

图3 2014~2022年彩票公益金投入全国社保基金情况

注：根据全国社会保障基金理事会发布的2014~2022年度报告数据制作。

2. 中央专项彩票公益金

中央专项彩票公益金由全国统筹分配使用，包括国务院扶贫办、国家医疗保障局、民政部、教育部等部门，是涉及部门最多、覆盖面最广的中央集中公益金。近年来，中央专项公益金从2007年的51.42亿元增加到2022年的168.22亿元，资金支持力度和覆盖面不断加大，事关基本民生的基本项目保持稳定，部分项目根据经济发展和社会需求变化进行及时调整，如将2020年的大学生创新创业和扶贫项目分别调整为2021年的低收入家庭高校毕业生就业帮扶和欠发达革命老区乡村振兴项目，以及近年来中西部特别是西部地区资金扶持力度不断加大，整体呈现增加的趋势，资金分配使用的国家政策性导向日益增强。

当然，其中也存在一些不容忽视的问题。对中央专项彩票公益金不同项目名称及其构成内容进行分类汇总后的数据显示，除了"十二五"期间和2021年外，"十一五"和"十三五"期间农村资金投入力度都低于城市。2007~2021年，虽然农村资金投入年均增长率为8.79%，高出城市7.93个百分点，但是相比城市投入415.24亿元，农村累计投入资金只有371.95亿元，城乡差距仍较为明显（见图4）①。此外，从项目构成的合理性看，与民生相关的物质保障投入较多，有关文化公益等精神文明和生态环境建设方面投入在中央专项彩票公益金中的占比较低，特别从2016年开始，文化公益事业由6.18%减少至2021年的3.57%，投入力度呈下降趋势。不仅如此，部分项目在实施过程中还有重复投入、交叉使用和界限不清的问题，例如中央专项的残疾人事业、养老公共服务与同级的地方社会公益事业项目和民政部补助地方项目中的老年人福利、残疾人福利、社会公益类项目以及各省本级公益金的分配使用等存在趋同度高、反复投入的现象。

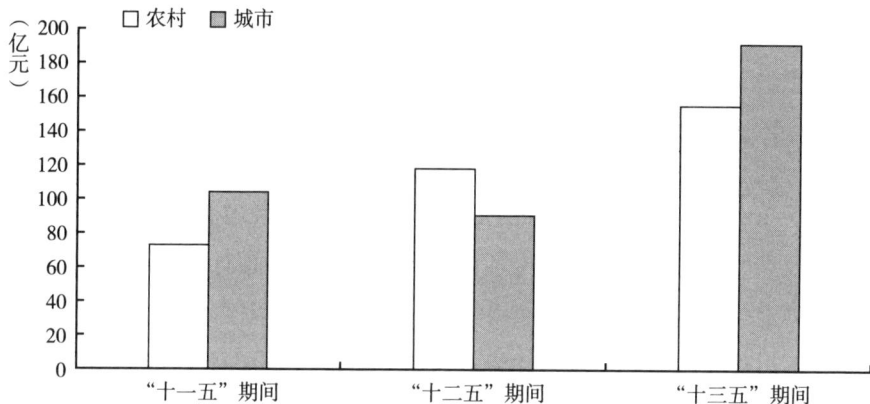

图4 中央专项彩票公益金在城市和农村的投入情况

注：根据财政部发布的2006~2020年度彩票公益金使用报告数据制作。

3. 民政部和体育总局

民政部98%以上的彩票公益金用于补助地方项目，民政部本级项目切块比例较少，未超过2%。补助地方项目包括老年人福利类、残疾人福利类、儿童福利类、社会公益类和乡村振兴衔接专项，老年人福利类项目占比最高，通常在40%以上。2019年发布的《国务院办公厅关于推进养老服

---

① 由于部分项目或内容有所调整，因此在分类统计城乡数据时，主要根据名称或具体文件中有明确的"农村、农业、乡村、扶贫、城市"等类似表述或说明进行汇总。对于一般性介绍和资金分配明细表中没有明确的，均不纳入统计范围内。

务发展的意见》（国办发〔2019〕5 号）中对民政部本级和地方政府使用的公益金做出了明确规定，要求到 2022 年要将不低于 55% 的资金用于支持发展养老服务，进一步提高了公益金用于养老项目的比例。民政部本级项目涉及"夕阳红""福康工程"指导服务项目及彩票公益金第三方绩效评价和审计项目等，近两年"夕阳红"扶老项目取消，"彩票公益金第三方绩效评价、评审和审计项目"保持稳定，"涉外送养儿童寻根回访及中国文化教育项目"成为民政部本级项目支出中比重较大的一项，民政部本级公益金的可见性逐步增强。国家体育总局彩票公益金主要用于开展群众性体育工作和专业的竞技体育项目，包括全民健身场地建设、全民健身普及推广、青少年体育项目推广与提升、国家队建设及重大奥运参赛训练场地设施建设等。

（三）资金使用效果

除了 2015 年审计署对彩票资金开展的专项审计工作外，目前有关公益金使用效果的评价主要从中央专项内部和第三方社会审计两个层面进行。其中，中央专项支持地方社会公益事业发展资金设置了区域绩效目标指标①，残疾人项目设置了中央本级支出绩效目标和转移支付项目整体绩效目标完成情况表。以区域绩效目标为例，财政部主要从产出、效益和满意度三个层面制定了三级考核指标。其中，一级指标包括产出、效益和满意度，产出指标有数量、质量和时效三个二级指标，效益指标有经济效益、社会效益和可持续影响三个二级指标，满意度指标下设服务对象满意度一个二级指标；进而又根据养老类、文化类等不同的支持对象以及项目验收合格率、工作任务及时完成率和受益人群满意度等具体工作的进展情况设立了三级指标。这在一

---

① 在财政部联合各部委发布的通知中，明确提出要"按照《中共中央 国务院关于全面实施预算绩效管理的意见》要求，在组织预算执行中对照区域绩效目标做好绩效监控，确保年度绩效目标如期实现"。但是目前能够查到的只有财政部网站公开的《中央专项彩票公益金支持地方社会公益事业发展资金区域绩效目标表》和中国残联网站公开的《中国残疾人联合会彩票公益金中央本级项目支出绩效目标和转移支付项目整体绩效目标完成情况表》。鉴于此，本文主要对以上两个表的内容展开分析。

定程度上加强了对公益金使用的监管，有助于提高彩票公益金的使用效率，降低了不当行为带来的负面影响。但是从近年公开的资料看，一方面，不同项目的绩效指标设定由于缺乏统一标准，存在主观性、随意性和不确定性，部分仅限于文字表述或个别的宏观数据，部分项目甚至没有绩效衡量指标。另一方面，有关产出、效益和满意度指标缺乏合理的权重设置，缺少资金可见性指标要求，涉及满意度方面的指标只有一个，各指标披露的内容以">90%""持续提升""有效带动"等概括性数据或较为模糊的解释性文字为主，关键性的具体数据少，整体信息较为粗糙，最主要的问题在于这种自我内部考评的机制很难客观地衡量资金使用绩效。我们以"绩效""评价""满意""及时""合格""完成"等关键词对2022年各地区提交的资金使用情况报告进行检索，对于搜集不到或没有显示的，再进行人工检查。除了天津、湖北、青海、新疆生产建设兵团的报告中未能体现与绩效评价相关的内容外，其他28个省区市都对福彩公益金的资金绩效进行了自评。就总体情况来看，大多数项目的绩效评价较好，服务对象满意度基本在97%以上，经济效益和社会效益指标多数达到了设定的绩效目标，质量指标均为100%。受疫情、政策办法调整或季节性等多种因素的影响，个别地区及部分项目存在进度慢、预算执行率低的问题。此外，部分绩效自评报告内容过于分散、表述不够精准，与财政部发布的区域绩效目标表中的指标匹配度不高，甚至有把公益金的使用和执行等同于绩效的情况，这也在很大程度上影响了对于公益金绩效情况的判断和评价。

相对于内部评价，第三方社会审计站在相对独立的立场上对资金的使用情况做出评价。2018年，民政部重新修订了《民政部彩票公益金项目督查办法（试行）》并要求将对第三方审计机构进行财务审计纳入督查方式中，每年由民政部定期或不定期对公益金使用管理情况进行督查，但是在实际的操作中过于侧重资金的使用安全，对公益金使用效果的关注尚显不足。目前，除了中国残联公开的2017~2019年审计报告全文外，民政部网站虽然发布了审计公告，但没有公开详细的审计意见或报告全文。

三 彩票公益金在推进共同富裕中的作用分析

作为三次分配和国家非税收入的重要来源和组成部分，彩票公益金取之于民、用之于民，为缩小社会贫富差距、增进我国人民福祉、维护社会稳定提供了重要保障，是促进民政领域社会公益事业发展的重要资金来源和有力支撑。

（一）彩票公益金是民政事业重要的资金来源，为民政事业高质量发展提供了物质保障

2005~2021年，我国共筹集福彩公益金7100.98亿元，民政系统使用福彩公益金共计3065.7亿元，占公益金总额的43.17%，有接近一半的公益金投入民政事业中。从民政事业总费用来看，福彩公益金占总费用的支出比例平均为5.14%。如图5所示，2006年福彩公益金占比达到最高点9.94%，随后逐渐下降到2011年的3.96%。此后，2015年、2018年又分别至最高点5.86%和6.17%，其间虽有波动，但基本在5%~6%浮动，扣除救助资金后约占10%。可以说，福彩公益金是我国民政事业资金的重要来源。

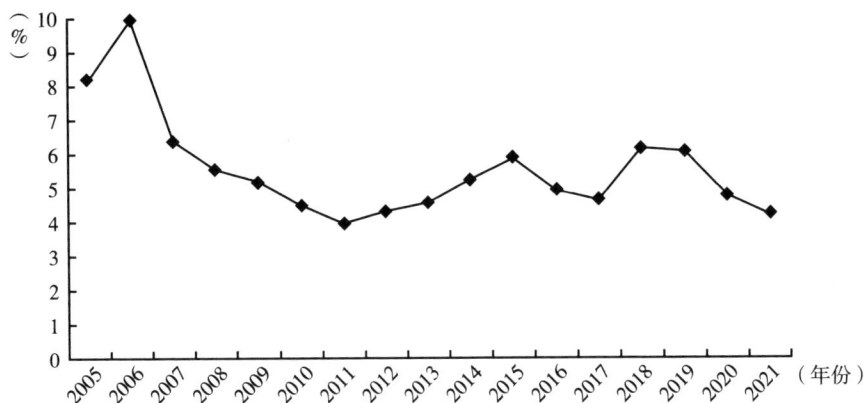

图5　2005~2021年福彩公益金占民政事业费用支出情况

注：根据民政部发布的2005~2021年度社会服务发展统计公报数据制作。

党的十九大以来，随着我国经济由高速增长阶段转向高质量发展阶段，民政事业紧跟国家战略，聚焦基本的民生保障和基础的社会治理工作，通过完善各类社区服务机构和设施夯实民生保障基础，强化基层社会治理，进一步筑牢最基本的社会服务和专项行政管理职能。具体主要体现在以下三个方面。

1. 切实加大脱贫攻坚兜底救助力度，基本民生保障水平稳步提升

2018~2020 年，全国建档立卡贫困人口纳入低保或特困供养的范围由 1812 万人增加到 1936 万人，低保对象由 4620 万人减少到 4426.8 万人，城乡特困人员由 483 万人减少到 477.7 万人。2020 年，城乡低保标准分别同比增长了 8.6%、11.7%，城乡基本生活标准同比增长 9.2%、12.2%。截至 2020 年，民政部门共出台脱贫攻坚政策 97 项，全国社会组织共实施扶贫项目超过 9 万个，投入各类资金累计达 1245 亿元。目前，全国所有的县（市、区）农村低保标准已全部超过了国家扶贫标准，实现了应保尽保、应兜尽兜，极大改善了困难群众生活，切实巩固了脱贫攻坚成果。

2. 持续推进重要领域的改革试点，养老事业得到快速发展

"十三五"期间，民政部充分利用福彩公益金这一助推养老服务事业高质量发展的重要抓手，加大在养老方面的支持力度，先后在全国 203 个地区投入了 50 亿元开展居家和社区养老服务试点，不断增加机构养老床位，实施敬老院改造提升工程。截至 2020 年末，全国共有养老机构 3.8 万个，同比增长 10.4%，比 2015 年增长了 37.2%；各类机构和社区养老床位 823.8 万张，同比增长 7.3%，比 2015 年增长了 22.5%。2021 年度彩票公益金使用情况公告显示，民政部彩票公益金预算总金额为 259084 万元，其中用于老年人福利类项目的资金比例近 50%。在福彩公益金的助力下，无论是老年健康服务体系建设还是开展居家社区医养服务方面的工作都取得了显著成效。

3. 加大了对残疾人、儿童及流浪乞讨人员等群体的倾斜支持力度

2018~2021 年，临时救助数量从 1108 万人次增加到了 1198.6 万人次。2019 年，民政部进一步健全困难残疾人生活补贴和重度残疾人护理补贴标准的动态调整机制，分别惠及 1000 多万、1300 多万的残疾人。在提高补贴标准的同时，残疾人生活补贴和护理补贴惠及人数也由 2018 年的 1000 万

人、1100余万人增加到2020年的1212.6万人和1473.8万人，通过加快完善贫困重度残疾人照护体系，做到应补尽补、应助尽助，有效改善了残疾人的生活质量。2020年，我国首次建立了事实无人抚养儿童的国家保障制度，25.4万事实无人抚养儿童获得了由政府发放的基本生活补贴，填补了我国儿童福利领域制度的空白。

综上，无论是在老年人、事实无人抚养儿童还是残疾人等群体方面，我国民政部门都实现了应养尽养、应救尽救。通过着力改革完善社会救助，我国已经建立起了城乡统筹、分层分类的"8+1"社会救助体系。2020年，民政部门为受疫情影响的困难群众增发生活及价格补贴共计285亿元，加大对生活困难下岗失业人员基本生活的保障力度，为9.3万未参保失业人员发放一次性临时救助金，做到了应帮尽帮、应扶尽扶，有力保障了我国民政事业的健康发展。

（二）彩票公益金是完善我国分配制度的重要力量

党的二十大报告提出，分配制度是促进共同富裕的基础性制度。坚持按劳分配为主体、多种分配方式并存，构建初次分配、再分配、第三次分配协调配套的制度体系。

公益金的筹集是基于彩票销售。而彩票产业作为我国政府特许经营的"特殊"产业，已形成了包括设计、印刷、物流、安保、软件工程、信息安全、网络工程、销售和服务等在内的复杂的产业链，仅福利彩票就吸纳了30万从业者，其成为初次分配的受益人。

在公益金的分配使用中，按现行制度，中央集中的彩票公益金中有60%用于支持全国社会保障资金。该项基金主要用于补充、调剂养老保险等社会保障支出项目，是我国社会保障制度中的重要组成部分。与此同时，中央集中的彩票公益金中的30%，用于中央专项彩票公益金项目，涉及全国体育、教育、医疗、法律、养老等公益服务项目。中央集中彩票公益金的分配使用是我国国民收入第二次分配的有机组成部分。

除了慈善捐赠、志愿服务外，作为第三次分配中最具公益性的资金代表，彩票公益金在保障特殊困难群体权益和生活、缩小各利益相关方诉求差距、推动社会财富的跨阶层流动、促进经济社会发展成果全民共享方面起到了重要作用。

近年来，彩票公益金支持力度和覆盖面总体呈增长态势（见图6），教育助学、城乡医疗救助、扶贫事业、文化、法律援助、残疾人事业和红十字事业等项目保持稳定增长，残疾人、扶贫、城乡医疗救助和教育助学项目增长幅度较大（见图7），较好地改善了贫困地区和社会弱势群体的生产生活状况。

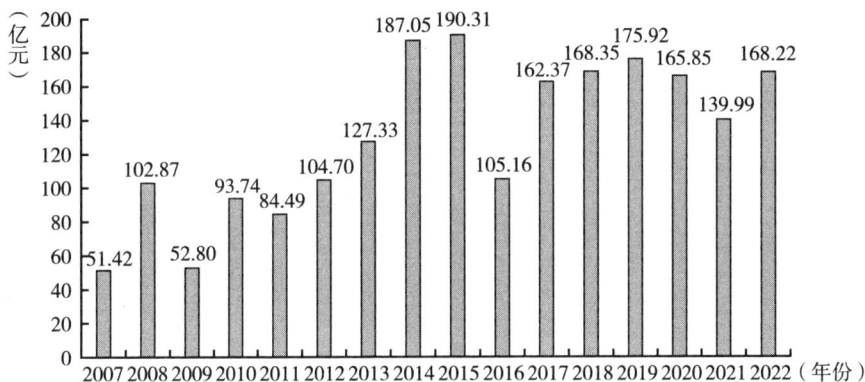

图6　2007~2022年中央专项彩票公益金支出情况

注：根据财政部发布的2007~2022年度公益金使用报告数据制作。

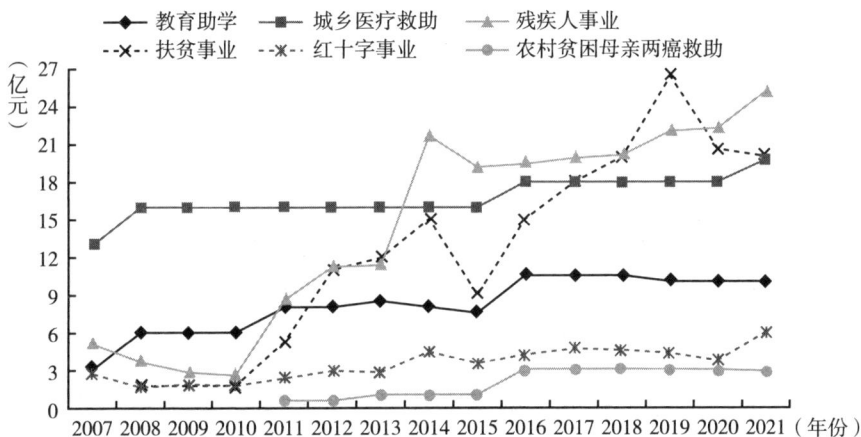

图7　2007~2021年中央专项公益金部分民生项目支出情况

注：根据财政部发布的2007~2021年度公益金使用报告数据制作。

189

与此同时，部分项目根据经济发展和社会需求变化进行及时调整。例如，2008 年汶川大地震发生后，中央专项彩票公益金在 2008~2011 年四年间累计提供了 126.22 亿元的资金支持，用于汶川地震灾区受灾群众后续生活救助及倒损农户住房恢复重建等工作。2014 年中央专项彩票公益金分别划拨 10 亿元、3 亿元用于甘肃岷县漳县和新疆于田地震灾后恢复重建项目，还将 2020 年的大学生创新创业和扶贫项目调整为 2021 年的低收入家庭高校毕业生就业帮扶和欠发达革命老区乡村振兴项目。

2007~2021 年度，中央专项彩票公益金在西部地区累计投入 756.59 亿元，分别是中部和东部地区的 1.52 倍和 2.47 倍。与东部地区下降趋势不同，2015 年以来，中部地区公益金的支持力度不断加大，占比呈现整体增加的趋势，西部地区基本保持稳定的态势（见图 8）。

地区差距的逐渐缩小不仅为满足人民群众多样化、多层次、多方面对美好生活的向往提供了保障，也为促进各区域协调发展、推进共同富裕创造了良好条件。

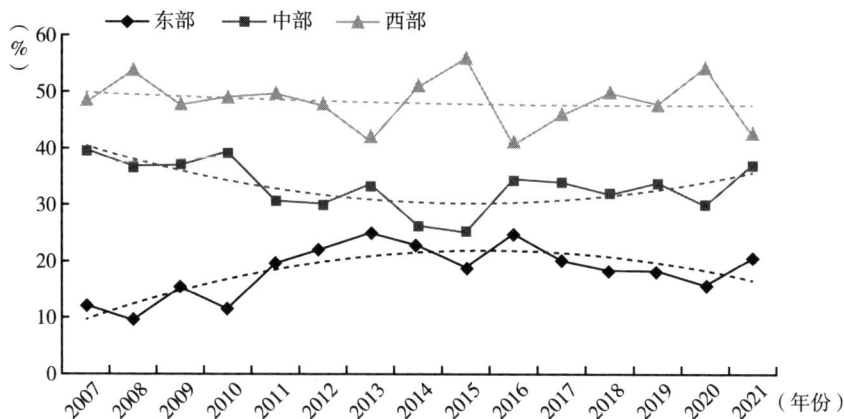

图 8　2007~2021 年中央专项公益金年度区域支出比重

注：根据财政部发布的 2007~2021 年度公益金使用报告数据制作。

（三）彩票公益金是健全多层次社会保障体系、增进民生福祉的重要方面

社会保障体系，包括社区托底保障、政府法定基本保障和单位团体补充

保障三大部分。其中，前两部分都与彩票公益金紧密相关。前文提到，彩票公益金是全国社会保障基金的重要资金来源。全国社会保障基金属于政府法定基本保障范围。社区托底保障主要是通过最低生活保障、医疗救助、农村"五保"等制度对城乡的贫困家庭和居民给予社会救助，通过社会福利制度对鳏寡孤独等特定群体给予照顾。中央专项彩票公益金和地方留成福利彩票公益金很多在社区托底保障中发挥重要作用。

社区托底保障是社会保障体系中最基础部分，它为社区成员提供互助救济、解困救急等经济上的最低保障以及各种物质和精神上的服务，对政府法定基本保障起着拾遗补阙的作用。2021年，中共中央、国务院印发的《关于加强基层治理体系和治理能力现代化建设的意见》中第五部分"推进基层法治和德治建设"明确指出，要发展公益慈善事业，完善社会力量参与基层治理激励政策，创新社区与社会组织、社会工作者、社区志愿者、社会慈善资源的联动机制，支持建立乡镇（街道）购买社会工作服务机制和设立社区基金会等协作载体，吸纳社会力量参加基层应急救援。

为了解决人民群众急难愁盼问题，近年来在面向老年人、残疾人、儿童和困难群众的社会工作和志愿服务等购买服务项目上，彩票公益金投入了大量资金予以支持推动。目前，我国已经基本建立起了较为完善的福彩公益金购买服务制度。2011~2021年社会服务发展统计公报数据显示，十年间全国持证社会工作者由54176人增加到73.7万人，其中助理社会工程师由40755人增加到55.9万人，社会工作师由13421人增加到17.7万人。民政部补助地方项目的资金分配中，社会公益类项目中的社会工作和志愿服务项目占比逐年攀升，由2016年的12%增加到了2021年的29.94%（见图9）。2022年民政部补助地方项目的资金分配中，残疾人购买服务在各类购买服务中占比为41%，居于首位，其次是养老、社会公益和儿童服务购买，占比分别为38.77%、15.62%和4.33%（见图10）。

通过购买服务，以社区平台为依托，积极引入功能型、公益类社会组

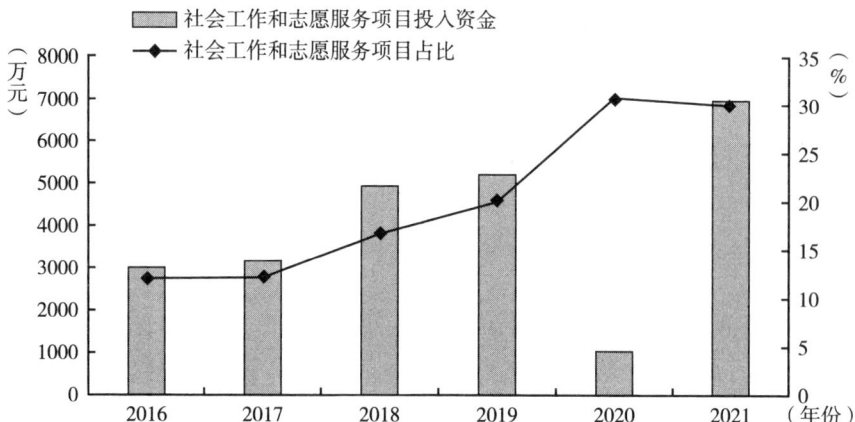

图9 2016~2021年社会工作和志愿服务项目资金占比情况

注：根据财政部发布的2016~2021年度公益金使用报告数据制作。

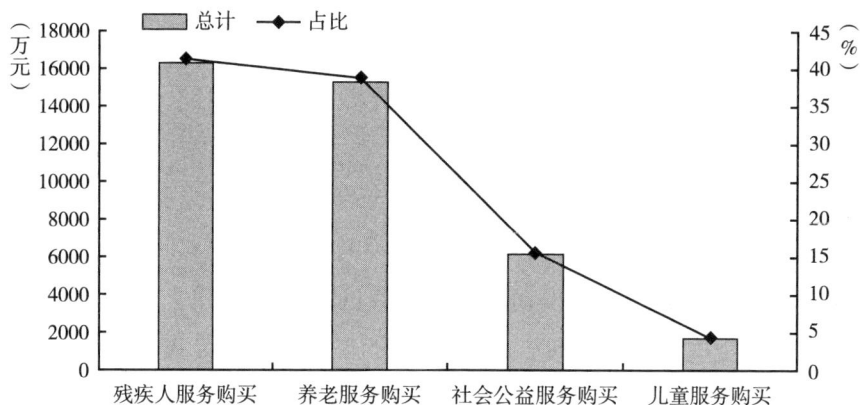

图10 2022年民政部补助地方资金各类项目服务购买情况

注：根据民政部发布的2022年度补助地方项目各省区市资金情况统计表数据制作。

织，为残疾人、老年人和儿童提供社会救助、健康管理、物品代购、紧急救援、安全及适老化改造、服务预约、生活料理及精神关怀等多种个性化和专业化服务，全力为基层困难群众排忧解难。通过推动属地政府履行好公共服务和民生兜底职责，动员发挥社会力量参与社区关爱服务，构建起了以社区社会组织为载体、社会工作者为支撑、社区志愿者为辅助、社区公益慈善资源为补充的"五社联动"方式。通过发挥多元主体参与社区治理及回应居民多样化需求的功能，各种社会慈善资源被充分运用到社区建设中，社区养老服务设施布局不断完善，特殊群体保障不断增强，基层治理基础不断夯实，社区服务和社会保障体系进一步加强，民生福祉持续增进，人民生活品质得到不断提升。

（四）彩票公益金是促进社会向上向善、推动社会文明风尚的重要引导

在彩票销售和公益金筹集过程中，不同社会主体之间通过柔性的资源分配和共享，向社会传播责任意识和奉献精神。在彩票公益金的分配使用过程中，通过多种渠道大力宣传公益事业，积极推广公益活动，着力引领社会风气向善、向上、向好转变，多措并举推动社会主义精神文明建设。

从 2008 年至今，中央专项彩票公益金持续为未成年人校外教育项目提供经费支持。该项目由教育部组织实施，主要用于全国中小学生研学实践教育基地和营地建设等活动。通过整合各行业文化资源，开展红色、科技、艺术等主题活动，特色教育成效显著，特别在"双减"背景下，未成年人校外教育成为教育高质量发展的重要补充，获得了社会各界的高度认可。

社会公益类中的殡葬项目在促进生态文明和精神文明建设方面也发挥了重要作用。为了更好地保护生态环境和土地资源，革除传统丧葬陋习，倡导丧葬新风，福彩公益金在殡葬环保、公墓建设等方面持续发力，殡葬基础设施设备建设更新改造项目在社会公益类项目中的投入比重不断攀升，从 2016 年的 30% 增加到 2021 年的近 70%（见图 11）。通过改善殡葬基础设施设备条件、建设公益性公墓以及建造环保节能型火化设施等，树立了文明节俭新风尚，有力地推动了移风易俗和文明乡风建设。

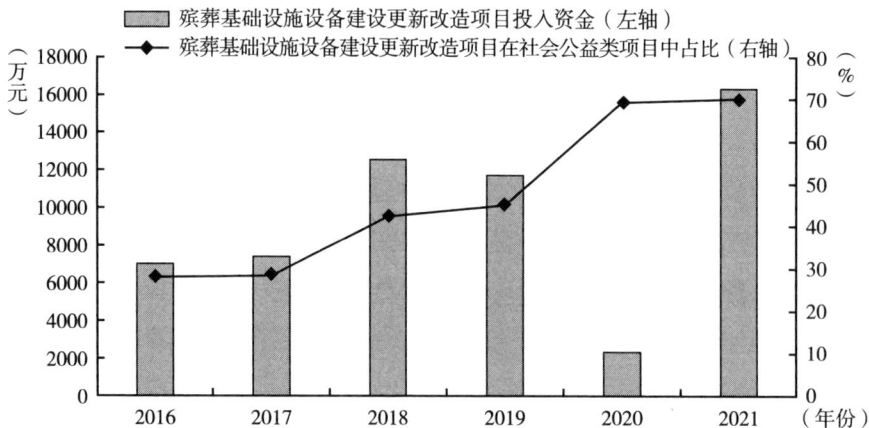

图 11 2016～2021 年殡葬基础设施设备建设更新改造项目投入资金及占比情况

注：根据民政部发布的 2016～2021 年度彩票公益金补助地方数据制作。

（五）彩票公益金在中国式现代化进程中的功能定位①

中国式现代化的本质特征是全体人民共同富裕的现代化。全体人民共同富裕既是社会主义的本质特征，也是中国式现代化不同于西方现代化的根本区别。这一特征对彩票事业发展，特别是彩票公益金的功能定位提出了明确要求，提出了一二三次分配促进共同富裕的要求。

彩票事业，包括彩票公益金与第一二三次分配都有着紧密联系。彩票产业带动基层民众就业，使更多群体能通过劳动享受到经济发展的成果；筹集到的彩票公益金通过全国社会保障基金、中央彩票公益金项目、民政事业等方式，对适度平衡不同地区发展差距、保障弱势群体的基本生活需要等发挥了二次分配的作用；通过传播公益精神，倡导人们基于公益目标购买彩票、筹集公益金并支持公益项目，发挥第三次分配的作用。

随着我国经济社会发展和社会主要矛盾的转变、社会保障和社会福利的事业的推进，全体人民共同富裕的内在要求和具体任务也在逐步发生变化。

---

① 对于中国式现代化与彩票事业关系的分析，可参见本书总报告中的相关内容。

基于这一场景变化，彩票事业需要与时俱进，进一步明确其在一二三次分配中的功能定位。整体上看，"共同富裕"要求彩票业在发展中，"必须坚持以人民为中心的发展思想，坚持把实现人民对美好生活的向往作为现代化建设的出发点和落脚点，着力维护和促进社会公平正义，着力促进全体人民共同富裕，坚决防止两极分化"，要以更加完善、更加便捷、更加高效的服务满足人民对美好生活的需要，进一步担负起作为国家完善分配制度、促进共同富裕的重要参与力量，更好地发挥在一次、二次、三次分配体系中的作用，促进我国社会保障体系建设，助力我国民政事业、社会福利和社会公益发展，推进全体人民的共同富裕。

四 对策及建议

根据以上对于彩票公益金的分析可以看出，我国公益金在保障民生、助推公益、服务经济社会发展等方面都一直紧跟国家政策，坚持使用原则和发行宗旨，为服务国家重大项目（如 2008 年奥运会、2022 年冬奥会）、推进重大战略实施（如脱贫攻坚、乡村振兴）及应对重大突发自然灾害（如汶川地震）等提供了资金支持，逐渐呈现民生覆盖全面化、公共服务体系化、项目形式多元化、物质扶贫常态化及资金使用可见化等特点，在社会保障、脱贫攻坚、教育助学、医疗救助、养老服务等民生领域发挥了重要作用，是我国三次分配的重要参与者，也是实现共同富裕的重要力量。为了将城乡协调发展、区域共同繁荣、群体和谐互助与追求共同富裕融为一体，更好地促进社会公平正义，要针对当前存在的问题，进一步优化公益金在推动共同富裕中的实现路径和机制，使社会公众真正共享高质量发展的成果。

（一）完善制度规范建设，构建长效稳定机制

作为重新配置社会资金用于慈善公益事业的彩票，由于秉承"扶老、助残、救孤、济困"和"来之于民、用之于民"的宗旨，具有人民性、国

家性和公益性，因此有必要通过立法对合法购彩行为予以保护和鼓励。就我国现有的制度规范来看，与彩票公益金管理有关的规定主要包括财政部出台的《彩票管理条例》、《彩票管理条例实施细则》、《彩票公益金管理办法》、《彩票市场调控资金管理办法》、《中央专项彩票公益金支持地方社会公益事业发展资金管理办法》以及《中央专项彩票公益金支持欠发达革命老区乡村振兴项目资金管理办法》等，虽然相关办法明确要求加强彩票公益金全过程绩效管理，建立公益金绩效评价常态化机制，强化绩效评价结果应用，增加了对违规行为的处罚规定，并通过设立负面清单等方式对公益金的项目支出形成了"硬约束"（详见2021年财政部发布的新版《彩票公益金管理办法》"第三章　分配和使用"的第九条至第十二条、第十六条、第十八条、第十九条和第二十三条，以及2021年最新修订的《彩票市场调控资金管理办法》等），但是以行政手段规范彩票的发行销售及彩票公益金的筹集、分配使用和监管等不具备任何法律效力，公益金提取比例低以及资金分配使用过程中的不合理、不规范、不透明等一系列问题与缺少法律规范有极大的关系。因此，应加快推动《彩票法》的出台，推进彩票管理的法治化进程，将与彩票公益金提取、使用和监督管理有关的各个环节都纳入国家法律体系中，增强监管的法律约束力，规范彩票市场的监管，从源头上遏制彩票公益金筹集、分配和使用过程中出现的问题，营造良好稳定的制度环境。

（二）拓展培育分配主体，引导社会主体全面参与

对于人均购彩量低、彩票发行量与我国经济发展水平不匹配这一问题，除了设计多样化的彩票产品、设立多层次销售渠道及营造向上向善的社会环境外，更为重要的是打破第三次分配仅仅是中高收入群体和企业的责任这一传统认知，通过制度和环境建设向大众普及宣传彩票的内涵和意义，让更多的人了解彩票公益金在保障民生、扶贫济困等方面发挥的重要作用。在正式规制层面，可加大返奖额度或中奖概率，实施具有较强刺激功能的税收优惠政策，提高东部和沿海等发达地区的售彩额度和比例，加大个人慈善公益奖金的税前扣除力度，简化中奖捐赠所得税减免程序。对于售彩者，要制定并

实施配套的彩票销售激励措施，可根据年度彩票销售类别或排名对相关机构进行考核评级并发放销售奖励金。在非正式规制层面，可结合我国的文化习俗、传统习惯及道德伦理等积极探索多元化、包容性的方式，强化同理心和责任感，通过公益行为记录、社会声誉和信用机制等形式激励在公益金各环节中贡献较大的个人、企业或组织，兼顾社会和经济效益，形成包括企业、组织、社会团体和高、中、低收入群体在内的多元主体通过各种形式积极参与其中的良好社会局面。

（三）丰富项目分配内容，优化资源协调配置

公益金的分配使用和监管是彩票管理的重要内容，更是其本质属性的重要体现。我国"十四五"规划和2035年远景目标纲要再次强调，要"规范发展网络慈善平台，加强彩票和公益金管理"。就当前我国公益金分配使用过程中城乡差距大、精神文明和生态建设投入偏少、重规模轻质量、项目重复投入以及多头管理等现象，应在资金分配时对农村医疗救助、欠发达革命老区乡村振兴、农村养老服务等项目有所倾斜或侧重，将社保资金用于边际效用高的老弱病残群体，加大国有资本充实社保基金的比重，结合各省区市实际情况尽量缩小城乡、地区和行业差距，持续推动公共服务均等化。共同富裕不仅指社会财富的富足与共享，而且包含公共文化（精神富足）、治理、生态等维度，因此也要持续加大除殡葬基础设施设备条件、建设公益性公墓以外的文化公益和生态环境等方面的资金投入力度，实现物质生活和精神生活的双重共同富裕。在使用资金的过程中，要在高质量发展上下功夫，综合发挥项目法集中力量办大事和因素法调动积极性的优势，提高专项资金与对应项目的精准匹配度，确保实质性的推进，实现从"有没有"向"好不好"的质的转变。就公益金效果评价和监管而言，要为不同项目设定统一的绩效衡量标准或指标并为其赋予适当的权重，增设"可见性"、获得感和满意度的指标维度，增强各类指标的匹配度，特别要重视那些难以量化但非常重要的指标，建立健全以政府监管为主、社会监督为辅的评价监督体系，加强

行业自律和第三方跟踪审计，对审计过程中发现的问题要及时公开、依法整改，尽快向社会公告整改结果，将绩效评价结果及整改情况作为下一年度公益金拨付使用的决策参考。

（四）充分利用数字经济，做好与一二次分配的统筹协调

为了从根源上解决收入分配不平等的问题，2021 年中央财经委员会第十次会议再次强调，要构建初次分配、再分配、三次分配协调配套的基础性制度安排。虽然彩票公益金是实现分配正义的有效补充途径，但是在推动共同富裕实现的过程中，公益金的筹集、分配和使用只是起到辅助性的作用，它仍需要与一二次分配进行互动合作，用一种柔软、弹性的方式助力第三分配层次。如果说在一二次分配中，通过数字化促进了经济高质量发展、推动政府治理的现代化，实现了把蛋糕做得更大并把蛋糕分得更好，那么第三次分配中，数字化则有助于构建智慧社会生态环境，通过节约制度性交易成本提高政策的精准性和实施效率，发挥科技向善的力量。在互联网时代，应善于运用数字化工具，通过大数据、云计算、区块链和人工智能技术等，加大移动设备端的数字化购彩投放比例，优化资源配置，降低购彩成本，减少不同区域和群体间的结构性失衡，发挥数字技术在扩大公众参与、提高购彩积极性方面的优势。通过数字化公益、数字化志愿服务、数字化民间互助等方式及时更新项目库信息，准确捕捉并合理预测受益群体的需求，与全国社保基金、国家社保公共服务平台、中央政府采购网、国家税务总局、财政部和地方政府平台等各有关系统对接，将购彩端、售彩端、受助需求端和分配使用端等多方资源整合贯通，建立可以追踪溯源的公益金一体化平台数据系统，减小公益金使用与实际需求的偏差，对差异性需求提供有针对性的保障，发挥公益金的长尾效应，使资金的筹集、分配和使用更加高效、灵活、专业和精准，实现三种分配方式相互促进、协调发展。

参考文献

何辉主编《中国福利彩票发展报告（2022）》，社会科学文献出版社，2022。

何辉主编《中国福利彩票发展报告（2021）》，社会科学文献出版社，2021。

张宇虹、郭瑜：《推动共同富裕：福利彩票在我国社会保障体系中的作用分析》，载何辉主编《中国福利彩票发展报告（2022）》，社会科学文献出版社，2022。

孙晓：《共同富裕进程中我国彩票的社会福利效应研究》，载何辉主编《中国福利彩票发展报告（2022）》，社会科学文献出版社，2022。

王微微等：《我国彩票公益金分配和使用制度的特征、发展与对策分析》，载何辉主编《中国福利彩票发展报告（2022）》，社会科学文献出版社，2022。

陈鲁南：《浅析我国福利彩票在基础性分配制度中的地位与作用》，《中国民政》2022年第5期。

杨方方：《共同富裕背景下的第三次分配与慈善事业》，《社会保障评论》2022年第1期。

陈丽君、郁建兴、徐铱娜：《共同富裕指数模型的构建》，《治理研究》2021年第4期。

B.10
地方留成福利彩票公益金"助残"社会效益及制度优化

邵祥东　焦　丹*

摘　要： 从 2005 年到 2023 年 10 月，地方留成福利彩票公益金 3900 亿元。这些资金被广泛用于扶老、助残、救孤、济困、赈灾、社会公益等领域，且在残疾人福利、残疾人救助、残疾人教育、残疾人康养和残疾人就业等方面发挥了重要作用。研究发现，"助残"项目库建设滞后和彩票公益金提前下达之间存在冲突、绩效评估缺乏"行业标准"、项目品牌标识建设不规范、负面网络舆情治理力度不足、社会责任体系建设学理渊源存在偏误等问题仍然比较突出。调整资金投入结构、建立健全项目库、发挥区块链技术等新兴科技生产力的作用、建立负面舆情综合治理机制，是提高地方留成福利彩票公益金"助残"社会效益的重要举措。

关键词： 地方留成　福利彩票公益金　助残　社会效益

2006 年，国家调整了彩票公益金在中央和地方之间的分配比例，明确规定，央地分配比例为 50∶50。政策调整时间节点上溯至 2005 年①。根据

---

* 邵祥东，管理学博士，沈阳师范大学管理学院副院长，副教授，彩票研究所所长，民政部彩票公益金本级项目评审专家，主要研究方向为福利彩票社会责任、福利彩票公益金和中国彩票发展史；焦丹，沈阳市福利彩票中心副主任，主要研究方向为福利彩票销售和管理、福利彩票公益金。

① 2006 年 3 月 29 日，财政部下发《财政部关于调整彩票公益金分配政策的通知》（财综函〔2006〕7 号）。

财政部历年彩票公益金使用情况公告数据计算，从 2005 年到 2023 年 10 月，地方留成福利彩票公益金 3900 亿元。这些福利彩票公益金被全国各级各地区福利彩票公益金使用管理单位依法依规用于资助扶老、助残、救孤、济困、赈灾、社会公益等六大类项目，在残疾人福利、残疾人救助、残疾人教育、残疾人康养和残疾人就业等方面发挥了重要作用，有力地推动了我国社会福利事业和社会公益事业健康发展。

地方留成福利彩票公益金是怎样被使用和管理的、社会效益怎样，这些问题长期以来备受社会各界普遍关注。较长一段时期以来，学术界围绕福利彩票公益金分配和使用管理，从不同角度开展专题研究，并取得了一些较为丰硕的成果。但从总体上看，学术界对中央集中彩票公益金社会效益的研究相对较多，对地方留成福利彩票公益金社会效益的研究相对较少。

当我们将研究视野转移到地方留成福利彩票公益金资助残疾人事业发展的时候，发现存在的实际问题很多。需要指出，对地方留成福利彩票公益金资助残疾人事业发展的基础理论、法规政策与经验研究仍然存在一些被忽视的问题。例如，"助残"项目覆盖范围有多广？社会效益是否显著？项目空间布局和演进趋势有何特征？"助残"社会责任体系完善程度如何？项目怎样调整和退出？近年来，我国"助残"工作面临的形势已经发生变化，区块链技术等新兴科技生产力给残疾人事业发展带来了机遇和挑战，地方留成福利彩票公益金"助残"项目空间结构和资金投入方向是否需要从基础设施设备、生活帮扶、残疾人疾病救助、残疾人教育、残疾人再就业逐渐转向残疾人社会融入、心理健康和高质量服务？

为了研究地方政府使用本级留成的福利彩票公益金资助残疾人事业发展情况、演变趋势、项目是否取得明显社会效益、现存哪些主要问题，进而凝练提质增效的对策措施，本文从地方福利彩票机构发布的本级年度福利彩票社会责任报告、本级年度福利彩票公益金使用公告、单个"助残"项目公示等多渠道采集了 1988～2022 年全国 31 个省（自治区、直辖市）

已执行结束的 2073 个福利彩票公益金"助残"项目，分析这些项目的覆盖范围、空间布局特征、发展趋势、全流程责任机制、社会效益、现存问题等内容；同时深入地方福利彩票机构调研（异地访谈采取腾讯会议方式），归纳福利彩票公益金"助残"项目一般性特征，找出主要问题，提出对策措施和制度优化路径，以提升地方留成福利彩票公益金"助残"社会效益和"助残"社会责任体系建设质量。除特殊注明外，文中数据均来自样本。

一 地方留成福利彩票公益金"助残"使用概况

（一）"助残"项目实施主体

地方民政部门是"助残"项目实施主体，尤其体现在赠送救助金、残疾人社会福利机构改扩建、赠送辅助器材等三大类项目上。民政部门独立实施的"助残"项目数占比 79.6%，民政部门联合多部门实施的"助残"项目数占比 13.2%，两者合计 92.8%。在资金拨付层级结构方面，地市本级福利彩票公益金支付额占比最高，为 56.5%；省本级福利彩票公益金支付额占比 28.7%。

（二）地方留成福利彩票公益金"助残"支出额

由于各地区政府和福利彩票公益金使用单位公示的"助残"资金缺乏连续性和完整性，本文仅选取连续性和完整性稍好一些的 2015～2018 年的福利彩票公益金数据简要分析（见表 1）。2015～2018 年，各省份投入的本级福利彩票公益金总额超过了 726 亿元；其中，"助残"项目使用额 34 亿元，占比 4.7%。广东省、辽宁省、陕西省、江西省、吉林省的"助残"项目使用额居前五名，合计 15.5 亿元，占比 46%。

表1　2015～2018年各省份本级福利彩票公益金"助残"项目使用额

单位：万元

地区	2015年	2016年	2017年	2018年	合计
北　京	0	0	0	2269.19	2269.19
天　津	70	1036	2086	0	3192
河　北	0	0	0	700	700
山　西	2306.4	2394.9	4744.2	2727	12172.5
内蒙古	0	0	5147.75	0	5147.75
辽　宁	9237	9390	14358.3	12153.6	45138.9
吉　林	6873	4600	0	5963	17436
黑龙江	4663	1599	1700	1920	9882
上　海	2000	700	1100	7815.4	11615.4
江　苏	5900	0	2754.6	86.88	8741.48
浙　江	0	6009.57	4610.23	3576.97	14196.77
安　徽	0	0	500	0	500
福　建	494.06	1447.5	6300	0	8241.56
江　西	8080	3400	2748	5000	19228
山　东	10126.4	0	2600	3272	15998.4
河　南	2548	6292	3460	2500	14800
湖　北	8050	200	900	1254.1	10404.1
湖　南	2900	1733	1800	700	7133
广　东	6834.83	21739	15800	8958	53331.83
广　西	3000	1000	0	1750	5750
海　南	2800	3425	3484	2727	12436
重　庆	4400	2500	2860	3280	13040
四　川	0	0	0	0	0
贵　州	0	0	0	0	0
云　南	1300	1770	2030	1570	6670
西　藏	0	0	0	1246	1246
陕　西	1551	12040	3911.63	2555.69	20058.32
甘　肃	0	0	600	3100	3700

续表

地区	2015 年	2016 年	2017 年	2018 年	合 计
青　海	0	0	1400	1402	2802
宁　夏	0	1344	5807	3173.9	10324.9
新　疆	0	3990	0	0	3990
合　计	83133.69	86609.97	90701.71	79700.73	340146.1

注：①本表数据源于各地区相应年份本级福利彩票社会责任报告。②黑龙江省、青海省、西藏自治区的扶老、助残、救孤、社会福利四类项目彩票公益金为民政部补助地方的彩票公益金，其余28个省份的彩票公益金为省本级留成的福利彩票公益金。③由于各省份项目分类标准不同，本文在统计数据时将部分省份公告中的数据重新分类，按照扶老、助残、救孤、济困、赈灾、社会公益六大类项目统计数据。④由于2015~2018年各地区使用额差距较大，权衡考虑后使用"万元"作为计量单位，并根据不同情况保留不同小数点的位数。

（三）单个项目一次性资助额及占比情况

1.单个项目一次性资助额占比结构

一次性资助额为0.2万元的项目数占比1.3%，一次性资助额为0.3万元的项目数占比1.5%，一次性资助额为0.5万元的项目数占比6.3%，一次性资助额为0.8万元的项目数占比1.6%，一次性资助额为1万元的项目数占比6.7%，一次性资助额为2万元的项目数占比4.6%，一次性资助额为3万元的项目数占比1.7%，一次性资助额为4万元的项目数占比1.0%，一次性资助额为5万元的项目数占比1.6%，一次性资助额为10万元的项目数占比1.8%，一次性资助额为20万元的项目数占比1.4%，一次性资助额为50万元的项目数占比0.6%，一次性资助额为100万元的项目数占比1.2%，一次性资助额为200万元的项目数占比0.8%，一次性资助额为500万元的项目数占比1.0%。除了上述15个整数额以外，其他整数额占比低于0.3%。

2.单个项目一次性资助额的累计额占比结构

累计资助额3000~5000元占比19.4%，5001~10000元占比19%，10001~20000元占比11.4%，20001~30000元占比4.1%，30001~

50000 元占比 5.1%，50001～100000 元占比 6.1%，100001～200000 元占比 5.9%，200001～500000 元占比 5.3%，500001～2000000 元占比 9.5%，2000000 万元以上占比 14.2%。总体来看，累计额占比前三档依次为：3000～5000 元、5001～10000 元、200 万元以上。和扶老类项目对比，助残类项目的资助额呈现两极化特征。资金额低于 1 万元占比 38.4%，资金额超过 50 万元占比 23.7%；两者合计 62.1%。在前一种情况下，资金较为分散；在后一种情况下，助残类大项目使用的资金额低于扶老类大项目使用的资金额①。

二 地方留成福利彩票公益金"助残"社会效益

地方留成福利彩票公益金"助残"支出在一定程度上可视为衡量地方政府履行"助残"社会责任的重要且关键指标。评测地方留成福利彩票公益金"助残"社会责任需看地方留成福利彩票公益金"助残"项目实施后的社会效益。

（一）助残助学成效比较显著

助残助学项目是地方留成福利彩票公益金资助的主要项目。长期以来，各地区认真落实《"十四五"残疾人事业彩票公益金助学项目实施方案》等制度规定，实施"残疾人事业彩票公益金助学""福彩助学子""大学圆梦"等助残助学项目，切实保障了不同教育阶段的残疾人受教育权，促进了残疾人全面发展、共同富裕②。

---

① 本研究团队还建立了扶老、救孤、济困、赈灾四个项目库。此处仅引入扶老类项目和助残类项目做对比分析。

② 从 1989 年起，当时的中募委就开始向中国残疾人联合会提供资金支持。根据财政部历年的中央财政预算统计，仅"十二五"期间，中央级彩票公益金定向支持残疾人事业的资金总额就达 18.08 亿元。中国残疾人联合会统计的数据显示，"十三五"期间，中央专项彩票公益金共投入了 73.68 亿元支持残疾儿童康复救助项目。中国残疾人事业发展统计公报显示，截至 2019 年底，全国各地累计为 68.3 万人次残疾儿童提供了基本康复服务。

　　资助家庭经济困难的残疾儿童享受普惠性学前教育项目是地方留成福利彩票公益金重点支持项目。2012~2020 年，各省份残疾人联合会连续使用助残专项彩票公益金开展残疾儿童（含新入园儿童）普惠性学前教育助学活动，累计超过了 12.4 万人次。仅 2015~2019 年，各地区使用本级留成福利彩票公益金资助的家庭经济困难残疾儿童享受普惠性学前教育总人数达到 77627 人次（见表 2）。

表 2　31 个省份专项彩票公益金资助学前教育项目成效

单位：人次

地区	2015 年	2016 年	2017 年	2018 年	2019 年
北　京	249	270	298	321	有资助，无数据
天　津	0	0	0	0	0
河　北	600	693	1000	914	932
山　西	774（190 万元）	419（175.3 万元）	913	803	718
内蒙古	253	396	264	214	0
辽　宁	1791	680	975	1422	1261
吉　林	260	200	300	204	202
黑龙江	300	217	507	0	289
上　海	0	0	0	0	0
江　苏	720	667	779	586	244
浙　江	1027	505	552	433	0
安　徽	300	833	835	871	982
福　建	800	394	411	420	460
江　西	364	500	500	525	383
山　东	0	0	944	957	470
河　南	730	1333	1607	1536	1228
湖　北	427	384	750	682	736
湖　南	625	2176（3000 元/人）	910	995	1000
广　东	613	446	1403	0	1545
广　西	1183	1426	2127	2019	1370

续表

地区	2015 年	2016 年	2017 年	2018 年	2019 年
海　南	273	73	345	368	300
重　庆	0	0	374	373	没查到数据
四　川	1019	515	0	0	126
贵　州	246	581	582	584	797
云　南	0	0	0	339	751
西　藏	30 （9 万元）	66	107	102	90 （27 万元）
陕　西	191	307	223	0	46
甘　肃	318	564	1178 （162 所学校）	1137	609
青　海	74	201	0	207	233
宁　夏	94	111	177	425	211
新　疆	200	418	175	0	135
合　计	13461	14375	18236	16437	15118

注：①本表数据根据各地区相应年份的残疾人事业发展统计公报整理。天津市和上海市相应年份的残疾人事业发展统计公报中无此类专项数据。②2020 年以后，除湖南省、辽宁省、贵州省等少数省份外，很多地区不再资助此类助学项目，故本文未统计 2020~2022 年数据。

2021 年，各地区残疾人联合会使用助残专项彩票公益金开展残疾人助学活动，资助全国 30 所中高等特殊教育院校改善办学条件。2022 年，各地区残疾人联合会实施彩票公益金助学项目，资助 29 所残疾人职业学校改善办学条件、加强实训基地建设。

在助残助学工作中涌现出很多典型省份。1987~2022 年，山东省济宁市投入福利彩票公益金 500 多万元，资助本地区特殊教育学校发展。云南省大理州仅在 2022 年就投入福利彩票公益金 990 万元，资助残疾人职业技能培训等项目。2020 年，广东省使用福利彩票公益金 86 万元，资助儿童福利技能鉴定培训等项目。2020 年，湖北省投入福利彩票公益金 324.67 万元，资助湖北省聋儿康复中心组织实施残疾儿童康复训练补贴及设施配套改造项目。2018~2020 年，辽宁省连续开展助残助学项目，资助家庭经济困难的残疾儿童享受普惠性学前教育，全省受益残疾儿童 3815 人次。2020~2022 年，福建省民政厅实施的"福康工程"项目效果非常显著。截至 2022 年 9 月，福建省已累计投入福利彩票公益金 1200 万元，先后为 1368 名困难残疾人和 350 家农村幸福院、乡镇敬老院中 1300 多名残疾人配置电动轮椅车 2127 辆、多功能辅具车 165 辆、假肢 80 具，有效缓解了残疾人"因残致贫"问题，充分发挥了民政部门在巩固脱贫攻坚成果中的兜底保障作用。

（二）"助残"制度不断完善

长期以来，各地区相继制定实施了一系列地方留成福利彩票公益金"助残"规章制度，明确了本级留成福利彩票公益金"助残"资金的概念以及资金使用范围、本级留成福利彩票公益金"助残"资金提取比例等事项。归纳而言，主要特点和成效如下。

1. 明确了"助残"资金提取比例

一般来说，各地区提取"助残"资金比例在 10%~20%，最高比例为 40%。早在 2003 年，广东省实施的《广东省福利彩票公益金残疾人事业专项资金管理办法》就明确了福利彩票公益金"助残"提取比例为 20%。2012 年，四川省实施的《四川省〈中华人民共和国残疾人保障法〉实施办法（2012 修订）》规定提取比例不得低于 10%。2013 年，河南省实施的《河南省彩票公益金管理办法》规定提取比例为 40%，这是全国最高提取比例。2014 年，广东省实施的《广东省省级彩票公益金支持残疾人事业专项资金管理办法》规定提取比例为 20%。2015 年，山西省实施的《彩票公益金管理办法》规定提取比例不得低于 15%。2016 年，广东省广州市实施的《广州市福利彩票公益金使用管理办法》规定，市、区两级福利彩票公益金"助残"提取比例不得低于 20%。2017 年，浙江省建德市实施的《进一步健全残疾人康复和托养服务体系的实施意见》规定提取比例不得低于 10%。2018 年，广东省实施的《广东省实施〈中华人民共和国残疾人保障法〉办法（2018 修订本）》规定提取比例不得低于 20%。2022 年 2 月 8 日，广东省中山市实施《中山市残疾人保障办法》，明确规定"社会福利彩票公益金本级留存不低于 20%"。

2. 虽然没有明确提取比例，但对提取资金提供了制度保障

2012 年，《湖北省实施〈中华人民共和国残疾人保障法〉办法》明确规定，各地区应从本级留存的福利彩票公益金中提取一定比例资金用于"助残"项目。2012 年生效的《天津市残疾人保障条例》和《陕西省实施〈中华人民共和国残疾人保障法〉办法》（2012 年修正本）都规定，各地区应从本级留存的福利彩票公益金中提取一定比例资金用于"助残"项目。2014 年，南京市实施的《关于加快推进残疾人就业扶贫工作的实施意见》明确规定，本级福利彩票公益金每年应安排一定经费资助残疾人岗前培训和无障碍设施建设。

3. 对"助残"资金使用管理和"助残"项目覆盖范围做出明确规定

2003 年，广东省实施的《广东省福利彩票公益金残疾人事业专项资金管理办法》明确规定，"助残"资金主要资助残疾人教育、康复、用品用具、服务设施、特殊艺术、法律援助等项目。2014 年，江苏省南京市实施的《关于加快推进残疾人就业扶贫工作的实施意见》明确规定，本级福利彩票公益金每年应安排经费资助残疾人岗前培训和无障碍设施建设。同年生效的《广东省省级彩票公益金支持残疾人事业专项资金管理办法》除明确规定 20% 提取比例外，还对资金额在 300 万元以上和 300 万元以下项目的申报、评审、资金分配、使用规模、执行情况、实际效果、监督审计、项目标识、公示日期等作出了详细规定。2018 年生效的《山东省省级福利彩票公益金使用管理办法》规定，"助残"资金主要资助精神康复、辅具生产、康复服务机构建设、设施设备配置和救助等项目。2023 年 6 月 28 日，浙江省舟山市普陀区公布了《舟山市普陀区用于社会福利事业彩票公益金使用管理办法（征求意见稿）》，明确规定本级留成福利彩票公益金资助残疾人福利事业。

4. 内容详细，符合实际需要，可操作性强

具有代表性的制度是2014年实施的《广东省省级彩票公益金支持残疾人事业专项资金管理办法》（以下简称《管理办法》），其详细程度可媲美中国残疾人联合会在2012年制定实施的《残疾人事业专项彩票公益金贫困残疾人家庭无障碍改造项目实施方案》。例如，该《管理办法》明确了广东省本级福利彩票公益金收入中按20%比例提取残疾人事业专项资金；明确了专项资金重点扶持欠发达地区的残疾人事业项目，主要用于康复、教育、体育、贫困残疾人家庭无障碍改造、农村贫困残疾人危房改造等项目；明确了专项资金单一用款项目在300万元以上（含300万元）的，主要采取招投标、公开评审等竞争性方式进行分配，而资金分配单一用款项目在300万元以下的，主要采取专家评审、公众评议及集体研究等方式分配。

此外，有些地区还在制度中定义了地方留成福利彩票公益金"助残"专项资金的概念。例如，广东省在2003年实施的《广东省福利彩票公益金残疾人事业专项资金管理办法》规定"福利彩票公益金残疾人事业专项资金是指按规定从福利彩票公益金中按20%的比例提取的专项资金"。

（三）"助残"信息披露机制健全

1. 信息披露比例较高

分析各省份残疾人联合会发布的相应年份本级残疾人事业发展统计公报可知，党的十八大以来，绝大多数省份残疾人联合会每年都在本级残疾人事业发展统计公报中公示专项彩票公益金助残助学项目的资助对象、资助金额、受益总人数，信息披露工作和社会回应工作成效比较显著。本文统计了2015~2019年29个省份发布的本级残疾人事业发展统计公报数量①，有20个省（自治区、直辖市）在本级残疾人事业发展统计公报中公示了5年中使用专项彩票公益金开展助残助学工作情况，占比68.97%；公示了4年中使用专项彩票公益金开展助残助学工作情况的省份数占比86.21%；公

---

① 天津市和上海市相应年份的残疾人事业发展统计公报中无助残助学专项数据。

示了 3 年中使用专项彩票公益金开展助残助学工作情况的省份数占比 89.66%；公示了 2 年中使用专项彩票公益金开展助残助学工作情况的省份数占比 96.56%。虽然有 9 个省份未发布某些年份的年度公报，但仍有约七成的省份连续发布了 5 年的统计公报。29 个省份 5 个年度的统计公报中公示数应为 145 项，实际公示数为 123 项，占比 84.83%。由此可知，专项彩票公益金助残助学信息披露率还是很高的。

2. 信息披露及时明晰

在公示时间方面，各省份一般在每年 4~5 月公示上一年度本级残疾人事业发展统计公报，公示时间比较合理。在信息公示位置和内容易获性方面，很多省份将本级残疾人事业发展统计公报放在官方网站二级链接上，一般会在首页设置"信息公开"、"信息统计"、"数据中心"和"数据统计"等一级链接，便于浏览者快速查找。所有公报一般都可以在线阅读、下载（Word 和 PDF）。各省份残疾人联合会官方网站还设置了微信客户端模块，方便社会公众下载文档和浏览信息。

3. 信息披露规范细致

很多省份的残疾人事业发展统计公报除了依法依规详细公示受益残疾人数量和资助范围等信息外，信息披露相关工作做得也比较细致，数据完整，分类清晰。例如，广西壮族自治区残疾人事业发展统计公报分两类公示年度接受残疾人事业专项彩票公益金资助的助学项目和年度残疾人事业专项彩票公益金资助的新入园助学项目，每一类项目均按性别公示 7 种残疾类型（视力残疾、听力残疾、言语残疾、智力残疾、肢体残疾、精神残疾、多重残疾）受益人数和总人数。有的省份还在官方网站上设置了在线听读语音等无障碍浏览模块，方便残疾人查阅资料和浏览信息。

（四）单项"助残"业务成效明显

单项"助残"项目特指地方政府每年使用本级留成福利彩票公益金不定期开展的"助残"项目。地方政府本级留成福利彩票公益金资助的"助残"项目的空间特征、发展趋势和社会责任融入等内容将在后文论述。此处仅以单个活动形式分析"助残"项目的社会效益。

1. 辅助器具与康复训练类项目及社会效益

此类项目主要资助为贫困家庭残疾人高比例补助或免费安装假肢、矫形器等辅助器具，并辅助残疾人完成康复训练的项目。例如，新疆维吾尔自治区使用本级留成福利彩票公益金资助的"福康工程"项目、陕西省使用本级留成福利彩票公益金资助的"民康计划"项目、青海省和湖南省使用本级留成福利彩票公益金资助的"福彩助老助残健康行""福彩助残健康行"项目、山东省使用本级留成福利彩票公益金资助的"齐鲁福彩助残行动"项目[①]。

2. 残疾儿童疾病筛查与诊疗类项目及社会效益

此类项目主要面向患有出生缺陷、自闭症等各种疾病的残疾儿童提供筛查、检查、建档、诊疗、康复等服务的"助残"项目。例如，山西省大同市使用本级留成福利彩票公益金资助的"微笑列车"项目、山东省烟台市使用本级留成福利彩票公益金资助的"来自星星的微笑"项目、重庆市使用本级留成福利彩票公益金资助的"雨露助残"项目。

3. 文体活动和竞赛类项目及社会效益

此类项目主要资助残疾人参加文艺演出与竞赛、运动健身与体育竞赛、文化活动等项目。例如，广东省佛山市使用本级留成福利彩票公益金资助的残疾人"特殊马拉松"项目、湖北省使用本级留成福利彩票公益金资助的"福彩文化助残、公益放飞梦想"项目、江苏省南通市使用本级留成福利彩票公益金资助的"童心而行 爱洒人间"残疾人趣味运动会项目、北京市使用本级留成福利彩票公益金资助的"阳光轮椅伴我行"残疾人运动项目。

---

① 各省区市几乎都有福利彩票公益金资助建设的残疾人康复机构，为残疾人提供免费或低收费康复训练。例如，辽宁省沈阳市残疾人康复中心就由市本级福利彩票公益金资助建设，中心免费为脑瘫、智障等残疾儿童以及成人肢体残疾人免费提供脊髓损伤、脑血栓、"三瘫一截"等精准治疗和康复训练服务。2017年，沈阳市财政拨款531万元用于本级残疾人社区康复项目，康复训练受益残疾人1.5万名；拨款339万元用于本级"慈爱儿康"抢救性康复项目，康复训练救助受益残疾儿童474人。

4. 生活照顾与服务类项目及社会效益

此类"助残"项目主要向家庭经济困难残疾人提供资金或物品帮扶。例如，西藏自治区使用本级留成福利彩票公益金资助的"情暖高原"项目、浙江省金华市和义乌市使用本级留成福利彩票公益金资助的"福彩牵手·点亮梦想"项目、天津市使用本级留成福利彩票公益金资助的"玫瑰之约"相亲项目。

此外，各省份还使用本级留成福利彩票公益金资助突发事故救助类、节假日慰问类、无障碍设施改造类、残疾人法律维权诉讼类、创业就业类、特殊教育类等助残项目，这些项目和上文已述项目相比，社会覆盖面相对狭窄、社会影响力相对较弱、公众关注度相对较低，故本文不再赘述。

三　"助残"项目覆盖范围和时空结构特征

地方留成福利彩票公益金"助残"项目空间结构指全国各省份使用本级留成福利彩票公益金资助本地区"助残"项目的结构。学术界虽对1987年以来中央集中彩票公益金资助的"助残"项目的类型、彩票公益金使用总额、彩票公益金地区分配结构和增长趋势等内容进行了有益探索，但对这一期间地方各省份福利彩票公益金"助残"项目的空间配置结构、特点与发展趋势、社会责任融入等内容仍缺乏充分讨论。

（一）地方留成福利彩票公益金"助残"项目空间结构及特征

1.非基础设施类"助残"项目占比高，项目类别多样

将考察的23种地方留成福利彩票公益金"助残"项目划分为基础设施类项目和非基础设施类项目两大类。1988~2022年，各省份使用本级福利彩票公益金资助的残疾人托养康护机构及配套基础设施和农村残疾人危房改造项目占比为13.9%，资助的吃、穿、住、医、乐等残疾人福利类、救助类、服务类等非基础设施类项目占比为86.1%。其中，基本生活服务类项目占比26.2%，康养疗护类项目占比18.7%，文化教育类项目占比18.6%，心理疏导和精神慰藉类项目占比2.8%。在31个省份资助的非基础设施类项目中，赠送

救助金项目频次占比 16.7%，组织残疾人观看节目或参加表演项目频次占比 12.7%，残疾人医疗救助项目频次占比 12.7%，赠送文体用品和辅助器具项目频次占比各为 10%，赠送米面油等基本生活必需品和营养健康食品项目频次占比各为 5.3%，助学金和赠送日用品项目频次占比各为 3.4%，赠送衣物和参加实践活动频次项目占比各为 1.3%，资助残疾人教育项目频次占比 2.9%，资助残疾人就业项目和赠送康复机构设备项目频次占比各为 0.6%。

分析各省份资助的单一项目类别也可看出，本级福利彩票公益金"助残"项目以非基础设施类项目为主。在 31 个省份中，向残疾人发放救助金项目覆盖 14 个省份，位居 23 类项目之首。只有黑龙江省、安徽省、湖北省、广东省、四川省、西藏自治区、陕西省、新疆维吾尔自治区 8 个省（自治区）将本级留成福利彩票公益金优先用于残疾人基础设施建设项目，占比 25.8%。

2. 本级留成福利彩票公益金"助残"项目以适度型和普惠型为主，资金使用以集中型为主，精神慰藉和心理疏导等非物质类服务项目受到关注

1988~2022 年，各省份本级留成福利彩票公益金"助残"资金使用空间分布结构可以大致分为四种类型：特惠型、集中型、适度型和普惠型。特惠型特指福利彩票公益金集中资助极少数项目类别，具体测度标准是：在考察的 23 种项目类别中，福利彩票公益金集中用于 5 种及以下项目类别，项目数占比在 10% 以下。集中型特指福利彩票公益金集中资助少数项目类别，具体测度标准是：在考察的 23 种项目类别中，福利彩票公益金集中用于 6~10 种项目类别，项目数占比 25%~45%。适度型特指福利彩票公益金适度分散资助一定数量项目，具体测度标准是：在考察的 23 种项目类别中，福利彩票公益金用于 11~14 种项目类别，项目数占比 46%~64%。普惠型特指福利彩票公益金广泛资助多数项目，具体测度标准是：在考察的 23 种项目类别中，福利彩票公益金广泛用于 15 种及以上类别，项目数占比在 65% 以上。概言之，主要有三个特征。

福利彩票公益金"助残"项目适度型和普惠型特征明显。总体上看，在考察的 23 种项目类别中，特惠型省份占比 6.5%，集中型省份占比 38.7%，适度型省份占比 38.7%，普惠型省份占比 16.1%。特惠型省份只有西藏自治区和宁夏回族自治区，西藏自治区将资金用于残疾人福利基础设施建设项目和救助金发放项目；宁夏回族自治区将资金全部用于残疾人教育教学项目。集中型省份有 12 个，新疆维吾尔自治区和云南省资助 6 类项目；山西省、安徽省、湖北省、海南省资助 7 类项目；甘肃省和内蒙古自治区资助 8 类项目；浙江省和广西壮族自治区资助 9 类项目；四川省和江西省资助 10 类项目。这 12 个省份资助的项目具有多元化特征，主要是赠送衣物和赠送文体用品、观看或参加表演、医疗救助、救助金和基础设施建设类项目。适度型省份有 12 个，包括北京市、天津市、河北省、吉林省、上海市、江西省、福建省、河南省、广东省、贵州省、陕西省、青海省，这些省份主要资助项目类别为救助金、观看或参加表演节目、营养健康食品、基础设施建设、康复辅助器材。普惠型省份有 5 个，分别是山东省、黑龙江省、辽宁省、湖南省、重庆市，资助的项目类别数依次为 19 类、18 类、16 类、15 类、15 类，这些省份资助的项目类别更加普遍。

福利彩票公益金集中使用特征显著。福利彩票公益金资助的"助残"项目虽然较多，但福利彩票公益金却是集中使用。从各省份福利彩票公益金资助的前五名项目使用额及省份数占比情况看，各省份资助的前五名项目使用额占比合计在 60% 以上的省份共计 30 个，占比为 96.8%；前五名项目使用额占比合计在 70% 以上的省份共计 25 个，占比为 80.6%；前五名项目使用额占比合计在 80% 以上的省份共计 13 个，占比为 41.9%；前五名项目使用额占比合计在 90% 以上的省份共计 8 个，占比为 25.8%；前五名项目使用额占比合计 100% 的省份共计 2 个，占比为 6.5%。从分区间角度考察，前五名项目使用额占比合计在 60% 以下的省份所占比例为 3.2%；60%～70% 的省份所占比例为 16.1%；71%～80% 的省份所占比例为 38.7%；81%～90% 的省份所占比例为 16.1%；91%～99% 的省份所占比例为 19.4%；100% 的省份所占比例为 6.5%。这表明绝大多数省份均集中使用福利彩票公益金资助少数助残项目，前五项使用额占比合计在 60% 以上的省份所占比例为 96.8%，这些项目类别主要是教育助学类项目。绝大多数"助残"项目类别合计使用的福利彩票公益金不足 30%。

残疾人精神与心理健康类非物质性项目受到普遍关注。除了基础设施建设项目以外，在 31 个省份资助的前五类项目中，组织残疾人观看或参与表演项目频次占比 12.7%，与医疗救助项目并列第一。赠送文体用品、实践活动、教育等项目受到普遍关注。我们可以据此得出一个大致的判断：助残工作并没有从物质帮扶救助工作阶段转向非物质性身心健康服务工作阶段。

（二）福利彩票公益金"助残"项目的演变趋势

对研究的 23 种项目类别依次做历史演变趋势分析，这些项目的演变趋势大致可以分为三种类型：增长型、波动型和衰退型。

1. 增长型"助残"项目演变趋势

增长型特指 1988~2022 年，本级留成福利彩票公益金资助的某种"助残"项目类别总体上处于增长态势，虽有少数年份呈现不规则波动或下降态势，但不影响总体趋势。在考察的 23 种"助残"项目类别中，向残疾人赠送米面油等基本生活必需品和赠送文体用品两种项目类别总体属于增长型。不过，2020 年以来，受突发性新冠疫情冲击、高频快开类福利彩票游戏政策调整、全球经济不景气等多重复杂因素影响，两种项目类别的发展趋势出现大幅度波动（见图 1）。

赠送米面油等基本生活必需品

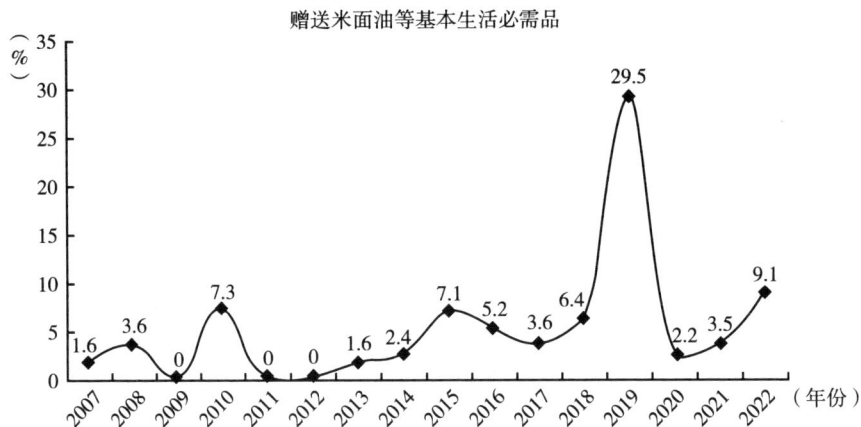

赠送文体用品

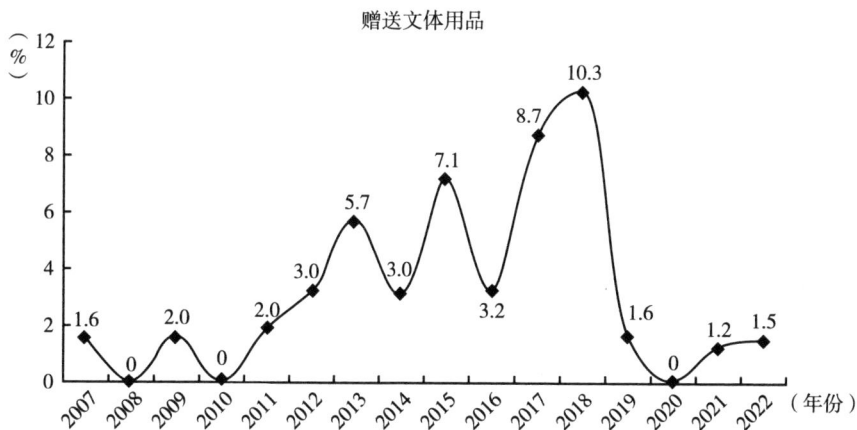

图 1　2007~2022 年增长型项目类别发展趋势（2007＝1988~2007 年）

2. 波动型"助残"项目演变趋势

波动型特指 1988~2022 年，本级留成福利彩票公益金资助的某种"助残"项目总体上处于不规则波动态势，缺乏规律性，有些年份未开展此类工作。在考察的 23 种项目类别中，有 18 种"助残"项目类别总体属于波动型，占比 78.3%。赠送营养健康食品、资助残疾人教育、助学金、救助金、赠送日用品、观看节目或参加表演等少数项目类别累计运行超过了 10 年，其他"助残"项目运行年份较短，且缺乏连续性和稳定性（见表 3）。

表 3　2010~2022 年波动型"助残"项目类别发展趋势

单位：%

项目	2010	2011	2012	2013	2014	2015	2016	2017	2018	2019	2020	2021	2022
赠送营养健康食品	2.4	0	7.9	5.7	1.8	3.5	3.2	9.4	6	3.9	0.8	0	4.9
赠送电器	0	3.5	0	5.7	0	1.8	0.6	2.2	1.8	0	0	0	0
赠送娱乐休闲物品	0	0	0	0.8	0.6	0	0.6	2.2	0	0	0	0	0

续表

项目	2010	2011	2012	2013	2014	2015	2016	2017	2018	2019	2020	2021	2022
赠送衣物	0	0	4.8	0	1.2	4.4	1.9	2.2	2.8	0	1.6	0	0
残疾人就业	0	0	1.6	0.8	0.6	0	1.3	0.7	0.7	0	0.8	0	0
开展心理健康教育	2.4	0	0	0.8	0	1.8	0.6	3.6	0.4	0	0	0	0
残疾人康复机构设备	0	0	0	1.6	1.8	0	1.3	1.4	1.1	0	0	0	0
特殊教学器具	0	0	1.6	0	0.6	1.8	0.6	0.7	0.4	0	0	0	1.6
参加实践活动	0	0	0	0.8	2.4	1.8	1.9	1.4	3.6	0	0	0	0
免费参观旅游	0	0	3.2	0.8	1.2	1.8	0	0.7	0	2	0	0	0
危房改造	4.9	0	3.2	7.4	2.4	0.9	0	0	0	0	2.4	7.1	1.6
资助残疾人教育	4.9	3.5	1.6	0.8	0.6	0.9	1.3	2.9	2.5	0	5.5	0	1.6
开展家庭寄养	0	0	0	0.6	1.8	0.6	0.7	0.4	0	0	2.4	0	0
助学金	2.4	0	1.6	2.5	1.8	1.8	3.2	2.2	2.8	0	6.3	7.1	1.6
救助金	22	22.8	25.4	29.5	56.1	32.7	26.6	24.6	30.2	20.5	3.9	7.1	29.5
赠送日用品	0	0	3.2	2.5	3.7	2.7	5.8	5.1	4.6	1.6	2.4	3.6	4.9
观看节目或参加表演	4.9	1.8	4.8	3.3	3	5.3	8.4	8	13.2	10.7	2.4	3.6	0
义务劳动	0	0	0	0	0	0	0	0.7	1.4	0.8	0	0	0

注：2010＝1988～2010 年。

3. 衰退型"助残"项目发展趋势

衰退型特指 1988～2022 年间，本级留成福利彩票公益金资助的某种"助残"项目总体上处于下降态势，仅有少数年份呈现不规则波动或上升态势，增减波动趋势不大，不影响总体趋势。在 23 种项目类别中，资助新建、改扩建福利院及配套基础设施，残疾人医疗救助，赠送辅助器具等三种项目类别总体属于衰退型（见图 2）。

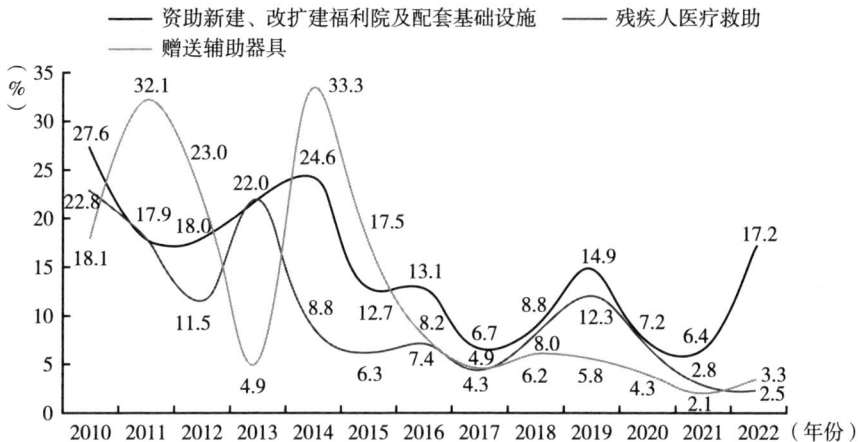

图2　衰退型项目类别发展趋势（2010 = 1988～2010 年）

四　主要问题

（一）资金分配使用管理需优化

1. 彩票公益金投入结构仍需优化

"福康计划"资助力度需加大。近年来，很多地区需要集中供养的孤残儿童数量逐渐减少，有些县级儿童福利机构几乎没有需要集中供养的孤残儿童，分散供养的孤残数量也在逐渐减少，持续增加儿童福利机构数量意义不大。但是，很多地区未能适度控制彩票公益金对儿童福利机构设备配置的投入力度，在一定程度上导致彩票公益金使用浪费。对比而言，"福康计划"在困难残疾人康复辅助器具配置，手术、矫治和康复训练等方面发挥的作用很大。

2. 项目库建设滞后和资金提前下达之间存在冲突，项目管理制度不完善

有的地区没有建立"助残"项目库，提前下达的福利彩票公益金无法和项目对接。下达"助残"资金时没有明确资金分配方向，有些地区要求必须在限定期限内（例如 1 个月）完成资金分配工作。如果该地区没有合

适的对接项目，资金就会宕留在账上，降低了资金使用绩效，还导致资金花不出去。

（二）管理监督体制机制需要完善

1. 全过程预算绩效管理制度仍需完善

各地区组织第三方机构和专家开展"助残"资金预算绩效评价，已经形成规范化长效化绩效管理机制，效果比较显著。但在逐步完善全过程绩效管理机制、规范资金运作及资助项目全生命周期绩效管理方面还存在责任意识不够强、效益意识与防范化解风险意识较弱等问题。例如，福利彩票公益金预算绩效评价有第三方机构和专家，但是社会公众广泛参与、齐抓共管绩效的局面还在形成中。

绩效评估指标体系仍需健全。财政系统有比较健全的绩效评估指标体系，但民政系统绩效评估缺乏"行业标准"。

项目绩效评估结果缺乏说服力。地方政府福利彩票机构自己开展"助残"项目绩效评估占比为66.4%，主要体现在赠送救助金、残疾人社会福利机构改扩建、赠送辅助器具等三大类项目上。政府其他部门开展"助残"项目绩效评估占比为4.1%。第三方民间机构开展"助残"项目绩效评估占比为25.1%。没有开展"助残"项目绩效评估的比例为4.3%。

2. 资金监管力度有待加大

在实行项目化管理地区，项目建设方缺乏全过程监管，在标识建设经费使用等方面存在一些问题。

审计工作不够规范。审计工作一般采取抽审制，第三方审计机构的选择仍需进一步规范。一般情况下，各地区根据采购管理办法，按照市场询价比价的方式，向几家会计师事务所发布采购需求，这种产生方式存在一定的不透明性。

自评指标体系存在不规范性。各地区经常设定"满意度"一个指标，资金监管流于形式，导致绩效评价结果的科学性弱化。在数字时代，线上监管手段的使用范围亟须扩大。

（三）负面网络舆情的治理力度不足

在自媒体时代，很多直播和评论不客观、不准确地质疑和批评"助残"资金使用透明性、项目社会效益。根据《彩票管理条例》《彩票管理条例实施细则》规定，公安机关、市场监督管理部门是彩票市场监管部门，但两者不是彩票公益金使用管理的监管部门。各地区对自媒体引发的负面网络舆情的治理力度不够大、不及时，尚未建立起反应迅速、规范高效的负面舆情治理制度体系。

社会回应不足，多方合作披露信息机制不健全。在报道"助残"项目的媒体中，福利彩票发行管理机构在官方网站披露信息占比 87.5%，彩票行业内网络媒体参与比例为 2.3%，彩票行业内报纸参与比例为 4.7%，彩票行业外媒体参与比例为 5.5%。"助残"项目缺少更多彩票行业内外第三方媒体大力报道，传统纸质媒体和彩票行业外网络媒体的社会支持力较弱。

（四）项目运行管理质量需提高

1. "助残"项目全流程说明不足，说服力有待提高

在"助残"项目概况的说明方式中，福利彩票公益金使用管理单位仅使用"文字"说明"助残"项目概况的占比 36.8%。使用"文字+活动图片"说明项目概况的占比 61.9%，主要体现在赠送救助金、残疾人社会福利机构改扩建、观看节目或参加演出等三大类项目上。仅使用"图片"说明项目概况的占比 0.1%。

在"助残"项目实施过程说明形式中，未被描述的项目占比 74.5%。福利彩票公益金使用管理单位仅使用"文字"描述"助残"项目过程的比例是 18.2%。使用"文字+活动图片"描述"助残"项目的比例是 7.3%，主要体现在赠送救助金、残疾人社会福利机构改扩建、赠送辅助器具等三大类项目上。这反映出地方福利彩票公益金使用管理单位对"助残"项目实施过程疏于管理。

在"助残"项目总结说明形式中，未总结"助残"项目实施情况的比例是 15.4%。福利彩票公益金使用管理单位仅使用"文字"总结"助残"

项目实施情况的比例是 25.3%；使用"文字+图片"总结"助残"项目实施情况的比例是 59.2%；使用"文字+图片+财务款单凭证"总结"助残"项目实施情况的比例是 0.1%，只体现在残疾人社会福利机构改扩建一个大类项目上。这表明福利彩票公益金"助残"项目使用管理情况缺乏透明度。

"助残"项目"前中后"三个阶段的社会责任全流程融入不足，使得社会公众无法详细了解"助残"项目实际情况。在自媒体时代，人们的误解会导致福利彩票事业公共信任资本流失。

2. 信息披露不足

信息披露内容不健全。地方福利彩票机构资助的"助残"项目使用金额和受益人数仍然不够透明，44.2%的"助残"项目未提及使用的福利彩票公益金数额，55.8%的"助残"项目没有提及受益人数。

受益方信息和财务信息不透明。这些不透明问题主要表现为财务单据和凭证缺乏、无受益方签字凭证、无受益方银行款单，也无代办人签字单证以及银行电子回单等资料。以腾讯公益乐捐平台为例，该平台向社会公告的结项报告中包括物品金额、金额小计、执行及运费、监管支出、费用合计、受益人签收单、收款收据、领款回执单、发票、银行电子回单等财务类资料扫描件或照片。对比而言，地方留成福利彩票公益金"助残"项目社会责任融入和社会责任体系建设仍任重而道远。

综上所述，几乎所有的"助残"项目都缺少完整计划、工作框架、过程报告、资金使用报告、结项报告。对比而言，这些做法和成效尚不如一些民间公益慈善救助平台的做法和成效。以民政部遴选的首批互联网公开募捐信息平台——腾讯公益乐捐平台为例，该平台上很多"助残"项目都有工作计划、工作框架、活动过程报告、资金使用报告、结项报告。资助工作结束后，平台会发布《项目执行报告》，公示资助项目背景、工作框架、工作阶段及具体工作、各项目受益人名称及所在地区、受益人数、物品数量和金额、领款回执单等资料扫描件或照片。由此可以反衬出，地方留成福利彩票公益金"助残"项目社会责任融入要素不完整。

总体看，地方留成福利彩票公益金使用管理单位偏重福利彩票公益金前期投入，疏于过程管理，轻视福利彩票公益金使用效率评估、后期督查监管及产生的影响；偏重项目新闻报道和业绩宣传，轻视与受益方社会责任沟通、受益方感受与需求。

五　制度优化

（一）健全"助残"项目动态调整机制

通过分析 1988~2022 年全国各省份本级留成福利彩票公益金"助残"项目空间结构特征及演变趋势可知，各地区的"助残"工作既有共性特征，又有地方特色。近年来，我国"助残"形势已经发生变化，地方留成福利彩票公益金"助残"项目空间结构、方向和重点也需要根据新形势、新变化、新问题和新趋势作出相应调整。

根据"助残"项目类别的演变趋势与特征确定本级留成福利彩票公益金"助残"项目覆盖范围、方向和重点。在考察的 23 种项目类别中，增长型项目 2 种，波动型项目 18 种，衰退型项目 3 种。据此，今后各地区可以继续开展增长型项目，衰退型项目应适时停止。波动型项目缺乏规律性，国家可以牵头制定年度导引目录，以建议、提示或警示等方式引导全国共性"助残"项目发展，保留一定比例的地区特色"助残"项目。

根据国家规划发展的"助残"项目及本地区特色"助残"项目确定今后工作方向和覆盖范围。目前，国家引导的福利彩票公益金"助残"工作方向是，在资助基础设施设备、日常生活帮扶救助、残疾人疾病救助、残疾人康复、社会保障、身体健康、残疾人教育、残疾人再就业等项目基础上，逐渐偏向残疾人社会融入、心理健康和高质量服务等项目。

通过分析 1988~2022 年各省份本级留成福利彩票公益金"助残"项目的覆盖范围、空间布局演进特征与发展趋势可以看出，地方留成福利彩票公益金"助残"工作以赠送米、面、油等基本生活必需品和赠送文体用品为主，并没有像扶老类项目那样从物质帮扶救助转向精神关怀与服务，也没有像扶老类项目那样稳定与可持续，这些发现可以为各地区如何更好健全本级留成福利彩票公益金"助残"社会责任体系提供决策参考。

（二）强化绩效管理，提升使用效能

重视全过程绩效管理，制定绩效管理"行业标准"。各地区按照《中华人民共和国预算法》规定和国家提出的全面、全过程预算绩效管理的要求，规范第三方机构和专家参与资金预算绩效评价制度。增强项目方的全生命周期绩效管理责任意识、效益意识与防范化解风险意识。民政部和中国残疾人联合会可探索建立资金使用管理绩效评估"行业"标准，严格治理地方相关部门仅使用"满意度"一个指标评估"助残"资金使用绩效的问题。

发挥新兴科技生产力的作用。顺应数字时代发展趋势，探索线上管理方式方法，引入区块链技术等新兴科技生产力，确保"助残"资金使用的规范性、安全性、永久可追溯性。探索线下和线上监管手段相结合的办法措施。

引入竞争机制，继续注重福利彩票公益金评估绩效结果的应用。适当提高绩效在各因素中的占比，在确定分配单位和资金额度时，对分配单位的工作计划和上一年度完成情况进行评比，加大向表现优异的地区和单位的倾斜力度，激励各方不断优化福利彩票公益金分配结构，深化资金绩效的应用。

夯实基础工作，形成监管合力。多元共治，协同治理。民政部门和残疾人联合会加强对项目建设方的全过程监管，完善标识建设。规范第三方审计机构的遴选制度，吸纳社会公众参与，探索多元主体共管共建机制。

（三）加大公益宣传力度，树立品牌形象，建立负面舆情综合治理机制

加大信息公开力度。加强社会效益宣传培训工作，各地区福利彩票机构可将投注站打造成宣传"助残"项目社会效益的桥头堡和稳固阵地。地方福利彩票机构在内部员工培训内容中适当增加社会效益培训课程，强化内部员工对社会效益的宣传意识。

完善"助残"项目标识品牌建设管理制度。针对项目制管理中存在的项目标识缺失、不完善、不规范等问题，严格全面落实"谁建设、谁使用、谁负责"的规定，项目建设方必须在醒目位置标注项目标识品牌。建立建设项目方责任清单制度，可分为 3~5 个等级。

探索新兴科技生产力赋能项目品牌形象建设。尝试引入虚拟数字人、人工智能、元宇宙场景、数字孪生等新兴科技、新业态，提升"助残"项目公益品牌形象，积累福利彩票事业公共信任资本。

建立负面舆情综合治理机制。国家牵头建立规范性的、可持续的网络负面报道治理机制，依法打击自媒体对资金分配使用管理的恶意、不实报道。财政部门、审计部门以及彩票发行销售机构应依法维护彩票公信力。

（四）健全福利彩票公益金"三项报告"制度体系

项目执行报告。资助项目或活动结束后，项目执行方应发布《项目执行报告》，报告项目背景、工作框架、工作阶段及具体工作、各个项目受益人名称及所在地区和受益人数等具体信息。执行报告可以独立发布，也可以放在本级年度福利彩票公益金社会责任报告中，或在本级年度福利彩票公益金使用情况公报中体现。《项目执行报告》只需报告关键、有效、公众关切、核心的信息，但不应受字数、格式等形式要素限制。

项目结项报告。资助项目执行方应发布结项报告，向社会公告诸如仓库管理流程、后续工作、受益地区、物品数量和金额、领款回执单等资料扫描件或照片。尤其是受益方信息和财务信息应完整，项目结项报告中应包括资助物品金额、金额小计、执行及运费、监管支出、费用合计、受益人签收单、收款收据、领款回执单、发票、银行电子回单等财务类资料扫描件或照片。《项目结项报告》只需报告关键、有效、公众关切、核心信息，但不应受字数、格式等形式要素限制。

绩效评价报告。资助项目执行方应发布项目绩效评价报告。绩效评价报告应详细介绍捐赠物品和资金的具体流向、每类项目的使用额及成效、绩效评价得分、影响绩效因素、总体评估等内容。项目执行报告可以独立发布，也可以放在本级年度福利彩票公益金社会责任报告中，或在本级年度福利彩票公益金使用管理情况公报中体现。《项目绩效评价报告》只需报告关键、有效、公众关切、核心的信息，但不应受字数、格式等形式要素限制。在《项目绩效评估报告》中设置项目资金概况、绩效目标、指标体系及权重、绩效评价原则与方法、绩效评价工作过程、综合评价结论、资金落实、财务管理、项目实施、产出效果、产出质量、产出时效、经济效益分析、社会效应分析、满意度分析、问题归纳与整改建议、绩效评价结果运用等指标，在合法且可能的条件下，最大限度地回应社会公众期望。

参考文献

邵祥东、赵娜：《福利彩票公益金扶贫项目结构特征与发展趋势》，《沈阳师范大学学报》（社会科学版）2022 年第 2 期。

陈鲁南：《浅析我国福利彩票在基础性分配制度中的地位与作用》，《中国民政》2022 年第 5 期。

何辉：《福利彩票事业的高质量发展及其路径》，《中国民政》2023 年第 5 期。

张齐安：《浅议福利彩票公益金管理的几个问题》，《社会福利》2009 年第 9 期。

张雅桦：《建立健全我国彩票公益金法律监管体系》，《法律适用》2012 年第 5 期。

赵璐：《彩票公益金绩效审计评价指标体系构建》，《财会通讯》2016 年第 25 期。

章新蓉、刘小芳：《彩票行业的资金分配与福利效应》，《开发研究》2011 年第 5 期。

邵祥东、朱春霞：《彩票公益金"项目制"改革与财政精准监管》，《地方财政研究》2018 年第 8 期。

B.11
福利彩票的品牌建设和传播初探

何　辉[*]

摘　要： 为推动彩票事业的高质量发展，需要加强彩票品牌建设和传播，提升彩票市场的认可度和美誉度。本文通过对品牌和公益品牌的比较，分析了公益品牌的特征和品牌建设的步骤；归纳了彩票的四个特征，提出彩票品牌定位的公益、责任和诚信三个维度，分析了彩票品牌建设的主体和具体分工。在此基础上，对当前福利彩票品牌建设的参与主体、品牌传播的形式和内容进行探讨，梳理了福利彩票品牌建设中存在的问题，详细分析了福利彩票"阳光开奖"品牌的案例。为进一步加强彩票品牌建设，彩票相关部门要完善信息公开相关制度、优化公益金项目的选择和管理、加强品牌建设不同主体之间的协同，增强福彩公益的可见性。

关键词： 福利彩票　品牌建设　品牌传播

彩票事业高质量发展，包括经济高质量、社会高质量和治理高质量三个维度。近些年，规制部门通过产品规制、渠道规制、营销规制等工具，推动了我国彩票产业的规范发展。与此同时，福利彩票和体育彩票各自的主管部门和发行管理机构加强彩票机构的社会责任建设和责任彩票建设。

通过外部的严格规制和内部的社会责任建设，我国彩票事业在治理高质量方面取得了较大的进展。相对而言，经济高质量和社会高质量发展的推进

---

* 何辉，经济学博士，中国社会科学院大学商学院党委书记，副教授，主要研究方向为产业与政府规制、公益市场、彩票。

要慢一些。一方面，彩票消费市场的供给侧，包括产品、渠道、营销等还存在很大的提升空间，产业发展的经济质量还不够高；另一方面，彩票公益金的分配和使用效率、效果还有待提高。社会对彩票的认知，特别是对彩票的公益性还存在一些误解。社会上常常出现对彩票的负面言论，缺乏对彩票的正确认知，社会主流群体参与购买彩票和支持公益事业的积极性和潜力尚未得到充分释放。

彩票业的健康发展需要两个前提：一是政府从制度层面对其合法性的认可，并确保公益金使用的正当性，二是提升社会公众对彩票的认知和参与度。我国彩票机构社会责任实践的推进一定程度上改善了彩票事业的形象，也能适度提升其经营和社会形象。但对于民间，特别是消费者、潜在消费者、社会公众而言，彩票相关部门还需要更直接的彩票品牌建设、更广泛的品牌宣传，通过公益营销等多种方式提升彩票市场的认可度和美誉度，进而推动彩票的经济高质量和社会高质量发展。

整体看，到目前为止福利彩票的公益品牌形象建设与彩票高质量发展的要求相比还有相当差距。基于这个背景，本文尝试探讨福利彩票的品牌建设和传播，具体内容包括：福利彩票的特征和品牌定位；品牌建设的主体，品牌建设的重点，目前品牌建设中存在的问题以及对策建议。本文最后也将通过"阳光开奖"案例对相关问题进行讨论。

一　品牌和公益品牌

（一）品牌

品牌是产品属性、名称、历史声誉、广告方式等的无形总和。品牌是一种独特的形象，用以将自身与其他类似的商品或服务区分开来。品牌特别强调产品、企业与消费者的关系。一个品牌可以从以下四个维度来理解。一是品牌的标识和相关的视觉元素，例如商品的名称、商标等。二是在商标、标识的基础上，更为具体化、具象的东西，例如产品形象设计、外包装、版权等可辨识的信息。消费者一般通过品牌的这两个维度信息来辨识选择商品或服务。这属于品牌的功能性价值。三是品牌所隶属的公司或组织。四是消费者对该品牌产品（服务）乃至公司的一种信念和心理预期。对于很多商品品牌而言，人们对该品牌所属的公司或企业并不特别关注。例如在家庭装修时，电线、水管、灯泡等产品有很多品牌，但人们一般不会特别在意品牌，以及这个品牌的公司是怎样的。但当有些品牌的产品（服务）由于某一个方面的特征（例如高品质、独特性等）为消费者所认可，乃至钟爱时，消费者很可能就会超越对该品牌产品的关注，进而关注该品牌所属公司并赋予该品牌意义。例如，近些年来人们对于国产品牌华为以及华为公司，都赋予了超过产品层面的意义，苹果品牌也是如此。这时，品牌不仅帮助消费者辨识产品（服务），也给消费者在主观和客观层面增加了一些独特价值。例如某些老品牌的国货，消费者在使用过程中会主观地将其与民族自豪感等联系起来。而一个人喜欢使用某品牌国货，也在向其他人传递自己和该品牌的信息。这属于品牌的象征性价值。

总体看，对很多品牌而言，其意义基本停留在第一、二维度上，仅具有功能性价值。对一个好的或者成熟的品牌，其意义则包含四个维度，既有功能性价值，也有象征性价值。

功能性价值与具体的产品对接，与产品的辨识度、实用性有关，而象征性价值则与产品的社会属性有关，例如产品在社会中的象征意义等。象征性价值赋予消费者超出功能性价值之外的东西。

（二）公益品牌

公益品牌属于品牌中的一类，与一般品牌的区别在于其"公益"特性。公益品牌的产品或者服务具有公共性和公益性。例如前些年在社会上影响力非常大的"希望工程"品牌。"希望工程"的主要公益项目是援建希望小学与资助贫困学生，是由中国共青团团中央、中国青少年发展基金会发起的，以救助贫困地区失学少年儿童为目的的一项社会公益事业。近年来腾讯"99公益日"在公益领域颇有影响。"99公益日"品牌是由腾讯公益联合数百家公益组织、企业、个人等共同发起的年度公益活动，旨在利用移动互联网等科技创新手段，通过轻松互动的形式，发动公众通过小额现金捐赠等行为参与公益，支持各类社会公益项目。严格意义上，公益和慈善是有区别的，由于本文聚焦于品牌建设，为了分析的方便，本文对慈善品牌和公益品牌不做严格区分。

非公益的品牌，其所指的商品或服务往往有非常实用的功能性价值。例如手机品牌、汽车品牌等。而公益品牌的功能性价值一般来说较弱，一些公益品牌可以提供公共服务，但更多的时候，该品牌所指代的项目并不能给消费者或参与者带来直接的利益或好处，品牌所销售的其实是品牌的象征意义。人们参与"希望工程"或"99公益日"项目，一般情况下并没有获得直接的好处。个体通过捐赠或者做志愿者等慈善和公益行为，主要获得的是利他主义的情感性、象征性价值。有学者提出个体捐赠行为的动机包括信任（例如看到公益组织将捐赠款项用于公益）、利他主义（关心或同情不幸的人或弱势群体）、社会公共福利（非金钱利益）、个体税收优惠（个人货币利益）和自我声誉。其中，除了税收福利属于物质价值外，其他几项都属于象征性价值。

象征性价值常常与对某一种价值观的认同和表达相关联。当一个品牌所传递的价值观与个体的价值观一致时，个体在消费该品牌的产品或服务时，就会与品牌产生共鸣，进而增强个体的自我价值感。有学者研究发现，慈善捐赠的象征性关联对慈善品牌的需求会产生巨大影响。

（三）品牌建设

品牌建设的第一步是传达品牌的特征信息，例如标识、口号等，以期创造令人难忘的品牌印象。第二步是品牌象征意义的传达、价值观的认同与表达，即与理想的最终状态或行为相关的核心信念的表达。

对于商业品牌而言，品牌建设是可以逐步进行的，人们通过认识一个产品进而接受品牌。企业可以在做好产品的过程中逐步发掘和确立品牌的意义和价值。但对于公益品牌而言，由于其项目一般没有具体的功能性价值，就需要从一开始就重视象征性价值的创建，并持续发展、强化这一点，这是公益品牌建设需要格外关注的。公益品牌在创建时，需要分析其提供的项目或服务的内涵，并与组织的价值观和信念相结合，来创建公益品牌的功能性价值和象征性价值。

需要注意的是，品牌的意义不是单方面由品牌拥有者创立的。消费者（或参与者）并不是被动的接受者，也是品牌意义的积极创造者。他们甚至有可能转变和重塑品牌固有的象征意义。公益品牌和商业品牌在各自的市场上都面临竞争。因此在品牌创建时，不能只是单方面从组织自身角度考虑问题，还需要从受众易于辨识、理解和接受的角度去考虑。这时需要注意两点，一是要强调品牌区别于其他品牌的独特性，特别是面对不同的受众群体时，更要有针对性地细分人群，进行差异化定位；二是品牌的易识别性。

二 福利彩票的特征和品牌定位

（一）福利彩票的特征

福利彩票品牌的含义分为狭义和广义。狭义上指彩票产品[①]，即由中国福利彩票发行管理中心发行的一系列不同类型的彩票游戏。福利彩票与体育彩票不同，福利彩票的双色球与体育彩票的大乐透不同。广义上，福利彩票不仅是指彩票产品，更是福利彩票事业，即除了彩票产品外还包含筹集到的彩票公益金及其用途等。

彩票品牌的内涵包括四个部分的内容（见图1）。一是跟一般商品的品牌一样的内容，强调产品吸引力和竞争力。二是彩票与普通商品不同的地方，即它是射幸性的。彩票因为其一定程度上的博弈性、巨额奖金等可能引

[①] 《彩票管理条例》对彩票的定义是，"本条例所称彩票，是指国家为筹集社会公益资金，促进社会公益事业发展而特许发行、依法销售，自然人自愿购买，并按照特定规则获得中奖机会的凭证"。因此学界普遍认为彩票不属于商品或产品。为了分析方便，本文把彩票界定为一种特殊产品，既包括了一般产品的特征，也包括了"中奖机会的凭证"的射幸性特征。

发非理性购彩等事件，因此彩票产品的公信力就变得非常重要，要强调产品的诚信。最能体现公信力的，就是开奖过程的公正公开。福利彩票现有的阳光开奖视频栏目正是基于这个目的而诞生的，这也是阳光开奖品牌的功能性价值，是对产品和彩票机构诚信的要求。尽管其他产品也存在对诚信的要求，但与射幸性的彩票相比，后者对信用和诚信的要求要高得多。三是彩票发行销售的主体是政府特许经营的事业单位。由于其区别于一般企业的组织特征，因此彩票机构对社会责任的履行非常重要，彩票机构的行为也将直接关系到政府的公信力。四是彩票发行销售筹集的公益资金的用途，按规定是社会福利和社会公益领域，这是彩票的价值特征。一般产品是私人性的，产品满足购买者的需求即可。但彩票销售兑奖后，其筹集到的资金将专门用于公益目的，我国发行彩票的主要目的就是筹集公益资金。也因此，彩票的公益性是必须要体现的。正如阳光开奖的每一次节目最开始，有一个公益短片，主题是展现福利彩票是中国人的慈善事业，从某种角度看，展示的是彩票的象征性意义（价值）和国家的公信力。

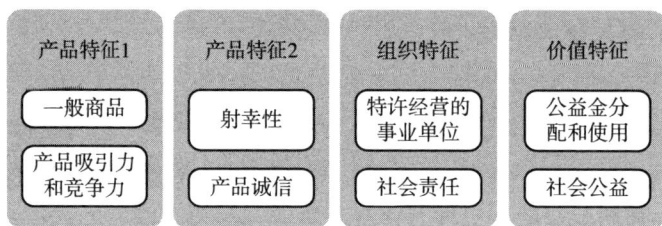

产品特征1	产品特征2	组织特征	价值特征
一般商品	射幸性	特许经营的事业单位	公益金分配和使用
产品吸引力和竞争力	产品诚信	社会责任	社会公益

图1　福利彩票的特征

（二）品牌定位

品牌定位与产品特征、组织特征、价值特征关系密切。福利彩票的品牌，既有一般商品品牌的属性，也有公益品牌的属性，还有由于其产品的特殊性和特许经营的特点所具有的属性。因此福利彩票的品牌特征和意义传递包含四个层次：一是福利彩票产品是高质量的，有吸引力和竞争力的；二是福利彩票从产品设计、发行、销售到兑奖都是公平公正公开的，是诚信的，具有公信力的；三是福利彩票的经营单位和相关组织是负责任的；四是国家发行彩票的主要目的是筹集公益资金，用于国家福利和社会公益，彩票是国家公益彩票，在彩票公益金筹集分配使用中体现了这一点。

上面四个层次中，第一个是任何一种产品品牌都需要做的，属于品牌的功能性价值；第四个属于象征性价值；第二、第三个是彩票所特有的属性，既为彩票的功能性价值提供支持和保障，也为象征性价值提供支持和保障。如果将彩票产业作为一个整体，则彩票的品牌定位应在提供高质量产品（功能性价值）的同时，特别关注后三者，即产品守诚信（诚信彩票），机构负责任（责任彩票），目标是公益（公益彩票），如图2所示。诚信、责任和公益这三者中，前两者尽管分别与彩票产品和彩票部门相关，但也都与公益有关，且彩票发行的最终目标是公益。因此彩票品牌的核心是公益，可以用前文提到的公益品牌的相关内容来指导彩票品牌的建设。

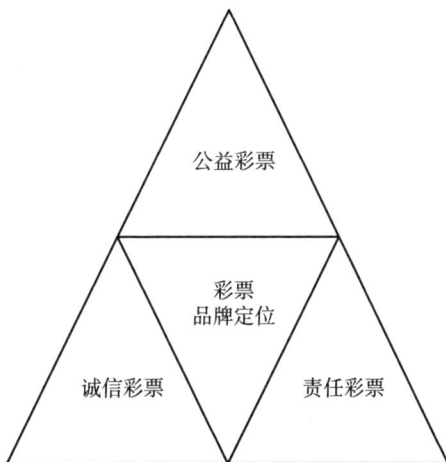

图2 彩票的品牌特征

我国现有福利彩票和体育彩票两家发行主体。中国福利彩票发行管理中心对福利彩票品牌定位是"公益、责任、阳光"。国家体育总局体育彩票发行管理中心2019年提出了"公益体彩、民生体彩、责任体彩、诚信体彩"的理念。两者的品牌定位非常接近，但都将公益放在第一位，也说明了公益在彩票品牌建设中的基础和核心地位。

近年来，由于竞猜型彩票销量增长迅速和其他一些因素影响，体育彩票在彩票市场所占份额已领先福利彩票。对于福利彩票而言，市场竞争的压力越来越大。福利彩票的品牌建设也就变得更为重要和更为紧迫。

三　品牌建设的主体与分工

福利彩票品牌定位包括公益、责任和诚信三个维度。那么，由谁来负责和推动彩票的公益品牌建设？如果是多个主体参与其中，不同主体的分工又是如何的？怎样才能通过协作，高效率地进行品牌建设？我们先以社会责任的维度为例，对相关主体进行分析。

（一）责任彩票

此处的责任彩票，指的不是狭义上"责任彩票"的概念[①]，而是广义上的彩票社会责任，即除了彩票产品和彩票机构的责任外，还包括彩票事业所包含的公益金分配和使用的责任。

借鉴卡罗尔的企业社会责任金字塔模型，彩票的社会责任可分为四个层次，即经济、法律、伦理和公益责任。经济责任，具体体现为在市场上提供彩票游戏产品，与消费者达成公平交易，满足消费者需求。法律责任，与一般企业有所不同，彩票是国家授权特许经营的，彩票又是有博弈性的产品，因此彩票的发行销售开奖等都要受到更多的法律法规的约束，有更严格的公信力的要求。伦理责任，要求彩票发行管理机构，不能通过过度营销从而引发人们的非理性购彩，也不应该在彩票设计和开奖环节基于自身的利益而欺骗消费者。公益责任，要求福利彩票通过发行销售彩票筹集彩票公益金，并将其用于各类公益事业。

在这四层责任中，经济责任、法律责任和伦理责任，主要涉及彩票发

[①]　目前有一些学者对责任彩票和彩票的社会责任做了区分。参见本报告 B.6。

行、管理、销售部门。公益责任主要涉及彩票公益金分配和使用部门。这意味着探讨彩票的社会责任，需要将发行销售环节和公益金分配使用环节结合起来探讨，需要不同部门相互协作。

（二）公益彩票

公益彩票的定位，主要是强调公益金筹集后要用于社会福利和社会公益事业。显然，公益彩票建设的重要主体，应该是公益金分配和使用部门。但在实际工作中，公益金分配和使用部门与公众接触不多，在公益宣传方面并不具有优势，与之相比，彩票发行销售部门则有较多的宣传和营销渠道，可以用来对彩票的公益性做宣传。因此，与责任彩票建设情况类似，公益彩票的品牌建设也需要发行销售部门与公益金分配和使用部门的协作。

（三）诚信彩票

诚信彩票的定位，主要涉及彩票发行销售和兑奖环节，其主体是彩票发行销售部门。人们购买彩票，一方面是认可彩票本身的诚信，另一方面也是基于对彩票背后的政府的公信力的认可。而发行彩票的重要目标是筹集公益资金并投入社会福利和公益事业，因此，诚信彩票品牌的建立，不仅需要彩票发行销售机构，也需要彩票监管主管部门、公益金分配和使用部门的通力配合，"确保"彩票不仅是公平公正公开的，而且也是真的用于公益目的了，是"全方面"诚信的。

（三）品牌建设的主体

通过上文的分析，彩票履行社会责任的主体，不仅包括彩票发行管理机构，也包括公益金分配和使用的部门。彩票公益品牌中的诚信、责任和公益的定位，需要彩票监管和主管机构、发行销售机构，以及对公益金二次分配部门和公益金受助项目等的共同参与（见图3）。

一是福彩发行销售机构。各级福彩机构是彩票发行、销售工作的主体，在"收支两条线"财务制度下，管"收"不管"支"。但彩票销售部门与

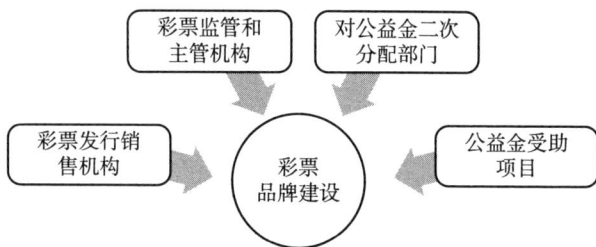

图 3　彩票品牌建设的不同主体

彩票购买者和公众接触广泛，因此仍然应该成为宣传彩票公益性的主体之一。各级福彩机构要着力在整合信息资源、整合公益项目资源、整合媒体资源三方面下功夫。[①] 如果进一步细分，则发行机构和销售机构，以及代销者在品牌建设中承担的责任亦有所不同，此处因篇幅原因不予讨论。

二是福利彩票监管和主管机构。各级民政部门既是福利彩票的主管部门，也是福利彩票公益金的监督管理、使用部门。《彩票管理条例》第 36 条规定"彩票公益金的管理、使用单位，应当每年向社会公告公益金的使用情况"，为此，各级民政部门在彩票公益性宣传、公益传播中应当扮演重要角色，发挥主导作用。在具体工作中，主管部门不仅要利用其政府部门的权威性和公信力加强公益金使用信息的披露，而且要做好与发行销售部门的信息共享。

三是对公益金二次分配部门。包括参与中央专项公益金不同项目分配的各个主体，例如中国红十字会、教育部、文化部等。这些部门覆盖面广、社会影响力大，因此他们对彩票公益性的宣传、对公益金分配使用的信息披露等应起到重要作用。

四是公益金受助项目。他们是彩票公益金的直接使用者和直接受益者。他们不仅要在资助项目上标注彩票公益金资助的信息，还应积极向参与项目建设的人群、项目的受益者，及与项目相关联的人群介绍、宣传福彩的公益

[①] 《发挥三个作用加强福彩公益宣传之建议》，中国福利彩票网，2021 年 4 月 23 日，http：//www.cwl.gov.cn/c/2021/04/23/488 996.shtml。

性，充分发挥资助项目对彩票公益性"现身说法"的作用，更直观地展现福彩的"公益"宗旨。①

四 福利彩票品牌建设和品牌传播的现状

（一）品牌建设的参与主体

诚信彩票的建设主要由彩票发行销售部门来推动。目前的主要做法是邀请彩票消费者和媒体等参观开奖活动。主要目的是信息公开，显示彩票发行销售和开奖的公平公正公开。

责任彩票的建设，目前主要是由福利彩票发行管理中心和各省（区、市）的福彩机构来推进的，通过系列社会责任实践，最终以社会责任报告等形式来呈现。

公益彩票的建设主要通过两种渠道，第一个渠道是福彩机构。福彩机构通过举办各种公益项目和公益活动，以及阳光开奖等形式，宣传彩票的公益价值。第二个渠道是公益金分配和使用部门，例如财政部、各地的民政部、体育部门、负责具体分配使用公益金的相关部门，会通过报纸、网站等媒体报道公益金分配和使用的情况。

（二）品牌传播的方式和内容

"可见性"这一术语来自社会学和传播学，是指将主要存在于道德维度的公益理念变得具有"可见性"，通过直观的感性形象、量化的数字、社会氛围的营造等方式来呈现。"可见性"强调了让公益理念被听到、被看到、被感受到，使人们对公益达成一种基本的共识。

"可见性"包含三个维度。一是信息的可获得性。获取信息成本越低，

---

① 《发挥三个作用加强福彩公益宣传之建议》，中国福利彩票网，2021 年 4 月 23 日，http://www.cwl.gov.cn/c/2021/04/23/488 996.shtml。

越容易传播。二是权威性，信息由权威部门发布，准确全面，可信度高。三是社会关注度高，容易形成话题，大众喜闻乐见的公益项目更容易通过传统和新媒体迅速传播。"可见性"分为项目的物理可见性和媒体传播的可见性。物理可见性包括公益金资助的基本建设设施、项目等，都需要以显著方式标明福利彩票公益金资助的标识。媒体传播的可见性，主要是强调通过报纸、互联网、广播电视、手机等各种传统和新媒体手段，传递福利彩票公益信息，这方面既包括公益金项目的信息获取，也包括公益品牌的运营推广。

信息的"可见性"，也是福利彩票公益品牌建设和传播的重点。福利彩票品牌的主要传播方式包括信息公开，公益营销。

信息公开是品牌建设的基础。目前，政策层面对信息公开主体、公开内容等已经逐步完善。在公开主体方面，包括监管部门、主管部门、各级发行销售机构、彩票公益金使用单位等；在公开内容方面，除了前面提到的彩票销售、公益金筹集、公益金使用、标识等外，还就基金会使用公益金发生的管理费等提出明确要求。①

涉及彩票销售环节的信息公开和公益营销，主要是各级彩票机构在推动。信息公开涉及的内容包括彩票品牌标志、彩票代销点形象、彩票开奖及彩票销售信息。公益营销则通过彩票销售与公益活动联动，推动彩票品牌信息的传播。

彩票发行管理和销售机构近年来对开奖、摇奖设备管理等颁布了五个有关的制度文件，配套了详细的政策法规解读，并通过发布社会责任报告进行信息公开。

从中国福利彩票发行管理中心到各地的福彩机构，都会通过举办各种公益活动、发布彩票公益金相关信息等方式传播福利彩票的公益性。除此之外，福彩机构会发布年度的社会责任报告。

彩票公益金分配使用的信息公开主要采取三种方式。一是彩票公益金资助的基本建设设施、设备或者社会公益活动等需要通过多种方式醒目标记彩

---

① 丁姗姗：《彩票信息公开之"变"》，《国家彩票》2022 年第 9 期。

票公益金资助等字样。这方面的工作，近些年得到监管部门和主管部门的重视，正在有效推进中。2018 年修订的《彩票管理条例实施细则》规定"彩票公益金使用单位对公益金资助的基本建设设施、设备或者社会公益活动，应当以显著方式标明彩票公益金资助标识"。2022 年财政部《中央专项彩票公益金支持地方社会公益事业发展资金管理办法》再次明确"公益金资助标识"的要求。二是相关部委局的网站和一些官方媒体，例如省（区、市）的一些主要报纸，通过公告等方式对公益金分配和使用的情况做概要说明。三是彩票机构开始运用新媒体，构建信息公开和品牌传播的宣传矩阵。例如中福彩中心结合官方网站、报纸、电视、销售网点等渠道，并加强了微信公众号、微博、抖音等的信息公开和公益营销。表 1 对福利彩票信息公开的内容、相关主体和形式做了梳理。

表 1   彩票品牌传播的主体、内容和形式

内容	相关主体	形式
彩票品牌标志	公益金使用单位、项目	标识
彩票代销点形象	销售网点	门头、室内外装饰、宣传材料
彩票销售	彩票发行销售机构	奖券信息
开奖	彩票发行机构	开奖视频、信息公开
彩票公益金筹集	监管和主管部门	信息公开
彩票公益金分配和使用的信息	监管和主管部门、公益金分配和使用部门、机构	信息公开
彩票营销	彩票发行销售机构、销售网点	产品营销广告
公益营销	彩票发行销售机构或相关合作方	公益活动、公益项目冠名等
营销公益	所有相关机构	公益广告、微电影

五　福利彩票品牌建设的不足

第一，彩票公益金标识的规范使用虽然有了长足的进步，但仍存在不

足。例如，为了更好地督促福彩公益金使用单位及时、规范地设立资助标识，民政部先后发布了《关于变更中国福利彩票公益金等资助项目标识的通知》和《关于进一步做好福利彩票公益金资助项目标识设立管理工作的通知》，要求由福彩公益金资助的基本建设设施、设备、服务项目及其他社会公益活动等，无论金额大小，项目单位都应当在主体建筑物或设施设备的显著位置或通过适当的方式设立或标注"彩票公益金资助—中国福利彩票"的资助标识。全国各地区也根据民政部文件开展了专项行动。但一些公益项目单位不重视，以及对标识信息的监管成本较高，因此还需要持续推进此项工作。

第二，信息公开的内容比较单薄。相关部委局的网站和地方的主流媒体基本能够按照或结合相关规定的要求，披露公益金的分配和使用的概要信息。但披露的信息基本是程式化的，内容高度概括，可读性较差。这种信息公开满足了相关规定的要求，但在向公众传递彩票公益金的公益信息有效性方面效果较差。

第三，缺乏权威的信息公开平台。现有的信息公开渠道较多，一些部委局的网站和地方的主流媒体都发布彩票发行销售和公益金使用的信息，但比较零散，缺乏全面展示彩票公益性、公益金分配和使用的信息、公益项目的平台。对于普通公众而言，信息获取的渠道不够便捷，"可见性"较低。

第四，在新闻报道中，公益主题的议程设置和显著性较弱。有学者对2020年中国福彩网所有新闻资讯进行分析，发现涉及开奖和促销新闻的有849篇，涉及福彩公益活动和公益金使用的有750篇。公益内容的报道数量略少于开奖和促销新闻。公益内容的议程设置和显著性也要弱于销售议题。

第五，新闻报道的吸引力较弱。公益金分配和使用的相关新闻报道可读性和吸引力还需要提升。除了一些养老院建设、资助儿童接受教育等较为详细且接地气的新闻外，多数都是简洁且笼统的官方解读，表述方式更倾向于政府部门的报告语言，公众难以从中抓取并感知到福利彩票承担社会责任、传播公益精神方面的信息。彩票和公益的关系，彩票从发行到公益金分配使用的整体形象，在公共传播层面的输出率和渗透率还有待提升。

第六，基于公益项目的公益品牌设置相对随意，缺乏整体的品牌意识。通过对近些年一些省级福彩机构的营销宣传和公益项目品牌的观察发现，一些省份的公益活动具有很好的延续性和品牌的稳定性，但大多数省份福彩机构的很多营销活动和公益项目设置比较随机，没有延续性。从全国到各省的福彩机构，具有广泛影响力的品牌仍非常匮乏。

六　信息公开和福利彩票品牌建设的建议

（一）信息公开方面

一是进一步规范和加强福彩公益金标识使用的监管。

二是建设统一的福彩公益金使用的信息发布和公益展示平台。借鉴国外经验，单独建设一个国家层面或民政部部级层面的彩票公益的信息平台，建设完善的福彩公益金公示机制，对信息公示范围、公示时间、公示渠道进行明确规定，通过在平台上定期公示公益金相关信息，披露往年所有公益金的使用数据，系统全面地展示公益发展情况。汇总全国及各省（区、市）公益金的使用情况，展示资金利用效率。汇总所有资助项目，按类型、省份或领域进行划分，并对主要项目进行详细介绍，帮助公众了解项目设立目的、受助群体、实际运作情况以及项目效果，通过公益金效用的展示提升公众信任度。

三是建立问责追责机制。通过该平台，对福彩公益金经办与使用单位的信息公示情况进行定期或不定期的跟踪调查，如果发现有延期公示、公示信息不真实、公示信息不完整不全面等问题，要求相关单位限期整改，并对相关人员及单位负责人进行公开问责处理。

四是加大福利彩票公益宣传。建设更加立体交互的传播路径，政府部门、各级主流媒体以及彩票机构都应该更积极主动地推动彩票公益的传播，通过加大公益宣传力度，持续拓展公益金公示渠道，综合采取新闻广播、网络、官方平台、电视等媒介来公示信息，扩大公益金信息公开的影响范围，强调彩票承担的社会责任，展示并树立彩票的整体形象，回应社会各界对彩票的关切。

（二）公益项目方面

一是公益金支持更多的具有社会话题度和影响力的公益项目。要在继续对"沉默不语"的福利项目支持的同时，加大对具有社会影响力和关注度的公益项目的支持力度。支持社会公众喜闻乐见的公益项目，是提升福利彩票品牌形象的重要举措。

二是在公益活动或公益项目管理方面，我们曾引入模型，即从投入、产出、合作和沟通四个方面分析省级彩票机构的公益活动。彩票机构在开展公益活动时，要加强公益投入，提高资金使用效率，提高公益产出，要注重公益合作，与社会组织加强协作，利用社会组织在公益项目运营和公益传播方面的经验和优势，增加公益活动和公益项目与公众的沟通。

（三）不同部门协作方面

公益金分配和使用部门要加强与中国福利彩票发行管理中心的协作，提升公益品牌的运营水平。到目前为止，福利彩票发行管理中心在品牌和公益形象的创立和运营方面积累了一些宝贵经验。应加强两者间的协作，对公益品牌联合推进，传播福彩公益。

另外，建议设立"全国彩票公益日"，塑造浓厚的彩票公益的社会氛围，强化国家彩票和公益的关系，对其合法性予以提升和确认，督促相关部门履行社会职责。打造更多的福彩公益品牌，通过公益故事培养公众的公益思维，引导人们了解并参与社会公益；深入挖掘这些年来民政系统的彩票公益金项目的案例，并宣传推广。

七 阳光开奖品牌建设的案例分析

本部分将以中国福利彩票发行管理中心的"阳光开奖"品牌为例，就其品牌和公益传播做分析探讨。阳光开奖目前的定位是一个现场开奖节目，目的是通过这样的信息公开，彰显彩票的公信力。阳光开奖的视频栏目已经形成一套很成熟的模式，较好地呈现了开奖的公开公正，一定程度上展现了福利彩票的公益理念。

（一）阳光开奖的品牌定位

阳光开奖及其品牌，在福利彩票品牌和公益传播中处于什么样的位置？

对于福利彩票而言，目前除了在路边街头能看到的福利彩票的店面、偶尔能看到的电视广播和平面媒体广告外，比较少能通过其他渠道了解福利彩票。而"阳光开奖"的栏目内容在主流电视频道和官方 App 中以固定时间点高频率播出，也通过官方网站等其他平台播放。以视频为主的方式，要比销售网点的静态形象更为主流现代，非常适合做福利彩票信息公开和公益宣传的媒介。

综上，尽管福彩开奖目前只是一个开奖的节目，但它无疑是让人们能接触到福利彩票的非常重要的载体，其展示的形象也会被视为福利彩票的公众形象代表。因此，阳光开奖不应该仅仅定位于一些彩票游戏开奖信息的公开，应该更好地利用这个平台，将其从一种现场开奖强化公信力的单一形象，转变为更复合的传递福利彩票品牌形象和公益价值的多元形象，成为中国福利彩票综合形象的展示窗口、福彩信息的发布窗口，以及公益信息和公益理念的传播窗口。

结合上文对于该品牌的定位以及福利彩票的特征分析，阳光开奖品牌内涵可定位为诚信彩票、责任彩票和公益彩票的品牌形象。从这个更高的定位看，现有阳光开奖的品牌内容、传播形式等就需要进行更全面系统的规划。

（二）公益品牌建设的路径

从品牌建设的角度看，基于很多与公益相关的品牌案例，可以将公益品牌发展归纳为"三部曲"，即从产品营销，到公益营销，再发展到营销公益，如图 4 所示。

| 产品营销 | ➡ | 公益营销 | ➡ | 营销公益 |

图 4　品牌发展"三部曲"

这样的发展路径，正符合前文提到的品牌价值的分析。品牌价值包括功能性价值和象征性价值。产品营销主要围绕商品或服务的功能性价值进行。公益营销则是将产品或服务与人们喜闻乐见的公益内容连接起来，为产品赋予一定的象征价值，将产品与消费者的情感建立连接。营销公益则是在已有产品营销和公益营销的基础上，挖掘其蕴含的公益理念和价值观，更加突出品牌的象征性价值，从而强化象征性价值和消费者的情感共鸣。这个路径也是品牌内涵扩展的过程，即从功能性价值到功能性价值和象征性价值并重。

这个路径对于现有的福利彩票而言颇有启发意义。目前的彩票发行管理机构和各地的彩票机构，主要是靠自己的力量做产品营销和公益营销。但涉及彩票公益金分配和使用的信息，彩票机构掌握的并不多。彩票机构在做公益营销时，除了利用非常有限的公益金筹集金额的信息外，只有通过自己组织的公益活动和公益项目去做公益营销。整体看，福利彩票的品牌营销，仍处于以产品营销为主、公益营销为辅的阶段。从分工和协作看，产品营销和公益营销应该主要由彩票机构来承担，营销公益应该主要由彩票公益金分配和使用部门来承担。与此同时，两者要积极协助对方。

目前的阳光开奖节目，主要是通过公开透明的开奖过程，凸显彩票商品的功能性价值，属于产品营销，而对彩票的公益性宣传较少，公益营销不足。一是在整个节目中，对于公益性的展现并不多，例如关于公益金筹集情况、公益金支持的项目的开展情况的信息较少，二是这种展示打动人的力度不够，以前文提到的品牌的象征性价值和情感共鸣来衡量，还有较大的提升空间。

（三）品牌建设的建议

阳光开奖的品牌发展，需要从产品营销逐步转换到产品营销、公益营销和营销公益并重上。在品牌传播上，要对内容、形式等进行改革创新，最大化地利用现有的平台。品牌建设和传播的重点，一是增加彩票公益的内容，二是品牌传播策略的优化。需要注意对传播规律的研究和掌握。通过这些方面的建设，来确定阳光开奖的品牌认知，形成有效的品牌联想，突出福利彩票的象征性价值和感染力，突出福彩的品牌形象。

1. 在节目内容上，提供更多的公益项目信息，增加情感性的内容

基于现有的产品营销，增加公益营销的内容。例如彩票公益金筹集量、分配和使用情况、彩票公益金项目情况等。由此强化彩票和公益之间的联系，与消费者建立情感性连接。

（1）适当增加内容。提供更多的近期彩票和公益信息，也可以包括上一期的回顾、本期的公益金筹集额等。增加情感性的内容。例如播放一些彩票公益金项目的真实场景，传递友善的、公益的价值观。例如，陕西的福彩驿站为彩票和公众提供便民服务等。

（2）视频开始一分钟的内容非常重要，但目前这部分信息更新的频率不够。建议与时俱进地及时更新内容，做更吸引人的设计。

2. 在节目形式上，可以更丰富鲜活

例如，借鉴电视媒体和网络媒体的一些做法，使节目在具有权威性的同时，更具有人情味和话题性；在开奖环节让公益金项目的受益者来参与，并且按下开奖键。建议将视频节目授权给福彩公益厅、展示厅和彩票销售网点进行播放。

3. 在节目内容的组织上，需要更多部门支持

阳光开奖的品牌由中国福利彩票发行管理中心运营，但需要更多部门的支持和配合。

一是需要彩票公益金分配和使用部门的支持、配合，并提供公益金项目的内容，特别是好的视频内容。在具体操作中，要跨部门协调这方面的资源，例如将中央专项彩票公益金项目通过节目进行宣传。

二是调动各地福彩机构的积极性，宣传他们的福彩公益金项目和举办的公益活动。可以将参与阳光开奖活动的情况作为对省级福彩机构的考核内容。

参考文献

马湘临：《公益品牌实现差异化的核心战略：塑造品牌意义》，《上海企业》2023年第5期。

王卫明等：《中国福彩新闻报道的现状及其改进》，载何辉主编《中国福利彩票发展报告（2020）》，社会科学文献出版社，2021。

孙蕾、何辉：《2021年我国部分省份福彩机构公益活动报告》，载何辉主编《中国福利彩票发展报告（2022）》，社会科学文献出版社，2022。

胡正明：《中国福利彩票市场营销通论》，经济科学出版社，2007。

何辉：《福利彩票事业的高质量发展及其路径》，《中国民政》2023年第5期。

产业发展篇

Special Topic on the Development of Lottery Industry

B.12
数字化背景下我国彩票业发展的
机遇、挑战与对策建议

孙　晓[*]

摘　要： 以数字技术为通用目的技术的新一轮科技革命与产业变革正在全球范围内展开。数字化正成为经济社会发展的主要范式，并推动人类生产方式、生活方式与治理模式的转型升级。彩票业作为兼具人民性、国家性、公益性等多重属性的行业，在数字化进程中不断探索与尝试，大致经历了萌芽期、无序扩张期和理性探索期三个主要时期。当前，在国内数字技术整体处于并跑、个别领域领跑的背景下，我国彩票业数字化面临数字技术持续赋能、广大网民提供市场支撑的机遇。同时，法治与监管体系亟须完善、利益分配机制有待优化、社会责任体系建设任重道远、国际彩票市场竞争激烈等挑战，使得我国彩票业数字化探索阻力重重。未

* 孙晓，经济学博士，中国社会科学院大学商学院专职教师，主要研究方向为数字经济与产业发展、企业创新与社会责任等。

来，我国彩票业应抓住数字化机遇，完善法规体系、明确政策预期，依据消费端数字化需求同步推进供给端数字化，完善行业社会责任体系建设，以自身高质量发展助力我国社会公益事业迈上新台阶。

关键词： 数字化　彩票业　数字技术

一　引言

数字化是当今世界最确定的创新方向，它孕育着数字技术进步带来的时代机遇和人类经济社会发展的未来趋势。早在 20 世纪 50 年代，《牛津英语词典》首次对"数字化"的概念进行了阐释。数字化是指一个组织、工业、国家等采用或增加使用数字或计算机技术。随着数字技术的不断拓展与持续创新，数字化正逐渐融入政治、经济、社会、文化等各个领域，加速人类社会生活方式、生产方式与治理模式的数字化转型，并带来新的参与主体、组织结构、实践范式和价值体系。调查显示，数字化工具的使用极大地提升了日常生活和工作的便利性，有助于获取更多客户、拓展产品市场、增强技术实力，不同群体不同程度地享受到了数字化发展红利。

彩票业作为我国国民经济的重要组成部分，其健康、持续、创新发展同样离不开数字化赋能。但彩票业不同于一般产业，在秉持产业化经营理念的同时还应注重其公益属性。在我国，彩票是由国家垄断发行、自然人自愿购买的一种兼具公益性与娱乐性的商品或服务，其发行目的就是为社会公益事业筹集社会闲散资金。任何背离这一核心目标的彩票经营行为都将失去其发展的意义。正是由于彩票业的特殊属性和意义，彩票业数字化进程在世界范围内都面临着巨大挑战与阻力。如何从彩票业的根本属性出发，发挥数字化工具的正向效应，最大化实现其经济与社会价值，是相关主体面临的共同议题。在此背景下，本文将在梳理我国彩票业数字化探索历程的基础上，分析我国彩票业数字化面临的主要机遇与挑战，就未来发展趋势做出预测并提出相关政策建议。

二 我国彩票业数字化的探索历程与演变逻辑

1987 年，我国第一张彩票诞生，拉开了我国彩票业筹集公益金的历史序幕。从历史维度来看，我国彩票业的发展进程与计算机技术、互联网技术在我国发端普及的历史进程相吻合。因此，我国彩票业在发展之初便受计算机、互联网等数字技术的影响，其数字化探索贯彻整个发展历程。本文综合彩票业发展与数字技术演变进程，将我国彩票业数字化探索进程大致划分为萌芽期、无序扩张期和理性探索期。

（一）我国彩票业数字化探索历程

1. 萌芽期（1987~1999年）

我国早期诞生的彩票主要是即开型，它不仅为我国社会公益事业筹集了资金，也为人民群众的精神生活注入了新体验。随着彩票业的发展，彩种越来越丰富，除了即开型外，乐透型、竞猜型、基诺型彩票先后出现。彩票业的发展是彩民需求持续扩大和市场供给不断繁荣的共同结果，其中还有一个重要的外部推动因素就是数字技术的持续创新与广泛应用。20 世纪 80 年代末，第三次科技革命浪潮向全球蔓延，计算机技术开始应用于各个行业领域，人类的信息处理方式开始从传统的纸质形式向以 01 为代表的二进制数字处理模式转变。20 世纪 90 年代初，以美国推出的信息高速公路为代表，互联网逐渐实现大规模商用，互联网经济兴起，不断塑造全球经济社会发展的新路径和新模式。

1994 年，我国正式接入全球互联网，通信技术的进步将大量计算机连接起来，推动了全球互联网繁荣和数字化转型第一波高潮。这一时期的数字化转型，在网络基础设施和软件的支撑下，以"连接"为主要特征，以经营搜索引擎业务的互联网企业为先驱，极大地变革了人们的通信方式，大幅降低了信息搜寻成本，减少了信息不对称。此后，国家信息化战略体系也逐步明晰。1996 年，为加强对全国信息化工作的统一领导和组织协调，国务院成立了国家信息化领导小组。1997 年，全国首次信息化工作会议制定了《国家信息化"九五"规划和 2010 年远景目标（纲要）》，明确了国家信息化建设的总体思路、基本构架和远景目标。1998 年，国务院组建了信息产业部。这一系列举措标志着我国信息化建设逐渐步入组织协调有序、规划设计科学的发展轨道。

这一时期，彩票业数字化探索开始萌芽，具体表现为计算机在彩票发行、销售等管理业务中的使用以及彩票信息系统的雏形。1994 年，我国第一张由计算机网络管理发行的福利彩票在深圳诞生，这是由深圳市试发行的传统型福利彩票。1999 年，我国第一张由计算机网络管理发行的乐透型福利彩票在上海诞生。与传统的纯手动操作、纸质发行不同，计算机在彩票发行机构与销售群体中的使用大大提升了彩票发行、管理、销售等环节的效率。同时，计算机的应用及其带来的信息存储、处理方式的变革，为彩票管理信息系统的建设与统一奠定了重要基础，在信息收集、统计分析和规划模拟等方面发挥重要作用。

2. 无序扩张期（2000~2014年）

国家关于信息化建设的系列战略部署明确了支持数字技术在我国发展的政策预期，以计算机、互联网等为代表的数字技术在我国得到了迅速发展和普及应用。2000 年以来，随着互联网的普及和网民数量的增加，网络彩票在国内出现。2001 年，500WAN 彩票网、中国足彩网率先开始在互联网上尝试彩票代购模式。2002 年 3 月，财政部在《彩票发行与销售管理暂行规定》（财综〔2002〕13 号）中虽曾明确"禁止利用因特网发行销售彩票"，但由于监管执行不到位和经济利益所致，各类网站纷纷开始售卖彩票，其中除了澳客网、星彩网等垂直网站外，还包括腾讯、淘宝、百度、网易等门户网站。2010 年以来，各行各业都在探索和尝试"互联网+"新模式，即将互联网等数字技术与自身业务领域相融合，积极推动数字化转型，以在激烈的市场竞争中赢得新优势。彩票业的数字化探索也相应进入快速扩张期。

这一时期，彩票业数字化的快速扩张主要表现在市场规模、参与主体、交易模式等三个方面，而快速的扩张并未在明确的法规制约和严格的市场监管之下进行，总体上处于一种无序、循环反复的状态。第一，从市场规模来看，我国彩票发行和销售的规模迅速扩大，互联网对于其规模扩大的贡献率不断提升。据统计，2005年我国彩票的网络销售规模仅为1亿元；2014年便增长至850亿元，其中互联网在全国彩票总销量中的贡献率超过50%[①]。第二，从参与主体来看，经营准入的低门槛和经济收益的高回报吸引了众多互联网企业参与彩票的网上销售。其参与主体既有人民网等大型新闻门户网站，也有500彩票网、中国竞彩网等垂直类网站，随后百度、阿里、腾讯等头部互联网企业也推出彩票频道，市场竞争异常激烈。但是，只有500彩票网和中国竞彩网获得了国家授权，其他网站均采用线下出票的方式来规避政府监管。第三，从交易模式来看，主要有"线上购买+线下出票""线上购买+截留"等模式。交易模式的多样化，一方面满足了不同彩民的购彩需求；另一方面有效监管的缺失使得市场秩序极为混乱，各种侵害彩民利益的事件时有发生。

3. 理性探索期（2015年至今）

2015年，《国务院关于积极推进"互联网+"行动的指导意见》出台，加速了互联网在各个领域的深度融合创新。从技术角度来看，"互联网+彩票"符合技术与应用的发展趋势；但从监管角度来看，互联网应用后带来的彩票市场秩序混乱、各种不确定性风险加剧、人民群众利益受到侵害等一系列问题，使得政府不得不对其进行审慎监管。尤其是彩票作为我国筹集社会公益基金的重要途径，代表了国家信用和社会信用。2015年以来，我国政府和相关部门采取了一系列治理措施有效控制了整个彩票业在互联网上进行经营的无序扩张之势。2015年1月，财政部、民政部、国家体育总局联合发文，暂停在互联网上销售彩票，开展彩票行业的全面整顿。在相关法律法规和政府具体监管政策未明确发布之前，我国彩票业的数字化探索整体上处于理性沉寂状态。然而，数字技术的拓展与创新从未止步，数字技术的进步本身可以

[①] 《中华人民共和国财政部公告2015年第59号》，财政部官方网站，2015年8月31日，http：//www.mof.gov.cn/gp/xxgkml/zhs/201508/t20150831_2510254.htm，最后检索时间：2023年9月1日。

化解一部分由技术不完备带来的风险问题，如大数据、区块链、人工智能等技术的新探索，将为我国彩票业的数字化发展带来新的可能。

（二）我国彩票业数字化的演变逻辑

1. 探索道路曲折，但数字化趋势从未改变

我国彩票业的数字化探索从萌芽到扩张、从被叫停后的再发展到进入理性探索期，短短30余年的发展进程可谓曲折，但数字化的发展趋势从未改变。这说明我国彩票业的数字化探索符合人类技术进步与发展的一般规律。技术创新作为人类社会进步的核心驱动力量，在人类历史发展的不同时期以不同的形式发挥着作用。在当前发展阶段，数字技术是驱动经济社会进步的核心通用目的技术，数字技术本身的外延不仅在不断拓展，而且它能够在经济社会的各个领域得到广泛应用，在应用中能够进一步持续推动数字技术的创新。从早期的计算机技术到互联网技术，从大数据技术到人工智能技术，技术的集成创新将突破在各应用领域中的风险与瓶颈，推动各行各业的数字化转型与升级。同样，彩票业作为数字技术的一个重要应用场景，两者在不断融合与磨合中，将创造出新的业务模式。

2. 数字化的可持续探索离不开政府的有效规制与监管

我国彩票业的数字化探索经历了与其他行业大致相同的曲折历程。一方面，彩票利用互联网销售带来的巨大利益导致各类主体蜂拥而上，对经济收益的过分追逐使得其公益属性被弱化，整个市场变得唯利是图；另一方面，政府对于数字技术及其在各领域的应用这一系列新生事物暂时缺少行之有效的监管思路与具体手段，最终导致政策不明朗、预期不稳定。但是，政府始终都在根据行业发展特性，摸索科学的政策体系和监管方法。从2002年政府明确禁止利用因特网发行销售彩票，到2009年取消禁止互联网销售彩票的限制；从2010年开始规范互联网销售彩票行为，到2012年明确将互联网销售确立为合法的发行方式之一（见表1），以上均显示了我国政府在彩票数字化规制方面取得的巨大进步。未来，我国彩票业的数字化要取得持续进展，离不开健全的法律法规保障和适应数字技术应用的灵活监管方式。

表 1　我国彩票业监管的主要条例

发文时间	文件名称	主要内容
2002 年 3 月 1 日	《彩票发行与销售管理暂行规定》(财综〔2002〕13 号)	禁止利用因特网发行销售彩票
2009 年 7 月 1 日	《彩票管理条例》(国务院令第 554 号)	取消关于禁止互联网销售彩票的限制
2010 年 9 月 26 日	《互联网销售彩票管理暂行办法》(财综〔2010〕83 号)	未经财政部批准,任何单位不得开展互联网销售彩票业务
2012 年 12 月 28 日	《彩票发行销售管理办法》(财综〔2012〕102 号)	发行方式,是指发行销售彩票所采用的形式和手段,包括实体店销售、电话销售、互联网销售、自助终端销售等

3. 市场探索依然保持活力

我国彩票业的数字化探索整体经历了建章立制滞后于市场探索的发展过程。在整个历程中,政府监管部门确认了彩票业数字化的合法性与合理性,但对于整个彩票业的规范化要求不断提高,监管态度与手段越来越严格,对擅自发行和非法发行的执法力度逐渐加大。自 2015 年互联网发行、销售彩票被叫停后,市场上仅存在两家具有财政部备案授权的彩票销售网站,即中国竞彩网和 500 彩票网。两家网站一直积极致力于符合数字化需求的新产品的研发与推广,并以移动化、娱乐化、社交化为战略定位,敏锐捕捉市场动向,满足网民群体的多元化购彩需求。

三　我国彩票业数字化面临的主要机遇与挑战

(一)我国彩票业数字化面临的主要机遇

1. 数字技术持续赋能

近年来,我国在数字技术创新与应用领域持续取得新突破和新成绩,在国际上总体处于并跑甚至在个别领域领跑的水平。数字技术突飞猛进地发展,尤其是我国适度超前的数字化基础设施布局为彩票业的数字化转型提供了技术上的可行性。此前，我国互联网彩票发展阻力重重的一个重要原因就是互联网技术与彩票未能相互深度契合，突出表现为技术在特定发展阶段的局限性不能解决彩票销售过程中的风险与问题，如彩票开奖与兑奖过程不透明、缺乏技术监督与信用机制及投注资金、彩票公益金无法智能追踪、支付环境不安全等。技术的持续进步与创新正逐个解决与突破存在的问题与风险点。互联网技术解决了人与人、人与物、物与物之间的连接与沟通问题，尤其是 5G 网络大大提升了网络连接效率。大数据技术正在高效地收集、分析海量数据，将数据要素转化为现实生产力。人工智能技术正在为彩民提供更优质的智能服务。区块链技术通过为彩票发行销售构建安全系统，可有效解决彩票在发行销售尤其是开奖过程中存在的中心化、数据可篡改、不可信任等问题。自 2015 年以来，我国把区块链技术作为技术自立自强的重要突破口和产业创新应用的重点领域，相应的区块链彩票研究兴起。我国深圳市福利彩票发行中心于 2019 年研发出的国内首张纸质版区块链彩票样票，成为我国彩票业数字化探索的重要里程碑。

2. 庞大的网民群体提供市场支撑

我国数字经济的蓬勃发展离不开巨大的网民规模和市场体量。我国彩票业的发展和未来的数字化转型同样离不开网民群体提供的市场支撑。首先，庞大的网民群体为彩票业数字化发展提供规模上的支撑。据统计，2022 年，我国数字经济规模达 50.2 亿元，占国内生产总值比重提升至 41.5%；我国网民规模达到 10.67 亿，互联网普及率达到 75.6%；移动物联网终端用户数达到 18.45 亿户。[①] 其次，庞大的网民群体为彩票业数字化发展提供结构上的支撑。过去，我国彩民群体以中低收入者为主，在数字化浪潮中，传统的彩民群体已不足以支撑彩票业的高质量发展。而善于接触并使用最新数字技术的网民群体正是数字彩票或互联网彩票的潜在消费群体，这也将为我国彩民结构优化和潜力挖掘提供重要机遇。

---

① 国家网信办：《国家互联网信息办公室发布〈数字中国发展报告（2022）〉》，中国网信网，2023 年 5 月 23 日，http://www.cac.gov.cn/2023-05/22/c_16 86402318492248.htm，最后检索时间：2023 年 8 月 30 日。

（二）我国彩票业数字化面临的主要挑战

1. 法治与监管体系如何与时俱进

当前，我国在彩票数字化的法治与监管体系方面仍存在诸多空白。法律体系层面，我国目前尚未有一部《彩票法》，主要依靠《彩票管理条例》对彩票业进行相关约束，其约束力相对较弱，关于彩票发行、管理等细节问题亟须细化与明确。而完整法律体系的形成通常具有一定的时滞，从起草到征求意见，再到最终落地，需要较长时间和足够实践基础作为支撑。监管体系层面，彩票业的特殊行业属性和数字技术的日新月异，加大了政府对数字彩票进行有效监管的难度。比如，2012 年，财政部允许两个网站进行试点。试点网站被允许销售与实体投注店相同的彩票品种，但对于可销售彩票品种、经营销售方式等缺乏具体管制措施，使得"先试点、后铺开"的效果大打折扣。

2. 利益分配机制如何配套优化

过去，我国通过彩票募集的公益金已形成相对稳定的利益分配机制，包括中央与地方之间、区域之间等。但是，彩票在数字化过程中将突破时间与空间的限制。相应的，传统的利益分配机制也会受到挑战。首先，随着发行与管理成本的变化，公益金的提取比例、代销费率等是否需要做出相应调整？其次，随着彩票销售参与主体的增加，尤其是互联网彩票企业的加入，新参与主体与传统参与主体之间的利益如何实现均衡？互联网彩票企业所获收入如何进行区域认定与分配？最后，随着彩票销售、营销模式的日益创新与多元，新彩种的利益分配方法是否需要与传统彩种的利益分配方法有所区分，既可以保护传统销售主体的既有利益，又可以保护和激发新型参与主体的积极性？总之，面对新技术、新模式的推广，政府监管部门应以与时俱进的治理思路，围绕行业发展规律和市场趋势性变化，制定科学合理的规划部署，在各方利益的平衡中推动彩票业进行有序、有效的数字化探索。

3. 社会责任体系建设任重道远

彩票自诞生之初便是一把"双刃剑"，它在筹集社会公益基金、致力于社会公益事业的同时，也带来了问题彩票、过度购彩、未成年人保护等负外部效应。因此，世界上大部分国家都由政府垄断彩票发行并实施严格管制。除了硬约束的政府规制外，社会责任体系建设则是整合多方力量实现外部治理与自治理相结合的一项重要举措。而在数字化探索中，数字技术的隐蔽性、网民群体的复杂性、参与主体的多元性等进一步加大了数字彩票治理的难度，一系列冲破社会责任底线的新问题随之产生。在数字网络环境下，如何进行未成年人保护，如何对购彩额度进行限制、防止网络购彩成瘾，如何防止不法分子借助技术手段进行账户盗用、欺诈行骗等违法行为，这一系列问题的背后都是遵循彩票公益性与过度追逐经济利益之间的失衡，需要彩票业构建起更加健全的社会责任治理体系，形成对国家负责、对社会负责、对人民负责的价值体系和实践范式。

4. 如何应对国际竞争，防止彩民、公益金流失

世界上诸多国家和博彩公司一直在探索如何突破国土边界、在世界范围内募集社会资金，数字技术的发展无疑为这一探索开辟了广阔空间。从国际上来看，国外彩票业一直在尝试研发适应互联网技术特性与传播特性的新彩种，抢占国际市场竞争制高点，实现跨境筹集彩票公益金。从国内来看，我国监管部门一直对彩票在互联网上的销售、营销等行为实施严格监管。经历反复被叫停后，我国彩票业在数字化道路上的探索受到极大阻碍，彩票品种创新有限。为满足自身需求，国内部分彩民转而向海外市场购彩。此外，一些境外彩票企业开始跨境在我国境内售彩，如欧洲的 Parabox 和 GTB 区块链彩票项目已经跨境在我国吸纳彩票公益金。由此可见，复杂的国际竞争形势正在吸引国内部分彩民群体，导致公益金向海外流失。这也倒逼国内监管当局和市场各方主体形成合力，积极探索稳妥有效的彩票数字化之路，实现行业的高质量发展、维护国家和人民的根本利益。

四　推动我国彩票业数字化转型的对策建议

数字化是我国彩票业应对国际竞争局势、提升公益金筹集效率、满足人

民群众精神生活需求的必然选择。未来，我国彩票业的健康、可持续发展既要借助数字技术赋能优势，又要善于规避与防御各个方面的风险与不确定性，从根本上发挥好政府的规制与激励作用，调动各参与主体的创新探索、合法经营的积极性，强化社会责任体系建设，发挥其巨大的经济价值和社会价值。

（一）完善法规体系、明晰政策预期，实现有效的规制与激励

我国彩票业的发展历程表明，其数字化转型必须在法规的有效约束和政策的科学引导下规范、创新发展。彩票特殊属性与数字技术特性两者结合使其产品消费群体更广、安全风险更多、监管难度更大、社会责任更重，因此必须对其进行审慎推进、严格监管。

第一，结合我国彩票业发展特色与数字技术特性，尽快完善彩票管理的法律法规体系。目前，我国对于彩票业的规制主要依据国务院颁布的《彩票管理条例》和财政部修订的《彩票管理条例实施细则》，两者对于规范彩票业的运行秩序发挥了重要作用。但随着彩票业的快速发展以及数字化进程的势不可挡，关于彩票定位、管理体制、运行模式、利益分配机制等关乎其发展的根本事项，需要进一步完善顶层设计和健全制度安排。尤其是当基于数字技术而产生的非法博彩、侵害彩民利益等行为发生时，单纯依靠行政规章处罚远不足以形成震慑力。因此，根据我国国情、彩票行业属性和彩民现实需求，制定相应的法律法规势在必行，由相关法律法规与现行行政规章制度形成呼应，使整个行业真正走上有法可依、依法治彩的法制化轨道。此外，应完善引导彩票业规范、健康发展的政策激励，建立更加适应市场需求的运行管理模式，改善相关主体的预期，调动更多社会主体合法参与社会福利事业的积极性。

第二，依托数字技术构建数字化监管体系，进行事前、事中与事后的全过程穿透式监管，切实提升监管效能。针对互联网+彩票发展之初所出现的系列乱象，我国政府相关监管部门以叫停等方式进行了及时治理，但这种休克式的治理手段只能是暂时的应急之策。从长远发展趋势来看，监管部门必

须坚持"疏胜于堵"的监管思路，探索行之有效的监管手段，尤其要充分发挥数字技术在监管过程中的赋能效应，实现依托新技术来治理新技术应用带来的新问题，构建彩票数字化监管新格局。在政府实施严监管的背景下，仍有不法分子游走于灰色地带，也进一步说明非法彩票经营的收益远大于其违法的成本。因此，利用技术堵住漏洞是真正科学的治理智慧。其中，安全性是数字化监管的重中之重，主要包括数据安全、支付安全、资金安全等。

第三，实施多部门联合监管，完善相关标准体系，实现对行业发展的正面引导。彩票数字化使其发行销售等环节从平面化向立体化转变，从彩票产品的设计、发行与销售到公益金的筹集、分配与落地，整个过程涉及多个政府部门的相关职能。因此，对彩票业数字化的治理与监管不是单一部门可以完成的。未来，应结合公益金筹集需求、彩票业发展特点以及网民群体的消费特点，多部门联合形成系统化的监管体系。首先，各部门以数字化的监管平台为枢纽，连接形成监管合力。其次，除了政府相关监管部门外，银行系统、科技企业等应联合制定行业标准、技术标准等，形成规范化的标准体系，从而为整个行业的数字化发展提供明确的指引。这既有助于提升政府监管效率，又有助于维持彩票业的健康、可持续发展和彩票市场的有序、高效运转。

（二）依据消费端的数字化需求，推动供给端的同步数字化创新

从消费端来看，世界范围的彩票业均面临现有购彩群体年龄不断老化、数量日益萎缩的困境。在数量上，人们对传统彩票产品的购买兴趣在下降，购买数量也随之下降，尤其是年轻群体购买传统彩票的人数下降最快。在结构上，过去我国的购彩群体以中低收入者为主，随着这一部分群体的年龄老化，其购彩数量的下降导致我国整个购彩群体的结构发展变化。近年来，随着网络化、数字化和智能化对于人类生活方式、生产方式和治理模式的影响越来越深远，网民群体或善于使用数字技术的群体将构成我国彩票产品巨大的潜在消费市场，而这一群体呈现年轻化特征。调查显示，我国年轻彩民有一半以上在网络上买过彩票，有 1/3 习惯于在网络上购买彩票。因此，吸引

年轻的网民群体购买彩票、支持社会公益事业，是彩票市场主体维持市场活力的重要策略。

从供给端来看，各类供给主体应基于消费端的数字化需求，同步推进彩票品种和销售渠道的数字化转型。首先，供给主体要持续创新彩票品种，满足既有消费群体需求，吸引潜在消费群体加入。年轻网民作为彩票的重要潜在消费者，其消费理念、消费习惯和消费方式已发生重大变化，他们习惯于在网络上获取信息、进行社交和消费等。因此，针对目标消费者的需求变化，彩票发行部门应设计更加符合新消费特点的彩票产品。一方面，彩票发行部门可以尝试对传统彩票品种进行改良。目前，我国主要存在数字乐透型彩票、体育竞猜型彩票、即开型彩票和视频彩票等形式，可以选择更适合网络售卖的种类进行试点，如体育竞猜型。另一方面，彩票发行部门可以探索设计开发适合数字化运营的新彩票品种。其次，供给主体要探索安全、可靠的数字化运营模式，推进彩票销售渠道的数字化创新。过去，我国彩票业主要形成了平台模式、代购模式两种数字化营销模式，但两种模式仅仅是改变了销售渠道，并未实现产品创新与渠道创新的有机融合。未来，各类主体应探索更加有效的数字化运营模式，推进产品与渠道同步数字化创新，从而为彩票产品与购彩消费者之间构建更加畅通的桥梁，实现供给与需求之间的高效匹配与对接。

（三）完善社会责任体系构建，彰显彩票业的经济价值和社会价值

人民性、国家性和公益性是我国彩票的根本属性，彩票发行销售涉及的各个环节和各类主体必须紧紧围绕彩票的根本属性，最大化发挥国家彩票的公益价值和责任理念。尤其是在彩票业的数字化进程中，针对已经出现和今后可能出现的问题，各类主体唯有强化彩票业的社会责任体系建设，才能有效化解问题、实现高质量发展，最终彰显其经济价值和社会价值。彩票业的社会责任体系构建，是一项系统工程，需多主体、各领域协同发力。第一，政府监管部门要完善顶层设计，明确对彩票业社会责任治理的具体要求，制定社会责任相关体系框架，将彩票社会责任建设纳入制度化轨道。第二，彩

票发行机构在彩票产品设计、开发与推广的各个环节，要巧妙融入责任理念。2020 年，中国福彩中心印发了《中国福利彩票责任彩票手册》，明确了中国福利彩票的责任内涵主要包括发行销售责任、员工与零售商责任、政府责任、公众责任、社区责任、行业责任、利益相关方责任、环境责任。这为我国福彩的社会责任践行提供了较为完整的参考框架，但在具体实践中仍需对一些细节进行深入探索，比如如何设定交易额度和频率、如何更有效地保护未成年人、如何助力绿色发展等。第三，各彩票销售渠道与主体要秉持责任意识，既作责任彩票的践行者，又是不规范彩票的监督者。第四，在彩票公益金的分配和使用环节，相关分配和使用部门要围绕国家战略部署、聚焦国家公益事业的关键环节，提升公益金分配和使用效率。此外，相关部门应主动引入外部审计，保证公益金的分配与使用始终在透明的审计与监督之下进行。第五，调动社会各方力量，在整个社会范围内形成理性购彩、热心公益、助力彩票业健康发展的良好风气。尤其要发挥传统媒体和各类新媒体、自媒体的强大监督力量和公益传播影响力；发挥行业组织的力量，在整个行业内形成自律与他律相互配合的强大合力。总之，彩票兼具人民性、国家性、公益性和经济性，如何在数字化趋势下平衡好各属性之间的关系，在发挥其经济价值的基础上更好发挥其社会价值，是彩票业持续、健康、高质量发展的核心议题。而秉持责任理念、推行责任彩票、强化责任治理是彩票业数字化探索行稳致远的根本保障。

参考文献

冯百鸣：《互联网彩票：发展机遇还是潘多拉盒子?》，《中国经济周刊》2014 年第 47 期。

国家彩票杂志社课题组：《国际彩票行业现状和趋势研究》，载何辉主编《中国福利彩票发展报告（2019）》，社会科学文献出版社，2020。

黄少安：《关于"数字化经济"的基本理论》，《经济学动态》2023 年第 3 期。

雷秋玉、刘丽、宋慧敏：《博彩法框架下美国的互联网彩票法律规制——兼及互联网彩票法制的发展建议》，载何辉主编《中国福利彩票发展报告（2021）》，社会科学文献出版社，2021。

马妍：《技术视角下中国福利彩票未来发展方向研究》，载何辉主编《中国福利彩票发展报告（2022）》，社会科学文献出版社，2022。

邵祥东、刘佳宁：《区块链彩票发展面临的问题及其对策》，《党政干部学刊》2020年第 12 期。

王长斌：《我国的互联网彩票：经营模式、发展策略与管制框架》，《财经论丛》2016 年第 2 期。

王薛红：《我国互联网彩票监管中的若干问题研究》，《财政科学》2017 年第 10 期。

B.13
高质量发展视角下的彩票产业融合研究

向 爽 何 辉*

摘　要： 本文从产业融合的视角，对当前我国彩票与其他产业融合的现象进行初步分析。彩票产业的高质量发展，需要重视和挖掘彩票的娱乐和社交属性。现有的彩票产业与其他产业融合发展的方式，可分为技术融合、产品融合、业务融合以及市场融合。影响彩票产业融合发展的动力因素包括消费需求、技术创新和相关政策。三类动力因素的互动形成了彩票产品融合的动力机制。产业融合有力地推动了彩票产业的创新，且优化了资源配置、降低了成本、提高了效率。为进一步深化彩票产业融合，需要加强政策支持、深化对新技术的运用，以及激励地方彩票机构探索产业融合的不同方式。

关键词： 彩票产业　产业融合　高质量发展

一　引言

2010 年，北京福利彩票发行（管理）中心（以下简称"北京福彩"）携手华谊兄弟，推出国内首款以电影为主题的即开型彩票。同年，北京福彩

---

* 向爽，中国社会科学院大学应用经济学院硕士生；何辉，经济学博士，中国社会科学院大学商学院党委书记，副教授，主要研究方向为产业与政府规制、公益市场、彩票。

又推出了传统文化主题的即开票"京彩京韵",并取得了较好的市场效果。2013 年北京福彩在"北京市福利彩票发行 25 周年纪念活动"期间推出了以昆曲为主题的即开型彩票,该款彩票发行后,在业内掀起了关于即开票主题文化收藏的风尚。① 这一举措并非北京福彩独有,一些地方福彩机构近些年也在做相关探索。

2019 年开始,监管部门对彩票业实施更为严格的监管。福利彩票的游戏矩阵中,福彩快开和中福在线两类游戏受到极大影响。这两类游戏 2018 年的销量之和占到福利彩票总销量的 62.6%。到 2021 年,福彩快开游戏逐步退市,中福在线游戏停售。政府监管对我国彩票业的产品结构、市场、经营主体、销量等都产生了巨大的影响。相较于体育彩票,福利彩票受到的影响更大。

政府对彩票业的严格监管,"倒逼"了彩票产业的改革创新。2019 年以来,福彩和体彩在游戏产品、渠道建设、产品营销、市场拓展方面进行全方位的探索。在这些探索中,彩票业与其他行业的互动表现得尤为突出。例如,彩票走出传统的销售网点,融入商业综合体业态进行销售;彩票与高速公路加油站进行合作销售彩票;彩票与文化企业合作,推出彩票卡通、彩票影视作品等;彩票与会展、婚庆等协作;等等。总体看,这些探索已经取得了不错的效果,2021 年以来彩票销量连续两年的增长就是一个例证。

近几年彩票业与其他产业在产品、渠道、市场方面的融合等实践,构成了彩票业转型升级的重要内容。不过,到目前为止还缺乏针对彩票产业融合的相关研究。本文希望在这个方面做初步的探索,基于产业融合理论,对近几年彩票业的上述探索进行梳理,分析其产业融合的表现形式和特征,探索其背后的动力机制,从产业融合的角度,对彩票业的转型升级和高质量发展提出对策建议。

---

① 《彩票与文化的融合发展案例:京福彩探索即开票》,腾讯体育网,2014 年 9 月 19 日,https://sports.qq.com/a/20140919/018639.htm。

二　文献综述

20世纪60年代，罗森伯格（Rosenberg，1963）在研究美国机械设备业演化发展时，观察到相同或相似技术在工业经济中的泛用化，进而提出"技术融合"（Technological Convergence）的概念[1]。20世纪70年代产业融合现象开始受到广泛关注。日本学者植草益以信息通信业为例，认为技术创新、管制放松和行业竞争推动着产业融合[2]。阿尔索方和萨尔瓦托（Alfonso & Salvatore，1998）认为，产业融合通常要经历技术融合、产品和业务融合、市场融合三个阶段，才能实现真正意义上的产业融合。[3]

21世纪初，国内学者开始关注产业融合，厉无畏（2002）认为产业融合是不同产业或同一产业内的不同行业通过相互渗透、相互交叉，最终融为一体，逐步形成新产业的动态发展过程。本文中所提到的产业融合采用了厉无畏学者给出的定义[4]。马健（2002）梳理了国内外相关研究，认为技术革新等是产业融合的重要动因，产业融合将改变产业的市场结构和产业绩效[5]。

一些学者聚焦于产业融合动力机制的研究。董桂玲（2009）根据系统论学说，认为动漫业与旅游业的产业融合过程是一个动态演进过程，由旅游需求构成的引力子系统、企业竞争逐利构成的推力子系统以及社会的文化、经济、政治环境和科学技术构成的支持力子系统，相互作用和影响，形成动力机制[6]。曹哲和邵旭以"创造力—驱动力—牵引力—支撑力—聚合力"为分析框架，提出并论证了农村第一、第二、第三产业融合发展的动力机制[7]。

---

① N. Rosenberg, "Technological Change in the Machine Tool Industry, 1840-1910," *The Journal of Economic History* 32（1963）.

② 植草益：《信息通讯业的产业融合》，《中国工业经济》2001年第2期。

③ Alfonso Gambardella, Salvatore Torrisi, "Does Technological Convergence Imply Convergence in Markets? Evidence from the Electronics Industry," *Research Policy 27*（1998）：pp. 445-463.

④ 厉无畏：《产业融合与产业创新》，《上海管理科学》2002年第4期。

⑤ 马健：《产业融合理论研究评述》，《经济学动态》2002年第5期。

⑥ 董桂玲：《动漫业和旅游业产业融合的动力机制研究》，《经济研究导刊》2009年第32期。

⑦ 曹哲、邵旭：《我国农村一二三产业融合发展的动力机制研究》，《西南金融》2023年第4期。

也有学者对产业融合的路径及形式进行研究。胡汉辉与邢华将技术融合、业务融合、市场融合、产业管制环境的变化作为产业融合的前提条件，并提出了产业融合的三种形式：产业渗透、产业交叉以及产业重组[①]。陆国庆在弗里曼产业创新理论的基础上，认为产业创新需要经历技术创新、产品创新、市场创新以及产业融合这四个阶段。

一些学者也开始关注个别行业的产业融合问题。麻学锋等对旅游产业融合进行研究，认为各个产业因自身特点的不同，与旅游业的关联方式也存在不同，因此旅游业的产业融合路径理论上可划分为资源融合、技术融合、市场融合和功能融合。高凌江和夏杰长认为，旅游需求、企业竞争、技术创新和外部环境的共同作用构成旅游产业融合的动力机制，产业融合包括模块嵌入式、横向拓展式、纵向延伸式、交叉渗透式四种路径。杨强提出体育产业和旅游产业融合发展的动力机制是基于内动力——体育资源的资产融通性和外动力——旅游消费结构日趋高级化，而其路径机制包含产业价值链的解构，技术、业务、市场融合的3种重构手段，5种典型重构模式。

目前只有极少研究从产业融合角度对彩票产业发展进行探讨。本文希望分析彩票业与其他产业融合的现状和方式，为产业融合的研究提供彩票产业的案例；归纳彩票产业融合的动力机制，并提出相关的建议和措施，为推动彩票产业高质量发展提供实践指南。

三 彩票产业融合发展的必要性

（一）彩票产业高质量发展的概念

党的十九大提出"我国经济已由高速增长阶段转向高质量发展阶段，正处在转变发展方式、优化经济结构、转换增长动力的攻关期"，党的二

---

① 胡汉辉、邢华：《产业融合理论以及对我国发展信息产业的启示》，《中国工业经济》2003
第 2 期。

十大进一步强调要"贯彻新发展理念，着力推进高质量发展，推动构建新发展格局"。

2018年之前，我国彩票产业经历了一个高速发展时期，2018年的销量更是达到历史最高。2019年开始随着政策调整，彩票业的发展也由强调量的高速增长转变为突出质的提升。为适应社会主要矛盾的变化，实现人民日益增长的美好生活需要，彩票业的高质量发展随之被提上日程。

高质量发展是一个多维度、总括性的概念，高培勇等提出高质量发展可以从经济高质量、社会高质量和治理高质量的角度去理解，且经济高质量是社会高质量和治理高质量的基础[①]。

经济高质量发展，其本质是能够更好地满足人民日益增长的美好生活需要的发展。从这一层面看，彩票的高质量发展就是满足消费者各种精神、物质、娱乐、文化需要。长期以来，我国彩票业在发展中特别强调其公益性。例如，福利彩票的发行宗旨就是筹集社会福利资金，兴办残疾人、老年人、孤儿福利事业和帮助有困难的人——"扶老、助残、救孤、济困"。虽然突出彩票的公益性和福利性没有错，但是在彩票的发展中，过于强调彩票的公益性而忽视彩票在娱乐性方面的重要价值，或许会影响其持续的高质量的发展。因此，贯彻创新、协调、绿色、开放、共享的新发展理念，通过合适方式，更好地满足人民大众的文化、娱乐、公益等各种需求，进而筹集彩票公益金用于我国的社会福利和社会公益事业，就变得尤为重要。

产业融合是彩票产业发展的新途径，并且在彩票实现经济高质量发展的过程中，该产业本身也有可能发展成为全民共享共乐的娱乐消费型产业。基于此，福利彩票的特征（属性）也需要再做梳理。

（二）彩票的特征

1. 我国彩票的本质属性

《彩票管理条例》第二条指出，彩票是指国家为筹集社会公益资金，促

---

① 高培勇等：《高质量发展的动力、机制与治理》，《经济研究》2020年第4期。

进社会公益事业发展而特许发行、依法销售，自然人自愿购买，并按照特定规则获得中奖机会的凭证。由此可以归纳出彩票的本质属性：人民性——取之于民、用之于民；国家性——由国家特许发行，以国家信用为背书，以政府公信力为担保；公益性——部分销售收入用于支持社会公益事业。

2. 彩票产品的博弈性、娱乐性和社交性

如果聚焦于彩票游戏产品本身，则彩票具有博弈性、娱乐性和社交性。

博弈性是指购彩者通过购买彩票参与博弈活动，获得中奖机会，同时也承担一定风险。彩票的多样化游戏种类，满足了不同购彩者的博弈需求。彩票游戏的博弈性如果过强，有可能引发购彩成瘾，会给购彩者及其家庭，甚至社会带来负面的影响。因此，彩票游戏的博弈性是需要控制在一定范围之内的。2019年监管部门对高频快开和视频型彩票严格限制直至部分游戏退市，正是基于这个原因。但如果仅仅降低彩票的博弈性，而没有在其他方面增加对消费者的吸引力，则彩票产品的市场价值会大打折扣。因此，如何挖掘彩票的其他特征就变得非常重要。

彩票的转型升级不仅应该控制好彩票本身的博弈性，还应该追寻彩票的娱乐性——通过赋予彩票消费更多的场景和体验、彩票产品的设计等，让购买彩票行为富于娱乐性，使它可以满足消费者的多种需求，提升购彩者效用。

彩票的博弈性和娱乐性，在一定条件下，还会衍生出新的特性——社交性。社交性是指相同或相近偏好的消费者处于同一时间和空间，相互交流、分享并从中获得愉悦。随着社会经济的发展，当彩票的娱乐性被挖掘开发，彩票就有可能成为一种联系各种消费者、企业、行业，乃至产业的媒介，通过这一媒介，拥有相同偏好的消费者能够聚集起来，相互交流，相互讨论，形成各种社交圈子。彩票的这一社交属性将扩大购彩者的人际交往，丰富其娱乐生活。

彩票的娱乐性和社交性，显然与许多产业的产品具有共通的地方，但彩票的公益性则与许多产业的产品特征具有差异性甚至互补性。这些都为彩票业与其他产业的互动甚至产业融合，提供了较为坚实的基础。

四　彩票产业与其他产业融合的方式

现阶段彩票业为实现高质量发展而积极推动与其他产业融合，具体可分为技术融合、产品融合、业务融合、市场融合这四种。

（一）技术融合

技术融合是指在技术创新的扩散与渗透中，不同行业共享相似技术基础的过程[①]。这意味着将来自不同技术领域的创新技术元素整合在一起，引导不同行业出现相同或相似的技术标准，从而模糊不同产业的边界，以解决特定问题或提供新的产品和服务。技术融合有助于加速技术创新，推动产业的进步。

现代社会从信息化、数字化逐步发展到智能化的当下，福利彩票想要跟上时代的步伐、实现高质量发展，充分运用信息化、数字化技术就显得非常重要。目前在一些彩票游戏的营销中，运用信息技术整合了线上和线下的营销活动特点，提高了产品的销售，推动了彩票的公益传播。例如，在一些即开票的销售中，购彩者线下购买彩票并"刮"出结果后，还可以再通过线上方式参与抽奖，丰富了即开票消费的购彩体验。重庆市福彩中心在"公益福彩·幸福校园"项目中创设"一张彩票，一次公益投票权"互动模式，公众购买在重庆销售的任意一款福彩电脑票，通过扫描重庆福彩 App 或微信小程序投票页面二维码，即可为项目拟资助学校投票助力，投票数将决定学校可获得的公益金额度。[②]

区块链技术是一种不依赖第三方、通过自身分布式节点进行网络数据的

[①] Felicia Fai, Nicholas von Tunzelmann, "Industry-specific Competencies and Converging Technological Systems: Evidence from Patents," *Structural Change and Economic Dynamics* 12 (2001): pp. 141-170.

[②] 姜雪芹：《2022 福彩盘点之品牌建设和责任营销篇——让福彩公益成为一种新时尚》，《中国社会报》2023 年 1 月 30 日。

存储、验证、传递和交流的一种技术方案。从金融会计的角度，区块链是一种分布式账本技术，它是由一系列数据块（block）按照时间顺序链接（chain）而成的数据结构。它们被保存在所有的服务器中，只要整个系统中有一台服务器可以工作，整条区块链就是安全的。将区块链技术应用到彩票产业中，不仅有可能提高彩票的公信力，还可以更好地保证个人信息的安全。

2017年，深圳福彩中心提出科技与福彩相结合的构想，致力于发展区块链技术为福利彩票行业增信赋能，利用区块链技术实现福彩全过程上链记录、实时追踪数据、及时监管以及数据安全存储，打造一个公开透明、高效便捷的新型彩票生态系统。2021年，深圳福彩首创了区块链智能技术的线上抽奖方式，即通过采用区块链中的摘要算法技术和商用密码技术，整合用户信息、彩票信息、时间戳等关键要素，构建摘要信息，生成用户专属唯一彩票指纹信息并上传区块链存证，可溯源抽奖各环节。该技术被应用到"乐购双色球 汽车开回家"活动中，这一技术为福利彩票带来了全新的抽奖体验，并推动行业的创新发展。

2022年，深圳福彩在以上努力取得一定成果后，基于实名制、区块链以及地理定位等新技术，提出移动售彩思路，尝试银行直购这一"区块链+彩票"的购买方式，并实施"智慧银行直购项目"①。该项目将实现对彩民信息的实名认证、彩民购票、资金支付、出票、资金管理、系统对账等功能，提供彩票销售的全流程功能解决方案。

彩票产业使用新技术或其他产业的成熟技术，虽然并不一定就呈现彩票与其他产业融合的新形态，但会模糊传统彩票产业的边界，进而有可能促进在产品、业务乃至市场方面的融合。例如前面提到的重庆福彩的线下即开票购彩后的线上抽奖和捐赠活动，就突破了线下即开票简单的销售模式，初步融合了彩票销售和公益捐赠两类活动。这为产品融合和业务融合等提供了可能。

---

① 刘轶轩：《区块链技术全方位推动福彩事业变革》，人民网，2020年8月18日，http：// blockchain. people. com. cn/n1/2020/0818/c417685-31826227. html。

（二）产品融合

产品融合是指不同产业领域的产品元素相互结合，创造全新或升级的产品。这包括将不同行业的产品功能、特性或技术整合到一个产品中，以提供更多功能或增值服务。产品融合有助于创造多功能、多用途的产品，满足消费者不断变化的需求。

现阶段的彩票产品在产品功能上主要是博弈功能、娱乐功能和较少的社交功能。而有些产业的产品具有与彩票产品相关的一些功能。例如，文化产业的产品由于其文化属性，在商品同质化严重的当下，凸显了独特的意义和较高的附加值。因此，可以形成彩票和文化产业的融合，利用文化要素本身所拥有的高附加值，结合现今的数字技术以及生产技术，推出包括彩票卡通形象、彩票动画、彩票故事、彩票明信片、彩票电子纪念图卡等一系列带有各种文化要素的产品及服务。

竞猜型体育彩票游戏[1]，就是彩票产品和体育产业赛事的一种融合。彩票游戏是一种完全的概率游戏，体育赛事的比赛结果尽管也存在不确定性，但比赛双方的实力等因素对赛事结果有相当大的影响。竞猜型体育彩票游戏主要是基于赛事结果来决定彩票中奖情况。因此，该游戏对体育项目的爱好者有很大的吸引力，由此不仅扩大了购彩者群体，而且增强了购彩者的消费黏性。

近两年，福利彩票在对乐透型游戏"双色球"的营销中，推出了"送你一朵小红花"的公益活动。该营销活动属于彩票产品与公益产品的一种融合。双色球是典型的彩票产品[2]，"送你一朵小红花"属于公益产品。在"送你一朵小红花"活动中，购彩者购彩金额达到一定额度后可以为当地的儿童福利院等公益对象献"小红花"，福彩机构根据小红花的数量为儿童福

---

[1]　也有学者认为，严格意义上讲竞猜型彩票不属于人们通常认知的彩票。

[2]　我国发行的彩票产品，在销售过程中都会筹集到彩票公益金并用于社会福利和社会公益。因此从广义角度看，我国的彩票本身就是彩票产品和公益产品的融合。不过，本文此处提到的彩票属性则是狭义上的，即彩票销售和购买环节并没有直接的公益属性。

利院等提供慈善物资。双色球的这个营销活动融合了公益产品的内容，更突出了彩票的公益性，也会吸引更多关注公益的购彩者。

2022年湖南省长沙市福彩中心推出福彩美食文创产品—"福运糕"（一款绿豆糕点），谐音"福运高"，给购彩者带来福彩文创与解暑美食的跨界体验。

近年来，很多行业进行跨行业合作推出联名品牌产品。2023年瑞幸咖啡公司和茅台集团合作推出"酱香拿铁"产品，结合了咖啡和白酒两个行业品牌的优势，取得了很好的营销效果。国外一些彩票机构也在探索提高购彩者游戏参与度和忠诚度的方法，也采用了与其他行业品牌联合推出彩票游戏的方式。例如，科学游戏公司就与美国华纳兄弟集团"权力的游戏"品牌进行合作，将该品牌融入众多的彩票游戏中，推动彩票机构与那些想要获取更多身临其境体验的粉丝们进行深度互动。科学游戏公司和法国国家游戏集团（La Francaise des Jeux，简称"FDJ"）近年来推出了联名品牌即开票游戏"iDecide"。在该游戏中，如果购彩者购买的即开票中奖了，他们可以通过扫描二维码决定是否继续将奖金用于购买数字游戏。如果购买了该数字游戏，他们就可以体验到源自真人秀节目《一锤定音》的丰富的数字化体验。

2022年山东福彩联合星巴克咖啡开展"青春有我·为梦造福"营销活动，在写字楼、商业综合体等地向社会公众赠送咖啡和双色球彩票。此活动尽管不是联名品牌产品，但也有效地利用了星巴克的咖啡品牌对消费者的影响力来推动彩票消费。

彩票业依靠其他产业产品所蕴含的文化价值和使用价值来丰富彩票产品的内涵，其他行业借助彩票产品扩大品牌影响力与知名度，这种产品融合将会推动产业间的合作，加速产业融合的实现。

（三）业务融合

在技术融合和产品融合的同时，企业可能会在创新技术的基础上，将原有的技术生产方式、业务流程、组织和管理等进行全面协调并加以整合，实现改善成本结构、资源共享、增强核心技术和提高业务能力等目标。业务融合是指不同产业领域的业务模式、运营方式和价值链相互整合，具体包括合并、收购、战略合作和产业链上下游关系的整合，实现跨领域的协同效应，以提高效率、降低成本或创造新的商业机会。业务融合也有助于企业更好地适应市场变化和提高竞争力。

例如，彩票机构与旅游景区部门合作——将彩票与旅游景点的门票相结合，推出具有纪念意义的彩票门票，该门票可作为旅游景点的进入许可证明，同时具有彩票中奖功能；与展会携手——整合资源，积极参展，并定制与展会主题相关的彩票；同电影协力——携手各大影城，开展彩票、电影票兑换活动，看电影可获赠刮刮乐彩票，或者购买彩票有机会赢取电影票，让市民在观影的同时，感受彩票的公益性、娱乐性。

近年来，福利彩票和体育彩票在销售网点，融合了一些其他产业的业务内容。销售网点已不再局限于售彩，而是从服务内容到功能都进行了外延与升级，包括公益信息的宣传，便民、惠民的服务驿站等。河南省部分体彩实体店发布和传播公益项目信息，发布了包括救助贫困家庭白血病患儿的"小天使基金"等公益项目。福彩的一些彩票销售场所"兼职"做公益服务，为社区居民、执勤警察、环卫工人等提供饮水、热饭、手机充电、血压测量等服务。2022年中秋节广西福彩中心开展"好运十倍赢汽车"暨"好运村滨江露营节"活动，提供免费沉浸式露营体验、场景体验，让更多市民走近福彩、了解福彩、体验福彩。

（四）市场融合

市场是指商品交换的空间，彩票市场是购彩者与彩票经营者之间各种经济行为和经济关系的总和，其他产业市场是产品流通和消费领域所形成的交换关系的总和。市场融合是指以市场需求为导向，在技术融合或者产品与业务融合的基础上，形成新市场的过程。

市场融合的动力来自不断变化的市场需求和技术进步。消费者的期望不断演变，他们寻求更便捷、更个性化的消费体验，这推动了市场融合的需求。技术的发展使得不同行业之间的整合变得更加容易。

但值得注意的是，市场融合所形成的新市场未必能形成产业融合，只有经过市场检验满足消费者的需求，才能真正实现产业融合。克莱顿·克里斯滕森和罗伯特·罗森布鲁姆（Christensen & Rosenbloom）[1] 的研究发现技术创新与融合想要取得商业成功，其关键因素之一在于对市场需求的了解程度。

2023 年，湖南体彩打造的异业咖啡品牌——好运杯（Lucky Cup Cafe）就是市场融合初步探索的例子。好运杯经营的产品包括美式咖啡、气泡美式、拿铁咖啡、中国茶咖等多个品类，店内外无处不在的体彩乐小星憨态可掬，让人们在品尝香醇咖啡的同时，也感受到体彩游戏带来的未知惊喜。2023 年 8 月新店开业期间，凡是到店消费，就送一张 5 元面值的体彩顶呱刮彩票，另外符合相应条件或参与抽奖，还有机会获得体育彩票或体彩文创产品。值得注意的是，店内每一杯咖啡都是体彩乐小星带来的好运杯，并且每个杯套上都有抽奖。

过去，一些地方彩票机构在寻求彩票与其他产业融合方面有积极的探索，但通常融合较为简单，只是在彩票上添加与其他产业相关的元素，融合仅限于产品或业务层面，本质上仍然以彩票需求为主，与传统彩票没有本质区别。然而，好运杯与以往不同，它同时满足了消费者对咖啡享受和彩票消费、公益支持的需求，将这两种产品融合在一起，实现了市场融合，涵盖了组织、营销、销售、人才等各个业务环节。彩票业与其他产业的这种融合，通过产业链和价值链的新整合，以市场需求为导向，开辟出新市场。它将不同产业市场的特点和优势相结合，创造新的商业机会，不仅有助于满足消费者需求，还推动了产业的发展。

（五）彩票产业与其他产业的融合层次

彩票业与其他产业融合的方式，因不同产业的技术、政策、需求等特性

---

[1] Christensen C. M., Rosenbloom R. S., Explaining the Attacker's Advantage: Technological Paradigms, Organizational Dynamics, and the Value Network, *Research Policy* 24 (1995).

的差异，其融合程度也会出现差异。上文分析的四种产业融合方式，从技术融合、产品融合、业务融合到市场融合，可以视为产业融合的四个层次。

技术融合是许多产业实现融合的基础。数字信息技术、人工智能、新能源技术等高新技术的应用能够推动既有产业的改革创新，模糊产业在产品、服务、业务等方面的边界，为进一步的产业融合提供可能性。

产品融合是产业融合的基本形态。例如，彩票即开票与星巴克咖啡协同营销，就是一种简单的产品融合。而彩票机构推出与"权力的游戏"品牌联名的即开型彩票，则是一种较深层面的产品融合。对于和彩票产业有互补特征的产业，例如休闲、娱乐、文化等消费型产业，产业融合能满足消费者更多元化的需求，也将不仅仅局限于产品融合这一层次，可能会在流通业务模式、运营方式和价值链等单个或多个业务链上相互整合，达到业务融合的目的，例如前文提到的彩票与电影产品、旅游产业等的融合。

在实现产品融合与业务融合基础上，为满足大众的需求所提供的新产品经过业务链的整合，并为此建立新的企业或品牌、开辟出新的市场，就可能出现市场融合。

五 彩票业与其他产业融合的动力机制

技术融合、产品融合、业务融合、市场融合的发展，是需要多种因素促动的。动力因素是指推动不同产业之间融合发展的关键要素或力量。产业融合发展是在动力因素相互影响、相互作用下进行的。动力机制是指这些动力因素的构成及其相互作用、相互联系的方式。研究彩票产业和其他产业融合需要进一步分析产业融合的动力因素以及动力机制。

（一）动力因素

1. 消费需求是原动力

改革开放以来，我国经济快速发展，2022 年我国 GDP 为 1210207.2 亿元；居民人均可支配收入为 36883 元。早在 2010 年，我国就已经成为仅次于美国的全球第二大经济体，2022 年的 GDP（以美元计价）已经达到美国的 70%以上，是全球第三大经济体日本的 4.3 倍。

根据马斯洛需求层次理论，人类的需求分为 5 个层次：生理需要（例如食物和衣服）、安全需要（例如工作保障和社会治安）、社交需要（例如友谊）、尊重需要和自我实现需要。人类的需求基本遵循从低端（即金字塔底部）到高端（即金字塔顶部）的递进过程。当人类满足了低层次的物质需求，就会转而去寻求高层次的精神文化需求。

我国当前社会的主要矛盾是人们日益增长的美好生活的需要同不充分不均衡发展之间的矛盾。消费者越来越重视更高层次的物质需求与精神文化的需求，对产品和服务的需求日益多元化，追求个性化、多样化和独特的消费体验。现有的彩票品种和营销方式已经难以满足消费者的需求。彩票业与其他产业的融合将能够提供更多元、更具创新性的产品和服务，更好地满足消费者的需求。

2. 技术创新与应用是推动力

产业融合总是由技术创新与技术应用率先"冲锋陷阵"，打开局面，进而扩散到全产业，将产业边界模糊化，最终实现不同产业或同一产业不同产品相互渗透、相互交叉，逐步形成新的产业的动态发展过程。回顾电子商务的崛起，依赖于移动支付技术的创新以及现代物流体系的建立，互联网产业与传统零售业的产业边界模糊化并趋于融合，诞生了一批电子商务企业，例如阿里巴巴、京东、美团等。

技术创新与应用对于推动彩票业与其他产业融合发展起到重要作用。首先，技术创新与应用能有效降低彩票业与其他产业的生产或交易成本；其次，技术创新与应用能够丰富彩票产品和其他产业产品的内容与形式，提高产品及服务的质量；最后，技术创新与应用有可能改变彩票市场与其他行业市场的需求特征，满足消费者多样化的需求。由此可见，技术创新与应用会成为彩票业和其他产业融合发展的"催化剂"，推动两个产业的融合发展。

3. 政策是支撑力

综观我国彩票产业的发展，彩票的相关政策对此起到根本性的支撑作用。

1987 年，"中国社会福利有奖募捐奖券"（后改名为中国福利彩票）在江苏、上海等 10 个省、市首次试点发行；1988 年彩票发行批准权等收归国务院；1994 年中国体育彩票正式发行，形成体彩、福彩共存的市场格局；同年明确央行是彩票的主管部门；1999 年彩票管理职能从央行移交至财政部；2003 年我国首个游戏规则统一、开奖统一、奖池共享的全国联销电脑彩票游戏双色球上市；2009 年《彩票管理条例》颁布，并在当年 7 月 1 日正式实施；2015 年八部委联合发文，要求坚决制止擅自利用互联网销售彩票行为；2019 年监管部门加大对高频快开游戏的监管。樊丽明、石绍宾研究发现，中国福利彩票的发行收入与发行管理政策密切相关①。在彩票产业发展过程中，相关政策既是彩票产业引入新技术的推动者，也是对彩票渠道新技术应用（互联网彩票）和彩票游戏技术应用（例如视频型彩票、高频快开型彩票）的限制者。因此，制定有利于彩票产业发展的政策具有重要意义。

（二）动力机制

产业融合的动力机制是由消费需求的变化、技术创新以及制度与政策之间的密切关系和互动构成的，这三者共同推动产业的融合与发展。

首先，消费需求的变化作为动力机制的出发点，它不仅反映了市场的新趋势和消费者的期望，也催生了新的商机。当消费者需求发生变化时，企业需要不断适应以满足这些新需求。这种变化带来了技术创新的需求，企业需要开发新的技术和产品来满足市场的新需求。同时，政策也需要随之变化，以确保市场的公平竞争和消费者的权益，因此，消费需求的变化直接关系着政策的调整和改进。

其次，技术创新在产业融合中发挥了关键的推动作用。创新技术的引入通常能够创造新的产品和服务，激发市场的兴趣并形成新的消费需求。这种创新技术的应用推动了新消费需求的形成与发展，同时也带动了政策的不断

---

① 樊丽明、石绍宾：《中国公共品自愿供给实证分析——以中国福利彩票筹资为例》，《当代财经》2003 年第 10 期。

演进，以应对新兴技术的挑战和机遇。

最后，政策的创新确保了整个产业融合过程的方向和规范。政府政策可以引导和规范产业融合的方向，同时确保市场的规范运作。政策的创新也关注消费者的合法权益，鼓励企业进行技术创新和新产品的开发。因此，政策创新在动力机制中起到了关键的平衡和保障作用。

综上所述，消费需求的变化，拉动技术创新以及政策创新适应新的需求；创新技术的应用推动新消费需求的形成与发展；政策创新确保消费需求的合理性、合法性，同时保障创新技术形成与应用的积极性。三者相互促进，形成一个协同作用的循环。这种动力机制有助于推动不同领域的产业融合，促进经济的创新和可持续发展，最终打破传统的产业边界。

六 产业融合对于彩票产业高质量发展的意义

产业融合是推动彩票产业高质量发展的重要途径，它不仅是创新和增长的主要动力，也是降低成本和提高效率的重要途径。

（一）产业融合是彩票产业创新和增长的主要动力

产业融合中，彩票与其他行业企业建立伙伴关系，可以汇集不同领域的专业知识和资源。这些跨行业的知识和资源共享为创新提供了条件。这种合作可以发挥双方的优势，共同开发市场和产品，进而推动彩票产业多维度的创新，包括技术应用的创新、产品创新、服务创新、渠道创新和消费群体的扩展，以及管理模式创新。

产业融合为彩票产业带来了新产品和新服务。购彩者可以拥有更多元化的产品选择，例如与娱乐节目相关的彩票、特别定制的彩票等。这种多元化的产品和服务刺激市场需求，推动了市场的创新和增长。传统彩票的销售渠道有限，产业融合则引入了多元化的销售渠道。购彩者可以通过商业综合体、娱乐场所等更便捷的途径购买彩票。这种渠道多元化提高了购彩的便捷性，使更多人能够轻松参与，进而促进市场增长。

产业融合还引入了新的管理模式和方法。彩票产业融合的合作伙伴可能有先进的管理经验，为彩票产业提供管理创新的思路，这将有助于提高彩票产业的管理效率，推动市场发展。

（二）产业融合是彩票产业降低成本和提高效率的重要途径

彩票的产业融合通过优化资源配置、加快市场反应速度、降低风险和运营成本，提高了彩票产业的运营效率。

1. 优化资源配置

通过与其他产业合作，彩票产业可以充分利用合作伙伴的资源，包括技术、人才、渠道等，避免资源的浪费和重复建设。例如，与互联网企业合作可以共享其先进的数字化技术和大数据分析能力，从而提高彩票营销和管理的效率。

2. 降低风险和运营成本

产业融合通过将业务范围拓展到新领域，可以带来多重好处。一是有助于分散和降低风险。现有彩票市场更容易受到外部环境波动的影响，产业融合促发的多元化经营等可以使彩票经营者不依赖于单一业务，分散和降低经营风险。二是可以降低运营成本。产业合作伙伴通常有自身的供应链、销售渠道和成熟的运营和管理能力。通过产业融合，双方可以建立供应链伙伴关系，更好地协调和优化包括物流、原材料采购、生产、分销等环节，减少资源浪费，降低运营成本，提高生产效率。

3. 加快市场反应速度

一些产业合作伙伴面向市场的灵活性和敏捷性有助于彩票产业更迅速地推出新产品或服务，满足购彩者不断变化的需求。这有助于快速地响应市场需求变化，提高市场竞争力，降低市场风险。

七　建议

现阶段彩票产业与其他产业融合正蓬勃发展，如何在现有基础上，进一步推动彩票产业融合，推进彩票产业的高质量发展？本文围绕产业融合发展的动力因素和动力机制，提出以下建议。

一是加大政策支持。由于产业融合通常涉及多个领域和部门，需要相关政府部门重视、鼓励和协调各产业进行产业融合。

二是加强对包括区块链、人工智能、虚拟现实技术等的新技术在彩票渠道和营销应用的探索，为彩票与其他产业融合提供更多的可能性。

三是加强对省级彩票机构的激励，加快彩票业融合发展。通过多种方式提升地方彩票机构的能动性和创造力，积极挖掘其他产业与彩票产业融合的可能性，探索与其他产业的融合方式，通过产品融合、业务融合、市场融合等方式提供多元化产品和服务，满足消费者需求，从产业融合的市场发展中找出彩票业高质量发展的路径。

参考文献

马健：《产业融合理论研究评述》，《经济学动态》2002 年第 5 期。

陆国庆：《产业创新：超越传统创新理论的新范式》，《江汉论坛》2003 年第 2 期。

麻学锋、张世兵、龙茂兴：《旅游产业融合路径分析》，《经济地理》2010 年第 4 期。

高凌江、夏杰长：《中国旅游产业融合的动力机制、路径及政策选择》，《首都经济贸易大学学报》2012 年第 2 期。

杨强：《体育旅游产业融合发展的动力与路径机制》，《体育学刊》2016 年第 4 期。

桑彬彬：《旅游产业与文化产业融合发展的理论分析与实证研究》，中国社会科学出版社，2014。

郑明高：《产业融合发展研究》，北京交通大学博士学位论文，2010。

胡金星：《产业融合的内在机制研究——基于自组织理论的视角》，复旦大学博士学位论文，2007。

高培勇、袁富华、胡怀国等：《高质量发展的动力、机制与治理》，《经济研究》2020 第 4 期。

曹哲、邵旭：《我国农村一二三产业融合发展的动力机制研究》，《西南金融》2023 年第 4 期。

陈瑜：《我国彩票功能及其属性研究》，载何辉主编《中国福利彩票发展报告（2021）》，社会科学文献出版社，2021。

何辉：《彩票事业高质量发展的理念和路径》，载何辉主编《中国福利彩票发展报告

（2020）》，社会科学文献出版社，2021。

N. Rosenberg, "Technological Change in the Machine Tool Industry, 1840–1910," *The Journal of Economic History* 32（1963）.

Alfonso Gambardella, Salvatore Torrisi, "Does Technological Convergence Imply Convergence in Markets? Evidence from the Electronics Industry," *Research Policy* 27（1998）.

Christensen C. M., Rosenbloom R. S., "Explaining the Attacker's Advantage：Technological Paradigms, Organizational Dynamics, and the Value Network," *Research Policy* 24（1995）.

Aaldering L. J., Leker J., Song C. H., "Uncovering the Dynamics of Market Convergence through M&A," *Technological Forecasting and Social Change* 138（2019）.

B.14
区块链赋能福利彩票事业高质量
发展路径研究

李继海[*]

摘　要： 近年来，我国福利彩票事业的发展面临着新的机遇，其中区块链技术的应用为其提供了新的推动力。为了实现区块链技术在福利彩票事业高质量发展中的更好赋能，可从多个方面进行发展路径探索。通过对国内外关于"区块链+福利彩票"政策设计、理论研究和应用实践的梳理，初步探析可能存在的优化路径。同时，从新技术在福利彩票发行和销售、彩民购彩行为以及福利彩票公益金的分配和监管等环节的技术赋能出发，对"区块链+福利彩票"的相关文献进行评述。最终发现基于智能合约技术的区块链彩票前端管理系统、基于内部链的彩民购彩防沉迷中端管控系统以及基于去中心化和去信任化的福利彩票公益金终端治理系统这三个可行性优化路径，可以推动福利彩票事业实现高质量发展，解决福利彩票发行和销售、彩民购彩行为和福利彩票公益金的分配和监管领域中的痛点问题。

关键词： 区块链　福利彩票　技术赋能

---

* 李继海，沈阳医学院医养健康产业学院专任教师，助理教授，主要研究方向为福利彩票、区块链和社会保障。

一 引言

随着互联网、大数据、云计算、人工智能和元宇宙等高新技术的发展，区块链技术及其应用研究逐步进入发展的新阶段。2015年，随着区块链基础知识普及和商业教育的基本结束，我国区块链研究进入了一个新的发展阶段。从2008年至今欧美国家区块链应用场景建设的发展实践来看，"区块链+金融""区块链+物流供应链""区块链+数字货币"等领域已经取得较为丰硕的成果，但在"区块链+公益慈善""区块链+公共管理"尤其是"区块链+福利彩票"等领域的政策研究尚处于初步探索阶段。

在顶层设计层面，区块链技术与福利彩票的融合发展在《国务院关于印发"十三五"国家信息化规划的通知》（2016）中首次被提及，为区块链技术与福利彩票的融合发展提供了政策思路与方向①。2019年，在中共中央政治局第十八次集体学习中，习近平总书记明确强调，区块链技术的集成应用在新的技术革新和产业变革中发挥着重要作用。区块链技术应当作为核心技术的重要突破口进行自主创新，明确主攻方向，加大投入力度，着力攻克一批关键核心技术，加快推动区块链技术和产业创新发展，并积极推动区块链在民生保障领域的应用②。习近平总书记在中共中央第十八次集体学习中的讲话为"区块链+福利彩票"建设指明了方向，并且将区块链技术从纯粹的技术支撑上升为国家战略和未来发展的重要技术领域，实现了由底层技术应用向顶层设计应用发展的战略升级。

在政策探索层面，深圳市福利彩票中心先行探索了深圳市福利彩票官方App。该应用于2018年5月上线，提供了在线验奖、兑付小奖、开奖信息查

---

① 《国务院关于印发"十三五"国家信息化规划的通知》，中国政府网，2016年12月27日，http：//www.gov.cn/zhengce/content/2016-12/27/content_5153411.htm。

② 《习近平主持中央政治局第十八次集体学习并讲话》，中国政府网，2016年10月25日，http：//www.gov.cn/xinwen/2019-10/25/content_5444957.htm。

看等服务性功能①。自2019年以来，深圳市持续开发官方App的内在功能，对区块链技术与福利彩票的融合发展进行了有益探索。2019年4月，首次试行了全国首张区块链彩票，进一步提升公益彩票的公信力②。深圳市福利彩票中心将区块链技术应用到彩民购彩中，将彩民信息直接连接到公安系统数据库。一定程度上防范了暗箱操作，同时增加彩民购彩信心，有效杜绝弃奖，预防、减少挪用公款洗钱现象的发生。

在政策的理论研究层面，国内学术界最初对区块链的技术优势寄予厚望，主要思路是利用区块链的技术优势解决彩票在发行销售及开奖环节的弊端③。最早的一批研究成果主要集中在探讨如何利用区块链的分布式记录、智能合约、信息公开不可篡改等技术特点，提升彩票业务的透明度、公正性和公信力。区块链助推福利彩票事业发展也受到国内彩票业知名媒体《国家彩票》的积极倡导。自2017年以来，《国家彩票》发表了多篇实务性文章，探讨了区块链技术与福利彩票融合发展的关系，并总结了各地区的实践经验。这些文章不仅关注区块链技术在福利彩票业务中的应用，更从政策层面出发，对如何更好地推动福利彩票事业与区块链技术的深度融合提出了建设性的意见和建议。可以说，《国家彩票》的这些努力，为国内学术界和彩票行业进一步深入研究区块链在彩票领域的应用提供了宝贵的参考和启示。

在国内政策的实践操作层面，相关研究已取得了创新发展。《中国福利彩票发行管理中心基于区块链智能合约技术的可公证性电子开奖技术研究与应用中标公告》明确提出将区块链智能合约技术应用于电子开奖系统，以解决当前福利彩票行业电子开奖系统不可公证、不可审计的关键问题，并对下一代摇奖与开奖系统技术进行研究④。在中国福利彩票发行管理中心对

① 刘敏华：《深圳福彩探索"区块链+彩票"，全力打造全国彩票行业科技创新发展"深圳样本"》，《深圳晚报》2019年11月11日。
② 彩宗：《福彩引入"区块链"让彩民购彩无忧》，《深圳晚报》2019年4月9日。
③ 邵祥东、刘佳宁：《区块链彩票发展面临的问题及其对策》，《党政干部学刊》2020年第12期。
④ 《中国福利彩票发行管理中心基于区块链智能合约技术的可公证性电子开奖技术研究与应用中标公告》，中国政府采购网，2019年4月30日，http：//www.ccgp.gov.cn/cggg/zygg/zbgg/201904/t2019043 0_ 12001218. htm。

"区块链+福利彩票"的讨论中，明确了将区块链应用到电子开奖中，以使福彩开奖更加公正、更加透明。数据封存应用区块链可以实现无障碍、无误差、无干预的身份验证、鉴证确权、信息共享以及阳光透明，可以保障彩票行业内制定的规则体系可信无误地自动化运转。2019年11月，上海哈世科技公司、柬埔寨金象公司与鸿博股份展开了深入合作，合作项目涉及区块链彩票领域①。自助彩票销售管理系统与区块链技术的融合在天天益彩公司得到了实现②。Winchain公司成为全球彩票行业的领军者，通过利用区块链技术在行业标准、账单身份系统和国际化布局等方面进行创新③。

在国外的政策实践层面，全球首家申请专利技术的区块链彩票投注系统于2018年9月开通，该系统属于英国的BCLG公司④。同样，在2018年10月，俄罗斯的区块链公司在塞浦路斯推出了一个在线彩票平台，旨在通过区块链技术解决在线彩票市场的透明度问题⑤。值得一提的是，2019年4月，乌干达首都坎帕拉首次发行了基于区块链技术的彩票，这是这一新兴技术首次应用于国家彩票发行⑥。柬埔寨的区块链公司于2019年11月开发了独立的即开票热线销售系统和电脑票终端销售系统，已累计发行了十多款即开票和电脑票⑦。利用区块链技术可减少传统纸质彩票的印刷、物流、分销、验证等环节所耗费的大量人力物力财力。国外区块链技术还实现了目前国内未实现的社交类型彩票游戏，让在链参与者公正互动，从而增加彩票游戏的趣

---

① 《鸿博股份：与柬埔寨金象公司签协议 首个区块链彩票合作项目将落地》，搜狐网，2019年11月20日，https://www.sohu.com/a/355010645_119666。
② 《天天益彩自助售彩机：用区块链技术助力解决彩票行业难题》，搜狐网，2018年9月28日，https://www.sohu.com/a/256700550_100251922。
③ 《Winchain：用区块链技术革新全球彩票行业》，搜狐网，2018年6月7日，https://www.sohu.com/a/234359133_195907。
④ 《土豆链（Potato chain）快讯：当彩票遇上区块链会怎样？》，搜狐网，2018年8月29日，https://www.sohu.com/a/250737253_100221499。
⑤ 徐霄杨：《"彩票区块链"在国外已不是新鲜事》，《深圳晚报》2018年8月29日。
⑥ 《蜜蜂邦链快讯｜世界首张区块链彩票在乌干达首都坎帕拉开出》，搜狐网，2019年4月13日，https://www.sohu.com/a/307745431_120076935。
⑦ 《鸿博股份：公司区块链即开型彩票产品已在柬埔寨上线》，新浪财经网，2020年6月7日，https://finance.sina.cn/stock/s/2020-06-07-doc-iircuyvi7224428.shtml。

味性。在移动互联网等通信技术飞速发展的今天，区块链技术的兴起将社交型游戏、虚拟型游戏等研发引入，使彩票游戏发展进入新的领域。

研究区块链福利彩票的重点是确定区块链技术在福利彩票的哪些环节具有应用价值。区块链技术将技术效能应用于福利彩票的不同环节，以促进福利彩票事业的高质量发展，并将技术优势转化为治理效能。因此，讨论区块链福利彩票的研究主要关注确定其应用价值。

通过对"区块链福利彩票"的初步探析，本文从福利彩票的发行和销售、彩民购彩行为以及福利彩票公益金的分配和监管三个痛点领域出发，探究了区块链技术在福利彩票事业发展前端、中端和终端的政策优化路径，并且拓展了区块链技术在福利彩票领域的应用场景，以推进相关理论研究和政策实践的发展，从而实现技术赋能角度下，区块链对福利彩票事业高质量发展的推进。

一是福利彩票的发行和销售方面。区块链技术的分布式记录、不可篡改和透明度高等特性，可以有效地解决当前彩票行业存在的诸多问题。通过区块链技术，彩票的发行、销售和开奖等环节都可以被记录和追踪，从而增加了彩票运营的透明度和公正性。同时，由于区块链的分布式特性，任何一方都无法单独掌控完整的彩票数据，从而防止了可能的舞弊行为。

二是彩民购彩行为方面。区块链技术可以提供一种安全、透明和不可篡改的机制，使彩民可以放心地在区块链平台上购彩。通过利用区块链的智能合约功能，彩票的兑奖和支付等环节也可以得到自动化处理，从而减少了人工操作的错误和舞弊风险。

三是福利彩票公益金的分配和监管方面。区块链技术可以提高公益金的透明度和监管力度。通过区块链的公开性和可追溯性，公益金的来源、使用和分配等信息都可以被公开查询和验证，从而增加了公益金使用的透明度和公正性。

综上所述，通过对"区块链+福利彩票"的初步探析，本文发现区块链技术在福利彩票事业的发展中具有巨大的潜力。通过技术赋能可以解决当前彩票行业存在的诸多问题，提高彩票运营的透明度和公正性，保护彩民的权益，同时也能够更好地实现福利彩票的公益目标。未来，随着区块链技术的进一步发展和相关政策实践的推进，"区块链+福利彩票"将为福利彩票事业的高质量发展注入新的动力。

二 文献综述

在各个领域中展现出了巨大潜力的区块链技术的不断革新，使得其被认为能够对彩票的发行、销售和开奖等环节带来革命性的改变。区块链技术的应用在福利彩票事业中备受重视，我国计划在某些地区开展相关试点工作。虽然有一些初步的实践和探索，但总的来说，国内学术界关于"区块链+福利彩票"的深入研究仍有不足。这主要表现在以下几个方面。

首先，对于区块链技术在福利彩票领域的具体应用，学术界的研究还比较零散，缺乏系统性和深度。目前的研究主要集中在区块链技术的某些方面，如分布式记录、智能合约、信息公开不可篡改等，但对于如何将这些技术应用到福利彩票的各个环节中，还需要进一步的研究和探讨。

其次，对于区块链技术在福利彩票领域的应用效果评估，学术界的研究也相对较少。虽然有一些实践证明区块链技术能够提高彩票业务的透明度、公正性和公信力，但对于其具体应用效果和潜在风险，还需要进行更为全面和深入的研究。

最后，对于区块链技术在福利彩票领域的未来发展趋势和挑战，学术界的研究还不够具有前瞻性和预见性。尽管区块链技术的应用前景广阔，但也存在一些技术、法律和社会等方面的挑战和风险。因此，学术界需要加强对这些问题的研究和探讨，为福利彩票事业的健康发展提供更为全面和深入的理论支持。

（一）区块链在福利彩票发行和销售中的应用探索研究

对于区块链与福利彩票融合发展的理论研究，我国学术界目前还处于初步发展阶段，但针对福利彩票发行销售、福利彩票公益金社会责任、公益金财务管理与审计、管理思想等方面，已经进行了积极探索。

　　就技术方面的观点而言，部分人认为区块链技术原理与彩票业务原理高度匹配，应该采用区块链技术来实现福利彩票的"互联网"和实名制发展战略，因为区块链技术的应用是必不可少的[①]。有研究认为，应该建立基于联盟区块链的中国福利彩票系统设计，以确保福利彩票的安全性和公开透明性[②]。也有学者研究后指出，通过采用"联盟许可链、私有链、公有链"三位一体的区块链彩票市场治理模式，可以对彩票的发行销售环节进行制度管控[③]。此外，还有学者指出，区块链技术可以对福利彩票的信息传输和安全访问进行系统革新，从而推动福利彩票事业的发展[④]。总之，区块链技术的应用对于福利彩票事业的发展至关重要。通过技术创新和机制改革，彩票行业可以更加规范、透明和公正，同时也能够更好地履行社会责任，推动社会公益事业的发展繁荣。

　　偏重彩票发展的学者认为，通过区块链赋能彩票管理系统，创新市场管理，强化彩票系统中各个部门的自律和社会责任，加强责任彩票体系建设，构建以安全为基础、公益责任为核心、旨在预防非理性购彩行为的责任福利彩票体系是当前彩票行业的重要发展方向[⑤]。在传统的彩票管理体系中，由于信息不对称和监管不力等问题，往往容易出现各种不规范运营和道德风险。而基于区块链技术的彩票管理系统，可以通过去中心化、不可篡改和透明度高等特点，有效地解决这些问题[⑥]。通过区块链技术，彩票系统的各个环节都可以被记录和追踪，从而提升了彩票运营的透明度和公正性。同时，由于区块链的分布式特性，任何一方都无法单独掌控完整的彩票数据，从而防止了可能的舞弊行为。强化彩票系统中各个部门的自律和社会责任，是彩

---

① 李聪等：《一种基于区块链的数字彩票发行系统》，《信息安全研究》2018 年第 12 期。
② 李梦炜：《基于联盟区块链的中国福利彩票系统设计》，《信息技术与网络安全》2020 年第 8 期。
③ 邵祥东、刘佳宁：《区块链彩票发展面临的问题及其对策》，《党政干部学刊》2020 年第 12 期。
④ 刘敖迪等：《区块链技术及其在信息安全领域的研究进展》，《软件学报》2018 年第 7 期。
⑤ 何辉：《福利彩票事业的高质量发展及其路径》，《中国民政》2023 年第 5 期。
⑥ 李继海等：《基于区块链技术的福利彩票事业优化路径探究》，《社会福利》（理论版）2021 年第 5 期。

票行业健康发展的关键。通过自律机制和社会责任的落实，可以有效地减少非理性购彩行为的发生，保护彩民的权益，同时也能够提高彩票行业的公信力。在此基础上，构建以安全为基础、公益责任为核心、旨在预防非理性购彩行为的责任福利彩票体系，可以进一步推动彩票行业的健康发展。总之，基于区块链技术的彩票管理系统，是彩票行业未来发展的重要方向。通过技术创新和机制改革，彩票行业可以更加规范、透明和公正，同时也能够更好地履行社会责任，推动社会公益事业的发展繁荣。

（二）彩民购彩行为研究

"问题彩民"现象在互联网彩票销售中较为常见。他们在彩票消费过程中，受到成瘾性心理机制的影响，从而产生问题购彩行为。问题购彩行为对彩民自身和社会都造成了负面影响。伴随问题购彩行为的还有一系列认知、情绪和社会功能问题①。例如，购彩可能导致彩民陷入经济困境，甚至引发家庭矛盾和社交问题。同时，问题购彩行为还可能带来彩票行业的道德风险。

为解决这些难题，偏重购彩心理的研究倾向于利用相关群体组织进行干预，可以减少问题购彩行为的发生。通过进一步优化多方干预措施，促进技术治理能力的提升，将成为今后研究问题彩民干预的主要方向。例如，建立彩票行业的自律机制、加强对彩票销售的监管和管理、提高彩票销售的透明度和公正性，可以减少问题购彩行为的发生。另外，通过心理咨询、家庭干预和社会支持等措施，可以帮助问题彩民戒除购彩成瘾行为，恢复身心健康②。

问题购彩行为的严重后果和通过技术治理问题购彩行为的重要性已经被上述研究证实，同时研究也指出我国政府在开展"区块链+福利彩票"的同

---

① 辛自强、王一鑫：《彩票业的心理基础及其可持续发展之策》，《北京行政学院学报》2023年第 3 期。

② 史文文等：《问题彩民的购彩心理与行为特征》，《心理科学进展》2012 年第 4 期。

时，也要从区块链技术出发做好相关监管措施①。区块链技术作为一种共识机制，可以在彩民和福利彩票发行机构之间建立起一种相互信任的机制，以确保彩票销售的公正性和透明度②。运用区块链技术，可以有效地减少问题购彩行为的发生，保护彩民的权益，并促进彩票行业的健康发展。

（三）福利彩票公益金的分配和监管研究

福利彩票公益金的监管可以通过互联网彩票发挥技术效能，并逐步建立健全内部控制机制③。区块链技术可以降低审计信息的不对称性，在福利彩票的审计监督领域可以避免舞弊行为，同时降低审计成本并提升效率④。还有人认为，需要关注福利彩票公益金的使用，建立统一的电子公示平台，并完善公示制度以确保透明度⑤。在福利彩票治理方面，可以使用"联盟许可链+私有链+公有链"架构来构建区块链彩票治理体系，以有效管理和监督国家治理和彩票公益金的分配和使用⑥。

经过一定的阶段性探索和研究，"区块链福利彩票"的相关政策和理论已取得了一定成果，但也存在一些不足之处。

一是对于区块链技术与福利彩票事业之间的内在关联度探索还不够。现有研究或者只关注区块链技术的基础领域，或者只关注福利彩票公益金领域。然而，将福利彩票事业放置于区块链技术之上，从而深入研究国家政策的展开仍然存在许多不足。此外，对于关注区块链技术应用于福利彩票事业后所引发问题的对策研究更是少之又少。首先，对于区块链的理解和应用，现有研究还远远不够深入。许多研究仅仅局限于区块链的基础技术领域，而没有将其应用到具体的领域中。其次，在将区块链技术应用于福利彩票事业

---

① 陈煊：《互联网彩票销售存在的问题与应对之策》，《改革与开放》2014年第1期。
② 梅颖：《一种分布式互联网彩票安全策略》，《武汉大学学报》（工学版）2017年第5期。
③ 王长斌：《我国的互联网彩票：经营模式、发展策略与管制框架》，《财经论丛》2016年第2期。
④ 袁广达、郭译文：《区块链技术在会计领域中的应用探析》，《财务与会计》2019年第6期。
⑤ 刘含琦、邵祥东：《福利彩票公益金使用问题研究》，《辽宁行政学院学报》2020年第3期。
⑥ 邵祥东、刘佳宁：《区块链彩票发展面临的问题及其对策》，《党政干部学刊》2020年第12期。

方面，现有研究还存在很多不足之处。虽然有研究关注区块链在彩票公益金的应用，但是这些研究并没有深入探讨福利彩票事业与区块链技术的内在关联度。最后，关注区块链技术应用于福利彩票事业之后衍生问题的对策研究也非常不足。虽然有一些研究探讨了区块链技术在福利彩票事业中的应用，但是这些研究并没有考虑到可能会出现的衍生问题，例如可能会增加赌博的风险、可能会导致公益金滥用等。因此，需要更多的研究来探讨这些问题，并提出有效的对策。

二是需要进一步深入研究区块链技术与福利彩票事业的融合发展。无论是理论研究还是实践应用，对于区块链在福利彩票公益金方面的研究还有待加强，已有研究主要集中在福利彩票公益金的项目方面，但研究角度相对狭窄。尽管区块链在许多领域都有广泛的应用，但是将其应用于福利彩票事业的研究仍然处于初级阶段。在理论方面，对于区块链如何与福利彩票公益金相结合的研究还不够深入，缺乏系统性和全面性的探讨。在实践方面，虽然有一些实验正在尝试将区块链技术应用于福利彩票事业中，但是大多还处于初级阶段，尚未实现大规模的应用。此外，福利彩票公益金的项目研究多次被关注，但研究角度较为有限。这些研究往往只是从技术角度或者公益金使用角度进行探讨，没有全面考虑福利彩票事业的各个方面，包括但不限于公益金的筹集、分配、使用等环节。因此，需要进一步拓宽研究视角，从更多的角度出发，深入探讨区块链技术在福利彩票事业中的应用。

三是福利彩票发展与区块链的交叉研究不足，这包括不同研究方法之间的相互印证，以及研究方法与研究目的的合理选择和匹配。大多数研究成果主要集中在福利彩票公益金的项目、监管、信息等领域进行对策研究，对福利彩票事业发展内外的交叉研究还需进一步深入，同时还需要加强在研究方法与研究目的之间的合理选择和匹配。

四是目前存在福利彩票领域与区块链技术的理论研究无法适应社会实践发展的问题。在理论上，福利彩票事业的发展有许多机遇可以通过应用区块链技术实现。然而，在实践中，由于各种复杂因素的影响，区块链技术的应用还面临着许多挑战和障碍。因此，需要进一步加强技术领域和政策领域的交叉研究，探索如何在福利彩票事业发展中可行地应用区块链技术。

三 "区块链+福利彩票"的可行性路径探究

（一）前端应用：区块链彩票管理系统

在前端应用领域，对于目前的福利彩票发行销售各个关键环节而言，研究区块链技术对其带来的革新成为前端应用领域所关注的重点。首先，分析了区块链是如何利用分布式记录、链上随机数、智能合约的自动执行以及无法篡改的信息公开等技术特性，从而实现了身份信息验证的智能化、购彩出票的可溯源性、数据储存的数字化、开奖运行的智能合约以及自动兑奖等功能。其次，探讨了区块链在提升福利彩票在发行、销售、开奖、兑奖等关键环节中公开、公正和透明性方面的作用。最后，对区块链博弈背后的共识机制进行了系统分析。

福利彩票管理中，传统彩票系统和区块链彩票管理系统在身份信息、购彩、数据储存、开奖和奖金发放等方面存在差异。传统彩票系统中，身份信息验证环节采用匿名化登录和中心化登记方式。相比之下，区块链彩票采用去中心化智能模式，确保用户信息的安全性，并且无法篡改用户信息。购彩出票环节，传统彩票存在代收代购多、假票和吃票等问题。然而，区块链彩票能够保证每一张票的数据上链，具有可查可追踪的优势。数据储存方面，传统彩票采用多中心储存方式，面临大量内外风险。相反，区块链彩票通过链上统一数据登记，使用技术保证数据安全，从而节省成本，提高数据储存的安全性、公开性和透明性。在开奖方面，传统彩票采用中心算法机器开奖，存在被控制和作弊的风险。然而，区块链彩票采用去中心化演算法智能合约形式，从算法层面有力地保障了绝对随机数。在奖金发放方面，传统彩票采用凭票领奖和人工发放方式，可能存在遗失、破损或冒领的风险。兑奖期限超过 60 天的中奖票据将被作废。但区块链彩票采用智能合约控制技术，保证即时自动兑奖，无需第三方控制。总的来说，区块链技术可以通过对福利彩票管理系统的革新，实现以上改变（见表1）。

表1 传统彩票系统与区块链彩票系统在福利彩票发行和销售中关键环节对比

彩票系统管理环节	传统彩票系统	区块链彩票管理系统
信息安全	匿名/中心化登记	去中心化智能，用户信息安全，无法篡改
购彩出票	代收代购多，可能出现假票、吃票问题	区块链确保每张票都是真实出票，数据上链，可查可追溯
数据储存	多中心储存，面临大量内外风险	链上统一数据登记，通过区块链确保数据安全，节省大量成本，提高安全性和公开透明性
开奖运行	机器开奖、中心算法开奖（可能被控制或作弊）	去中心化演算法，智能合约，算力保障绝对随机数
奖金发放	凭票领奖，人工发放（存在遗失、破损或被冒领的可能），逾期即作废	智能合约控制的即时自动兑奖，无需第三方控制

一是信息技术安全问题。通过利用区块链技术的特点，如分布式账本、分布式存储、链上随机数、自动执行的智能合约和信息公开不可篡改性，可以建立基于数字身份验证的系统，确保购彩者的身份信息得到安全验证，从而降低信用成本，简化业务流程，构建福利彩票电子票据信任体系。区块链技术还可以实现福利彩票销售数据的实时监控和公开透明，购彩者可以随时查询彩票的开奖结果和兑奖信息。此外，利用区块链技术可以防止彩票被篡改或伪造，保证彩票的真实性和合法性。这些措施将提高福利彩票的公信力，促进社会公益事业的发展。此外，区块链技术还能实现购彩者身份验证和信息安全传输，保护购彩者的个人隐私和信息安全。通过数字身份验证系统，购彩者可以在不透露个人敏感信息的情况下进行购彩，有效避免身份信息被滥用。这将使福利彩票更便捷、安全和可信，吸引更多人参与其中。

二是购彩出票问题。购彩出票可以通过区块链技术实现去中心化和分布式记录的特点，使得每一笔交易都能被记录在链上。这样，彩票交易的可追溯性就得到了保障，彩票造假问题得以有效解决。此外，区块链技术的运用也增加了技术创造的信用背书，并改变了传统彩票仅依靠国家公信力背书的模式。这使得彩票行业更加公开透明，购彩者能够随时查询彩票的开奖结果和兑奖信息，从而增加了彩票交易的公信力。这种改变促使更多人愿意购买彩票，进而支持社会公益事业的发展。另外，基于区块链技术的彩票系统还能建立一种新型的信任机制，有效保障购彩者与彩票发行机构之间的信任关系。区块链技术的去中心化特点和分布式记录特性使得彩票交易的每个环节都无法被篡改或伪造，确保了彩票的真实性和合法性。

三是数据储存问题。票据行业可以应用区块链技术来记录票据流转过程，确保数据的真实、隐私和不可篡改性。这样可以实现福利彩票数据的数字化储存，方便管理和查询，并提高数据的安全性和可靠性。同时，基于区块链技术的福利彩票大数据平台可以推动票据数据记录、传递和存储管理方式的改变，提高数据交易的效率，共同构建一个基于区块链技术的福利彩票大数据平台。通过区块链技术，福利彩票的数据储存变得数字化，查询和管理更加方便。传统的数据储存方式需要大量的人工操作和纸质文件记录，效率低且容易出错。而区块链技术可以将所有数据记录在链上，简化了数据的查询和管理。基于区块链技术的福利彩票大数据平台可以实现数据的实时监测和公开透明。购彩者的个人信息、彩票的开奖结果和兑奖信息等数据都可以记录在链上，并随时查询和验证。这提高了数据的真实性和可信度，同时有助于防止彩票造假和欺诈行为。此外，基于区块链技术的福利彩票大数据平台还可以提高数据交易的效率。智能合约的应用可以实现彩票兑奖和支付等环节的自动化处理，大大提高了工作效率，减少了人工操作的错误和漏洞。区块链技术在福利彩票数据储存方面的应用不仅提高了数据的安全性和可靠性，还可以推动票据数据记录、传递和存储管理方式的改变，提高数据交易的效率。

四是开奖运行问题。在区块链技术中，采用以去中心化演算法为核心的智能合约形式。智能合约的特性使得开奖合约可以被自动执行，从而确保开奖过程的公开透明，避免了人为操作和暗箱操作的问题。这样，在算法层面上，福利彩票开奖的绝对随机数能够得到有力的保障。通过区块链技术的去中心化演算法，福利彩票的开奖过程可以在没有中心节点的情况下进行，确保了结果的公正性和随机性。这种去中心化的特性，使得彩票开奖结果无法被任何单一实体操控或篡改，大大提高了彩票开奖的公信力。同时，区块链技术的智能合约形式还可以实现开奖结果的自动执行和公示。在福利彩票的开奖过程中，智能合约可以自动执行开奖合约，将开奖结果进行公示，确保了开奖结果的公开透明和不可篡改。这种自动化的操作方式，减少了人为操作和暗箱操作的可能性，提高了开奖过程的公正性和可信度。此外，区块链技术还可以实现彩票开奖过程的实时监测和记录。通过将彩票开奖过程记录在链上，购彩者可以随时查询和验证开奖结果的真实性和可信度。这种实时监测和记录的方式，使得彩票开奖过程更加公开透明，提高了彩票行业的公信力。区块链技术在福利彩票开奖运行方面的应用，通过去中心化演算法和智能合约的形式，实现了开奖过程的公开透明和自动化执行，有力地保障了福利彩票开奖的公正性和随机性。

五是奖金发放。福利彩票的奖金利用区块链技术的特点，保证了金额的精准和发放的准确。传统的凭票领奖和人工发放奖金的方式已被革新，兑奖环节实现了即时自动兑奖，无需第三方的控制。这样可以避免奖金可能遗失、破损或被冒领的情况。在内链中，还设计了提醒兑奖时间的机制，确保中奖票据在 60 天内兑奖，避免作废。这样的自动兑奖方式提高了兑奖效率，同时也避免了因票券遗失、破损或被冒领可能带来的损失。区块链技术的不可篡改性还确保了彩票奖金的安全性。每笔奖金的发放都被永久记录在链上，防止了奖金的滥用或挪用。这种安全机制增加了彩票行业的可信度，提高了公众对福利彩票的信任度。

本文提出了一种基于区块链的数字彩票发行系统，用于解决当前彩票系统的问题。这个系统主要包括在身份信息验证环节上采用的去中心化智能模式，购彩出票环节上的数据上链，数据储存环节上的链上统一数据登记，以及以去中心化演算法为核心的智能合约技术在开奖和奖金发放环节的应用。通过以上关键技术，提出了基于区块链的彩票系统整体架构，旨在解决福利彩票管理系统所存在的问题，确保系统的安全可靠和去中心化。

首先，在身份信息验证环节上，该系统采用了去中心化的智能模式。通过利用区块链技术的分布式账本和不可篡改的特性，确保了购彩者的身份信息得到安全验证，防止身份信息被滥用。这种去中心化的智能模式提高了身份信息验证的准确性和效率，同时也增强了彩票系统的公信力。

其次，在购彩出票环节上，该系统采用了数据上链的技术。通过将每一笔购彩出票记录上链，确保了彩票交易的可追溯性。这种技术有效防止了彩票造假和欺诈行为的发生，增加了技术创造的信用背书，使彩票交易更加公开透明。

再次，在数据储存环节上，该系统采用了链上统一数据登记的技术。通过区块链技术，所有的彩票数据都可以被记录在链上，并且可以随时进行查询和验证。这种技术不仅提高了数据存储的安全性和可靠性，还方便了对数据的统一管理和查询，为彩票系统的数字化转型提供了有力支持。

最后，在开奖环节和奖金发放环节，以去中心化演算法为核心的智能合约技术被应用于该系统。通过这种技术，彩票的开奖结果和奖金发放都可以自动执行，无需人为干预。这种去中心化的智能合约技术确保了开奖过程和奖金发放的公开透明和公正性，避免了人为操作和暗箱操作的可能性。

综上所述，本文提出了一种安全可靠、去中心化的基于区块链的彩票系统的基本架构，该系统解决了目前福利彩票管理系统的相关问题，提高了彩票系统的公信力、效率和透明度，为彩票事业的高质量发展提供了有力支持。该系统采用了去中心化的智能模式、数据上链、链上统一数据登记和去中心化的智能合约技术等关键技术。

（二）中端管控：彩民购彩防沉迷系统

在中端管控环节，区块链技术可以有效解决病理性彩民问题。近年来，福利彩票行业的发展受到了一些彩民的病理性购彩行为的不利影响。根据北京师范大学中国彩票事业研究中心发布的《中国彩民行为网络调查》，我国现有的问题彩民人数超过 700 万人，占彩民总数的 3.5%；而重度问题彩民达到了 43 万人，占彩民总数的 0.2%①。这种病理性行为与彩民的购买习惯密切相关。彩民在销售网点购彩、完成出票后，销售网点信息、彩票投注信息、金额、用户唯一标识等数据都被存储在区块链上。通过在区块链上设置内部链，并结合外部机制合理限制彩民购彩次数，从而优化彩民的购彩行为，特别是改善病理性彩民的购彩上瘾问题。

解决当前彩票中出现的病理性购彩行为问题是基于区块链技术的彩民购彩防沉迷系统的主要目标。这种病理性购彩行为对福利彩票行业发展造成了不利影响，甚至有些彩民会沉迷于购彩，无法自拔。

通过内部链设置来限制彩民的购买次数，该系统实现了内外部双向机制对购彩次数的合理限制，从而优化了彩民的购彩行为，有效改善了病理性彩民购彩上瘾的问题。这种防沉迷系统不仅可以保护彩民的权益，还可以提高彩票行业的公信力，推动彩票事业的健康、可持续发展。

在具体实践中，该系统首先对彩民的身份信息进行验证，确保身份信息的真实性。然后，在购彩出票环节，系统会将购彩信息上链，确保彩票交易的可追溯性。同时，系统还可以通过智能合约技术实现自动执行开奖和奖金发放，避免人为操作和暗箱操作的可能性。

（三）终端治理：福利彩票公益金优化系统

借助区块链技术，福利彩票公益金的分配结构可以得到合理调整，以实现中央专项福利彩票公益金和各地区之间的平衡分配。福利彩票公益金的优化分配可以通过区块链技术来实现，并且还可以对中央和地方之间的分成比例进行优化。这样不仅可以更好地满足全国各地的福利需求，还可以提高彩票公益金的利用效率。在基本养老金缺口、社会保障基金缺口、养老扶助三个领域的使用情况方面，以及彩票公益金助学方面的倾斜情况，福利彩票公益金的使用情况被研究，合理分配比例被明确，以进一步优化福利彩票公益

① 数据来源于北京师范大学中国彩票事业研究中心发布的《中国彩民行为网络调查》（2012年3月25日）。

金的分配结构。在实现这一优化过程中，区块链技术发挥了重要的作用。它可以记录每一笔彩票公益金的来源和去向，确保彩票公益金的使用透明、公开、公正。同时，区块链技术还可以防止彩票公益金的滥用和挪用，保障彩票公益金的合法使用和最大化利用。通过上述措施，可以进一步推动福利彩票事业的高质量发展，提高彩票公益金的利用效率和分配公平性，为全国各地的福利事业和社会发展做出更大的贡献。

通过引入区块链技术，可以在福利彩票公益金的分配流程上实现更加透明、高效和公平的分配。福利彩票公益金分配流程的目的性、内在性和结构性可以得到极大的增强，这是因为区块链技术具有去中心化、不可篡改和数据一致性等特点。区块链技术的引入，使得福利彩票公益金的分配流程变得更加透明、高效和公平。同时，它还增强了福利彩票公益金分配流程的目的性、内在性和结构性。区块链技术具有的去中心化、不可篡改和数据一致性特点，为福利彩票公益金的分配流程带来了巨大的好处。首先，区块链技术的去中心化特性可以有效地防止中心化机构滥用权力，确保福利彩票公益金的分配公平公正。通过区块链技术，可以实现所有公益金的使用情况公开透明，任何人都可以随时查询和监督。这不仅可以增加公众对福利彩票的信任，还可以有效防止公益金的滥用和挪用。其次，区块链技术的不可篡改性可以保证福利彩票公益金数据的真实性和完整性。每一笔公益金的使用都可以被永久记录在区块链上，无法被篡改或删除。这不仅可以防止数据造假和欺诈行为，还可以提供可靠的证据，便于监管部门进行审查和监督。最后，福利彩票公益金分配流程的整体性、层次性和流行性可以借由区块链技术的数据一致性和去中心化特性提升。通过区块链技术，从而实现公益金的分配流程自动化、智能化，减少人为干预和错误。同时，区块链技术还可以实现公益金的使用情况多层次监管，确保公益金使用的合法性和合规性。

在福利彩票公益金社会责任制度体系上，本文研究基于区块链技术的公益金社会责任支付领域、次序、依据、分配比例、实现路径和能力建设平台。根据区块链技术的去中心化、不可篡改和透明等特点，建立一个公正、透明、有效的公益金社会责任支付体系，确保公益金使用的合法性和合理性。同时，通过能力建设平台，增强公益金的社会责任意识和能力，推动公益金的社会责任实践。该体系还研究了通过区块链技术实现公益金普惠性使用和补缺性使用的利弊与现实条件，分析公益金失控性滥用问题，解决公益金歧视性使用问题和粗放式使用问题。普惠性使用是指分配公益金给需要帮助的群体或地区，以实现公益金的公平分配和社会效益最大化。补缺性使用是指利用公益金弥补其他社会福利资金的不足，以保障社会福利服务的提供。通过区块链技术实现公益金使用的透明化和可追溯性，避免滥用和挪用问题，提高公益金使用的效率和效果。此外，该体系还致力于解决公益金歧视性使用问题和粗放式使用问题。歧视性使用是指偏向某些群体或地区分配公益金，忽视其他群体或地区的需求。粗放式使用是指对公益金的使用缺乏精细化的管理和监督，导致资金浪费和效益低下。通过区块链技术实现公益金的公正分配和精细化管理，避免歧视性和粗放式使用问题，提高公益金的使用效益和社会公平性。此外，研究了公益金社会责任体系建设原则，涵盖了社会责任观念战略化、社会责任管理规范化、社会责任运营系统化、社会责任实践模块化、社会责任项目品牌化、社会责任传播立体化、社会责任发展科学化等七个方面的问题。通过这些原则的制定和实践，推动福利彩票公益金社会责任体系的建设和发展，提高福利彩票行业的社会责任感和公信力。最后，要明确福彩公益金社会责任与问题彩民控制责任、成瘾性游戏控制责任、福利彩票机构管理责任、福利彩票媒体责任、投注站责任、彩票企业责任以及其他利益相关方责任等责任体系的构建。通过区块链技术，可以清晰地界定各方的责任和义务，确保福利彩票公益金的合理使用和各方利益的平衡，推动福利彩票行业的健康发展。

在福利彩票公益金的使用效率优化上，通过利用区块链的智能合约技术，福利彩票公益金的使用效率可以得到优化。智能合约是一种基于区块链技术的自动化合约，它能够在预设条件下自动执行合约内容。在福利彩票公益金的使用中，智能合约技术起着重要作用。一方面，利用智能合约技术可以有效保障彩民的权益。福利彩票的目的是为社会福利事业筹集资金。然而，在传统的彩票销售模式中，存在一些不规范操作，这可能损害彩民的权益。但是，利用智能合约技术，彩票销售、彩票开奖以及奖金发放等环节都可以记录在智能合约中，确保透明和防止篡改，从而有效保护彩民的权益。另一方面，通过智能合约技术可以提升福利彩票公益金的使用效率。传统彩票销售模式下，公益金的分配和使用流程通常烦琐且需要人工操作，效率较低。然而，利用智能合约技术，可以将公益金的分配和使用流程写入智能合约中，实现自动执行和智能化管理。这样不仅可以减少人为干预和错误，还能提高公益金的使用效率，使得公益金能够更快地到达需要帮助的群体手中，发挥更大的社会效应。

在福利彩票公益金的使用信息公示方面，充分利用区块链平台的去中心化智能模式，实现全面、精准的政府信息公开事项发布。同时，建立和完善统一的区块链电子政务平台，规范处理福利彩票公益金使用事项，从而实现区块链去中心化监察全覆盖，确保信息公示的公开和透明。具体而言，可以通过将福利彩票公益金的使用信息上链，并利用区块链的分布式账本技术，确保信息的真实性和不可篡改性。同时，借助区块链的去中心化特点，建立公开透明、统一管理的区块链电子政务平台，在该平台上公示福利彩票公益金的使用信息，以便公众随时查询和监督。此外，可以规范福利彩票公益金使用事项的办理流程，建立基于区块链技术的电子化操作流程，确保公益金的使用合法、合规、公开、透明。通过区块链的智能合约技术，可以实现自动化执行公益金使用流程，减少人为干预和错误。同时，区块链的去中心化特性也可以实现监察全覆盖，确保每一笔公益金的使用都经过严格监督和审查。通过这些措施，可以在一定程度上实现信息公示的公开和透明，保障公众的知情权和监督权，促进福利彩票事业的健康发展。

为了解决当前福利彩票公益金在分配与监督两大领域存在的问题，福利彩票公益金优化系统被设计出来。福利彩票公益金的分配结构和分配流程分别加入了区块链技术的去中心化和去信任化特性，以实现系统的集体维护特征，推动福利彩票公益金的社会责任体系建设。具体而言，该系统可以利用区块链的分布式账本技术和智能合约技术，自动执行和高度透明地进行彩票公益金分配，从而确保公益金分配的公正、公平和公开。

四 结论与展望

（一）研究结论

近年来，随着区块链技术的不断发展，"区块链+福利彩票"成为福利彩票事业的新形式，也是促进福利彩票事业高质量发展和福利彩票政策研究的新举措。这种结合区块链技术的方式，不仅可以提高彩票公益金的使用效率和透明度，还可以保障彩民的权益，减少彩票销售中的不规范操作和欺诈行为。同时，这也是区块链技术在公共服务领域的一种应用，推动了区块链技术的普及和应用。

同时，多个发展问题涉及福利彩票政策的范式，包括福利彩票的销售发行、问题彩民的行为管理以及福利彩票公益金的监督与分配。这些问题关乎福利彩票的健康发展以及社会福利事业的推进和公共利益的保障。区块链技术作为福利彩票事业发展的内生动力，以其智能合约、高度透明、去中心化等底层技术为支撑。通过将这些技术应用于福利彩票的各个环节，可以实现对彩票销售、奖金分配、公益金使用等全流程的监管和透明化管理，减少不规范操作和欺诈行为的发生。同时，区块链的去中心化特性还可以增强彩票行业的公信力，提高公众对福利彩票的信任度和参与度。

此外，政策支持和理论探索也是推动"区块链+福利彩票"发展的重要因素。政府对区块链技术的支持和鼓励，以及学术界对区块链技术的深入研究，都为"区块链+福利彩票"的发展提供了有力的支撑和推动。

综上所述，"区块链+福利彩票"是福利彩票事业发展的新形式，也是推动福利彩票事业高质量发展的新举措。凭借自身的技术优势和政策支持，区块链技术将成为福利彩票事业发展的内生动力，为福利彩票事业的健康发展和社会福利事业的推进做出更大的贡献。

（二）未来展望

随着区块链技术的不断发展和应用场景的扩大，社会福利事业在我国将呈现智能化的特征，并且相关政策也将得到完善。探究"区块链福利彩票政策"的研究路径为深入研究"区块链社会福利"的融合奠定了理论和实践基础。

本文以此为例，旨在展示"区块链"视角下福利彩票事业各部分的应用潜力。利用区块链技术的优势，可以增强治理效能，并从发行和销售、彩民购彩行为以及福利彩票公益金的分配和监管三个方面探讨嵌入式应用。

首先，通过阐述区块链自身的技术优势，可以确定区块链对福利彩票政策发展的必然趋势。区块链技术的去中心化、去信任化和高度透明等特点与福利彩票事业的发展需求相契合，可以解决当前福利彩票事业中存在的多个问题，提高彩票公益金的使用效率和透明度，保护彩民权益，促进福利彩票事业高质量发展。

其次，剖析福利彩票事业内部领域存在的关键问题，例如彩票销售管理不规范、彩民购彩行为失范和彩票公益金分配监管不透明等。针对这些问题，可以利用区块链技术赋能福利彩票事业，通过建立基于区块链技术的福利彩票管理系统、彩民购彩防沉迷系统和福利彩票公益金优化系统等三个可行性路径，具体展示区块链技术在福利彩票事业高质量发展中的可行性。

最后，通过技术优势更好地赋能治理效能，可以推动福利彩票事业高质量融合发展，进而推动我国社会福利事业发展、国家治理体系与治理能力现代化。

参考文献

刘敏华：《深圳福彩探索"区块链+彩票"，全力打造全国彩票行业科技创新发展"深圳样本"》，《深圳晚报》2019 年 11 月 11 日。

彩宗：《福彩引入"区块链"让彩民购彩无忧》，《深圳晚报》2019 年 4 月 9 日。

邵祥东、刘佳宁：《区块链彩票发展面临的问题及其对策》，《党政干部学刊》2020 年第 12 期。

徐霄杨：《"彩票区块链"在国外已不是新鲜事》，《深圳晚报》2018 年 8 月 29 日。

李聪等：《一种基于区块链的数字彩票发行系统》，《信息安全研究》2018 年第 12 期。

李梦炜：《基于联盟区块链的中国福利彩票系统设计》，《信息技术与网络安全》2020 年第 8 期。

刘敖迪等：《区块链技术及其在信息安全领域的研究进展》，《软件学报》2018 年第 7 期。

何辉：《福利彩票事业的高质量发展及其路径》，《中国民政》2023 年第 5 期。

李继海等：《基于区块链技术的福利彩票事业优化路径探究》，《社会福利》（理论版）2021 年第 5 期。

辛自强、王一鑫：《彩票业的心理基础及其可持续发展之策》，《北京行政学院学报》2023 年第 3 期。

史文文等：《问题彩民的购彩心理与行为特征》，《心理科学进展》2012 年第 4 期。

陈煊：《互联网彩票销售存在的问题与应对之策》，《改革与开放》2014 年第 1 期。

梅颖：《一种分布式互联网彩票安全策略》，《武汉大学学报》（工学版）2017 年第 5 期。

王长斌：《我国的互联网彩票：经营模式、发展策略与管制框架》，《财经论丛》2016 年第 2 期。

袁广达、郭译文：《区块链技术在会计领域中的应用探析》，《财务与会计》2019 年第 6 期。

刘含琦、邵祥东：《福利彩票公益金使用问题研究》，《辽宁行政学院学报》2020 年第 3 期。

附录一 大事记

1月

武汉提出争取竞猜型赛马彩票试点

1月，武汉市政府办公厅发布《推动全民健身和体育消费促进体育产业高质量发展的意见》，提出加快推进现代赛马产业发展，发挥武汉"全国速度赛马项目排头兵"优势，将"武汉速度赛马公开赛"打造成为最具公信力赛事，争取"竞猜型赛马彩票试点"落户武汉。

广西三部门出台彩票监督管理办法

2021年12月29日，广西壮族自治区财政厅、民政厅和体育局联合印发了《广西壮族自治区彩票监督管理实施办法》，该办法自2022年1月1日起实行。办法共六章五十五条，明确了制定依据、职责分工，细化了彩票销售管理、开奖兑奖管理、彩票资金管理的责任及流程，突出了彩票销售活动中有关违规违法行为的问责处罚。办法强化彩票流程管理，提出彩票设备采购、彩票代销、促销、派奖活动、开奖兑奖、彩票资金管理以及信息公开的规范要求；突出监督检查重点，明确彩票市场行为的负面清单，界定违规行为，明确处罚措施，重点突出对彩票销售机构及彩票代销者的监管。

雄安新区三县福利彩票发行管理中心正式成立

为建立与雄安新区规划建设相适应的福彩管理体制、强化福彩事业发展的机构和组织保障，进一步促进当地社会福利事业发展、支持雄安新区建设和发展，经过前期酝酿、协调和准备，1月6日，雄安新区三县福利彩票发行管理中心成立大会在雄安新区召开。

2022 年全国福彩发行销售工作会召开

1 月 21 日，中国福利彩票发行管理中心以视频会议形式组织召开 2022 年全国福利彩票发行销售工作会议。会议总结了 2021 年发行销售工作，分析面临形势，研究部署 2022 年工作。会议要求，福利彩票发展要坚持做好福彩工作的信心和决心，坚定不移推进政治建设，持续深挖市场潜力，深入推进福彩转型发展。

福建福彩征召即开票渠道合作企业

福建省福利彩票发行中心发布公告，公开征召即开型福利彩票新销售渠道试点项目合作企业，征召 1 家即开型福利彩票新销售渠道运营商，在中心统一规范管理下，以即开型福利彩票销售展示柜的形式，开拓福建省内新销售渠道。销售展示柜配备大屏幕的销售即开型福利彩票的设备，彩民可通过微信或支付宝等电子支付方式向设备支付购票金额后，设备自动出票，彩民刮开彩票保安区后可在设备上进行兑奖。

福彩即开生肖票 2 亿元派奖活动启动

1 月 20 日，福利彩票即开型彩票游戏"壬寅虎 20 元"和"壬寅虎 50 元"派奖活动启动。此次派奖对"壬寅虎 20 元"和"壬寅虎 50 元"即开型福利彩票游戏的 100 万元、100 元、60 元三个奖级进行派奖，其中 100 万元奖级的派奖金额为 100 万元，其他两个奖级的派奖金额为相应设奖金额的 50%。本次派奖活动所需资金约 2 亿元，从中国福利彩票发行管理中心一般调节基金支出。

上海禁止以盲盒形式开展彩票业务

上海市市场监管局制定发布了《上海市盲盒经营活动合规指引》，加强对盲盒经营活动合规管理，要求单个盲盒售价不得超过 200 元，盲盒形式的售卖价格不应高于公开方式的售卖价格；不得通过后台操纵改变抽取结果、随意调整抽取概率等方式变相诱导消费；不得以盲盒名义从事赌博、彩票销售或变相开展赌博、彩票销售。这是国内首个盲盒经营活动合规指引。

2月

重庆要求配合推进彩票体制改革

重庆市人民政府办公厅印发《重庆市民政事业发展"十四五"规划》。规划要求,健全福利彩票运行机制,配合推进彩票体制改革,充分发挥市场主体作用,提高运营管理效率。推动传统销售网点转型发展,巩固拓展销售渠道,建设 500 个集公益宣传、便民服务、彩票销售功能于一体的"福彩公益驿站",到 2025 年底,实现销售网点达到 1 万家以上。

福建福彩征召电脑票社会化运营商

福建省福彩中心发布公告,征召 3 家电脑票社会化兼营渠道试点项目运营商,在省福彩中心统一规范管理下,使用电脑票便携式投注终端(含安全接入方式),开拓全省范围内电脑票社会化兼营渠道。电脑票社会化兼营渠道是指,探索开发商超、电信营业厅、加油站、婚姻登记场所等人群密集区域的售彩渠道。该类型渠道采用便携式投注终端,在非彩票业态的固定场所销售人员兼售电脑票,实现有网即可售彩,所售彩票可在全省传统投注站通兑。

55%以上的福彩公益金用于养老服务

2 月 21 日,国务院发布《"十四五"国家老龄事业发展和养老服务体系规划》,围绕推动老龄事业和产业协同发展、推动养老服务体系高质量发展,明确了"十四五"时期的总体要求、主要目标和工作任务。规划提出,民政部本级和地方各级政府用于社会福利事业的彩票公益金要加大倾斜力度,自 2022 年起将不低于 55%的资金用于支持发展养老服务。

天津正逐步清理学校周边彩票网点

2 月 22 日,天津市人民政府办公厅印发《关于开展清理整顿向未成年人销售电子烟等违法商业行为专项行动工作方案的通知》。提出,要严格执行在校园周边 200 米内严禁设立彩票网点的规定,对现有学校周边 200 米内的彩票专营场所,实施清单化管理,按照许可期限逐步予以清零;对不履行核验身份证件、设置警示标志、拒绝未成年人购买要求等法定义务的彩票经营户，从严从重从快予以查处。2月25日起，天津在全市范围内开展清理整顿专项行动，多部门联合开展"清零"行动，对校园周边范围"红线"内彩票网点实施清单化管理，依法销号清零。

上海福彩积极创新销售渠道

2月22日，上海市民政局召开2022年上海市福利彩票工作会议，总结回顾2021年福彩工作，部署安排2022年重点任务。会议强调，全市民政部门、福彩机构要提高思想认识，增强责任感和使命感，提高福彩销量、努力筹集公益金，对于保障和改善民生、推进共同富裕有着重要意义。要积极推进销售渠道创新、模式创新、载体创新，推动创新发展。

3月

广东福彩修订验票兑奖管理办法

广东福彩中心发布了修订后的《广东省福利彩票验票兑奖管理办法》（以下简称《办法》），自修订发布之日起实施。新版《办法》中，低等奖的范围由1万元（含）以下变更为3万元（含）以下；在验票兑奖中，增加了按指纹这一生物信息的采集步骤，通过现场采集并存储中奖人指纹，有助于精确高效地确定中奖人身份。

东莞福彩在银行和邮政兼营售彩

为进一步丰富福彩销售渠道类型，扩大福彩销售渠道规模，东莞福彩中心与东莞银行、东莞邮政合作，在符合条件的东莞银行网点及东莞邮政网点投放便捷彩票销售设备开展兼营福利彩票业务。本次投放便捷销售设备的东莞银行网点及东莞邮政网点共有50个，其中，东莞银行投放30个，东莞邮政投放20个。

湖北福彩要求大幅提升即开票比重

3月7日，2022年湖北省福利彩票工作视频会议在武汉召开。会议强调，要围绕"做大双色球、做优3D、做强快乐8"，抓实抓好游戏营销、渠道拓展、终端帮扶和彩民开发推动乐透数字型彩票销售再上新台阶；要从产品、渠道、营销、管理、服务、对外合作等方面寻求突破,大幅提升即开票销售比重,实现即开票跨越式发展。要抓好渠道基础,逐步实现目标区域网点全覆盖,推进渠道创新发展。

广西福彩正式开通 96296 客服热线

3月初,广西福彩开通了 0771-96296 客服热线。广西福彩 96296 客服热线采用人工加智能双向接待的方式,提供 5×8 小时人工客户服务和全天 24 小时的 IVR 自动语音服务,实现无延迟实时沟通。该客服热线提供广西福彩管理制度、业务流程、游戏玩法、法律法规等咨询服务,开奖信息查询服务,投诉和建议等服务。拨打该客服热线仅按普通市话标准收费,不再收取任何信息费。

浙江福彩加快发行共同富裕专项彩票

3月初,2022 年浙江省福利彩票工作视频会议召开。会议总结回顾 2021 年浙江福彩工作,部署安排 2022 年重点任务。会议要求,全省福彩系统要充分认识共同富裕背景下福彩地位作用,充分利用民政部支持政策,在福彩改革创新上求突破。一要加快发行共同富裕专项彩票,在新票种上求突破;二要加快推进福彩数字化改革,在新技术运用上求突破;三要加快拓展销售渠道空间,在聚客能力上求突破;四要加快整合营销宣传,在打造公益品牌上求突破;五要加快提升彩票行业整体素质,在队伍建设上求突破。

多地彩票机构因疫情延长兑奖期限

我国多地出现新冠疫情病例,疫情防控形势复杂严峻。为切实做好疫情防控工作,有效保护广大购彩者权益,近日,吉林、辽宁、山东、江苏、广东等地福彩中心和辽宁、山东、上海、广东等地体彩中心根据本地疫情防控形势,相继发布公告延长彩票兑奖期限。同时,为了更安全、更高效地服务购彩者,部分福彩中心还调整兑奖政策,实行兑奖预约制,切实保障购彩者生命健康和安全。

宁波福彩将奖励商业综合体代销点

宁波市福彩中心拟对宁波市 2022 年度大型商业综合体代销点进行奖

励补助。奖补周期为 2022 年 3 月 20 日至 2022 年 10 月 31 日，奖补对象为大型商业综合体福利彩票代销点。奖补内容分为新增代销点补助和销售考核奖励，其中，新增代销点补助每个代销点补助 10000 元，最高补助 15 个；销售考核奖励，奖补周期内福彩销量达到 80 万元（含）、连续营业 3 个月以上的合格代销点，每个代销点奖励 10000 元，最多奖励 25 个。

青海福彩开通彩票款线上缴款渠道

3 月初，青海省福彩中心与中国光大银行西宁分行合作开通彩票款线上缴款渠道，该渠道实现了微信零钱直接充值和支持多家银行借记卡绑定的功能，进一步丰富了广大业主的缴费选择。代销者可通过"云缴费"手机 App 进行操作。

财政部测算 2022 年彩票收入增长 5%

财政部发布了 2022 年中央财政预算情况。2022 年中央政府性基金收入预算中，彩票公益金收入预算数为 546.48 亿元，比 2021 年执行数增加 26.02 亿元，增长 5%；彩票发行和销售机构业务费收入预算数为 40.25 亿元，比 2021 年执行数增加 1.92 亿元，增长 5%。主要根据彩票游戏结构调整优化、市场逐步自动调节、2022 年世界杯等因素对彩票销量的影响情况测算。

2022 年中福彩预算拨款 10.30 亿元，增长 10.3%

中国福利彩票发行管理中心公布了 2022 年度部门预算。2022 年，中福彩中心收支总预算 11.02 亿元，其中，政府性基金预算 10.30 亿元，比 2021 年执行数增加 9684.69 万元，增长 10.38%。主要原因是印制物流费、系统建设和运行维护费等项目支出增加。

福彩 3D 期销量再破亿元

3 月 23 日、25 日，福彩 3D 游戏期销量先后突破亿元大关，分别达 1.0039 亿元、1.0096 亿元，这是福彩 3D 游戏期销量自 2007 年 4 月份以来首次突破亿元大关，也是福彩 3D 期销量第 16、17 次突破亿元大关，创造了福彩 3D 游戏近 15 年来的期销量新高。

河南民政开展公益金管理专项行动

河南省民政厅在全省组织开展福彩公益金规范管理专项行动，进一步规范和加强福彩公益金管理，建立规范、透明、高效的福彩公益金监管长效机制。

山西福彩公示 550 个优秀销售网点

3 月 21 日，山西省福彩中心对 2021 年业绩考评优秀销售网点名单进行公示，全省共 550 个网点上榜。经省、市福彩中心考核、评定，山西省福彩中心将按照"销售贡献奖""销售优异奖""销售优秀奖""销售优良奖""销售先进奖"对 550 个在 2021 年度表现优秀的销售网点进行奖励。其中，销售贡献奖 7 个、销售优异奖 37 个、销售优秀奖 151 个、销售优良奖 208 个、销售先进奖 147 个。

4月

陕西福彩开展刮刮乐 2500 万元派奖

4 月 8 日，陕西福彩刮刮乐史上活动力度最大、参与品种最多的回馈活动，"约惠春天　福送三秦"2500 万元大派奖启动。活动期间，对符合派奖游戏的单张彩票兑取一等奖奖等、100 元奖等、50 元奖等的购彩者派奖。其中一等奖奖等派奖金额等于中奖金额，其他两个奖等的派奖金额为相应设奖金额的 50%。

海南福彩第一季度增长 41.7%，位列全国第一

2022 年 1~3 月，海南省销售福利彩票同比增长 41.73%，增幅排名全国第一，其中电脑票游戏销售同比增长 28.52%，即开票游戏销售同比增长 372.12%，全省累计筹集公益金 4000 万余元。

内蒙古福彩 3D 派奖日均销量增长 147%

2 月 15 日至 4 月 14 日，内蒙古全区范围内开展了 3D 游戏 4000 万元大派奖活动。活动期间，3D 游戏累计销量 28848.91 万元，单日销量最高达 697 万元，创下了内蒙古 3D 游戏的历史性纪录；环比增加 14517 万元，增

幅达 101.29%。其中，派奖日期均销量环比增量为 357.58 万元，环比增幅达 147%。派奖活动也带动了 3D 游戏非派奖日销量的提升，非派奖日期均销量达 373.49 万元，环比增幅达 53%。

三亚发布首份涉彩未检公益诉讼建议

近日，三亚市人民检察院在工作中发现，有些彩票销售点违反《未成年人保护法》有关规定，存在距离学校过近、未张贴禁售标志等问题。为此，三亚市人民检察院向三亚市民政局送达首份保护未成年人公益诉讼检察建议。并就检察建议制发的原因、彩票销售中存在的问题、改进工作建议向彩票发行中心负责人做了详细说明。

重庆福彩降低门槛继续拓展联营店

2022 年，重庆福彩大幅降低了建站门槛，5 平方米即可成为福彩联营店。联营销售站是以新领域与福利彩票相结合，共同打造符合市场共生、共赢、互惠互利的新型联营销售模式。

东莞福彩征召 100 个专营销售场所

经东莞市民政局和广东省福利彩票发行中心批准，东莞市福彩中心自 2022 年 4 月 25 日至 10 月 31 日，在东莞市辖区内面向社会公开征召 100 个福利彩票专营销售场所。本次征召活动设有建设发展资金扶持，符合条件最高可获 15000 元资金扶持。

上海福彩电话投注用户中奖引关注

受疫情封控影响，上海福彩电话销售业务受到部分媒体关注。继 4 月 13 日上海中出 1 注七乐彩一等奖后，4 月 22 日七乐彩 2022044 期又有 1 注一等奖产生。为此，上海市福彩中心发布信息表示，该中奖者为电话投注用户。上海市福彩中心已经从 4 月 1 日起暂停了全市销售网点的福利彩票销售及兑奖功能，但上海福彩销售系统仍正常运行。作为被批准的可采用电话销售福利彩票的城市之一，上海市福彩中心仍保留了电话销售业务，上海本地用户通过手机短信、上海地区合作银行或微信公众号等三种途径注册为实名制用户后，可开通电话语音和短信两种方式购买电脑型福利彩票。

江西福彩出台销售站奖励扶持政策

4月，江西省福彩中心出台"三免两稳两奖两补助"站点奖励扶持政策，切实保障销售站健康发展。"三免"是指减免站点日常基础费用，包括通信费、打印纸和投注单成本费，以及投注机日常维护费。"两稳"一为稳定销售站电脑票代销费提取比例，乐透、数字型游戏代销费按销售额的8%计提，基诺型游戏代销费按销售额的8.5%计提；二为稳定站点保证金交纳标准。"两奖"是指对有独立店面、专营的福彩站点，以及专（兼）营化率达95%以上的县（市、区）兼营站点，按电脑票销量0.2%给予奖励扶持；对获评2022年度五星、四星、三星级站点，分别给予4000元、3000元和2000元奖励。

湖南福彩召开现代福彩建设推进会

4月25日，湖南福彩召开现代福彩建设推进会暨2022年等一季度市场形势分析视频会议。会议深入贯彻落实全国、全省福利彩票工作会议精神，总结一季度工作，研判发展形势，谋划现代福彩建设。会议强调，全省福彩系统要统筹守正与创新，纵深加快福潮店建设，拓展销售场景，加大市场开发力度，探索新营销。要统筹当前与长远，持续深化泛在化、社会化、年轻化、数字化、品牌化认识，以现代化新福彩的实干实绩迎接党的二十大胜利召开。

中福彩发布"福利彩票助力共同富裕"系列课题研究

为深入学习贯彻习近平新时代中国特色社会主义思想和习近平总书记有关民政事业、彩票工作重要指示批示精神，深化对我国福利彩票事业重要理论、重大政策、重要举措和重点难点问题的研究和探索，民政部直属单位中国福利彩票发行管理中心会同中国社会保障学会、清华大学公益慈善研究院、《中国民政》杂志社共同举办2022年"福利彩票助力共同富裕"系列课题研究，并发布有关申报指南。

南宁福彩首家商业综合体实体店开业

4月29日，南宁市首家商业综合体福利彩票实体店——蓝鲸世界形象店正式开业，这是南宁福彩在拓宽销售渠道、扩大购彩群体、强化福彩品牌形象等方面的一次创新尝试。店内还设有4台便捷式销售终端，购彩者可以方便快捷地通过触屏自行选择"刮刮乐"彩票和"双色球、3D、七乐彩、快乐双彩"等电脑彩票并直接扫码支付购买和兑奖。

5月

公益金资助项目将设立统一标识

根据财政部要求，从 2022 年起，中央彩票公益金资助项目将设立统一规范的公益标识，增强社会对彩票公益属性的认识。福建省在财政部指导下组织设计的标识牌样式将在全国推广使用。今后，由中央彩票公益金资助的基础设施、设备和社会公益活动等，都将在显著位置设立标识牌。标识牌设计时运用了"天秤""算盘""青藤"等元素，分别代表公平公益、财政公共属性、希望与发展。

重庆福彩成立电脑票玩法研究小组

5 月 11 日，2022 年重庆福彩电脑票玩法研究小组正式成立。重庆市福彩中心成立"重庆福彩电脑票玩法研究小组"，旨在聚焦业务实际，聚集团队智慧，挖掘彩种玩法魅力、分享优秀销售经验，增强团队战斗力和凝聚力，促进彩票销售。小组成员包括市场二部、分中心工作人员、区域经理代表和优秀投注站销售代表。

广东福彩首次评定星级销售场所

广东省福彩中心开展 2022 年度至 2023 年度福利彩票星级销售场所评定，这是广东福彩首次开展福利彩票星级销售场所评定。经过市福彩中心初评、公示，省福彩中心复审、公示，严格依据销售业绩标准、经营面积标准、综合评价标准等指标条件进行评选，最终评定广东省福利彩票星级销售场所共计 3161 个，其中五星级 396 个，四星级 1034 个，三星级 1731 个。

重庆福彩与邮政搭建多业态销售渠道

重庆市渝北区民政局以跨界融合方式，将福彩与邮政联合，搭建形成适应多业态特征、快速灵活的福利彩票销售渠道。双方拟定合作框架协议、建立长期合作机制，将在渝北片区的 60 个邮政营业厅、120 个邮快超市、49

个三峡报刊亭等邮政网点进行推广。目前，渝北区已在邮政营业厅、邮快超市、三峡报刊亭三个渠道试点建成9个邮政网点福彩站（含1个主营店）。其中，率先开售的4个站点2023年第一季度销量均超过6万元。

双色球奖池资金首次突破20亿元

5月12日，双色球第22053期开奖后，双色球奖池余额达到20.46亿元，这是双色球自2003年上市销售以来，奖池资金首度突破20亿元。

6月

吉林福彩阶段性提高代销费比例

6月1日起，吉林省阶段性调整省级福利彩票销售机构业务费比例，用于提高福彩站代销费比例。其中，双色球、七乐彩、3D游戏投注站业务费比例由8%调整至9.5%，快乐8游戏投注站业务费比例由8.5%调整至9.5%。业务费比例调整时间自2022年6月1日开始，长春、吉林市调整至8月31日（3个月），延边州、四平市、白城市调整至7月31日（2个月），辽源市、通化市、白山市、松原市、长白山管委会、梅河口市调整至6月30日（1个月）。

陕西福彩全力扩增销售站点数量

6月10日，陕西省民政厅印发《陕西省民政厅印发关于全省民政系统稳经济、保民生、兜底线20条措施的通知》。其中，在加强福利彩票销售创新管理方面要求，全力扩增销售站点数量，提高快乐8游戏代销费比例至8%，增加站点收入，稳定销售队伍。开展以奖代补、以赛代补等市场营销活动，鼓励和支持经营困难的站点向兼营站点转型发展，在便利店、超市、烟酒店、写字楼、社区等多业态拓展销售渠道，争取全省福彩从业者达2万人。

江西民政加大福彩销售扩点力度

6月，江西省民政厅出台《民政助力稳住经济发展的若干举措》，就民政领域助力全省经济发展、兜牢民生底线提出20条措施。其中，在支持福利彩票销售站点发展提出，加大福利彩票销售扩点力度，提高销售网点覆盖率，增加福彩领域就业人数。丰富对站点业主的激励方式，帮助站点减负降本、增加销售收入。采取"一对一""小灶式"等方式，加强对站点业主的个性化培训，不断增强业主自我发展能力。

7月

广州福彩首批商业体体验店亮相

广州福彩首批商业综合体福彩体验店正式开业。广州福彩首批开设的5家商业综合体福彩体验店分别位于白云、番禺、南沙、增城等区的万达广场内，店铺占地约15平方米，面积不大却功能齐全，分为体验区和休闲区。在大型商业综合体内设立福彩代销点，是广州福彩积极探索新兴渠道、扩大购彩群体、强化福彩品牌形象的一次全新尝试。下一步，广州福彩还将继续总结渠道建设经验，继续在时尚天河、广百新一城等大型商业体内设立福彩体验店，预计到年底将建成50家。

全国福彩系统 2021 年责任彩票报告集中发布

2022 年 7 月 27 日，在中国福利彩票迎来第 35 个生日之际，全国福彩系统在新疆乌鲁木齐召开责任彩票报告集中发布仪式。本次活动是全国福彩系统首次联合发布责任彩票报告，涵盖了中福彩中心以及 19 个省市福彩中心，是福利彩票责任彩票建设的重要举措。

8月

福利彩票开奖工作培训交流会召开

8 月 18~19 日，2022 年福利彩票开奖工作培训暨"阳光开奖"业务交流会在北京举行。民政部慈善事业促进和社会工作司、中国福利彩票发行管理中心有关领导以及部分省福彩中心开奖有关负责人、行业专家学者齐聚一堂，围绕"阳光开奖"品牌建设、提升福彩公信力，分享经验、畅谈建议，着力为公众呈现公平、公正、公开的阳光福彩。

福建财政联合两彩机构调研公益金管理

8月25日，福建省财政厅综合处联合"两彩"中心赴古田县开展彩票公益金使用管理调研工作。调研组调研期间召开专题座谈会，会上强调，一是要加强彩票公益金的使用管理，确保资金安全，发挥最大效益；二是要进一步强化彩票公益属性，加强公益宣传力度，凸显彩票公益金项目标识，体现彩票发行"来之于民、用之于民"的宗旨；三是要加强部门间联动合作，打击非法彩票，净化市场。

四川首个福彩公益文化体验厅开业

8月24日，四川省首个福彩公益文化体验厅在自贡大安区开门迎客。福彩公益文化体验厅是四川福彩顺应新时代人民群众公益慈善新理念和文化娱乐新趋势所做出的有益探索。体验厅内设有福彩公益文化展示区和体验区，展示区兼具"福彩公益驿站"功能，现场布设了饮水机等便民设施，提供包括手机充电、便民雨伞、常用药品等各种服务，此外还设立了福利文化展示、网红打卡区及休息区。

全国已开通 7 组福利彩票高铁专列

8月25日上午，"中国福利彩票"高铁专列首发仪式在辽宁沈阳北站举行。继上年之后，"中国福利彩票"与中国高铁再次携手。至此，全国开通的"中国福利彩票"高铁专列数量已达 7 组，覆盖了以北京、上海、成都、广州、乌鲁木齐和哈尔滨、沈阳为中心，包括郑州、西安、长沙、重庆、广州、石家庄等 400 余个城市。

财政部公布 2022 年彩票公益金分配情况

8月31日，财政部发布 2022 年第 26 号公告，公布 2021 年彩票公益金筹集分配情况和中央集中彩票公益金安排使用情况。2021 年，全国发行销售彩票 3732.85 亿元。

10月

安徽福彩阶段性提升部分游戏代销费并帮扶新增网点

2022 年 10 月 5 日起至 2022 年 12 月 31 日，安徽省福彩中心对销售网点月度电脑票和即开票总量按照 1 万~5 万元、5 万~10 万元和 10 万元以上划分三个档次，分别将其双色球、快乐 8 和 3D 游戏代销费由 7.5% 提高至8%、8.5% 和 9%，按月（10~12 月）发放至销售网点。为稳定新增销售渠道，对新增低销量网点进行纾困，纾困对象为 2022 年 1~6 月新增且月均销量低于 1 万元的销售网点。对福彩专营店每个销售网点给予 3000 元补助，对福彩兼营店给予 1500 元补助，按月平均发放。

11月

海南省规范彩票市场调控资金管理和使用

11 月 3 日，海南省财政厅发布《海南省彩票市场调控资金管理办法》，办法指出海南将进一步规范彩票市场调控资金管理和使用，彩票市场调控资金不得用于彩票机构人员支出、日常公用支出、办公设备购置或改善，以及未经批准的项目或与彩票事业发展无关的其他项目等。

12月

福彩蓝皮书发布

12 月 24 日，中国社会科学院福利彩票课题组、中国社会科学院大学社会责任研究中心与社会科学文献出版社共同在京发布《福利彩票蓝皮书：中国福利彩票发展报告（2022）》。本报告是福利彩票蓝皮书系列的第五本，对 2021 年福利彩票事业发展进行了多维度"扫描"，就新发展阶段如何推进福利彩票事业高质量发展进行分析并提出建议。

附录二 2022年部分省级福彩机构公益活动统计表

安徽省福彩中心 2022 年开展公益活动统计

类别	活动名称	活动内容	资助对象	资金来源	金额（万元）	活动持续时间	延续活动或者新增活动
助学	"福彩助你上大学"公益活动	安徽省多地区 2022 年开展"福彩助你上大学"公益活动。其中黄山市共有 40 名学生符合资助条件，每人将获得资助金 5000 元，共计 20 万元；六安市 2022 年度资助 300 名贫困大学新生，一次性每人 4000 元，总计经费 120 万元；阜阳市共拿出 85.5 万元福彩公益金，救助 171 名困难大学生	寒门学子	公益金	225.5		延续

甘肃省福彩中心 2022 年开展公益活动统计

类别	活动名称	活动内容	资助对象	资金来源	金额（万元）	活动持续时间	延续活动或者新增活动
助学	"福彩圆梦·孤儿助学工程"项目	2022 年，对武威市年满 18 周岁，在普通全日制本科学校、专科学校、高等职业学校等高等院校及中等职业学校就读的孤儿，按照每人每年 1 万元（每季度 2500 元）的标准予以助学资助	普通全日制本科学校、专科学校、高等职业学校等高等院校及中等职业学校就读的孤儿	公益金	138.08		

续表

类别	活动名称	活动内容	资助对象	资金来源	金额（万元）	活动持续时间	延续活动或者新增活动
济困	"圆梦"行动	甘肃福彩中心为四族小学170位山区困境学生送去了价值5.1万元的爱心物资，包括书包、学习机、御寒衣物等	山区困境学生	公益金	5.1		

广东省福彩中心2022年开展公益活动统计

类别	活动名称	活动内容	资助对象	资金来源	金额（万元）	活动持续时间	延续活动或者新增活动
助学	"福彩育苗计划"	2022年"福彩育苗计划"东莞市共投入福彩公益金28万元，对7个镇街共560名6~16周岁的生活困难少年儿童、异地务工人员子女、留守少年儿童参加课外培训予以每人500元的资助	穗务工家庭	公益金	28		延续
	"蒲公英关爱行动"	2022年广东江门福彩联合江门市慈善会组办的"蒲公英关爱行动"正式启动。据悉，2022年"蒲公英关爱行动"向困难学子送去社会关爱，为江门市57名困难学子铺平求学路	20所高中考取2022年大学本科的困难家庭学生	公益金	18		延续
公益文化及其他	针对青少年的"环保"教育活动	广东福彩支持地市组织开展环保公益活动，鼓励员工参与环保公益活动。2022年先后组织多个环保公益活动，践行传递绿色出行、节能减排理念	全省青少年	公益金	4.1		

广西壮族自治区福彩中心 2022 年开展公益活动统计

类别	活动名称	活动内容	资助对象	资金来源	金额（万元）	活动持续时间	延续活动或者新增活动
助学	"福彩情·学子梦"助学活动	"福彩情·学子梦"助学活动为延续项目，2022 年为广西福彩开展的第十年，总计资助 500 人，其中 200 人为事实无人抚养儿童，总花费 210 万元	广西贫困学子	公益金	350		延续
救孤	"双色球·送你一朵小红花"暨"福彩情·惠民生"主题公益活动	广西福彩中心向玉林、桂林、百色、河池、北海 5 地的儿童福利院、社会福利院捐赠了洗衣机、紫外线消毒车、学习平板电脑等爱心慰问物资；玉林市儿童福利院是本次活动的选送单位，由中福彩中心与广西福彩中心配套捐赠了价值 5 万元的空调、牛奶等福彩公益物资	玉林、桂林、百色、河池、北海 5 地的儿童福利院、社会福利院	公益金	5		
公益文化及其他	"福彩情·公益健步走"活动	2022 年"福彩情·健步走"活动，在南宁青秀山举行。活动现场设置了公益慰问环节。来自南宁市的 10 名困难党员代表，现场分别收到了广西福彩中心捐赠的 1000 元慰问金。同时，广西福彩中心还向上林县西燕镇云灵村捐赠 4 万元乡村建设资金	南宁困难党员及云灵村	公益金	5		延续
	"福彩情·乡村振兴启智——八桂慈善爱心图书室"项目	广西福彩中心携手广西慈善总会通过公开征集，遴选出 10 所中小学校，赠予各校价值 5 万元的书籍，营造良好的阅读环境，培养学生阅读习惯，促进乡村地区学生综合素质全面发展	广西中小学	公益金	5		

海南省福彩中心 2022 年开展公益活动统计

类别	活动名称	活动内容	资助对象	资金来源	金额（万元）	活动持续时间	延续活动或者新增活动
助学	"福彩相约 情系公益"助学活动	2022 年,省福彩中心开展"福彩相约 情系公益"20 万元公益助学活动,为 50 名家庭困难的学子每人提供 4000 元的梦想助力金,减轻困难家庭学生的教育负担,帮助他们读书圆梦、实现理想	贫困家庭	公益金	20		延续
公益文化及其他	"战疫有你,暖心有我"物资捐赠活动	2022 年 9 月 2 日,海南省福利彩票发行中心联合省福利基金会开展"战疫有你,暖心有我"物资捐赠活动,向三亚市吉阳区下洋田社区居民委员会、丹州社区居民委员会及天涯区建设街社区居民委员会捐赠 3.7 万元物资,慰问坚守岗位、奋战在抗疫一线的抗疫人员	三亚市吉阳区下洋田社区居民委员会、丹州社区居民委员会及天涯区建设街社区居民委员会	公益金	3.7		

河北省福彩中心 2022 年开展公益活动统计

类别	活动名称	活动内容	资助对象	资金来源	金额（万元）	活动持续时间	延续活动或者新增活动
助学	"福彩献真情·爱心助学子"活动	2022 年 6~8 月,河北省福彩中心开展了第 21 届"福彩献真情·爱心助学子"公益项目,全省福彩系统共投入福彩公益金 1525.2 万元,资助参加 2022 年高考且被本科院校录取的困难家庭学生 2764 人	贫困考生	公益金	1525.2		延续

类别	活动名称	活动内容	资助对象	资金来源	金额（万元）	活动持续时间	延续活动或者新增活动
济困	"福彩暖冬助困"活动	为帮助河北省农村分散供养特困人员温暖过冬，使其生活进一步得到改善，河北省福彩中心开展了第11届"福彩暖冬"公益活动，投入400万元公益金，按照每人1000元的标准，对4000名农村分散供养特困人员进行了资助	贫困群体	公益金	400		延续
	"福彩慰问山山区学生"活动	保定市民政局、保定市福彩中心走访慰问易县坡仓乡中心小学，向60名品学兼优的学生赠送价值3000元的书包；走访慰问唐县黄石口乡4所小学，向118名品学兼优的学生赠送价值8000元的书包	易县坡仓乡中心小学、唐县黄石口乡4所小学	公益金	1.1		
	"关爱留守儿童、困境未成年人"活动	承德市福彩中心投入8万元开展"关爱留守儿童、困境未成年人"公益活动，为80名留守儿童和困境未成年人分别送去1000元福彩救助金和慰问品	留守儿童、困境儿童	公益金	8		
扶老	"坚守公益初心，关爱高龄老人"公益活动	宁晋福彩中心主动与全县18个乡镇结合，摸排出90岁以上高龄老人2087名，为每位老人送去了奶粉，共计价值10万余元	宁晋18个乡镇90岁以上高龄老人	公益金	10		
救孤	"庆六一 关爱儿童相伴成长"活动	魏县福彩中心为全县433名特殊困难儿童发放了书包、文具等学习用品，其中孤儿80名（福利院孤儿18名、散居孤儿62名）、事实无人抚养儿童353名，使用福彩公益金72130元	魏县433名特殊困难儿童	公益金	7.213		

类别	活动名称	活动内容	资助对象	资金来源	金额（万元）	活动持续时间	延续活动或者新增活动
公益文化及其他	"践行公益初心·传承长城文化"公益活动	秦皇岛市福彩中心组织并发起，携手秦皇岛日报小记者和去年受助的青龙满族自治县隔河头小学12名学生代表，前往山海关角山长城，开展"践行公益初心，传承长城文化"为主题的公益研学活动。活动费用共计2000元	青龙满族自治县隔河头小学12名学生代表	公益金	0.2		

黑龙江福彩中心 2022 年开展公益活动统计

类别	活动名称	活动内容	资助对象	资金来源	金额（万元）	活动持续时间	延续活动或者新增活动
助学	"福彩圆梦·情系贫困中学生"资助活动	哈尔滨市筛选确定100名符合资助条件的家庭困难、品学兼优的普通初、高中学生，每人发放2000元福彩资助金。绥化市累计有17名孤儿学子、46名事实无人抚养儿童和120名困难中学生获得了福彩资助金。鸡西福彩为35名家庭困难品学兼优的中学生发放了资助金。佳木斯市福彩对30名困难中学生进行资助	348名困难家庭中学生	公益金	69.6		延续

湖北省福彩中心2022年开展公益活动统计

类别	活动名称	活动内容	资助对象	资金来源	金额（万元）	活动持续时间	延续活动或者新增活动
助学	民政职业学院孤儿"励志班"项目	武汉民政职业学院孤儿"励志班"项目支出288.66万元。用于在校大中专孤儿学生学费、住宿费、书本费，按时发放生活费，为孤儿安排体检及办理保险，购置被服、节日慰问品等，以及改善学习培训环境、配备相关教学设备设施	在校中职及高职孤儿	公益金	288.66		延续
济困	"关心下一代"困难家庭儿童关爱活动	湖北福彩资助南漳县竹坪镇100名优秀困境学生，每人给予1000元资助	南漳县竹坪镇100名优秀困境学生	公益金	10		延续

湖南省福彩中心2022年开展公益活动统计

类别	活动名称	活动内容	资助对象	资金来源	金额（万元）	活动持续时间	延续活动或者新增活动
助学	"福泽潇湘·精准助学"公益助学活动	湖南永州福彩联合慈善总会为全市200名家庭贫困的应届大学新生一次性发放4000元助学金，并为到仪式现场的82名学子赠送了行李箱和书包	永州应届大学新生	公益金	80		
	"福泽潇湘·筑梦助学"公益助学活动	娄底福彩为30名娄底籍初、高中阶段品学兼优的散居孤儿、事实无人抚养儿童发放助学金9万元。怀化福彩在高考季开展"福彩公益行·助圆大学梦"公益活动	娄底籍初、高中阶段品学兼优的散居孤儿、事实无人抚养儿童	公益金	9		
	"福彩公益行·助圆大学梦"公益活动	怀化福彩开展活动共资助4位贫困大学新生，每人5000元	贫困大学新生	公益金	2		

续表

类别	活动名称	活动内容	资助对象	资金来源	金额（万元）	活动持续时间	延续活动或者新增活动
扶老	"迎新春送温暖，走进敬老院"活动	2022年1月11日，张家界福彩中心去往永定区、武陵源区、慈利县、桑植县开展"迎新春送温暖，走进敬老院"活动。送去了共计价值4万元的慰问品、8万元慰问金以及新春的祝福	永定区、武陵源区、慈利县、桑植县敬老院	公益金	12		
	"中秋送福娄底福彩慰问双峰荷叶镇敬老院"活动	2022年9月5日，娄底福彩前往双峰县荷叶镇敬老院开展中秋慰问活动，为老人送去5万元慰问金和节日的问候	双峰县荷叶镇敬老院	公益金	5		
助残	福泽潇湘——湘西福彩"六一"关爱残障儿童党日活动	2022年5月30日，在"六一"国际儿童节来临之际，湘西州福彩走进永顺县希冀儿童康复中心，开展福泽潇湘——湘西福彩"六一"关爱残障儿童党日活动，了解该中心残障儿童康复情况，并捐赠爱心款3万元	永顺县希冀儿童康复中心残障儿童	公益金	3		

江苏省福彩中心2022年开展公益活动统计

类别	活动名称	活动内容	资助对象	资金来源	金额（万元）	活动持续时间	延续活动或者新增活动
助学	"爱心助学"公益活动	2022年12月1日，江苏福彩"爱心助学"活动启动，省级福彩公益金投入300万元，总计资助600名品学兼优、家庭困难的江苏籍高校新生，资助标准为每人5000元，着力解决贫困学子学费难、生活费难的问题，改善他们的学习和生活条件	600名在校品学兼优的特困学生	公益金	300		延续

续表

类别	活动名称	活动内容	资助对象	资金来源	金额（万元）	活动持续时间	延续活动或者新增活动
济困	"情暖江苏"春节慰问	江苏福彩广泛开展送温暖献爱心活动，此次行动由江苏省慈善总会、省国资委动员部分国有企业和民营企业，为全省困难群众捐赠1000万元善款购置新春"年礼"	困难大病患者、困境儿童以及其他社会救助对象	公益金	1000		延续
	"三关爱公益行动"	2022年"三关爱公益行动"扬州福彩发放救助金10万元，活动总计资助400多人	社区救助对象	公益金	10		延续
扶老	"福彩爱心敬老"系列活动	扬州市福彩中心2022年度已经向各县（市、区）13家养老机构捐赠总价值10万余元的棉被、大米、食用油等爱心物资	13家养老机构	公益金	10		
救孤	"梦想改造+"关爱计划	盐城福彩捐赠关爱资金50万元，积极助力"梦想改造+"关爱计划，将帮扶和关爱送到每一名"事实孤儿"身边，关注孩子的健康成长	盐城孤儿	公益金	50		
公益文化及其他	"福彩图书室"公益活动	"福彩图书室"公益活动是福彩中心党支部今年推进的书记项目，由福彩公益金出资10万元，向未成年人保护工作站、养老服务中心等10家机构捐赠书籍，建设福彩图书室并挂牌	未成年人保护工作站、养老服务中心等10家机构	公益金	10		
	"情系环卫人，温暖润心田"活动	南通市福彩中心出资5万元，为困难环卫工送去了一份爱心和温暖，感谢他们为美化城市和方便市民出行所付出的辛勤劳动	南通困难环卫工	公益金	5		

江西省福彩中心 2022 年开展公益活动统计

类别	活动名称	活动内容	资助对象	资金来源	金额（万元）	活动持续时间	延续活动或者新增活动
济困	"福彩公益行·走近XX地"活动	2022 年，江西福彩以践行"取之于民、用之于民"的社会承诺，开展了 36 场"福彩公益行·走近 XX 地"公益活动，安排福彩公益金 108 万元，对全省各地生活困难的近 1080 名对象进行公益慰问，送去关怀和温暖	困难人群	公益金	108		
扶老	"福彩公益行·走近养老乐园"活动	2022 年 6 月 29 日至 30 日，江西福彩组织 20 名党员干部职工，走访慰问修水县社会福利中心和铜鼓县福利院看望驻院老人，开展志愿者活动，为他们送去 6000 元公益慰问品	省困难群众	公益金	0.6		
助残	"福彩公益行·情暖残障人士"活动	2022 年，江西福彩开展"福彩公益行·情暖残障人士"活动，安排福彩公益金 6 万元，采访并报道 20 位身残志坚、自强自立的残障人士，凸显他们自食其力和顽强奋斗的优秀品格，同时也彰显了福彩的公益力量	残障人士	公益金	6		
公益文化及其他	"福彩公益行·走近最美养老护理员"活动	江西福彩中心开展"福彩公益行·走进最美养老护理员"公益活动，使用福彩公益金 3 万元，对在养老机构爱岗敬业，精心照料驻院老人的 30 名一线护理人员进行公益慰问	养老机构	公益金	3		

类别	活动名称	活动内容	资助对象	资金来源	金额（万元）	活动持续时间	延续活动或者新增活动
公益文化及其他	"福彩公益行·送文明下乡"活动	2022年，江西福彩继续联合省文明办开展了"福彩公益行·送文明下乡"公益活动。活动使用福彩公益金6万元，对20名困难群众或家庭进行每人（家庭）3000元的福彩公益慰问	20名困难群众或家庭	公益金	6		

山东省福彩中心2022年开展公益活动统计

类别	活动名称	活动内容	资助对象	资金来源	金额（万元）	活动持续时间	延续活动或者新增活动
助学	"为福添彩·福利彩票圆梦大学生行动"活动	7月29日，山东福彩第六届"为福添彩·福利彩票圆梦大学生行动"启动。活动为50名符合条件的困难家庭大学新生提供每人6000元的圆梦助力金	贫困学生	公益金	30		延续
济困	"为福添彩"公益救助活动	2022年，山东省福彩中心继续开展"为福添彩"公益救助活动。全省共救助困难群众32名，救助金额10万元	老党员、消防队员、福彩销售员、留守儿童和困难家庭等	公益金	10		延续
公益文化及其他	"公益福彩同行，点亮美丽乡村"活动	2022年，枣庄市福彩中心共投入福彩公益金18.9万元，为峄城区峨山镇倪堂村、吴林街道七里店村、薛城区沙沟镇郭洼村、岩湖村、滕州市柴胡店镇南湖楼村等5个村庄免费安装了84盏太阳能路灯	峄城区峨山镇倪堂村、吴林街道七里店村、薛城区沙沟镇郭洼村、岩湖村、滕州市柴胡店镇南湖楼村等5个村庄	公益金	18.9		延续

327

山西省福彩中心 2022 年开展公益活动统计 306.1

类别	活动名称	活动内容	资助对象	资金来源	金额（万元）	活动持续时间	延续活动或者新增活动
救孤	"福彩公益季·留守儿童希望行"项目	项目使用公益金 149.8 万元，包含《爱心鸡毛信》节目、未成年人保护公益宣传片的制作播出等项目	留守儿童	公益金	149.8		
	"送你一朵小红花"爱心捐赠活动	山西省福彩向太原市儿童福利院捐赠冰壶、乒乓球台、儿童室内单杠等价值 5 万元的文体用品	太原市儿童福利院	公益金	5		
扶老	"敬老月慰问行·走进养老院"活动	2022 年 10 月 26 日，山西福彩"敬老月慰问行·走进养老院"活动在山西省老年公寓举行。山西省福彩为山西省老年公寓的老年人送去价值 1.5 万元的米、面、竹盐等慰问品	山西省老年公寓	公益金	1.5		
	"福彩公益季 光明公益行"活动	2022 年开展的"福彩公益季 光明公益行"公益项目，使用公益金 149.8 万元，包含眼健康检查 10000 人/次，发放公益眼镜 250 副，眼病救助 860 人	山西省敬老院、养老院及农村等医疗基础薄弱、经济发展不够充分的地区老人	公益金	149.8		

陕西省福彩中心 2022 年开展公益活动统计

类别	活动名称	活动内容	资助对象	资金来源	金额（万元）	活动持续时间	延续活动或者新增活动
助学	"资助困难家庭大学新生"活动	2022 年 8 月 24 日"资助困难家庭大学新生"活动投入 2000 万元福彩公益金资助贫困家庭大学新生	家庭困难新生	公益金	2000		延续

深圳福彩中心 2022 年开展公益活动统计

类别	活动名称	活动内容	资助对象	资金来源	金额（万元）	活动持续时间	延续活动或者新增活动
公益文化及其他	"爱心福彩·常回家看看"公益项目	由深圳福彩策划的 2022 年度"爱心福彩·常回家看看"公益项目启动，全年共计资助 835 名来深建设者返乡，资助公益金近 50 万元	外地来深建设者	公益金	50		
助残	"残疾人文体活动"	为深圳辖区户籍持证残疾人提供文化、体育、娱乐活动 2000 余人次，使用资金 47.19 万元。根据辖区残疾人的不同特点和需要，开展残疾人文化、体育、娱乐活动，使辖区各类残疾人广泛参与	深圳辖区户籍持证残疾人	公益金	47.19		

四川省福彩中心 2022 年开展公益活动统计

类别	活动名称	活动内容	资助对象	资金来源	金额（万元）	活动持续时间	延续活动或者新增活动
助学	"放飞梦想·托起四川希望的明天"活动	2022 年"放飞梦想·托起四川希望的明天"——四川慈善·福彩帮困助学活动的子项目"福彩助学项目"和"川慈青云助学计划"（均为一次性助学活动）进行，助学名单确认后，将有 1546 名学子收到助学金，共计 713 万元	大学、高中困难新生	发行费	713		延续
	"志翔班"项目	2022 年度，安排省本级福彩公益金 644 万元资助省孤儿职业技术学校"志翔班"学生	贫困家庭学生	公益金	644		延续

续表

类别	活动名称	活动内容	资助对象	资金来源	金额（万元）	活动持续时间	延续活动或者新增活动
扶老	"公益福彩·与爱同行"公益慰问活动	四川福彩与巴中市民政局走进通江县广纳镇大椿养老康复中心，联合开展"公益福彩·与爱同行"公益慰问活动。为老人们送去价值20000元的轮椅，以实际行动践行了福利彩票"扶老助残救孤济困"的发行宗旨	通江县广纳镇大椿养老康复中心	公益金	2		

西藏自治区福彩中心2022年开展公益活动统计

类别	活动名称	活动内容	资助对象	资金来源	金额（万元）	活动持续时间	延续活动或者新增活动
助学	"公益福彩·情暖高原"公益助学活动	2022年共资助大学生200名，继续资助142名未毕业大学生，新增资助58名大学生，每人发放助学金5000元，共计100万元	在校贫困大学生	公益金	100		延续

天津市福彩中心2022年开展公益活动统计

类别	名称	活动内容	资助对象	资金来源	金额（万元）	活动持续时间	延续活动或者新增活动
助学	"福彩圆梦·点亮希望"爱心助学公益行动	2022年8月14日，"福彩圆梦点亮希望"爱心助学公益行动捐赠仪式在天津市海河传媒中心举行。天津福彩向20位家庭困难、品学兼优的应届大学新生每人捐赠5000元福彩公益助学金，为他们提供爱心资助，圆梦大学	20位家庭困难、品学兼优的应届大学新生	公益金	10		

续表

类别	名称	活动内容	资助对象	资金来源	金额（万元）	活动持续时间	延续活动或者新增活动
救孤	"送你一朵小红花"活动	2022年11月25日,天津福彩"送你一朵小红花"公益捐赠仪式在天津市儿童福利院举行。活动上,天津福彩向天津市儿童福利院捐赠爱心善款5万元,用于形体功能训练室建设	天津市儿童福利院	公益金	5		
助残	"守护心灵 健康成长"公益活动	天津福彩向天津市青少年发展基金会捐赠3万元爱心资金,定向用于天津市星童融合孤独症康复中心心理健康室建设,进一步改善孩子们的教学环境、提升教学环境质量,为孩子们的健康成长贡献力量	天津市星童融合孤独症康复中心	公益金	3		

新疆维吾尔自治区福彩中心2022年开展公益活动统计

类别	活动名称	活动内容	资助对象	资金来源	金额（万元）	活动持续时间	延续活动或者新增活动
济困	"人民至上 迎新春 送温暖 民政福彩在行动"爱心捐助活动	2022年1月22日,昌吉州福彩开展"人民至上 迎新春 送温暖 民政福彩在行动"爱心捐助活动,在新春佳节来临之际,协同州民政局使用福利彩票公益金40万元,向全州200户困难家庭每户送上2000元爱心慰问金	全州200名困难群众	公益金	40	延续	

331

续表

类别	活动名称	活动内容	资助对象	资金来源	金额（万元）	活动持续时间	延续活动或者新增活动
济困	"大手拉小手福彩圆梦"公益活动	2022年3月，第二届"大手拉小手福彩圆梦"爱心书包捐赠公益活动使用福彩公益金7万元，为塔城地区四县三市的350名家境贫困、勤奋上进的困难家庭儿童送去装满学习用品的爱心书包	塔城地区1市4县350名家境困难、勤奋上进的儿童	公益金	7	延续	
助学	"爱心无疆，益路同行，爱心助学，筑梦前行"困难大学生救助活动	2022年12月7日，伊犁州福彩中心举行"爱心无疆，益路同行，爱心助学，筑梦前行"困难大学生救助金发放仪式。为本年度考入疆内大学的302名应届本科生（本人为城乡低保户），每人发放3000元助学金。共计90.6万元	2022年度考入疆内大学的302名应届本科生（本人为城乡低保户）	公益金	90.6	延续	

云南省福彩中心2022年开展公益活动统计

类别	活动名称	活动内容	资助对象	资金来源	金额（万元）	活动持续时间	延续活动或者新增活动
助学	"资助贫困大学生活动"	8月26日，保山市民政局、保山市福利彩票管理中心先后到昌宁县柯街镇立斯达村、市社会福利院开展福彩捐资助学活动。本次活动共向19名困难学生发放助学金5万元	贫困学子	公益金	5		
救孤	"中华慈善日"系列活动	9月8日，迪庆州福彩中心工作人员到州福利院，为目前集中供养的全州48名孤残困境儿童送去价值1.96万元的学习及生活物资	全州48名孤残困境儿童	公益金	1.96		

浙江省福彩中心 2022 年开展公益活动统计

类别	活动名称	活动内容	资助对象	资金来源	金额（万元）	活动持续时间	延续活动或者新增活动
助学	"福彩暖万家·助圆大学梦"公益活动	2022 年度"福彩暖万家·助圆大学梦"公益活动,温州地区共资助 480 名困难大学新生,每人 8000 元福彩助学金,共 384 万元;40 名历年受助学生,共 12 万,总计 396 万元。宁波市资助 73 人,共计使用公益金 60.59 万元。绍兴市资助 45 人,共计使用公益金 18 万元。衢州市共计使用 50 万元公益金	困难少年	公益金	524.59		延续
济困	"福彩暖万家·救助直通车"公益活动	杭州福彩投入公益金 200 万元,资助低保低边困难家庭 1000 户	困难家庭	公益金	200		延续
	"温暖禾城·福彩公益行"活动	嘉兴市开展"温暖禾城—福彩公益行"为主题的"关爱有嘉·福彩点亮梦想"系列公益活动,共使用公益金 118 万元	困难群众	公益金	118		
	"福彩暖万家·温暖同行"公益活动	杭州投入公益金 10 万元,资助家庭困难的一线福彩销售员 50 人	家庭困难的一线福彩销售员	公益金	10		延续
	"938 福彩助力梦想·温暖过大年"公益活动	共计资助 200 名困难群众,使用公益金 20 万元	困难群众	公益金	20		
	"福彩有爱·1＋N"公益慰问	湖州市共计资助 240 户困难群众,使用公益金 48 万元	困难群众	公益金	48		
	"福彩同行·温暖到家"活动	绍兴资助 40 个村（社）困难家庭群众,使用公益金	困难群众	公益金	4		

续表

类别	活动名称	活动内容	资助对象	资金来源	金额（万元）	活动持续时间	延续活动或者新增活动
扶老	"福彩来了·爱心暖巢"活动	在九九重阳节来临之际，宁波福彩开展资助100名困难老人，每人2000元的资助资金，总计20万元公益活动	困难老人	公益金	20		
	"938福彩助力梦想·关爱困难老人"活动	温州市共计资助150人困难老人，使用公益金15万元	困难老人	公益金	15		
	"感受资助"项目	温州市开展"感受资助"项目，投入10万公益金，用于帮助养老院的完善与建设	养老院	公益金	10		
	"福彩来了，点亮梦想"活动	宁波市共计资助300名困难儿童，使用公益金60万元；温州市共计资助160名困难儿童，使用公益金16万元；绍兴市共计资助100名困难儿童，使用公益金20万元；丽水市共计资助71名困难儿童，使用公益金5.8万元；义乌市资助100名困难儿童，共计10万元	困难儿童	公益金	111.8		
助残	"福彩暖万家，爱心永相随"公益活动	义乌市资助300名生活困难残疾人士，共计12万元	生活困难残疾人	公益金	12		
公益文化及其他	"福彩暖万家·金婚祝福礼"活动	丽水市为60对老人送去金婚祝福，共计花费公益金5万元	60对老人	公益金	5		
	"福彩暖万家·与爱同行"活动	义乌市为100对新领证新人送去祝福，共计花费公益金2万元	100对新领证新人	公益金	2		
	"福彩非常帮助"活动	衢州市开展"福彩非常帮助"活动，共计投入公益金20万元	衢州市需要帮助人员	公益金	20		

类别	活动名称	活动内容	资助对象	资金来源	金额（万元）	活动持续时间	延续活动或者新增活动
公益文化及其他	"福彩暖万家·一路有你"活动	杭州市资助200名家庭困难的环卫工人，共计资助40万元。宁波市资助99名家庭困难的环卫工人，共计资助19.8万元。绍兴市资助40名家庭困难的环卫工人，共计资助8万元	困难环卫工人	公益金	67.8		
	福彩暖万家"御冬送暖温暖同行"公益活动	舟山市资助60名一线劳动者3万元公益金	一线劳动者	公益金	3		

重庆市福彩中心2022年开展公益活动统计

类别	活动名称	活动内容	资助对象	资金来源	金额（万元）	活动持续时间	延续活动或者新增活动
助学	"公益福彩幸福校园"活动	2022年2次开展"公益福彩幸福校园"活动,对重庆彭水县、巫溪县、江津区等地10所困难学校进行资助。完成2021年度"公益福彩·幸福校园"江津区、巫溪县宁厂镇双溪村、城口县双河乡、城口县龙田乡4所学校改建竣工;完成"名师工作坊"项目10所学校的验收审核;试点在远郊区县开展"2小时公益"助学活动	在校特困家庭大学生	公益金	249		延续

续表

类别	活动名称	活动内容	资助对象	资金来源	金额（万元）	活动持续时间	延续活动或者新增活动
公益文化及其他	"福彩助力乡村振兴——'点亮乡村'太阳能路灯"公益项目	2022年"福彩助力乡村振兴——'点亮乡村'太阳能路灯"公益项目对全市30个区县的40个行政村进行资助，数量共计2000盏。同时，赴巫溪县对口帮扶村进行实地调研，捐赠40万元用于4个乡的行政服务中心建设，捐赠20万元用于巫溪县大河乡民主村便民活动广场设施设备项目、捐赠10万元用于巫溪县石柱村炕房改建	全市30个区县、巫溪县	公益金	403		
	"福彩有爱，送福到家"公益活动	针对社会反响大、群众关注多的社会慈善社会公益项目进行资助，发挥福彩公益金在重庆民政领域对最低生活保障的补充作用。2022年该项目在重庆22个区县累计开展24场次慰问困难一线环卫工人公益活动	重庆22个区县环卫工人	公益金	257		
	"福彩爱心帮帮帮"活动	该品牌已成为重庆福彩助力社会兜底保障、社会临时救助的重要品牌项目。2022年组织召开急难救助评审会5期，集中评审申请资料115份，评审出受资助对象77人	急需救助人群	公益金	46		

续表

类别	活动名称	活动内容	资助对象	资金来源	金额（万元）	活动持续时间	延续活动或者新增活动
公益文化及其他	"福彩，让生活更美好"活动	2022年试点推进"福彩文化广场"项目，与北碚区民政局及街道协调，在社会广场试点"福彩文化广场"公益设施建设，丰富周边社区娱乐场地。开展资助法律援助基金会、市儿基会"慈幼共创"公益项目、华龙网"梦想课堂·山里孩子有梦想"、"乡村振兴主题宣传"公益活动、九龙坡未成年保护中心、重庆出版集团"学国学"公益活动、"学习强国"甜甜虎公益项目等，推动公益事业发展	社会广场	公益金	595		

内蒙古自治区福彩中心 2022 年开展公益活动统计

类别	活动名称	活动内容	资助对象	资金来源	金额（万元）	活动持续时间	延续活动或者新增活动
助学	"福彩·北疆情"公益活动	2022年8月2日，巴彦淖尔市福彩中心举行"福彩北疆情"公益金资助乌拉特后旗获各琦苏木困难群众发放仪式。本次活动共使用福彩公益金9万元，资助乌拉特后旗获各琦苏木30名低保户，每人资助3000元	乌拉特后旗获各琦苏木困难群众	公益金	9		

福建省福彩中心 2022 年开展公益活动统计

类别	活动名称	活动内容	资助对象	资金来源	金额（万元）	活动持续时间	延续活动或者新增活动
助学	"爱在中山情满中秋"活动	福彩志愿者们为 3 户结对帮扶困难家庭送上月饼、米面粮油等慰问品和每户 1000 元的节日慰问金，鼓励他们保持积极乐观的心态，勇敢面对当前生活中的困难	困难家庭	公益金	0.3		

河南省福彩中心 2022 年开展公益活动统计

类别	活动名称	活动内容	资助对象	资金来源	金额（万元）	活动持续时间	延续活动或者新增活动
助学	"情系学子，福彩圆梦"爱心助学公益活动	8 月 25 日，南阳市民政局"情系学子福彩圆梦"爱心助学公益资金发放仪式在卧龙区举行，助学活动使用 60 万元福彩公益金，在南阳六区资助 200 名困难学子。据悉，该项爱心助学活动已连续开展两届，帮助了近 500 名困难学子，提升了福彩公益品牌形象	困难学子	公益金	60		
救孤	"关爱儿童"活动	在"六一"儿童节来临之际，5 月 27 日上午，焦作福彩来到市儿童福利院开展慰问活动，焦作福彩捐助慰问金 3 万元整，真切表达对孩子们节日的问候和祝福	焦作市儿童福利院	公益金	3		
济困	"豫爱福彩"活动	2022 年，河南福彩携手河南电视台民生频道，通过开设《豫爱福彩》栏目，向遭遇困难的家庭伸出援助之手，共帮扶 10 个家庭，捐赠总金额高达 50 万元，为他们雪中送炭，解燃眉之急	困难家庭	公益金	50		

辽宁省福彩中心 2022 年开展公益活动统计

类别	活动名称	活动内容	资助对象	资金来源	金额（万元）	活动持续时间	延续活动或者新增活动
助学	"福彩助学子·大学圆梦行动"活动	2022 年，辽阳福彩开展"福彩助学子·大学圆梦行动"，全市共有 107 名考生享受资助，每名学生 3500 元，共计发放助学金 37.45 万元。因疫情防控工作实际情况，未举办助学金发放仪式，通过学生提供的银行卡发放	困难学生	公益金	37.45		
	"福彩慈善助学"活动	福彩慈善助学是锦州福彩慈善救助的品牌项目。2022 年，锦州福彩为 112 名受助学子每人发放 5000 元助学金，共计 56 万元	受助学生	公益金	56		

宁夏回族自治区福彩中心 2022 年开展公益活动统计

类别	活动名称	活动内容	资助对象	资金来源	金额（万元）	活动持续时间	延续活动或者新增活动
助学	"福彩公益行圆筑学子梦"公益助学项目	2022 年宁夏福利彩票发行中心出资 99.8 万元开展"福彩公益行圆筑学子梦"公益助学项目。重点对自治区党委组织部乡村振兴定点帮扶村、民政厅乡村振兴定点帮扶村 2022 年度考取大学生及就读宁夏卫生学校老年人服务与管理、老年护理、康复护理专业学生共计 294 名进行资助，每名学生资助 2000 元至 5000 元不等的助学金额	困难学生	公益金	99.8		

Abstract

In 2022, welfare lottery tickets sold a total of 148. 131 billion yuan throughout the year, raising 46. 1 billion yuan in public welfare funds. As of the end of 2022, China has issued a total of 2. 6458 trillion yuan in welfare lottery tickets and raised 791. 7 billion yuan in lottery public welfare funds. The welfare lottery industry continues to play a very important role in China's social welfare, public welfare, and social security undertakings.

In 2022, the policy combination of welfare lottery related departments will help alleviate the difficulties of lottery sales channels and outlets. Lottery institutions will deepen the construction of responsible lottery, strengthen risk prevention and control, and carry out diversified market practices. On the one hand, they will strive to overcome the continuous market pressure caused by the epidemic and changes in game varieties, and on the other hand, they will promote the transformation and upgrading of the lottery welfare lottery industry through industrial integration and other means.

The report of the 20th National Congress of the Communist Party of China pointed out that high-quality development is the primary task of comprehensively building a socialist modernized country. For the welfare lottery industry, it is necessary to further define its own position, continue to do a good job in transformation and upgrading, and promote high-quality development in industrial development, social responsibility construction and lottery public welfare in the new journey of building a socialist modern country in an all-round way and in the process of Chinese path to modernization. This report is the sixth in the series of blue books on welfare lottery. It makes a detailed and in-depth analysis of the market development, social responsibility construction, industrial development and public welfare fund management of welfare lottery in 2022, and puts forward policy recommendations on how welfare lottery can play an important role in the process of Chinese path to modernization.

In terms of industrial development, a new round of technological revolution and industrial transformation is unfolding globally, and digitization is driving the transformation and upgrading of human production methods, lifestyles, and governance models. Welfare lottery, as an industry with multiple attributes such as people-oriented, national, and public welfare, faces the opportunity of continuous empowerment of digital technology and broad market support from netizens. Welfare lottery should seize digital opportunities. Firstly, digital technology should be fully utilized to promote the industrial integration and development of welfare lottery through technology integration, product integration, business integration, and market integration; The second is to further explore the application of blockchain technology, including a front-end management system for blockchain lottery, a mid level control system for lottery buyers to prevent addiction, and a terminal management system for lottery public welfare funds; The third is to strengthen the digital exploration and government regulation of the lottery industry.

In terms of social responsibility construction, welfare lottery institutions have continuously promoted the construction of social responsibility related systems and systems in recent years, and have made significant progress. At present, it is necessary to further deepen the existing work. Firstly, it is necessary to strengthen the research on the social responsibility and related concepts and theories of lottery. Secondly, it is necessary to have more exchanges with international lottery organizations and institutions, and conduct in-depth research and reference on the industry's self-discipline rules, especially the framework of responsible lottery (games); Thirdly, based on the characteristics of China's lottery industry, explore responsible lottery certification for lottery institutions at different levels.

In terms of lottery public welfare, the allocation, use, and management of public welfare funds, the construction of lottery public welfare brands, and public welfare dissemination are very important. Lottery public welfare funds have a special position in promoting the process of common prosperity: they are an important source of funding for civil affairs, an important force in improving China's three distribution system, and an important aspect of improving the multi-level social security system and enhancing people's well-being. In the process of Chinese path to modernization, the management of lottery public welfare funds needs to be further strengthened, improve the construction of institutional norms, strengthen the management of local public welfare funds retained, enrich the content of project distribution, optimize the coordinated allocation of resources, expand and cultivate distribution subjects, and do a good job in coordinating with the primary and secondary distribution. In order to promote the public welfare development of the lottery industry, it is necessary to combine the links between the issuance and sales of lottery tickets and the allocation and use of public welfare funds, strengthen the construction and dissemination of lottery brand, and enhance the recognition and reputation of welfare lottery tickets.

Keywords: Welfare Lottery; Chinese Path to Modernization; High-quality Development; Social Responsibility; Digitalization

Contents

I General Report

Abstract: In 2022, welfare lottery continued to transform and upgrade in terms of product, channel, marketing, and social responsibility construction. This paper combs the distribution of welfare lottery in China in 2022, the collection, distribution and use of public welfare funds, analyzes the situation of welfare lottery in industrial development, social responsibility practice, responsible lottery construction and public welfare development, discusses the orientation of welfare lottery in the process of Chinese path to modernization from five aspects, and briefly describes the current situation and challenges of lottery development. The article proposes the following suggestions on how the welfare lottery industry can further clarify its own positioning, seize new opportunities, and achieve high-quality development: firstly, strengthen the leadership of party building; secondly, promote the top-level system design of lottery and strengthen the construction of lottery ecosystem; thirdly, promote the bidirectional upgrading of supply and demand in the welfare lottery industry; fourthly, further optimize the distribution and use of public welfare funds.

Keywords: Welfare Lottery; Social Responsibility; Chinese Path to Modernization; High-quality Development

II   Sub-reports

B.2   Comparative Analysis of Welfare Lottery at Provincial Level

Wang Xiaolei / 034

Abstract: This article mainly explores the provincial-level sales of welfare lottery tickets in China in 2022, including total sales, sales proportion, GDP proportion, welfare lottery development index, welfare lottery deviation index, per capita lottery purchase, and other related dimensions. Based on previous years' data, comparative analysis is conducted to find valuable conclusions under the same established conditions. In addition, based on the "lottery deviation index" set in this article, the relationship between welfare lottery sales and GDP in each province can be more intuitively seen using the deviation index calculation method. It can be concluded that "within the western and northern provinces, the proportion of lucky lottery sales in most provinces is higher than that of their provinces' GDP", "within the southeastern coastal and central provinces, the proportion of lucky lottery sales in most provinces is lower than or basically equal to that of their provinces' GDP", and so on. In addition, this article provides a detailed comparison between the per capita sales of welfare lottery tickets and sports lottery tickets in various provinces in 2022, and analyzes the correlation between welfare lottery tickets and sports lottery tickets in detail, in order to identify special situations that exist in the overall environment.

Keywords: Welfare Lottery Sales; Welfare Lottery Deviation Index; Per Capita Sales of Lottery Tickets

B. 3　Report on the Collection, Distribution and Use of Lottery Public Welfare Fund in 2022　　　　　　　　　*Jiang Nan* / 057

Abstract: This article analyzes the fundraising, distribution, and use of lottery public welfare funds in China in 2022. By comparing and analyzing the changes in public welfare funds with previous years, it is believed that lottery public welfare funds continue to play an important role in enhancing people's well-being and promoting social governance. In response to the issue of inconsistent fundraising and allocation criteria, as well as unreasonable distribution of funds, it is recommended to adopt a "special fundraising, targeted allocation, and coordinated use" approach, strengthen the incentive effect, flexibly use project and factor methods, allocate and use funds reasonably and effectively, and improve the efficiency of public welfare fund utilization.

Keywords: Lottery Public Welfare Funds; Social Governance; Public Welfare

B. 4　Report on the Public Welfare Activities of Provincial Welfare Lottery Institutions in China in 2022　　*Sun Lei* / 078

Abstract: In 2022, the types and quantities of public welfare activities of various provincial-level lottery institutions have increased compared to the previous year. This article provides a detailed review of the public welfare activities organized by welfare lottery sales institutions in 27 provinces (autonomous regions, municipalities) of China in 2022. It analyzes the types, sources of funds, and content of public welfare activities, and compares the similarities and differences of public welfare activities in the eastern, central, and western regions. How can lottery institutions better carry out public welfare activities? This article uses the model of corporate public welfare activities to classify and explore the public welfare activities by lottery institutions. Based on this, suggestions are proposed to accelerate the systematic development of public welfare activities, strengthen the construction of public welfare culture, build public welfare brands, and increase information disclosure efforts in three aspects.

Keywords: Public Welfare Funds; Public Welfare Activities; Social Responsibility

III Special Topic on Responsibility Lottery

B.5 Theoretical Framework and Development Suggestions

for Responsible Lottery Construction   *Ma Fuyun* / 106

Abstract: Accompanied by the importance attached by all sectors of society to the public welfare of lotteries and the social responsibility of lotteries, the construction of responsible lotteries has been emphasised more and more. Based on the theory of social responsibility and the stakeholder approach to the analysis of the construction of responsible lotteries, this paper argues that it is necessary to promote the construction of lottery laws and norms, strengthen the operation of lottery issuance and sales in accordance with the regulations, advocate the rational purchase and consumption of lottery players, and strengthen the lottery social organizations to collaborate in promoting the development of the industry.

Keywords: Responsible Lottery; Lottery Social Responsibility; Stakeholder Analysis

B . 6 "Lottery Social Responsibility" and "Responsible Lottery"

Concept Proposal and Its Applicable Conditions

Han Xuesong / 119

Abstract: "Lottery social responsibility" and "responsible lottery" are currently the two most commonly used terms in the lottery industry at the time of responsibility sharing, however, due to certain biases in both conceptual understanding and theoretical interpretation of the two, confusion and errors have emerged in practical application and implementation, the main reason for this is the lack of reasonable explanations for the concepts and theoretical basis of lottery social responsibility and responsible lottery. This article sorts out the relevant concepts of lottery social responsibility and responsible lottery, and analyzes the applicable conditions of lottery social responsibility and responsible lottery from four aspects: responsibility subject, responsibility object, responsibility content, subjectivity and objectivity. The relationship between lottery social responsibility and responsible lottery is not either one or the other. In the specific application, the responsibility subject should be defined first, and the concept should be selected and applied according to the responsibility subject. At the same time, the responsibility subjects and contents of "lottery social responsibility" and "corporate social responsibility", "responsible lottery" and "responsible gambling" are all different, when applying, it is necessary to avoid simply copying and applying.

Keywords: Lottery Social Responsibility; Responsible Lottery; Corporate Social Responsibility; Responsible Gambling

B . 7 Responsible Gaming Certification: Practices from the

Northern American Association of State and Provincial

Lotteries, the World Lottery Association and Macao SAR

Wang Changbin / 130

Abstract: Responsible gaming certification is an important measure to improve the effectiveness of responsible gambling. Although some lottery operators in China have obtained certification from the World Lottery Association (WLA), China's responsible lottery certification is still in its infancy. In order to have a good start for China's responsible gaming certification work, it is necessary to learn from international organizations and other regions' experiences. Therefore, this article introduces the responsible gaming certification systems and standards of the Northern American Association of State and Provincial Lotteries (NASPL), the World Lottery Association, and Macau SAR, China, and proposes suggestions for building China's responsible gaming certification system based on China's actual conditions.

Keywords: Responsible Gambling; Responsible Gambling Certification; North America; Macao SAR

B . 8 Social Responsibility Practice of International Lottery

Institutions *Ma Yan, Liu Shoujun* / 144

Abstract: At the World Lottery Conference held in Singapore in 2006, the World Lottery Association adopted the "WLA Responsible Gaming Framework" and the principles of responsible lottery. Today, responsible lottery has become a consensus in the international lottery industry, and with the changes in regulatory environments in various countries/regions and the improvement of lottery operation and management The innovation of lottery technology and products is constantly advancing. For example, some regions attach great importance to the science and regulation adjustment of lottery games, aiming to reduce the stickiness of some active games in the lottery market; Some regions are striving to strengthen legal management, achieve industry adjustment through improving legislation, and promote balanced market development; Some regions also focus on rational promotion to help the public view lottery tickets rationally and establish a healthy awareness of lottery buying. The above are all concrete manifestations of "social responsibility" in lottery management.

Keywords: World Lottery Association; Responsible Lottery (Game) Framework; Social Responsible

Ⅳ Special Topic on Lottery Public Welfare

B.9 Research on the Role of Lottery Public Welfare Funds in Promoting Three Distributions and Realizing Common Prosperity *Jiang Nan, Yan Xiaoying and He Hui / 173*

Abstract: Lottery public welfare funds have a special position in promoting the process of common prosperity. On the basis of analyzing the collection, distribution, use, and effectiveness of welfare lottery public welfare funds, this article believes that welfare lottery public welfare funds play a very important role in social welfare and public welfare fields such as supporting the elderly, assisting the disabled, rescuing orphans, and helping the poor. They have four functions: firstly, they are important sources of funds for civil affairs, providing material guarantee for the high-quality development of civil affairs; Secondly, it is an important force for the country to improve its distribution system and promote common prosperity; Thirdly, it is an important aspect of improving the multi-level social security system and enhancing people's well-being; Fourthly, it is an important guide to promote social progress and promote social civilization. It is an important source of funds for China's social security and public welfare undertakings, and an important component of China's third distribution. In the process of Chinese path to modernization, the lottery public welfare fund needs to further clarify its position and play an important role. Four suggestions are proposed: firstly, improve the construction of institutional norms and build a long-term stable mechanism; Secondly, expand the cultivation of distribution entities and guide social entities to fully participate; Thirdly, enrich the content of project allocation and optimize the coordinated allocation of resources; The fourth is to fully utilize the digital economy and coordinate with primary and secondary distribution.

Keywords：Lottery Public Welfare Fund；Triple Allocation；Common Prosperity

B.10　Welfare Lottery Public Funds of Local Retained Funds for the Disabled：Social Benefits and System Optimization

Shao Xiangdong，*Jiao Dan* / 200

Abstract：The welfare lottery public funds of local retained funds amounted to about 390 billion yuan from January 2005 to August 2023. These funds have been widely used to support the elderly，help the disabled，rescue orphans，help the poor，provide disaster relief and social welfare，and have played an important role in promoting social welfare，social assistance undertakings and the stable development of society. The study found that there are conflicts between the lagging construction of project libraries and the early issuance of lottery public welfare funds，the lack of industry standards for performance evaluation，irregularities in the construction of project brand logos，insufficient efforts to manage negative online public opinion，and biased origins in the construction of a social responsibility system，among other issues，which are still prominent. Adjusting the structure of capital investment，improving the project database as soon as possible，playing the role of emerging scientific and technological productivity，and establishing a comprehensive mechanism for the management of negative public opinion are important measures to improve social benefits.

Keywords：Local Retained Funds；Welfare Lottery Public Funds；Assisting Handicapped；Social Benefits

Abstract: In order to promote the high-quality development of the lottery industry, it is necessary to strengthen the construction and dissemination of lottery brands, and enhance the recognition and reputation of the lottery market. This article analyzes the characteristics of public welfare brands and the steps of brand construction by comparing brands with public welfare brands; Summarized the four characteristics of lottery and the three dimensions of public welfare, responsibility, and integrity of its brand positioning, and proposed the main body and specific division of labor for lottery brand construction. On this basis, the participants in the current welfare lottery brand construction and the form and content of brand communication were discussed, and the problems in the construction of welfare lottery brand were sorted out. A detailed analysis was conducted on the case of the "Sunshine Lottery" brand in welfare lottery. In order to further strengthen the brand building of lottery, lottery related departments should improve the information disclosure system, optimize the selection and management of public welfare fund projects, strengthen the collaboration between different entities in brand building, and enhance the visibility of lottery public welfare.

Keywords: Welfare Lottery; Brand Construction; Brand Communication

V   Special Topic on the Development of Lottery Industry

Abstract: The new round of technological revolution and industrial transformation with digital technology as the universal purpose technology is unfolding globally. Digitalization is becoming the main paradigm for economic and social development, and promoting the transformation and upgrading of human production methods, lifestyles, and governance models. The lottery industry, as an industry with multiple attributes such as people-oriented, national, and public welfare, has continuously explored and attempted in the process of digitization, roughly going through three main periods: the embryonic period, the disorderly expansion period, and the rational exploration period. Currently, in the context of the overall parallel development of digital technology in China and leading in individual fields, the digitalization of China's lottery industry is facing opportunities for continuous empowerment of digital technology and broad market support. At the same time, challenges such as the urgent need to improve the rule of law and regulatory system, the need to optimize the profit distribution mechanism, the heavy burden of building a social responsibility system, and the fierce competition in the international lottery market have made the digital exploration of China's lottery industry face numerous obstacles. In the future, China's lottery industry should seize the digital opportunity, improve the regulatory system, clarify policy expectations, promote supply side digitization based on consumer digital demand, improve the construction of the industry's social responsibility system, and help China's social welfare undertakings to reach a new level with high-quality development.

Keywords: Digitalization; Lottery Industry; Digital Technology

B.13 Research on the Integration of Lottery Industry from the Perspective of High Quality Development

Xiang Shuang, He Hui / 262

Abstract: This article provides a preliminary analysis of the current phenomenon of lottery integration with other industries in China from the perspective of industrial integration. The high-quality development of the lottery industry requires attention and exploration of its entertainment and social attributes. The existing ways of integrating the lottery industry with other industries can be divided into technology integration, product integration, business integration, and market integration. The driving factors affecting the integrated development of the lottery industry include consumer demand, technological innovation, and related policies. The interaction of three types of driving factors forms the driving mechanism for the integration of lottery products. Industrial integration has effectively promoted innovation in the lottery industry, optimized resource allocation, reduced costs, and improved efficiency. To further deepen the integration of the lottery industry, it is necessary to strengthen policy support, deepen the application of new technologies, and encourage local lottery institutions to explore different ways of industrial integration.

Keywords: Lottery Industry; Industry Integration; High-quality Development

B. 14 Research on the High-quality Development Path of Blockchain Empowering Welfare Lottery Industry

Li Jihai / 281

Abstract: In recent years, blockchain has provided new opportunities for promoting the development of China's welfare lottery industry. In order to better empower the high-quality development of China's welfare lottery industry with blockchain technology, on the one hand, a preliminary analysis of possible optimization paths is conducted by reviewing the relevant policy design, theoretical exploration, and practical application of "blockchain + welfare lottery" at home and abroad; On the other hand, this article reviews the relevant literature on "blockchain + welfare lottery" from three aspects: exploration of the application of new technologies in the issuance and sales of welfare lottery, lottery purchasing behavior of lottery enthusiasts, and the allocation and supervision of welfare lottery public welfare funds. Finally, starting from the three pain points of welfare lottery issuance and sales, lottery buyers' purchasing behavior, and welfare lottery public welfare funds, the study found three feasible optimization paths for empowering the high-quality development of welfare lottery industry through blockchain: a blockchain lottery front-end management system based on smart contract technology A mid level control system for preventing lottery buyers from becoming addicted based on internal chains, and a terminal management system for welfare lottery and public welfare funds based on decentralization and trust.

Keywords: Block chain; Welfare Lottery; Technological Empowerment

权威报告・连续出版・独家资源

皮书数据库
ANNUAL REPORT(YEARBOOK)
DATABASE

分析解读当下中国发展变迁的高端智库平台

所获荣誉

- 2020年，入选全国新闻出版深度融合发展创新案例
- 2019年，入选国家新闻出版署数字出版精品遴选推荐计划
- 2016年，入选"十三五"国家重点电子出版物出版规划骨干工程
- 2013年，荣获"中国出版政府奖・网络出版物奖"提名奖
- 连续多年荣获中国数字出版博览会"数字出版・优秀品牌"奖

皮书数据库　　"社科数托邦"
　　　　　　　微信公众号

成为用户

登录网址www.pishu.com.cn访问皮书数据库网站或下载皮书数据库APP，通过手机号码验证或邮箱验证即可成为皮书数据库用户。

用户福利

- 已注册用户购书后可免费获赠100元皮书数据库充值卡。刮开充值卡涂层获取充值密码，登录并进入"会员中心"—"在线充值"—"充值卡充值"，充值成功即可购买和查看数据库内容。
- 用户福利最终解释权归社会科学文献出版社所有。

数据库服务热线：400-008-6695
数据库服务QQ：2475522410
数据库服务邮箱：database@ssap.cn
图书销售热线：010-59367070/7028
图书服务QQ：1265056568
图书服务邮箱：duzhe@ssap.cn

社会科学文献出版社　皮书系列
SOCIAL SCIENCES ACADEMIC PRESS (CHINA)

卡号：935231938719
密码：

中国社会发展数据库（下设 12 个专题子库）

紧扣人口、政治、外交、法律、教育、医疗卫生、资源环境等 12 个社会发展领域的前沿和热点，全面整合专业著作、智库报告、学术资讯、调研数据等类型资源，帮助用户追踪中国社会发展动态、研究社会发展战略与政策、了解社会热点问题、分析社会发展趋势。

中国经济发展数据库（下设 12 专题子库）

内容涵盖宏观经济、产业经济、工业经济、农业经济、财政金融、房地产经济、城市经济、商业贸易等 12 个重点经济领域，为把握经济运行态势、洞察经济发展规律、研判经济发展趋势、进行经济调控决策提供参考和依据。

中国行业发展数据库（下设 17 个专题子库）

以中国国民经济行业分类为依据，覆盖金融业、旅游业、交通运输业、能源矿产业、制造业等 100 多个行业，跟踪分析国民经济相关行业市场运行状况和政策导向，汇集行业发展前沿资讯，为投资、从业及各种经济决策提供理论支撑和实践指导。

中国区域发展数据库（下设 4 个专题子库）

对中国特定区域内的经济、社会、文化等领域现状与发展情况进行深度分析和预测，涉及省级行政区、城市群、城市、农村等不同维度，研究层级至县及县以下行政区，为学者研究地方经济社会宏观态势、经验模式、发展案例提供支撑，为地方政府决策提供参考。

中国文化传媒数据库（下设 18 个专题子库）

内容覆盖文化产业、新闻传播、电影娱乐、文学艺术、群众文化、图书情报等 18 个重点研究领域，聚焦文化传媒领域发展前沿、热点话题、行业实践，服务用户的教学科研、文化投资、企业规划等需要。

世界经济与国际关系数据库（下设 6 个专题子库）

整合世界经济、国际政治、世界文化与科技、全球性问题、国际组织与国际法、区域研究 6 大领域研究成果，对世界经济形势、国际形势进行连续性深度分析，对年度热点问题进行专题解读，为研判全球发展趋势提供事实和数据支持。

法律声明